Helmut Junker Theo Waßner

Psychotherapeutisch denken

Patient und Therapeut in der analytischen Arbeit

Springer-Verlag Berlin Heidelberg GmbH

Professor Dr. Dr. med. Helmut Junker
Theo Waßner

Gesamthochschule Kassel
Universität des Landes Hessen
Gottschalkstraße 26
3500 Kassel

CIP-Kurztitelaufnahme der Deutschen Bibliothek
Junker, Helmut:
Psychotherapeutisch denken: Patient u. Therapeut in d. analyt. Arbeit / Helmut Junker; Theo Waßner. - Berlin; Heidelberg; New York; Tokyo, Springer, 1984.

ISBN 978-3-540-13231-8 ISBN 978-3-642-93263-2 (eBook)
DOI 10.1007/978-3-642-93263-2

Ursprünglich erschienen bei Springer-Verlag Berlin Heidelberg New York 1984

2119/3140-543210

Vorwort

Welche Bücher braucht die analytische Psychotherapie?

Psychoanalytische Forschung hat über einen langen Zeitraum ein breites Spektrum von Antworten erarbeitet: Naturwissenschaftlich-medizinische Methodik entwickelte in der Dogmatik der neurosenpsychologischen Krankheitslehre ein Begriffssystem von Diagnosen, dem spezielle Behandlungsverfahren zugeordnet werden. Darauf beziehen sich die klassischen Lehrbücher, die Kompendien, die Einführungen in eine wissenschaftliche Systematik. Daneben besteht eine geisteswissenschaftliche Denkrichtung, die sich hermeneutisch gewonnenen Erkenntnissen verpflichtet fühlt. Sie hat philosophische Texte, biographische Studien, metapsychologische Monographien hervorgebracht. Daneben hat eine psychotherapeutische Forschung auf Daten und Objektivierung sowie auf ihre computergesteuerte Interpretation gesetzt. Daraus entstanden Datenbänke, abrufbare Informationen. Welche Forschung aber, welche Literatur ist der Psychoanalyse und der analytischen Therapie angemessen?

Ausgehend von der Prämisse, daß Psychotherapie die Beziehung zwischen Menschen gestaltet und erforscht, ist ihre Methode so ausgerichtet, daß sie interpersonale Kommunikationen beschreibbar und lesbar macht.

Ein Widerspruch wird offenkundig, da Kommunikation als existenzieller, verbaler Ausdruck sich dem Schreiben und der Schriftlichkeit zunächst entzieht. Nur die Praxis der Therapie, so scheint es, könne über eine gültige Darstellung verfügen und dem individuellen Leiden gerecht werden, wissenschaftliche Literatur hingegen sei notwendig Theorie und dem konkreten Problem der Behandlung nicht angemessen.

Sollte deshalb auf Schriftlichkeit verzichtet werden, der Austausch von Wissen über Psychoanalyse und Psychotherapie sich nur in Fachgesprächen, durch Supervisionen, auf Kongressen und Fortbildungen - allein in Erlebenskontexten vollziehen? Das Ziel ist, eine schriftlose Therapiekultur zu erzeugen.

Hochentwickelte Verbalität wird jedoch nicht ausschließlich durch Sprechen erreicht, sondern bedarf einer komplementären Anreicherung der Sprache durch ihre geschriebene Form: Es besteht der Verdacht, daß mangelnde Schriftlichkeit zu mangelnder Verbalität im Fachaustausch und zu armer Sprache in der Therapie führt. Dagegen hat Schreiben über Psychotherapie sich der Aufgabe zu stellen, sich von erstarrter Fachterminologie zu entfernen und das im Sprechen sich ausdrückende Unbewußte durch eine veränderte Art des Schreibens lesbar zu machen. Mit der neuen Lesbarkeit wird der Boden der psychoanalytischen Denkweise nicht verlassen, vielmehr um die Praxis der analytischen Beziehung erweitert.

Mit dem Gewicht auf der Beziehung Patient und Therapeut gewinnt *Psychotherapeutisch denken* Gestalt, die einseitige Zuschreibungen von Krankheitsbegriffen, Diagnosen, Differentialdiagnosen verläßt. Ein solches Denken nimmt von dem gewohnten Kanon der Begriffe und Systematisierungen Abstand und versucht, Phänomene und Einsichten des Berufsfelds zum Sprechen zu bringen und zu verstehen. So strebt dieses Buch an, psychotherapeutisches Denken als Prozeß erlebbar zu machen, ein Therapieziel, in dem sich Patient und Therapeut treffen. Über den Text und die therapeutische Beziehung hinaus bleibt dieses Denken suchend, unabgeschlossen, weiterweisend. Es mag einen Prozeß der Selbsterforschung anregen, der dem Buch einen therapeutischen Wert verleiht.

Krankheit und Heilung erscheinen in psychotherapeutischem Denken als Beziehung und Prozeß. Als hilfreiche Figuren stehen sie gegen Leiden und chronische Krankheit. Sie verlangen eine angemessene Sprache, welche die aus ihnen stammenden Ängste erkennt, ohne von ihnen überwältigt zu werden. Die sprachliche Erarbeitung von komplexen therapeutischen Problemen der Praxis, nicht selten auch im Fachgespräch verdrängt, soll dem eigenen Denken zugänglich gemacht werden. Damit dienen sie einer Entängstigung und verleihen in der schwierigen konkreten Berufssituation Orientierung.

Dieses Buch mißt sich an der Idee der „Einheit der Therapie". Es will über die Addition und Isolierung der Therapieformen hinausgehen. Damit ist der Text unvermeidlich kein Kompendium, keine Sammlung fertigen Denkens, sondern eine neue Art des Lehrbuchs, das an der differenzierten dialogischen Arbeit der analytischen Therapie exemplarisch teilnehmen läßt und anregt, eigenes psychotherapeutisches Denken zu entwickeln.

Diese Arbeit ist aus der Psychotherapeutischen Forschungs- und Beratungsstelle im Rahmen des Wissenschaftlichen Zentrums für Psychoanalyse, Psychotherapie und psychosoziale Forschung an der Gesamthochschule Kassel entstanden. Diesem gedruckten Text gingen viele Manuskriptseiten voraus. Sie wurden von Frau Brigitte Geiser geschrieben, der wir herzlich danken.

Kassel, im April 1984 Helmut Junker Theo Waßner

Inhaltsverzeichnis

Die ‚data' (Gegebenheiten) der Forschung sind weniger gegeben als genommen aus einer schwer faßbaren Matrix von Ereignissen. Wir sollten besser von *capta* statt von data sprechen. Das quantitativ austauschbare Zeug [orig.: *grist,* wörtlich: Mahlgut], das durch die Mühle von Prüfung und Bewertung läuft, ist Ausdruck unseres Prozessierens *mit* der Realität, nicht Ausdruck von Prozessen *der* Realität.

Naturwissenschaftliche Forschung richtet sich auf Objekte, Dinge, Modelle von Beziehungen zwischen Dingen oder auf die Systematik von ‚Ereignissen'. Personen unterscheiden sich dadurch von Dingen, daß sie die Welt erfahren, während Dinge sich in der Welt verhalten. Dingliche Ereignisse erfahren nicht. Personale Ereignisse erfahren. Naturwissenschaftlichkeit ist der Irrtum, Personen in Dinge zu verwandeln durch einen Prozeß der Reifikation, der selbst nicht Teil der wahrhaft naturwissenschaftlichen Methode ist. So gewonnene Ergebnisse müssen dequantifiziert und de-reifiziert werden, bevor sie re-assimiliert werden können in die Diskussion der Menschen.

Ronald D. Laing,
Phänomenologie der Erfahrung

Sich dem Thema nähern

Absichten und Eingeständnisse

Jeder kann über Psychotherapie schreiben. Also wird auch geschrieben – und es entstehen Bücher. Jedermann ist als Leser gedacht. Bereits im Titel erscheint die Empfehlung: *Nimm dich, wie du bist.* Der Gegentitel ist schon auf dem Markt: *Du mußt nicht sein, wie du bist.*[1]

Die Welt, von der viele sagen, sie stecke voll Ratlosigkeit und Beratungsbedürfnis, ist voller Ratgeber. Man nehme zur Hand: *Sorge dich nicht, lebe!* und lese entlastet: *Alles ist erreichbar.* Für den besorgteren Menschen, der weniger an dieses Erreichbare glaubt, steht der schmalere Titel zur Verfügung: *Das Beste aus dem Leben machen.* Wer schließlich heimlich von seiner Größe überzeugt werden will, wendet sich an die Bestätigungen für Sieger: *Born to win.* Die persönliche Anrede verspricht mühelose Lektüre und rasche Erlernbarkeit: *Treat your ego in four hours – Die Kunst sich selbst zu mögen. Eine Selbstanalyse in vier Stunden für jeden, der sich den Weg zum Psychotherapeuten ersparen will.* Wenn dieser Gang doch unumgänglich wird, erfolgt er unter der Überschrift: *Umarmen möcht ich dich.* Eine lange und vielgelesene Buchreihe nennt sich: *Leben lernen.*

Autoren und Leser spüren in diesen Texten einem Heilungsweg nach, hoffen auf Versprechungen und Methoden, wie man Heilung erzeugt. Alles steht in der „Welt der Tat", alles erscheint machbar. Die Problemlösung gelingt durch das Aufzählen weniger Stunden oder Lektionen, sie hat immer den Anstrich des Angenehmen, des Sich-selbst-auf-der-Spur-Seins. Ein einziges Buch genügt.

Manche Titel verwundern in ihrer Komik; man möchte darüber lachen und – sie rasch vergessen. Doch sie stellen zugleich auch ein Ärgernis dar, das nicht so leicht affektlosem Vergessen anheimfällt. Hier wird etwas für die Dauer des Lebens, die Lebensführung versprochen, das sich eines unreflektierten Vertrauens bedient. Im Zweifel und auf der Suche nach dem richtigen Leben ist es immer gegenwärtig, abrufbar, aber auch zu mißbrauchen. Der Einwand erhebt sich, hier werde etwas gespielt und verspielt, das die Würde des Lebens antastet und verletzt, denn die Vorstellung von der raschen und billigen Veränderbarkeit von Leid verdeckt das Leiden, isoliert es, macht es unbehandelbarer und schließt eine wirksame Behandlung aus.

---

[1] Literaturangaben werden mit erläuternden Hinweisen an den Kapitelenden zusammengestellt; ein vollständiges Verzeichnis (nach Autoren in alphabetischer Reihenfolge) findet sich am Schluß des Buches.

Das Unbehagen über Bücher, die jeder schreiben kann, führt zur Betrachtung der Bücher, die Psychotherapeuten schreiben. Kommen diese dem Leiden näher? Oder bleiben die Bücher zu abstrakt, auf Diagnostik und Differentialdiagnostik beschränkt, und dienen sie eher der Dogmatik einer Wissenschaft als den Menschen? Helfen sie durch Fachkompetenz dem Leidenden oder nur den Therapeuten selbst, die sich auf dem sicheren Terrain standesgemäßer Texte zu bewegen glauben? Sie jedenfalls stellen sich bewußt in die Tradition langgeübter Seriosität, gehen vom Alleinvertretungsanspruch für das Gebiet Psychotherapie aus. Aber die Frage bleibt, ob nicht die Propheten der voreiligen Antworten auch aus der Hoffnung schreiben, mehr Verständnis unter die Menschen zu bringen. Müssen sie darum nicht doch ernstgenommen werden? Und kann man jenen Autoren, deren Texte „standesgemäß“ sind, ohne weiteres bescheinigen, daß sie von Standesdünkeln frei sind?

Gibt es für den Leser nun nichts als den Gegensatz zwischen trivialer Ausweitung und spezialisierter Verengung? Was geschieht zwischen diesen dürftigen Alternativen? Wie weit reicht die Spannweite der Literatur? Bietet sie Reichtum oder Orientierungslosigkeit? Jeder Text muß sich gefallen lassen, danach beurteilt zu werden, ob er die einengende Gegensätzlichkeit zwischen Popularität und Wissenschaftlichkeit überwindet.

•

So richtet sich die Hoffnung auf das freie Feld der wissenschaftlichen Literatur. Frei? Wohin der Hase auch läuft, ein Igel ist schon immer da. Die Angst, wissenschaftliche Standards zu verletzen, läßt es nicht zu, die Furche querfeldein zu verlassen.

Können sich Therapeuten von den Igeln und Furchen befreien – schreibend, lesend? Auf Bücher treffen sie allemal, wenn sie zu schreiben beginnen. Müssen sie sich totlesen? Oder dürfen sie die Bibliotheken und Fachbuchhandlungen, die Bibliographien und Abstracts, die Klassiker und Neuerscheinungen – und besonders die Zeitschriften – verlassen, um sich unbeschwert ins bücherfreie Praxisfeld aufzumachen?

Selbst dorthin dringen die Texte. Ein Buch unter dem Arm: *Die hilflosen Helfer,* betritt ein Patient den Raum, legt den Band bescheiden am Rand des Tisches ab. Oder er sagt: „Kennen Sie Alice Miller? *Sie* hat mir sehr geholfen.“ Oder: „Was halten *Sie* denn von dem Psychoartikel im *Spiegel?*“ Gut, das läßt sich alles bearbeiten, auch ohne die Texte gelesen zu haben, man glaubt zu wissen: Intellektualisierung als Widerstand. Woher aber stammt diese Behauptung? Ist sie selbstgedacht oder erlesen? Gehört sie zu Anna Freud oder deren Nachfolgern? Muß das beim Schreiben belegt werden? Gehört es ins Literaturverzeichnis? Sind alle Einfälle vergeben? Ist das Therapiefeld bereits total vermessen? Wird die Landkarte oder der Kompaß, die Orientierungen nicht immer mitgebracht, ob im Therapeutenkopf oder in der Patientenhand? Unberührte Praxisinsel oder kultiviertes Bücherland ist längst nicht mehr die – alternative – Frage, es sei denn im „Survivalurlaub“, im Transfer zum und vom einfachen Leben.

Wer schreibt, sieht die Fülle der Bücher und Aufsätze, auch die gemachte Produktion. Er wählt aus, subjektiv und durch andere beeinflußt. Er liest, er benutzt Bücher und wird sie nennen. Das Literaturverzeichnis macht die offizielle Liste von Gewinn und Verlust auf, wobei die Zuordnung von gelesen und ungelesen zum einen oder anderen mitunter offen bleibt. Ohnehin wird das Kenntnisdefizit mit jedem Erscheinungsjahr größer. Auch überläßt der neue Autor von den Publikationsbergen manches Massiv notgedrungen anderen zur Eroberung.

Bedrohlicher schichten sich die eigenen Bücherberge im Verborgenen auf aus all den Büchern, die seit dem Lesenlernen aufgenommen, verschlungen, durchgearbeitet, genossen, verworfen wurden oder entstellt weiterleben und in allen diesen Formen Teil des Erlebens und Denkens geworden sind. Dazu gehören auch die Bücher der schönen Literatur und der Literaturanalyse, die sich mit dem Verhältnis zwischen Literatur und Psychoanalyse befaßt.

Müßte daher nicht auch noch ein „geheimes" Literaturverzeichnis hinzukommen, geordnet nach den Jahresringen der Lesebiographie des Autors, um dem Leser deutlich zu machen, von welchem Baum der Erkenntnis die hier gesammelten Gedanken- und Lesefrüchte stammen? Wie oft hat er welche Texte Sigmund Freuds gelesen - und verstanden? Hat er sie 1960 weniger verstanden als 1970 und 1980? Hat er sie jemals richtig verstanden? Wie zitiert er das so oder so Verstandene?

Die Regeln fachlicher Ehrlichkeit sind dem Autor bekannt. Abweichungen sind nicht zufällig. Seine Erfahrungsprozesse lassen sich nicht zitieren.

•

Wenn ein Autor mitteilt, er habe mehr als 20 Jahre lang analytische Psychotherapie ausgeübt, wird von ihm erwartet, daß er sein Berufsfeld und die klassische Systematik einigermaßen geschlossen und überzeugend darstellen kann. Man wird ihm zugestehen, seine eigene, in der Arbeit erworbene Denkstruktur einzubringen. Der Anspruch aus Qualifikation, Zeitdauer und Berufsausübung, die an jeden einzelnen Therapeuten herangetragen wird, verlangt von ihm, er solle von Jahr zu Jahr mehr Erfahrung und Übersicht bieten, von Jahr zu Jahr besser werden, das Leid niederzwingen und „unbezweifelbare" Bücher schreiben. Als Autor hat er die psychischen Phänomene „durchsichtiger" zu machen.

Hat er dies nicht geschafft, bleibt er stattdessen auf halbem Weg stehen, ohne eindeutig anzukommen, wird man ihm Schwäche und Ziellosigkeit vorwerfen. Sieht man ihm jedoch zu, *wie* er sich auf den von ihm gewählten therapeutischen Wegen bewegt, zeigt sich möglicherweise, daß er sich durchaus bewährt, von keiner Dogmatik hat voll einfangen lassen und stattdessen etwas bewahrt hat, was mit der Offenheit und dem Respekt vor der Komplexität menschlicher Problematik zu tun hat: ein Gespür dafür, daß es weniger auf die „Durchsichtigkeit" dieser Problematik als auf ihre Erschließbarkeit ankommt.

•

Verschiedene Therapieformen hat man als methodische Vehikel benutzt, um sich mit ihnen auf den als offiziell erklärten und den nur vermuteten Routen der Psychokarte zu bewegen. Jede Therapie hat ihre Gesellschaft, die sie verwaltet und die einen Kanon festlegt. Der Annahme, daß damit alle therapeutischen Situationen genormt würden, steht jedoch die Behauptung gegenüber, es gäbe in der Praxis ebensoviele Therapien wie Therapeuten. Eine Folge dieses Widerspruchs waren und sind die wissenschaftlichen Bemühungen, das therapeutische Feld in mehreren seiner Dimensionen zu erkunden. Nähe zum therapeutischen Geschehen sollte in der geschriebenen Darstellung erreicht werden, um dabei etwas zu zeigen, das die tägliche therapeutische Arbeit bestimmt. Es wurde deutlich, daß dabei nicht nur Verluste an Komplexität hinzunehmen sind, Verkürzungen und unangemessene Einschränkungen von Lebensvorgängen, wie sie in der gesprochenen Therapie zum Ausdruck kommen, sondern auch Erweiterungen möglich werden - durch Abstraktion, Logik, Wiederholbarkeit des Lesens, also Analysemöglichkeiten, die das reale Therapiegeschehen nicht unmittelbar zeigt.

Es gab die Versuchung, *gegen* etwas zu schreiben. Gegen die falschen Theorien und Schulbildungen, die ein gutes Widerlager für Begründungen und Rechthaben abgeben. Wir hätten aus der Sicht der psychoanalytischen Therapeuten gegen alle Verhaltens-, Erlebens-, Gestalt-, Gesprächs- und Kommunikationstherapeuten schreiben können. Dagegen sahen wir die therapeutische Praxis, in der Grundvoraussetzungen bestehen, die für die verschiedenen Ansätze der Therapeuten weitgehend gleich sind und aus den mehr Gemeinsamkeiten resultieren, als aus ihren theoretischen Beiträgen abzuleiten sind. Geht es doch immer um psychisches Leiden von Menschen, die sich als Patienten mit Therapeuten treffen, und zwar an jeweils unterschiedlichen Praxisorten und nach unterschiedlichen Regeln, die aber durchaus vergleichbar und oft ähnlich sind. Es läge nahe, dafür ein Kompendium zu schreiben, das in wertneutraler Toleranz die methodischen Gegensätze überbrückt. Jedoch dürfte weder eine simplifizierende, die eine gegen die andere Methode ausspielende Polemik, noch eine gewollte Harmonisierung der Standpunkte der Realität der analytischen Arbeit angemessen sein; sinnvoller erscheint hingegen der Versuch einer genauen Beschreibung des psychotherapeutischen Denkens, das aus der Beziehung von Patient und Therapeut hervorgeht.

Wie sollte das methodisch zu leisten sein, ohne auf ein Sammelsurium notdürftig zu symbiotischer Einigkeit umgeschmolzener Begriffe zu kommen? Gibt es so etwas wie eine Einheit: die Therapie, ein Praxisfeld, das so allgemein ist, daß es verschiedenartige Ausgestaltungen zuläßt und dennoch bestimmbar bleibt? Werden die Probleme nicht wegabstrahiert, so daß am Ende nur wieder Unvereinbares zu Feindschaft oder oberflächliche Stimmigkeit zu unsicherer Versöhnung führt?

•

Es wurden Ausgrenzungen nötig, um vor der Überflutung durch wissenschaftliche Ansprüche zu schützen. Denn die Psychotherapie wird mit Denkinhalten und Erfahrungen aus mächtigen wissenschaftlichen Bereichen befrachtet:

- aus der Medizin als einer Krankheitslehre, die Phänomene ordnet und erklärt, die Techniken zur Heilung oder Linderung von Beschwerden entwickelt hat,
- aus der Psychologie, die menschliches Handeln, Verhalten und Motive untersucht,

– aus der Sprachwissenschaft als Mittel der Interpretation des kommunikativen Ereignisses der gesprochenen Sprache innerhalb der Therapie, der Struktur der Sprache und des Sprechens,
– aus der Philosophie, welche die Dimensionen des Erklärens, des Bedeutens und Verstehens zum Gegenstand hat,
– aus den Gesellschaftswissenschaften und der empirischen Sozialforschung, die soziale Verhältnisse untersucht, Theorien und Konstrukte bildet und zu sozialpolitischen Entscheidungen beiträgt.

Die Suche nach dem Sinn übergreift die genannten Wissenschaften und ist Bestandteil jeder einzelnen.

Die Sprache der Psychotherapie ist daher uneinheitlich und mehrschichtig, durchsetzt von vielen Sprachen: von den Fachsprachen bis zu den jeweils konventionell verstandenen Umgangssprachen, von den Privatsprachen der Therapieteilnehmer bis zur Metasprache des therapeutischen Feldes; die dyadische Neusprache zwischen Patient und Therapeut ist ein Konglomerat, zu dem auch alle nichtsprachlichen Gebilde des Denkens und Fühlens und die sozialen Phänomene gehören, die in der therapeutischen Beziehung zu erfassen und in Sprache zu bringen sind. Die Fehlerhaftigkeit der Interpretationen und Übersetzungen dieser letzteren ist methodisch kaum auszuschließen. Es könnte ein Zustand der babylonischen Sprachverwirrung eintreten, der jeden Versuch, in einer verständlichen Sprache über Psychotherapie zu schreiben, zum Scheitern brächte.

In der drohenden Orientierungslosigkeit stellt der Begriff Arbeitsfeld einen realen, anschaulichen Ausgangspunkt dar; er rückt den alltäglichen Ort, an dem die Arbeit der Verständigung geleistet wird, in den Mittelpunkt. Hier – in der Praxis – gibt es einen Vorgang, der durch Sprechen bestimmt wird, der das Babylonische zwar bestehen läßt, aber dennoch alle Verständigungsprobleme durch andere, ordnende, verstehensfördernde Komponenten so verändert, daß das erwartete Chaos ausbleibt. Die Suche nach solchen weiterführenden Kriterien bringt das psychotherapeutische Denken in Bewegung.

Die Bedeutung der Grundlagenwissenschaften, die der Philosophie und der eng damit verknüpften sozialen Wissenschaften, kann nur im therapeutischen Zusammenhang berücksichtigt und beurteilt werden. Das Eingeständnis, nichts für die Grundlagenwissenschaften zu leisten, eröffnet die Chance, ihren Einfluß und ihre Wirkung genauer zu erkunden.

•

Eine solche Position wird den Therapeuten nicht gerne zugestanden. Sie haben sich das Arbeitsfeld seelisches Leiden selbst gewählt, also haben sie, wenn sie wissenschaftlich arbeiten, gefälligst die Disziplinen einzubeziehen, die nachweisbar dort ebenfalls eine Rolle spielen. So sollten Psychotherapeuten sich zwar auf ein fachlich abgegrenztes Gebiet beschränken, hier aber, wenn auch in „verdünnter“ Form, die in Frage kommenden Einzeldisziplinen berücksichtigen: Psychologie, Philosophie, Soziologie, Ökonomie, Pädagogik, nicht zuletzt auch organische Medizin bzw. Psychosomatik. Aber damit sind sie bereits überfordert: Therapeuten sind keine Superwissenschaftler, und sie kämpfen oft um die Anerkennung als Wissenschaft überhaupt, da ihnen Ansprüche auferlegt werden, denen jene, die sie aussprechen, selber nicht genügen können. Um in dieser Situation einigermaßen auf dem Boden zu bleiben, haben Therapeuten radikale Abgrenzungen vorgenommen und eine Reihe von Hilfskonstruktionen erfunden. Sie haben sich auf auflistbare Krankheiten festgelegt und Aussagen über subjektives Leiden gemacht, haben Ausbildungssysteme, Berufspraktiken und Arrangements geschaffen, die jedem Nichttherapeuten voller Widersprüche und Künstlichkeit erscheinen - und davon auch nicht zu befreien sind.

In einer mißverstehenden Interpretation blicken dann die „Basis"wissenschaftler eher abfällig auf die Nische, die sich die Therapeuten mühsam geschaffen haben. Ganz aus dem Blickfeld geraten die Bemühungen der Therapeuten, die sich jenseits der etablierten Wissenschaften auf dem freien Markt angesiedelt haben, wo sie nach eigenen Bedingungen arbeiten. Gegen die reinen Wissenschaftler verweisen die Therapeuten gern auf etwas, das sie die Realität nennen. Sie meinen das in den Praxen und großen Krankenhauskomplexen augenfällig vorhandene Leid. Sie wollen, daß jene die Sekundengespräche am Krankenbett mithören und dann entscheiden, ob diese Realität nicht einer Entlastung, Verwandlung - schlicht einer Teilnahme bedarf, die im engeren Sinne von der Medizin nicht geleistet wird. Aber jene Kritiker begleiten die Therapeuten ungern auf diesen Wegen. Vielleicht fürchten sie zu sehen, was dort ansteht, technische Unlösbarkeit, Hilflosigkeit. Niemand wird gezwungen, sie zu sehen. Vielleicht haben sie das Gefühl, daß sie dort gedanklich nicht zu Hause sind, daß sie als Philosophen vielleicht Systeme verstehen, als Soziologen Strukturen durchleuchten, nicht aber als Therapeuten mit konkretem Leid befaßt sein wollen. Wenn jeder auf seiner Sicht beharrt, behalten alle endlos gegeneinander recht.

Die Therapeuten wissen, daß sie eine recht extreme, brennpunkthaft eingeschränkte Sichtweise aus dem gesamten Komplex innerseelischen und sozialen Handelns des Menschen eingenommen haben. Die meisten wissen um die Brille, die sie tragen, sind jedoch - heimlich oder offen - recht stolz auf den Schliff ihrer Optik.

Und es gibt ein breit vordringendes, wenn auch nicht mit Sicherheit feststellbares, in der Wirkung unbekanntes Auftreten psychotherapeutischer Elemente im Alltagsleben. Offiziell angewandt in pädagogischen und sozialen Einrichtungen, die mit den Konflikten im Zusammenleben von Menschen zu tun haben, jedoch auch im Alltagsgespräch der Familien, zwischen Ehepartnern und Gruppen werden gewisse zu Bausteinen verfestigte Aussagen der Psychotherapie als Lebenshilfe verwendet.

Was auch immer die Optik der Psychotherapeuten außer acht läßt, ob sie sich schwerfällig oder geschickt dem Wandel von Erziehungsstrukturen und Lebenformen anpaßt, oder ob sie umgekehrt solche sogar entwickelt (die Erziehungslehre der Psychoanalyse) - *eine* Grundeinstellung gilt: das Interesse der Therapeuten an Selbst- und Fremdpsychischem, an unbegreiflichen, leiderfüllten, zugleich faszinierenden Lebensszenen. Psychotherapeuten vertreten störrisch die Ansicht, sie könnten gegebene Situationen zum Besseren hin verändern.

•

Sollten sich alle Therapeuten zu einer großen Schule mit dem Namen „Integrale Psychotherapie" verbünden? Jeder, der am Rande eines Kongresses dieses Thema aufgreift, ist sich im ersten Augenblick der Sympathie und des Interesses seiner Kollegen sicher. Man findet das gut, aus tausend Gründen - und bereits in der ersten Sitzung streitet man sich, wer in dieses Konzept der Integration aufgenommen werden soll, wer kann, wer muß, wer ordentlich, außerordentlich, wer affiliiert, wer ein ständiger Gast ist - und wer draußen vor der Tür bleiben sollte. Die Enttäuschung über diesen Zustand mag noch die Befriedigung enthalten, jetzt besser zu wissen, was man nicht will, wen man nicht anerkennen kann und damit die Hinwendung zur eigenen Gruppe zu betonen. Aber es bleibt ein Gefühl der Vergeblichkeit und der Resignation.

Obwohl vieles an dem zersplitterten Zustand der Psychotherapie prekär ist, zeigen sich jenseits der Enttäuschung über die Unabgrenzbarkeit der psychotherapeutischen Ideen dennoch bestimmte Entwicklungen. Wenn aus einzelnen Aktivitäten - die Praxiseröffnungen und Zeitungsannoncen mit den bekannten Angeboten der Behandlung vom Bettnässen bis zur Sterbehilfe - Organisationen entstanden sind, werden Ausbildungsprogramme erdacht, Zielsetzungen aufgestellt, Verhandlungen mit politischen Gruppierungen und Kassenverbänden aufgenommen. Neue therapeutische Schulen beginnen, ihre Geschichte zu schreiben und zu veröffentlichen. Nicht zuletzt zeigt ein offizielles Mitgliederverzeichnis, daß diese Gruppe sich ins offene gesellschaftliche Feld begeben hat. Sie hat damit die Regeln der öffentlichen Auseinandersetzungen und die entsprechenden Konventionen anerkannt und damit ein therapeutisches Denken und Sprechen, das eine unüberprüfbare Privatheit überwunden hat und sich einem allgemeinen Grundgesetz der Therapie verpflichtet fühlt.

Abseits der mühevollen Ausbildungsgänge der Therapeuten wird es immer die Heiler geben, deren „Diplom" in nichts anderem besteht als Selbsternennung oder Bekehrung, Sendung oder Beifall der Proselyten. Sie versetzen das therapeutische Feld in Unruhe.

•

Die Verfasser dieses Buches sind psychoanalytisch ausgebildete Psychotherapeuten. Sie verdanken der Psychoanalyse vieles, insofern fast alles, als das Werk Sigmund Freuds und die Entwicklung der Psychoanalyse ihre prägenden Begleiter sind. Über die zahlreichen Anwendungsgebiete der Psychoanalyse in den verschiedenen sozialen Bereichen (Pädagogik, Resozialisierung, Ehe- und Familienberatung, Schüler- und Adoleszentenberatung, Heimerziehung, Behindertenarbeit u. a.) sind im Laufe von mehr als 60 Jahren jedoch Erfahrungen in die Psychoanalyse eingebracht worden, die außerhalb der therapeutischen Situation entwickelt wurden. Dazu kommt, daß in den letzten 30 Jahren viele psychotherapeutische und psychosomatische Kliniken entstanden sind, in denen in größerem Umfang unter bestimmten Voraussetzungen, (etwa bei kürzeren klinischen Aufenthalten), zumeist in einer Mischung von Einzel- und Gruppentherapie, analytisch gearbeitet wird. Auch von dort fließen Erfahrungen aus einem psychotherapeutischen Anwendungsbereich in die Psychoanalyse zurück.

Die Ausrichtung der Verfasser ist daher bestimmbar. Es werden immer wieder psychotherapeutische Begriffe auftauchen, die zur Psychoanalyse gehören. Ein Kritiker kann hier weitergehen und methodische Fragen aufwerfen: Schreiben die Verfasser *als* Psychoanalytiker, *als* analytische Therapeuten, *als* tiefenpsychologisch orientierte Therapeuten oder *als* wer sonst? Er verlangt, daß die Beschreibung der Praxis mit der theoretischen Sprache der Methode übereinstimmt. Das Vokabular der Psychoanalyse sei „kanonisiert". Damit sei der Rahmen gegeben, in dem auch über Psychotherapie zu schreiben sei. Dem steht entgegen, daß das Arbeitsfeld Therapie sprachlich vielschichtiger ist und durch ein eng verstandenes Vokabular der Psychoanalyse unzulässig eingeschränkt würde. Schreiben über Psychotherapie verlangt, den Begriffen ihr Umfeld zu geben *und* das Umfeld so zu beschreiben, daß von ihm aus die Begriffe wieder in ihrer Bedeutung belebt werden. Die Begriffe sind für therapeutische Erfahrungen zu öffnen, die zunächst in ihrer Widersprüchlichkeit durch keinen definierten Begriff eindeutig zu erfassen sind.

Was dem Patienten hinsichtlich seines Sprachgebrauchs an Bedeutungserweiterung zugemutet wird, bedarf einer Entsprechung im Therapeuten: Beide müssen ihren bekannten Texten eine neue Lesbarkeit abgewinnen. Auch eine schriftliche Darstellung wird davon erfaßt, soweit der Autor sich bemüht, die festgelegten und damit eingeschränkten Begriffe zu verlassen. Das Unbekannte, das wiedergegeben werden soll, kann die Lesbarkeit schwerer oder leichter, ungesicherter oder befreiter erscheinen lassen.

In diesem Sinne schreiben die Verfasser nicht *als* irgendwelche Spezialisten, in einer abgeschlossenen Identität, sondern versuchen, ihre Identität in einer erweiterten Lesbarkeit zu erhalten und fortzuschreiben.

•

Viele Grundbegriffe der Psychotherapie stammen aus Vorstellungen der idealistischen Philosophie, der Existentialphilosophie und der Psychologie des 19. Jahrhunderts. Begriffe wie Verstehen, Einfühlung, auch das Unbewußte, haben eine lange außertherapeutische Geschichte. Sie werden jedoch in der Alltagssprache benutzt, ihre Herkunft und Rezeptionsgeschichte bleiben unerwähnt.

Wenn Begriffe aus der Psychoanalyse inzwischen Allgemeingut der verschiedenen Psychotherapien geworden sind und sogar in den allgemeinen Sprachgebrauch eingedrungen sind, werden sie hier nicht mehr nach Ursprung und Quelle zitiert.

Von daher stehen oft sinnähnliche Begriffe, häufig aus verschiedenen psychotherapeutischen Schulen, gewissermaßen erklärungs- und konnotationslos nebeneinander. Im jeweiligen Zusammenhang wird bezweckt, die relative inhaltliche Nähe dieser Begriffe anzudeuten, auch wenn sich die Schulen in diesen Begriffen ihrem lexikalischen Sinngehalt nach unterscheiden. Es soll gleichzeitig die manchmal erhebliche Spannweite der Bedeutung dieser Begriffe vermittelt werden.

Zu diesem Zwecke könnten einzelne Wörter in Anführungszeichen gesetzt werden, um die bildhaften Mitbedeutungen und deren Assoziationsfeld anzudeuten. Man möchte so die eigentliche Bedeutung des Wortes hervorheben aus der uneigentlichen, möchte das Hauptsächliche vom Nebensächlichen trennen.

Analytische Therapien zeigen jedoch, daß derartige Aufspaltungen nicht einfach zu treffen sind. Die inneren Gewichte verteilen sich nicht nach dieser Logik, die „Deckerinnerung" birgt die Erinnerung und verdeckt sie. Um die semantischen Zweifel zu vermeiden, könnte man die Termini auf ihre lexikalische Bedeutung festlegen, also Abstraktionen schaffen, die alles Bildhafte unterdrücken und dogmatische Leerformeln übriglassen.

Die Mehrdeutigkeit ist durch die Anführungszeichen nicht eindeutig kenntlich zu machen. Andererseits ist allein durch Anführungszeichen auch noch kein eindeutiger Fachterminus entstanden. Aber warum sollte man nicht ein Recht auf Undeutlichkeit geltend machen? Durch keine Ersatzformen in sprachlicher Gestalt (sogenannt, quasi, anscheinend, gewissermaßen) oder andere geheime Anführungsstriche käme mehr Klarheit hinein, würde die Entscheidung entbehrlich, ob der Begriff in Richtung Eindeutigkeit oder Mehrdeutigkeit zu interpretieren ist.

Immer wenn in diesem Buch von den Teilnehmern der therapeutischen Beziehung geschrieben wird, werden diese in einer einzigen, gleichbleibenden sprachlichen Form in Erscheinung treten. Es wird stets heißen: *der* Patient, *der* Therapeut. Denkbar und zumindest richtiger wäre zu schreiben: der/die Patient(in), der/die Therapeut(in). Eine praxisnahe Darstellung müßte berücksichtigen, daß daraus für mögliche und konkrete Therapien über die hier allgemein nachgedacht wird, eine vierfache Paarkombination entsteht: der Patient und der Therapeut, der Patient und die Therapeutin, die Patientin und der Therapeut, die Patientin und die Therapeutin. Mit der Wahl maskuliner Personenbezeichnungen scheint sich wieder einmal das Männliche durchgesetzt zu haben, obwohl es gleichzeitig einer Entsexualisierung nicht zu entgehen scheint, wie es sein Gebrauch als geschlechtslose Es-Figur zeigt.

Die Frage bleibt offen, ob die formal zutreffendere Konkretisierung, wie sie in der amerikanischen Literatur vorherrscht *(he or she)* dem Geschlechtsspezifischen näher kommt, weil sie stets beide Geschlechter nennt. Doch bleiben Texte, die das *he or she* gebrauchen, sexuell ebenso indifferent, wenn sie die Besonderheiten von Männern und Frauen selbst nicht untersuchen. Das deutsche *man/frau,* das ebenfalls die Trennung und das Zusammengehören der Geschlechter deutlich macht, versucht mit der Hinzufügung *frau* zum unbestimmten Pronomen *man* assoziativ die Machtfigur Mann als beherrschendes allgemeines und herkömmliches Modell sowohl anzuprangern als auch durch die Herabstilisierung des großen *Mann* zum kleinen und verkürzten *man* als leicht überwindbar darzustellen. Doch kann die formelhafte Wortbildung *man/frau* nicht an die realen Verhältnisse der Geschlechter rühren und nichts an sexueller Differenzierung einbringen, solange die Unterschiede selbst nicht angesprochen werden. Die Pronomenkombination *man/frau* allein läßt alles so, wie es ist, damit wird nichts Neues hinzugewonnen. Es handelt sich dabei um eine scheinemanzipative Redefigur, welche die notwendige, aber schwer zu leistende Differenzierung des Sexuellen durch eine formelhafte Neubildung eher verhindert.

Die Einschränkung, stets aus *einem* Genus heraus zu schreiben, würde für die Verfasser auch dann gelten, wenn sie sich zu einer anderen als männlichen Schreibfigur, zu einer männlich/weiblichen oder einer weiblichen entschlossen hätten. In allen Ausdrucksformen zeigt sich ein Zurückbleiben gegenüber der Realität, wenn die Polarität der Geschlechter einer geschlechtslosen Bezeichnung geopfert wird. So besitzt das Neutrum *Kind* nie Wirklichkeit; selbst in den frühesten Phantasien über das Ungeborene gibt es immer schon Jungen oder Mädchen.

Hinweise zur Literatur

In den Jahresbänden der von Dambauer seit 1971 herausgegebenen *Bibliographie der deutschsprachigen psychologischen Literatur* findet sich eine Systematik nach Sachgebieten, die Monographien, Zeitschriftenaufsätze, Sammelbände, Dissertationen, Kongreßberichte und wissenschaftliche Rezensionen umfaßt. Damit ist für den deutschsprachigen Raum ein Nachschlagewerk vorhanden, das Hinweise auf jede in der Literatur erarbeitete Fragestellung gibt und dank seiner Vollständigkeit einen sicheren Zugang für wissenschaftliche Forschung bietet. Dies entlastet von dem Druck, im eigenen Literaturverzeichnis Vollständigkeit überhaupt anstreben zu müssen, für jedes Buch einen „kleinen Dambauer" zu erstellen; die Angabe der Titel, die zur Entstehung dieses Buches wesentlich beigetragen haben, ist völlig ausreichend.

Speziell für die psychoanalytische Literatur findet man die umfassende, nach Sachgebieten aufgegliederte Bibliographie von Grinstein (1956–1975) *The index of psychoanalytic writings.* Sie wird weitergeführt in der vorwiegend auf den angloamerikanischen Sprachraum bezogenen, vierteljährlich erscheinenden Bibliographie des *Chicago psychoanalytic literature index.*

Im Dambauer werden im Sachgebiet „M. Allgemeine Lebensführung" Titel aufgeführt, die aus einer popularisierten Psychotherapie Lebenshilfe anbieten. Eine beliebige Auswahl aus dem Jahresband 1979 zeigte, wie heterogen der publizistische Niederschlag ist. Die meist aus dem angloamerikanischen Sprachraum importierte Ware zeigt Neudichtungen von Titeln, die nur im Original ihre unbekümmerte geistige Herkunft verraten: Read u. Rusk (1979) *Die Kunst sich selbst zu mögen. Eine Selbstanalyse für jeden, der sich den Weg zum Psychotherapeuten ersparen will* (Orig.: *Treat your ego in four hours*). – James u. Jongeward (1979) *Spontan leben* (Orig.: *Born to win*). – Endres (1979) *Das Beste aus dem Leben machen.* – Hull (1979) *Alles ist erreichbar* (Orig.: *How to get what you want*). – Sharpe u. Lewis (1979) *Der Egowecker* (Orig.: *The success factor, how to be who you want to be*). – Weinberg (1979) *Du mußt nicht sein wie du bist* (Orig.: *Selfcreation*). – Rogoll (^{6}1979) *Nimm dich, wie du bist. Wie man sich einig werden kann.* – Carnegie (^{30}1979) *Sorge dich nicht, lebe* – Habel (1982) *Umarmen möcht ich dich. Briefe an einen Therapeuten.*

Zur Verdeutlichung, daß die Psychoanalyse auch Werke der Literatur mit ihrer Methode zu verstehen sucht, vgl. Dettmering (1981) *Psychoanalyse als Instrument der Literaturwissenschaft;* als Metatext über psychoanalytische Literaturanalyse s. Rutschky (1981) *Lektüre der Seele, eine historische Studie über die Psychoanalyse der Literatur.*

Allgemeine Stellungnahmen zur Psychotherapie und entsprechende Überblicke, die eine Popularisierungstendenz aufweisen, finden sich in zwei Ausprägungen: Zum einen gibt es auf die Grundlagen bezogene Titel wie Frank (1981) *Die Heiler, Wirkungsweisen psychotherapeutischer Beeinflussung. Vom Schamanismus bis zu den modernen Therapien.* - Garfield (1982) *Psychotherapie. Ein eklektischer Ansatz.* - Zum anderen findet man für die Information über psychotherapeutische Methoden und den verkappten Zugang zu Psychotherapie selbst offizielle Leitfäden und Führer, die ihre Darstellung mit einer kritischen Einschätzung zu verbinden versuchen: Kovel (1979) *Kritischer Leitfaden der Psychotherapie* (Orig.: *A complete guide to psychotherapy. From psychoanalysis to behavior modification*). - Kiernan (1976) *Psychotherapie. Kritischer Führer durch Theorien und Praktiken* (Orig.: *Shrinks, etc. - A consumer's guide to psychotherapies*). Die deutschen Adaptationen, die sowohl das positive Reizwort „kritisch" einführen, als auch ein Wort wie „shrink" weglassen, das den Schrumpfkopf als Zeichen der Psychotherapeuten im Titel verwendet, zeigen einen modischen, opportunistischen Anpassungsvorgang, wobei kulturell verschiedene Umfelder vermengt werden.

Originäre deutsche Titel sind: Bach u. Molter (1976) *Der Psycho-Boom, Wege und Abwege moderner Therapie.* - Nischk (1976) *Kursbuch für die Seele. Nutzen und Elend der Psychotherapie.*

Die Dunkelziffer des Leidens und ihre wissenschaftliche Erhellung

Sich im akademischen Bereich zu wundern, stößt auf wenig Anerkennung. Ist dies doch der Ort, wo das Wissen herrscht. So wird auf die Bemerkung, man wundere sich oder verstehe nicht recht, warum für so viel erkanntes und anerkanntes psychisches Leid nur ein eher punktuell wirksames Mittel, nämlich die Psychotherapie als eine Art gesellschaftliche Gegensteuerung entstanden ist, eine entsprechend kurze Antwort gegeben. Bei den neuen Mitgliedern jener Fachgruppierungen der Wissenden entsteht ein starker Sog, sich den erfahrenen anzuschließen, es ihnen gleich zu tun oder sie gar zu überragen in der Fähigkeit, die Erfahrungen auf Formeln zu verkürzen. Aber auch die anderen, die die Formeln aussprechen, tun es in einer bedrängten Anspannung, es ist ihnen nicht wohl dabei. Die Eigenbeobachtung führt zu der Einsicht, daß die stereotypen Antworten sich offenbar verselbständigen und der selbstgewählte oder erzwungene Druck eine eigentümlich denktötende Realität schafft. Vermutlich schützen die Formeln vor dem Ungewissen.

•

Eine dieser verunsichernden Fragen, welche in den Theorien ausgespart bleiben, ist die Dunkelziffer seelischen Leidens. Natürlich äußern sich dazu die Experten, wenngleich man es ihnen nicht abnimmt, als einzige dafür zuständig zu sein. Es sieht so aus, als müßten sie raten. Das merken die Nichtexperten - und schätzen selbst. Die „dunkle Ziffer" seelischen Leidens wird zur Rätselaufgabe für Journalisten, Mediziner, Statistiker, Gesundheitspolitiker, Philosophen - Bedrohliches, an die Sphinx Gemahnendes schwingt mit.

Die Bezugsgrößen schwanken dementsprechend. Aus medizinischer Sicht wird immer wieder belegt, daß ein Großteil der Arztbesuche in der Allgemeinpraxis auch dann mit seelischen Problemen belastet ist, wenn es sich in erster Linie um eine organische Erkrankung handelt. Häufiger ist festzustellen, daß in vielen Fällen eine organische Krankheit vermutet wird, auch wenn die Beschwerden auf psychotherapeutisch relevante Ursachen wie Angst, Bedrükkung, Lebensunlust, Verzweiflung zurückzuführen sind. In dem Augenblick nun, wo der Arzt erklärt: „Sie haben nichts", müßte die Medizin eigentlich erst anfangen – wo sie praktisch in der Sprechstunde aufhört. Deshalb aber bleibt diese einfache Frage unausgesprochen: „Was bedrückt Sie so sehr, daß Sie mich aufgesucht haben?"

In beiden Fällen also (organische Erkrankung bei psychischer Mitbeteiligung wie organische Gesundheit bei schwerer psychischer Belastung) erreicht das psychische Leiden den Grad, der medizinisch als objektive Behandlungsbedürftigkeit oder als Störung mit Krankheitswert bezeichnet wird. Werden beide Patientengruppen addiert, kommt man zu einer Zahl, die bis zu 40% der Gesamtbevölkerung reicht.

In den medizinsoziologischen Werken erscheinen diese Zahlen nicht. Sie befassen sich mit der klar festgestellten Krankheit, mit den Patienten, deren Diagnose bekannt ist. Die Sozialmedizin, die prophylaktische Medizin schweigen, wenn es um umfassende Fragestellungen geht. Was für die großen Bereiche der organischen Medizin nicht geleistet wurde, gilt um so mehr für das Randgebiet der Psychotherapie. Man einigt sich auf die ausgehandelte Zahl: etwa 5–10% der Bevölkerung seien seelisch krank und gehören damit zum medizinischen Kanon; dieser Patientenanteil sei der geltenden rechtlichen Grundlage entsprechend, mit einer medizinischen Diagnose zu versehen, die es den Kranken ermöglicht, ein Therapieverfahren zu erlangen, dessen Kosten von den Krankenkassen erstattet werden. Wenn allerdings nur 5% objektiv Kranker sich zur Behandlung aufmachten, gäbe es ein gesundheitspolitisches Spannungsfeld, das sehr anders aussähe als es tatsächlich aussieht.

•

Zwischen einer medizinisch objektiv behandlungsbedürftigen Krankheit und dem Termin bei einem Psychotherapeuten liegt eine Willensentscheidung des einzelnen. Nach unserer Gesellschaftsordnung besteht keine Behandlungsverpflichtung, solange der Patient arbeiten kann. Damit wird seelisches Leid in den Privatbereich der (noch) Erwerbstätigen verbannt. Bei allen anderen, die nicht zu Erwerbszwecken arbeiten, also bei vielen Frauen, Kindern, Jugendlichen, Rentnern, Arbeitslosen bleibt diese Art Gesundheitsbeeinträchtigung ganz im privaten verborgen. Dort kann das Leid sein, leicht auffindbar oder auch nicht; dort kann es auch ruhen, und man läßt es ruhen, denn wer sollte es aufrühren?

Die organisierte Psychotherapie würde folglich ausreichen, wenn sie alle Ausdrucksformen von Leid behandeln könnte, die unmittelbar zum Verlust der Arbeitsfähigkeit geführt haben. Hält es der Arbeitnehmer aus, mit Schmerzen, seelisch leidend, zu arbeiten, besteht aus dieser Sicht kein Grund und keine Verpflichtung, ihn zu behandeln. Aus diesen Überlegungen entsteht eine Tendenz, alle seelischen Themen als so privat wie möglich zu betrachten und niemanden zu ermuntern, sich wegen Schmerz und Bedrückung an einen Therapeuten zu wenden. Unterstützt wird eine solche Haltung durch Vorstellungen, die im religiösen-moralischen Sinne bereits genügend erklärt sind. Danach kann seelisches Leid auf Schuld und Versagenszustände bezogen werden, die entweder schicksalhaft gegeben sind und somit kaum verändert werden können oder als Schuld ertragen werden müssen. Dort gilt: sich besinnen, Abschied nehmen von den falschen Wegen, aufbrechen nach den neuen, seinen Mann stehen - und dort ist von Frauen, Kindern und alten Menschen nicht die Rede.

Diese Privatisierung des seelischen Leidens wird erst dann aufgehoben, wenn entweder eine organische Krankheit in den Vordergrund tritt, sich sozial durchgesetzt hat, und nun der Patient die offiziellen, vorgeschriebenen Wege geht oder wenn extreme psychische Versagenszustände im Sinne der klassischen Psychosen und schweren Neurosen die Inanspruchnahme einer Versorgung (nicht zu sprechen von Heilung) geradezu erzwungen haben.

Solche Denkweisen werden durch statistische Kriterien verstärkt, die im Sinne einer Normalverteilungskurve ein weites Spektrum von Verhaltensweisen als normal einstufen und lediglich extreme Abweichungen mit dem Begriff Krankheit oder sozial unzulässigem Fehlverhalten definieren. Es bleiben dann im klassischen Sinne als Krankheitsbilder die erhalten, die als psychische Schwäche, soziale Unfähigkeit und antisoziales Verhalten betrachtet werden: Debilität, Demenz, Delinquenz, grobes Versagen in der Soziabilität, Suizidverhalten, Süchte - und die entsprechenden Reaktionen der Gesellschaft wie Bestrafung und Bewahrung in speziellen Institutionen: Gefängnisse und psychiatrische Anstalten im herkömmlichen Sinne. So gesehen, brauchte man der Resozialisierung im weiteren Sinne nur ein schmales Feld einzuräumen, so daß Bewährungshilfe und Rehabilitationsmaßnahmen zwar als Psychotherapie angesehen werden können, dieser gesamte Bereich jedoch als ein schmaler Unterbereich der Psychiatrie zu gelten hätte. Die aktuelle soziale Gesetzgebung hat diesen Begriffsrahmen weit überschritten, es ist allerdings ein erheblicher Ermessensspielraum nach unten gegeben, und es ist nicht unrealistisch, sich damit zu befassen, bevor Einschätzungen dieser Art in der Gesundheitspolitik offen auftauchen.

Die gesellschaftspolitische Entscheidung also, was als Krankheit zu bewerten ist, schafft erst die Grundlage für die Zählbarkeit vorliegender Krankheiten. Was im Dunklen bleibt, ergibt sich erst aus dem Verlust an potentiellen Patienten durch die Abdrängung ins Private. Die Zahl der als behandlungsbedürftig bekanntgewordenen Fälle, die aus den statistischen Erhebungen der Allgemeinpraktiker, von den Fachärzten und den Krankenhausärzten gewonnen wurde, läßt keinen verläßlichen Schluß auf die psychische Situation innerhalb der Bevölkerung zu. Aus der Erfahrung von psychosomatisch und psychotherapeutisch orientierten Ärzten ist jedoch die bittere Annahme abzuleiten, daß eine erhebliche Verschlimmerung des psychischen Elends vieler Menschen, die sich lange Zeit nicht als Patienten verstanden haben (und nicht als behandlungsbedürftig galten) eingetreten sein muß, bis sie dann als „wirklich“ Kranke wieder in den ärztlichen Praxen erscheinen. Die im privaten Bereich des persönlichen Leids nicht erfaßten Patienten tauchen als Schwergestörte aus eben diesem Privaten hervor; darüber allerdings gibt es keine statistischen Zahlen.

•

Die Gesundheitspolitik arbeitet an der Herausarbeitung von Krankheitsbildern; Menschen die von den entsprechenden Beschwerden betroffen sind, können, sofern sie sich an eine Institution des Gesundheitswesens gewandt haben, gezählt werden. Aus medizinal-praktischer Sicht ergibt sich, daß verborgenes Leiden nicht zu suchen ist, da man nur für offenes Leiden, für anerkannte Krankheit offiziell zuständig ist.

Es bleiben die empirischen Sozialwissenschaften, um hier mehr Licht ins Dunkel zu bringen. Sie stehen außerhalb der gesundheitspolitischen Machtverhältnisse und haben keine praktische Therapieverpflichtung. Verwunderlich ist, daß diese Wissenschaften ein bemerkenswertes Desinteresse an der „Dunkelziffer seelischer Krankheit" gezeigt haben, was um so mehr überrascht, als der Gegenstand auch publizistisch aus dem Tagesgeschäft nicht verschwunden ist, von daher durchaus ein allgemeines Interesse besteht. Warum hat von dort die Notwendigkeit zur wissenschaftlichen Durchdringung nicht zu größeren Forschungsvorhaben angeregt und sie durchgesetzt?

Die Darstellung berührt die allgemeine Forschungspolitik – und es wird ein Ton hörbar, der angesichts der Konkurrenz unter Vertretern verschiedener Wissenschaftsdisziplinen um die Priorität ihres Antrags auf öffentliche Förderung am ehesten gehört und verstanden wird. Aus welchen Haupttönen besteht der gesellschaftliche Kompromiß, der die Forschungsvorhaben entstehen läßt?

Die wissenschaftliche Aufgabe „Erkundung seelischen Leidens in der Gesellschaft" hat keine forschungspolitische Lobby. Die tiefenpsychologisch orientierten Therapeuten haben ihre eigenen Vorstellungen und äußern einen speziellen Verdacht. Sie vermuten, daß der Begriff Leiden zu sehr in persönliche Bereiche eindringt und Phänomene virulent machen könnte, die als so unangenehm und bedrohlich empfunden würden, daß eine Untersuchung unter dem genannten Titel von vornherein als falsch oder schlecht formuliert abgetan würde. Es wird von kollektiver Verleugnung oder von Verdrängung von Themen gesprochen, die der Forschung selbst und den Forschenden bedrohlich werden könnten. Eine solche These wäre leichtsinnig, wenn Untersuchungen vorlägen, die in einem größeren Umfang ähnlich bedrohliche Themen angegangen haben, etwa „Das normale Sterben" oder „Das Verlangen nach Krieg". Auf dem Felde der empirischen Sozialwissenschaften fehlen solche Belege.

Auch ohne spezielle psychotherapeutische Denkkonstruktionen kann die sozialpsychologische Annahme geäußert werden, daß mit jeder Unaufgeklärtheit ein Gleichgewichtszustand aufrechterhalten werden kann, so wie er gerade besteht. Für einen überwiegenden Teil unserer Gesellschaft kann angenommen werden, daß eine Veränderung in diesem Komplex seelischen Leidens eher gefährlich als wohltuend wäre. Aber beim Nachdenken tauchen unvermeidlich Fragen auf: Ist das Problem „Dunkelziffer" vielleicht allein durch die spezielle

Sicht der Psychotherapeuten entstanden? Ist das individuelle Befinden innerhalb der Gesellschaft nicht doch im großen und ganzen erträglich und ist das Mißbehagen nicht derart verteilt, daß es sich nicht lohnt, für die Klärung solcher Fragestellungen Millionenbeträge an Forschungsgeldern auszugeben? Bei einer solchen Grundeinstellung ficht der Hinweis, es sei mit der psychischen Landschaft so schlimm nicht bestellt, daß besser niemand genauer hinsieht, überhaupt nicht an.

•

Damit bleiben die Psychotherapeuten in ihrem Kreis allein. Sofern sie an Hochschulen arbeiten, wissen sie oder müssen sie immer wieder erfahren, daß ihr Thema nicht die Größenordnung hat, im Rahmen der Forschungspluralität auf nennenswertes Interesse zu stoßen und gar Prioritäten unter den Forschungsprojekten zu erlangen.

Zwar sind Expertenurteile durchaus gefragt, wie sie nach der großen Befragung in der Psychiatrieenquête, dem Bericht über die Lage der Psychiatrie in der Bundesrepublik Deutschland, angefordert und veröffentlicht wurden. In der Expertise wird schlicht festgestellt, daß genaue Angaben über die Anzahl psychisch Kranker und Behinderter infolge des Mangels an ausreichenden epidemiologischen Untersuchungen ... nicht möglich sind. Wie beiläufig wird hier ein blamables Fazit - Unwissenheit - verkündet, und die beteiligten Teilwissenschaften (Sozialmedizin, Präventivmedizin und medizinische Soziologie) erreichen in dieser durch Proporz entstandenen Gesamtbefragung der Experten nicht einmal die Würde der Erwähnung. Was dann folgt, sind weitgehend Aussagen von einzelnen Forschern, Mitteilungen, die keinen größeren Forschungsaufwand erforderten. Schließlich kann man den Expertenurteilen der einen die Expertenurteile der anderen gegenüberstellen, ohne daß dadurch das gesamte Feld der Beobachtung erhellt wird. Frühestens im Jahre 2005 wird eine weitere Untersuchung erhoben werden, und es sieht nicht so aus, als ob bis dahin andere Forschungsschwerpunkte entstehen könnten. Solange bleibt also die Enquête über weite Strecken die Fundgrube der Unerforschtheit seelischen Leidens.

Demgegenüber verlangt der Arbeitsschwerpunkt auf diesem Gebiet ein interdisziplinäres Vorgehen, Unterstützungen von Wissenschaften, die über Untersuchungsmethoden verfügen, die für einen größeren Personenkreis anwendbar sind, sowie spezielle psychotherapeutische Fragestellungen, die nicht allein durch anonyme Fragebogen erfaßt werden können. Angaben über psychisches Wohlbefinden, Leiden und schwere Beeinträchtigungen können erst dann mitgeteilt werden, wenn eine Basis des persönlichen Kontakts, wie durch psychoanalytische Interviews in geschützten Rahmenbedingungen gewährleistet ist. Für einen solchen Aufwand läßt sich derzeit forschungspolitisch keine Mehrheit finden.

Vielleicht ist dieser Zustand auch aus einem mehr oder weniger berechtigtem Mißtrauen in die Vertreter der Psychotherapie und Psychiatrie zu verstehen, wenn man unter diesem Gesichtspunkt die in ihren Einzelausprägungen methodisch außerordentlich verschiedenen Zugänge zu psychischem Leid einmal durch den Begriff der psychosozialen Medizin zusammenfaßt: Es ist dieser interdisziplinären Gruppe in den letzten 30 Jahren nicht gelungen, gesellschaftliche Vorurteile gegenüber ihrer Arbeit abzubauen und stattdessen ein breites Interesse an der gedanklichen Durchdringung psychischer Themen zu erzeugen. Auch die von einer progressiven Welle getragenen Psychotherapeuten der 60er und 70er Jahre haben vielleicht doch mehr versprochen, als sie gehalten haben und nach Einschätzung einer interessierten Öffentlichkeit hätten leisten sollen. Ihre berufspolitische Aufspaltung in immer neue Subgruppierungen und ihr rascher Gebrauch und Verbrauch an Formeln der Heilung, ihr Methodenpluralismus (wenn nicht -antagonismus) waren nicht geeignet, öffentliche Zustimmung und Vertrauen zu erringen.

Seelisches Leid - Suizid ausgenommen - erscheint in keiner Statistik der Todesursachen, seien sie medizinischer, soziologischer, philosophischer oder religiöser Herkunft. Die Angst der Menschen ist weitgehend fixiert und konzentriert auf den Tod an Herz-Kreislauf-Versagen und an Krebs.

Die Dunkelziffer im seelischen Bereich erscheint so nicht ungewollt; es wird eine falsche gnädige Decke über einen Zustand gebreitet, über den viele Therapeuten lebensnahe Kenntnisse haben, der jedoch bisher keiner zusammenfassenden wissenschaftlichen Untersuchung unterzogen wurde.

•

Leiden empirisch zu erforschen hat etwas Unangemessenes, wirkt technisch verobjektivierend und mißachtet damit seine seelische Qualität. Gibt es einen Ansatz, der Leid würdigt und es dennoch erforscht? Die Versuchsperson (Vp) der empirischen Sozialforschung ist per Definition solcher Forschung unangemessen.

Solange Leid gelebt wird, aber hinter Sprachlosigkeit verborgen bleibt, findet es keinen, der es aufnimmt und dadurch verwandeln kann. Dazu bedarf es einer Gegensprache, an der sich Leid reibt und sprachlich entzünden kann. Solange man sich gesellschaftskonform verhält und beinahe totarbeiten darf, wenn man das Erarbeitete für Heim und Hof und sozial Erwünschtes anlegt, lebt man von Infarkt zu Infarkt. Die Sprache der nur arteriellen Rehabilitation ist eine gnadenlose Fortsetzung dieser Realität bis zum Tod. Indem eine medizinische Fachsprache das Feld des Leidens beherrscht, die genannte Herzerkrankung nur als einen organischen, reparierbaren Defekt ansieht, entsteht damit sogleich das kulturelle Verbot einer Gegensprache, die das gleiche Ereignis von einem anderen Bewertungsstandpunkt aus völlig anders sehen könnte.

Psychotherapeuten haben Ansätze zu einer Gegensprache. Aber erst wenn sie ins Praxisfeld gelangen, in die therapeutische Realität, also nicht als leere Kästchen in einem Fragebogen auftauchen, sondern als eine andere, durch einen Menschen sinnbezogen repräsentierte Sprache Wirklichkeit geworden sind, können sie Materialien im Sinne einer forschungsangemessenen Methodik erfassen.

Seelisches Leiden ist in diesem Sinne weder ein Objekt der Untersuchung einer Krankheit, noch ein isolierbares Objekt im Sinne der Sozialwissenschaft. Allein der Zugang, der an Leid einen sprachlichen Bereich eröffnet, in welchem es einen vom Leid Sprechenden wie einen Leid Empfangenden gibt, ist methodisch geeignet, Erfahrungen über Leiden zu gewinnen und mitzuteilen. Alle in diesem Sinne durchgeführten Forschungen verlangen, daß die Untersucher mit den Untersuchten zusammen betrachtet werden. Ein Dritter, der beurteilende Soziologe oder Psychologe, ist hinzuzuziehen.

Für ihre Untersuchungen steht den Therapeuten ihre Praxis offen, in der dieses Prinzip zunächst beispielhaft verwirklicht wird: Forschung im Feld der ausgeübten Psychotherapie. Diesem Arbeitsfeld sind Patienten wie Therapeuten gleichermaßen zugeordnet, wenn auch in verwickelten und ungleichen Rollen. Problematisch bleibt, daß bei dieser Forschung neben dem Gespann Patient–Psychotherapeut kein unabhängiger Dritter vorhanden ist, der als neutraler Beobachter und allwissender Deus das Unternehmen begleiten könnte. Stattdessen spricht über diese Dyade Patient–Therapeut nur der Therapeut das offizielle Wort. Der Patient hat keine eigene Stimme. Diese unüberwindbare methodische Einschränkung wird daher von anderen Wissenschaftszweigen als unwissenschaftlich abgetan.

Bleibt als Kompromiß eine Praxiserforschung, innerhalb derer ruhig zuzugeben ist, daß die Therapeuten nur das erkennen können, was sich mittels ihrer Begriffsbildungen einfangen läßt. Die Erkenntnisse haben jedoch den Praxisort, also die tägliche Aktivität im Beruf zur Grundlage, und die praktische Erfahrung aus einer nach vergleichbaren Regeln wahrgenommenen Tätigkeit erstreckt sich (gemessen an der Biographie des Therapeuten wie der Bestandsdauer der Therapeutengruppen) oft über einen sehr langen Zeitraum. Die Begriffe der Therapeuten aus diesem Feld sind aus der Arbeit mit den Patienten entstanden, von daher sind *auch* die Patienten ihre Urheber: Die therapeutischen Begriffe sind gemeinsam erarbeiteter Bestand.

Hinweise zur Literatur

Seit der vor über 20 Jahren von dem Sozialmediziner Pflanz aufgestellten Behauptung: „Eine Epidemiologie der Gesundheit erscheint ... als verlockende Aufgabe, doch ist sie bei näherer Betrachtung noch nicht zu verwirklichen“, hat sich keine entscheidende Veränderung ergeben [Pflanz (1962) *Sozialer Wandel und Krankheit,* S. 219]. Am Rande des Dunkelfelds haben sich Autoren angesiedelt, die Licht hineinwerfen, das ganze aber nicht durchleuchten können: Mitscherlich et al. (Hrsg) (1976) *Der Kranke in der modernen Gesellschaft.* – Lüth (1974) *Sprechende und stumme Medizin.* – Balint (1965/1970) *Der Arzt, sein Patient und die Krankheit.* – Illich (1977) *Die Nemesis der Medizin. Von den Grenzen des Gesundheitswesens.* – Overbeck (1984) *Krankheit als Anpassung.*

Enquête. Bericht über die Lage der Psychiatrie in der Bundesrepublik Deutschland (1975). Die Diskussion um die Enquête hat einen breiten Niederschlag nur in Expertengesprächen, Zeitschriften und Info-Literatur über die Reformdiskussion gefunden, ganz im Gegensatz zur antipsychiatrischen Bewegung, deren Publikationen durch Übersetzungen international (Italien, England, Frankreich u. a.) zugänglich wurden: Basaglia (Hrsg) (^{2}1978) *Die negierte Institution.* – Cooper (1971) *Psychiatrie und Anti-Psychiatrie.* – Mannoni (1970) *Der Psychiater, sein Patient und die Psychoanalyse.* – Jervis (1978) *Kritisches*

Handbuch der Psychiatrie. Die deutschen Sammelberichte schließen zunächst mit Bopp (1980) *Antipsychiatrie,* und Hartung (1980) *Die neuen Kleider der Psychiatrie,* der gegen die abschließenden Publikationen die ungelösten und weitergehenden Fragen offenhält.

In kontroverses Denken über den Krankheitsbegriff führen ein: Menninger (1968) *Das Leben als Balance,* und Foucault (1968) *Psychologie und Geisteskrankheit.*

Über die Reichweite und inhaltliche Bestimmung der Forschung in der BRD geben exemplarisch die von der Deutschen Forschungsgemeinschaft (Bonn) jährlich ab 1970 herausgegebenen *Jahresberichte, Programme und Projekte* Auskunft. Deutlich sind die Aussparungen psychotherapeutischer Forschung ablesbar. Als Ausnahme vgl. *Sonderforschungsbereiche* 32 und 129; zur wissenschaftlichen Entwicklung vgl. Kächele (1981) *Zur Bedeutung der Krankengeschichte in der klinisch-psychoanalytischen Forschung.* – Häfner (Hrsg) (1983) *Forschung für die seelische Gesundheit. Eine Bestandsaufnahme der psychiatrischen, psychotherapeutischen und psychosomatischen Forschung und ihre Probleme in der Bundesrepublik Deutschland.*

Das wahrgenommene und das wahre Leiden

Ein Blick auf die Praxis und das dort wahrgenommene und beurteilte Leiden: Hier herrschen berufspragmatische Regeln, gibt es Gewichtungen durch die Art der Organisation: Spielraum in einer nur auf Psychotherapie im engeren Sinn orientierten Praxis, Enge in der Versorgung andrängender Patienten in einer Klinik, die kaum überschaubare Vielfalt der Anforderungen in einer nervenärztlichen Praxis.

Die Therapeuten, so mit der aktuell ausgestalteten und unmittelbar eingebrachten Thematik des Leidens befaßt, haben die Komplexität seelischen Geschehens zwischen zwei Menschen zunächst heruntergespielt auf einfache Aussagen, die geradezu den Charakter von Formeln angenommen haben.

Ihr erstes, zentrales und inhaltlich komplexes Schlüsselwort heißt: Leidensdruck. Es gilt als eine Voraussetzung, die der Patient vorzuweisen hat, als Eintrittskarte, die den Beginn einer Therapie ermöglicht.

Da Leidens*druck* auf eine mechanische und medizinische Größe hinweist, die wie Blutdruck gemessen und als zu hoch oder zu niedrig befunden werden kann, wird für das gleiche Phänomen der Begriff Leidens*gefühl* eingesetzt, während die überwiegende Zahl von nichtmedizinischen Therapeuten den neutraler klingenden Ausdruck *Motivation* verwendet. Diese und ähnliche Begriffe (Leidensdruck, Leidensgefühl, Schmerz, Motivation), die Krankheitsbewußtsein signalisieren, sind nicht nur wissenschaftstheoretisch verschiedenen Ursprungs, sondern werden auch von jeweils verschiedenen Gruppen von Therapeuten inhaltlich verschieden gebraucht. Dennoch muß für diesen Überblick ihr gemeinsamer Nenner gesucht werden, da es auf die in der Praxis gleichartigen Phänomene ankommt, die künstlich – nur durch einen abstrahierten und nicht therapienahen Sprachgebrauch – differenziert werden. Es besteht von der

Praxis her ein breites Feld der Übereinstimmung der Bedeutung dieser Begriffe, ein psychotherapeutischer Kontext, so daß sich Therapeuten darin verständigen können.

Wie durch ein Nadelöhr verengt sich der Eintritt zur Therapie. Der Patient muß Voraussetzungen erbringen, um zur Therapie zugelassen zu werden. Es ließe sich ein Katalog von idealen Voraussetzungen aufstellen, wodurch die Wahrscheinlichkeit, daß eine Therapie stattfindet, größer sein soll, als wenn er fehlte.

In einem Leitfaden für Patienten wäre diese Empfehlung so formuliert: Prüfen Sie, ob Sie Ihr Leiden, Ihr Anliegen, Ihr Problem, Ihre Schwierigkeiten oder wie Sie das nennen mögen, was Sie drückt, Leiden macht, worin Sie sich krank fühlen, in nachfolgende Begriffe einordnen können. Dieser Fragebogen existiert nicht als Formular, aber er ist im Kopf des Therapeuten vorhanden. Es sind Fragen an den Patienten, die er sich selbst stellt. Er formuliert diese Erkundung der Voraussetzungen für eine Therapie sicher in anderen Sätzen und hört von realen Patienten auch abweichende Antworten. Man kann imaginäre Vorgespräche mit dem Patienten jedoch formalisieren.

•

Im folgenden werden einige Fragen an den Patienten zusammengestellt. Aus den hinzugefügten Präzisierungen und Hinweisen ist zu entnehmen, daß bei Bejahung aller Fragen eine „ideale Indikation" für eine Therapie gegeben wäre.

- *Erkennen Sie Ihr Ich in Ihrem Leiden?* Es ist ungünstig, wenn Sie einem Therapeuten vorab erklären: „Es sind die Schmerzen", oder wenn Sie äußere Ereignisse („Die Arbeitswelt ist zu schwer") einführen, ohne daß Sie sich selbst zeigen und erkennbar werden. Wenn Sie Beschwerden im Sinne körperlich empfundenen Leidens haben, ist es dennoch wichtig, diese Beschwerden als Teil Ihres Ichs ansehen zu können. Der Psychotherapeut hat es schwer, wenn Sie sich an ihn wie an einen Organmediziner wenden: „Mein Herz macht nicht mehr mit."
- *Können Sie ein bestimmtes Problem benennen?* Es ist ungünstig, wenn Sie sich etwa so äußern: „Alles ist kaputt, nichts geht, ich weiß weder aus noch ein". Mit einer solchen Formulierung würden Sie den Therapeuten in eine schwierige Situation bringen: Wie soll er dieses „Alles" beurteilen, wie soll er aus dem Weder-noch ein Sowohl-als-auch machen? Selbst wenn Sie nur ein vorläufiges Problem nennen können, es an den Rändern unbestimmt bleibt und Sie selbst unsicher sind, ob es Ihr wirkliches Problem ist – jedenfalls hat es der Therapeut leichter, wenn Sie die inhaltliche Thematik benennen oder umreißen können.
- *Sind Sie freiwillig gekommen?* Natürlich stehen Sie wie alle Menschen in Bindungen wie Familie, Freunde, Berufsfeld. Sie kennen Ärzte, die Ihnen entweder eine Therapie dringend empfohlen oder solche, die sie als nutzlos erklärt haben. Prüfen Sie sich, ob Sie aus all diesen Wechselbezügen etwas so abgrenzen können, daß Sie sagen: „Ich bin freiwillig gekommen". Wenn Sie erkennen müssen, daß Sie sich einer sozialen Drucksituation beugen, den Weg zum Therapeuten nur als Ausweg oder Umweg begreifen können, fehlt bei Ihnen eine wichtige Voraussetzung zu einem freien therapeutischen Gespräch.

– *Besteht das Problem, das Sie hergeführt hat, über einen längeren Zeitraum?* Wenn Sie eine längerdauernde Therapie eingehen wollen, so spricht gerade dieser Zeitraum dafür, daß Ihr Thema eine gewisse lebensgeschichtliche, längerfristige Tragweite hat. Wenn Sie nur sagen können: „Heute geht es mir schlecht, ich weiß nicht, ob es mir morgen vielleicht von selbst gut geht", kann sich ein längerdauerndes Arbeitsbündnis in der Therapie nicht entwickeln.

– *Haben Sie die Hoffnung, gerade im Kontakt mit einem Therapeuten – wie auch immer Sie ihn sich vorstellen mögen – Hilfe zu erlangen?* Es ist gut, wenn Sie soweit Klarheit haben, daß Sie sich an einen Psychotherapeuten und nicht an einen anderen Spezialisten aus der Medizin wenden. Ist Ihnen die Vorstellung, die Beziehung zu einem anderen Menschen könne Ihnen nützen, geläufig oder fremd? Wenn Sie Ihnen sehr fremd ist, ist zu erwarten, daß Sie eher auf einem anderen Weg Heilung oder Linderung suchen, etwa durch Veränderung von Lebensumständen, mit Hilfe von Medikamenten oder durch sonstige Aktivitäten, die nicht unmittelbar mit der Beziehung zu einem anderen Menschen zusammenhängen.

– *Hoffen Sie, daß gerade das Sprechen mit dem Therapeuten Ihnen helfen kann?* Sie müssen wissen, daß der Therapeut im Rahmen seiner Beziehung mit Ihnen lediglich über das Instrument des Sprechens verfügt, daß er kein Hypnotiseur, kein Alleswisser oder Mitleidender ist, sondern seine Leistung im Sprechen besteht, in der Suche nach verständlichen Zusammenhängen.

– *Wünschen Sie eine Lebensveränderung?* Sie werden diese Frage als überflüssig zurückweisen, weil Sie leiden und von daher mit Selbstverständlichkeit behaupten können, Sie wollten eine Veränderung. Aber es gibt auch leidauslösende Lebenssituationen, die nicht willentlich verändert werden können. Es können dies äußere Umstände sein, aber auch solche, die in Ihnen selbst zu suchen sind: z. B. ein Allgemeinzustand, der Ihnen einerseits Schmerzen bereitet, Ihnen andererseits zugleich Befriedigungen gibt. Nur wenn Sie sich in der Lage fühlen, diesen alten Zustand verändern zu wollen, wird der Therapeut dies als Wunsch nach Veränderung anerkennen können.

Sie dürfen in jedem der genannten Punkte unsicher sein und zweifeln. Es ist jedoch günstig, wenn Sie die genannten Fragen im Prinzip bejahen können.

Psychotherapeutisch behandelbar ist das Leiden, wenn es auf einer im Ich des Patienten wahrgenommenen Störung der Befindlichkeit beruht, über einen überschaubaren Zeitraum besteht, nicht von einem anderen Menschen durch schweren sozialen Druck oder Zwang erzeugt wird, inhaltlich einigermaßen bestimmbar ist und in der Hoffnung, Erwartung, Möglichkeit vorgetragen wird, im Gespräch mit dem Therapeuten und den sich daraus entwickelnden wechselseitig verstehenden Austausch zu Einsichten zu kommen, deren lebenspraktische Folgen dieses Leiden auflösen oder mildern.

Mit solch einer Formulierung wäre eine Indikation im klassischen medizinischen Sinn erreicht. Unbestreitbar ist, daß die genannten Voraussetzungen wesentlich für einen günstigen Therapieverlauf sind. Sie sind zunächst einmal als Kriterien für eine günstige Prognose anzusehen.

•

Je sorgfältiger die oben aufgeführten Indikations- und Prognosefragen ausgearbeitet werden, je mehr das Idealbild eines Leidensdrucks zu einem Konstrukt des „idealen Patienten" führt, um so weiter entfernt man sich von dem intendierten Sinngehalt. Der Patient, der alle Kriterien in idealer Weise erfüllt, steht der Selbstheilung so nahe, daß er fast keinen Therapeuten mehr braucht. Es wird deutlich, daß die therapeutische Arbeit außerhalb dieser Auflistung von Voraussetzungen stattfindet, geradezu aufgrund von deren Mängeln.

Inwieweit ist der Therapeut in seiner Arbeit an diesen Fragenkatalog gebunden? Es zeigt sich, daß er für seine Person ebenso gilt. Der Therapeut sollte in der Lage sein, in seiner Arbeit sein Ich zu erkennen, bestimmte Probleme abtrennen zu können, er muß zur Therapie motiviert sein, also freiwillig arbeiten, und dies über einen längeren Zeitraum. Er muß selbst die Hoffnung haben, im Kontakt mit dem Patienten etwas Hilfreiches bewirken zu können. Er muß überzeugt sein, daß im Sprechen hilfreiche Elemente liegen, und er muß ein Gefühl dafür haben, daß Lebenszusammenhänge nicht statisch und erstarrt sind, sondern daß ihnen die Möglichkeit zur Veränderung innewohnt. Dieser Voraussetzungs- und Leistungskatalog gilt also für beide Therapieteilnehmer gleichzeitig; die Entwicklung der Therapie entsteht jedoch, wie erwähnt, paradoxerweise nicht in der Arbeit an den als ideal aufgezeigten Voraussetzungen, sondern an ihren Mängeln. Von hier ergibt sich eine Sichtweise der therapeutischen Arbeitsleistung; es entsteht für den Therapeuten ein Aufgaben- oder Tugendkatalog mit ganz anderen Vorzeichen, wobei er abwägen muß, ob er den geforderten Leistungen gewachsen ist oder nicht.

Therapeuten sollten sich der gegebenen Wirklichkeit stellen und nach dem noch sprachlosen Leiden suchen, nicht wohlformulierte Leidensdefinitionen vorzufinden wünschen. Sie sollten sich in das wahre, möglicherweise unbewußte Leid einfühlen können, Leid auch dort erkennen, wo es durch „Leidensverbote" verstellt ist, und das falsche Leiden, welches mißbräuchlich zu ungerechtfertigter Bevorzugung und Vergünstigung als unangemessenes seelisches Schmerzensgeld verwendet wird, zurückweisen. Idealerweise wären sie die Beurteiler von Leidensverhältnissen. Ihnen obläge es, Leiden aufzuspüren und bewußtseinsfähig zu machen, wo es in Erstarrung und Resignation überhaupt nicht mehr gefühlt wird. Ihre Aufgabe wäre, Vorgänge sichtbar zu machen, in denen in blindem Aktionisimus Leid nach Leid gegen sich und andere gesetzt wird, ohne daß ein Bewußtheitsgrad entsteht, der notwendig wäre, um diese Leidenskette zu unterbrechen. Sie sollten sich widersetzen, wenn das Leid heruntergespielt wird (etwa mit der achselzuckenden Bemerkung: „Einen Suizidversuch macht fast jeder einmal im Leben"). Sie müssen den geschminkten Optimismus ebenso durchschauen wie die gespielte Depression, jenen eingeübten, therapiekonformen, stereotypen Leidensdruck, der vom Patienten einmal als Waffe entwickelt wurde und nun manipulativ zur Erreichung von Therapieleistungen eingesetzt wird. In allen diesen Situationen können und dürfen sich Therapeuten auch im Gegensatz zum aktuellen Fühlen der Patienten befinden.

Dabei muß sich der Therapeut bewußt bleiben, daß er weder Leid zu erlauben, noch es zu verbieten hat, aber daß er – ob er will oder nicht – in dem gesellschaftlichen Spannungsfeld von Leidensverbot und Leidenserlaubnis steht, eingreift und einerseits als Leidensbezwinger und andererseits als Leidensforderer angesehen und mißverstanden wird. Was jeweils bekämpft oder gefordert werden darf, entspricht ebenso der Norm wie diese sich wieder auflöst. Der Therapeut nimmt teil am Prozeß der Normenveränderungen und ihrer zeitbedingten Ausformungen. Man denke etwa an die in letzter Zeit stärker tolerierte Auffasssung, wonach inneres Leid nicht als Schicksal hinzunehmen, sondern nach außen zu richten und damit Leidveränderung durch die Erkennung ihrer Bedingungsvorgänge anzustreben sei, während andererseits ein neues Leidensverbot entstanden ist: die Normalität, an der man leidet, aber nicht leiden darf - eben weil sie Normalität und damit Gesundheit sei.

Der Leidensdruck, der keine Chance findet, sich nach außen zu wenden, sei es durch Veränderung von Lebensumständen, sei es durch die Beziehung zu einem Therapeuten, kann so sehr ins Private, in Einsamkeit, Schweigen und Isoliertheit rücken, daß der Leidensdruck in einen Zustand psychischer Erstarrung übergeht. Je weniger seelisches Leiden in Beziehungen und Verhältnissen gesehen wird, um so eher richtet es sich gegen das Individuum selbst. Die Abspaltung des Leidens von Menschen als Verursacher, die Entpersonalisierung also zu einer leidverstärkenden Beziehungslosigkeit. Der auf diese Weise von außen nicht mehr erkennbare Leidensdruck könnte als eine Leidensunfähigkeit angesehen werden, die jedoch gerade durch die therapeutische Beziehungsaufnahme aus ihrer krankhaften Isolierung herausgelöst werden müßte.

So kehrt sich das Thema um: Der Therapeut müßte dort Leiden zeigen, wo der Patient noch nicht oder nicht mehr leidet. Seine Mit-Leidensfähigkeit müßte gerade dort fühlbar werden, wo Leid in Erstarrung, Distanzierung, Kälte, Zynismus, Lächerlichkeit und Verleugnung verlorengegangen ist. Diese Zurückgewinnung des Leidensdrucks als therapeutische Zielsetzung - nicht dessen Voraussetzung - ist also eine andere Aufgabe als die Bearbeitung des vom Patienten offen zum Leid erklärten Sachverhalts.

Was hier von der Leidenssuche gesagt wurde, gilt ähnlich für andere Punkte der Indikationsliste. Vom Patienten ist nicht die fertig ausformulierte Sprache zu verlangen, die Beantwortung dessen, wofür der Therapeut bereits ein Antwortmuster in die Frage gelegt hat: „Was fehlt Ihnen?" - und dies mit dem Beiklang: „Äußern Sie sich kurz, aber eindeutig und umfassend genug". Die Aufgabe ist, eine angemessene Sprache zu suchen und zu entwickeln. Das Leid kann keine Sprache, aber trotzdem einen Klang haben.

Wenn ein Problem unüberschaubar erscheint, dann ist die Aufgabe, es überschaubar zu machen. Die Hoffnung auf helfende Beziehung durch Sprechen kann darin ausgedrückt werden, daß der Patient überhaupt kommt. Stumm, unglücklich und einsam, hat er es dennoch geschafft, einen Therapeuten aufzusuchen, und dieses Handeln ist sein erster Beitrag für die noch nicht gegebene, zu entwickelnde Sprache.

•

Wird in diesem Tugend- und Arbeitskatalog nun alles dem Therapeuten aufgebürdet? Hat der Patient außer seinem Kommen und der Vermeidung mißbräuchlicher Leidensschilderung keine weiteren Anstrengungen auf sich zu nehmen, nichts weiter zu leisten? Wie weit hat der Patient seinen Therapeuten zu schonen oder zu schützen? Auch die Leidensfähigkeit des Therapeuten ist begrenzt. Seine prinzipielle und in die Therapiesituation eingebrachte Fähigkeit, fremdes Leiden in den beobachtbaren Phänomenen zu erkennen und einfühlend und vorübergehend zu seiner eigenen Angelegenheit zu machen, ist nicht unerschöpflich. Sich weitgehend mit anderen Menschen zu identifizieren, eine Art Inokulationsbereitschaft des Therapeuten, ist ein riskanter Vorgang. Der Therapeut stellt, um bei dem medizinischen Vergleich zu bleiben, die Abwehrkräfte seines eigenen Organismus dem des Patienten in einer praktisch lebbaren Weise zur Verfügung. Überfordert der Patient durch unersättliche Ansprüche oder unterfordert er durch unangemessene Zurückhaltung diese Fähigkeit, so erlischt sie. Es bleibt ein nutzlos sprechender oder nutzlos stummer Therapeut. In der Beziehungslosigkeit wird das Sprechen des Patienten zu einem Monolog vor einer hörlosen Klagemauer; das Sprechen des Therapeuten könnte von einer hohen moralischen Warte aus als gutmütiges Einreden auf den Patienten verstanden werden. In beiden Fällen reden die Therapiepartner aneinander vorbei und bleiben hilflos.

Diese Situationen sind nicht selten, sie entstehen besonders dann, wenn dem Therapeuten abverlangt wird, alles anzunehmen, alles zu verstehen. So sehr die therapiepraktischen Aufgaben von Patient und Therapeut sich unterscheiden, so muß ein Minimum an Gleichrangigkeit insofern erhalten bleiben, als auch von seiten des Patienten Achtung und Respekt vor dem Ich des Therapeuten nicht fehlen dürfen. Erst diese Gleichartigkeit oder vergleichbare Beschaffenheit des Therapeuten- und des Patienten-Ichs enthält die Grundbedingung dafür, daß später weder Mißverständnisse oder Nichtverstandenes noch Enttäuschungen die Arbeitsbeziehung zum Erlöschen bringen. Wahrscheinlich muß ein Grundkonsens an Wertmaßstäben vorhanden sein, damit der Austausch psychischer Inhalte im Sinne des Erkennens und wechselseitigen Verstehens möglich wird. Wenn ein solcher Konsens fehlt, bleibt sprechende Therapie wirkungslos. Wie die Achtung vor dem Ich des anderen gehört zu dem Konsens auch die Achtung vor dessen Leidensfähigkeit, da sie Voraussetzung dafür ist, Leid zu zeigen und Veränderung zu wollen. Beziehungsaufnahme und Form und Art des gezeigten und empfundenen Leidensdrucks müssen zusammen gesehen werden. Nur dadurch gerät dessen Vorhandensein wie sein Fehlen als Ausdruck einer Störung innerhalb einer Beziehung in den Blick. Das Zurschaustellen wie das Verbergen, Angepaßtheit wie Abweichung davon zeigen gleichermaßen berechtigtes Leiden an. Therapie hätte an jeder spezifischen Form anzusetzen, ohne zu werten, weil jede eine andere Art der Beziehungsstörung deutlich machen kann. Dabei muß sich der Therapeut aber zusammen mit dem Patienten fragen, wo er und für was er jetzt in der Beziehung steht. Der Leidensdruck ist nicht bloß eine dem Patienten als Indikation zugeschriebene Sache.

Das vorgebrachte Leid des einen und die beruflich ausgebildete Leidensfähigkeit des anderen werden in der konkreten Begegnung neu erlebt und im Gespräch verändert, erhalten durch den Kontakt beider Individuen eine bestimmte Ausprägung. Die Grenzen, die so dem Leid gezogen werden und wodurch manches ausgegrenzt wird, sind als Grenzen dieser Beziehung, dieser Therapie und der hier stattfindenden Leidveränderung hinzunehmen. Aber gerade das Wahrnehmen und Ausmessen dieser Grenzen ermöglicht die Erfahrung, den psychischen Raum zu erweitern, nicht unbegrenzt, aber sicher über das hinaus, was bisher unverrückbar schien. Die Grenzen der therapeutischen Beziehung markieren auch die Linien, wo sich die Realität der Therapie absetzt von der Idealität des Patienten, des Therapeuten und des Leidens. Die situationsbezogene, personengebundene, beziehungsbedingte Leidensausformung bestimmt die Therapie, den Weg, den sie nimmt, wie ihre Aufgaben und Ziele.

Hinweise zur Literatur

Überraschend wird dem Begriff Leidensdruck, der zum festen Bestand des therapeutischen Sprechens gehört und ein wichtiges Kriterium in der therapeutischen Arbeit darstellt, weder der Rang eines wissenschaftlichen noch klinischen Terminus in der Literatur zuerkannt.

Die komplexen Zusammenhänge von Beziehung und Leiden lassen sich im Sprechen über Therapien gut in ihrer Dynamik erfassen und beurteilen, während bei einer schriftlichen Darstellung durch die unvermeidliche Isoliertheit des Autors es eher zu Fehleinschätzungen kommt. Dem Leidensdruck werden keine eigenständigen Untersuchungen gewidmet. Die Erörterung dieses Begriffs fehlt selbst in einem Handbuch wie Kisker et al. (Hrsg) (1972–1979) *Psychiatrie der Gegenwart,* in einer klassischen Neurosenlehre wie Fenichel (1974) *Psychoanalytische Neurosenlehre,* in einem Lehrbuch der Psychoanalyse wie Greenson (1975) *Technik und Praxis der Psychoanalyse,* in einem Lexikon wie Laplanche u. Pontalis (1972) *Das Vokabular der Psychoanalyse* sowie in einer Gesamtdarstellung: Strotzka (Hrsg) (^{2}1978) *Psychotherapie: Grundlagen, Verfahren, Indikationen.*

Das genormte Praxisfeld, Kodex und Richtlinien

Psychotherapie als Berufsausübung unterliegt einer Sammlung von geschriebenen und ungeschriebenen Regeln. Es sind dies gewachsene und allgemein hingenommene Abmachungen der Gesellschaft, an denen sich Patienten und Therapeuten beteiligen. Daneben gibt es umstrittene und durch politische Kräfte veränderbare Gesetze, die als Standesrechte, Approbationsordnungen, Krankenkassenverträge vorliegen und, so kurzlebig sie sein mögen, zum Zeitpunkt des Beginns einer Therapie für Patient wie Therapeut nicht zur individuellen Disposition stehen. Diese Regeln sind unpersönlich, zwingend, unterliegen der demokratischen Willensbildung, haben z. T. öffentlich-rechtliche Geltung und sind, soweit sie Gesetze sind, durch die Rechtsprechung geschützt.

Dagegen ist zu erwarten, daß die ungeschriebenen Regeln voller Spannungen und Gegenläufigkeiten sind. Doch häufig sind Gewohnheitsregeln derart in das Verhalten einer sozialen Gruppe eingeschmolzen, vergessen, daß sie als solche gar nicht wahrgenommen und damit noch weniger zur Diskussion gestellt werden können als Gesetze, die in wenigen Paragraphen einschneidende Definitionen setzen.

Außerdem tritt hinter dem Gegensatz von geschriebenen und ungeschriebenen Regeln ein verborgener hervor: der von öffentlich-bekannten und von nichtöffentlich-unbewußten Regeln. Von diesen, den eher geheimen Regeln wird das therapeutische Feld nicht weniger geprägt und unter Spannung gesetzt, sei es affirmativ oder oppositionell, als von den bereits standardisierten Vorschriften.

Der geschriebene Kodex

Der geschriebene Kodex deckt sich zunächst ausnahmslos mit den allgemeinen Persönlichkeitsrechten der Verfassung, den allgemeinen Strafgesetzen sowie den zwingenden Grundlagen des Zivilrechts.

Innerhalb eines freiwillig eingegangenen Dienstleistungsvertrages, dessen wesentlicher Inhalt Psychotherapie ist, haben Patient und Therapeut ihre allgemeinen Grundrechte, wobei in diesem Zusammenhang das Recht auf freie Meinungsäußerung (Art. 5 Grundgesetz) besonders zu betonen ist. Sie sind geschützt durch die allgemeinen Strafbestimmungen über die Abwesenheit von Gewalt, gegen Taten „wider die persönliche Freiheit" (§§ 234ff. StGB). Jede Unterbringung in einer psychiatrischen Klinik gegen den Willen des Betroffenen, also durch Gewalt, unterliegt besonderen rechtlichen Voraussetzungen und Prozeduren (§ 6 BGB, §§ 42a ff. StGB u. a.). Ferner finden sich das Verbot der Androhung von Gewalt (Nötigung § 240 StGB), besondere Gesetze, die dem ärztlichen Therapeuten eine spezielle Schweigepflicht (§ 300 StGB) auferlegen, sowie das Verbot sexueller Beziehungen im Rahmen der Arzt-Patient-Beziehung (§ 174 StGB), schließlich das allgemeine Verbot, jemanden „an der Gesundheit zu beschädigen" (§ 223 StGB).

Die freie Vereinbarung zwischen Therapeut und Patient, sich zum Zweck der Psychotherapie sehen zu wollen, wird jedoch für beide Parteien durch eine Reihe von gesellschaftlichen Entscheidungen eingeschränkt, die wie Zulassungsordnungen betrachtet werden können.

Spezielle Gesetze regeln, welche Voraussetzungen jemand erfüllen muß, um sich Therapeut nennen und die Dienstleistung öffentlich anbieten zu dürfen, als ob Sprechen unter Menschen noch der Erlaubnis anderer bedürfe. Es sind dies die Regeln über Staatsexamina, Diplomprüfungen, aber auch Regeln der Ärztekammer über die Niederlassung als praktizierender Therapeut sowie der Zugang zu den Krankenkassen.

Therapeut und Patient sind für den Abschluß des Dienstleistungsvertrages an weitere Regelungen gebunden: Der Patient muß eine in ihrem Umfang recht genau definierte Krankheit vorzuweisen haben, die auf eine ebenso beschriebene Fachkompetenz eines Therapeuten stoßen muß. Nur wenn diese Voraussetzungen erfüllt sind, dürfen Patient und Therapeut in dem Arbeitsfeld Psychotherapie zusammentreffen. Diese Regelung dient der Ökonomie über die Verwendung der Krankenkassenbeiträge, die von der Allgemeinheit geleistet werden, unterliegt damit einer Idee des Beistands aller für den in Not geratenen einzelnen, hat jedoch gleichzeitig eine außerordentlich steuernde und eingrenzende Funktion. Krankenkassen und Ärztekammern haben im Rahmen rechtsstaatlicher Aufsicht aufgelistet, wann seelische Krankheit vorliegt und was demzufolge außerhalb als normales Leid und Unglück hilflos ertragen oder auf anderem Weg beseitigt werden muß. Dies ist eine sozialpolitisch immer umkämpfte Entscheidung, die von den herrschenden Kräften erzwungen wird. Sie entscheidet über Gewährung und Verweigerung therapeutischer Hilfe.

•

Der Kodex Psychotherapie ist so gut wie vollständig aus ärztlichem Denken und standesrechtlicher Organisation erwachsen und weitgehend von Ärztekammern bestimmt. Daneben und z. T. unabhängig davon haben sich verwandte Berufsgruppen mit Psychotherapie und ihrem Kodex befaßt, diesen auf eigene Bereiche übertragen (etwa in der beratenden Pädagogik) oder sind, was hier wichtiger ist, selbst in das psychotherapeutische Feld eingetreten. Es sind dies die nichtärztlichen Therapeuten, vorwiegend Psychologen, die sich über Studium, Weiterbildung und Selbstbildung Kenntnisse verschafft haben und sie als Psychotherapie beruflich ausüben. Sie sind bislang rechtlich nicht den Ärzten gleichgestellt, was eine Reihe von Problemen aufwirft: Psychologen, jedoch auch die große Gruppe der Sozialarbeiter und Sozialpädagogen, können zwar inhaltlich die Regeln der Arzt-Patient-Beziehung übernehmen, sie sind auch zivilrechtlich zum Abschluß von Dienstleistungsverträgen berechtigt, unterliegen jedoch nicht dem ärztlichen Standesrecht und den besonderen Schutzbestimmungen, die den Ärzten gewährt werden. In höchstrichterlichen Rechtsprechungen wurde erkannt, daß den Sozialarbeitern und Sozialpädagogen nicht das Recht des Berufsgeheimnisses mit der Folge der Begrenzung des Zeugniszwangs zugebilligt wird, da sie nicht einem Heilberuf angehören (vgl. Bundesverfassungsgericht in NJW 1972, S. 2214ff.) Dadurch wird der Schutz des Klienten innerhalb der sonst gewährten Exklusivität des Arzt-Patient-Verhältnisses verringert. Das den Ärzten gewährte Zeugnisverweigerungsrecht gegenüber staatlichen Institutionen und Familienangehörigen steht den nichtärztlichen Therapeuten nicht zu. Man mag das ärztliche Standesrecht als eine nur formale Kontrolle eher gering schätzen, zumal die Konfliktfälle schließlich doch an den allgemeinen zivilrechtlichen und strafrechtlichen Bestimmungen sowie an den Grundgesetzen der Verfassung entschieden werden, dennoch verleiht es den Ärzten ein tradiertes Muster der Berufsausübung und damit gesellschaftlichen Schutz wie auch Zubilligung eines sanktionierten Machtbereichs.

Entwicklungen in der Psychotherapie, insbesondere neue Therapieformen, die sich dem ärztlichen Modell weitgehend entzogen haben, sind von *nichtärztlichen* Therapeutengruppen eingeleitet worden, ohne daß sie in gleicher Weise geschützt werden.

Therapeuten, die von Ausbildung und Ausrichtung ihrer Therapie her sehr unterschiedlich sind, werden durch einen einzigen Begriff - *nichtärztlich* - zu einer Gruppe zusammengefaßt, der sich lediglich aus der negativen Abgrenzung zu einer anderen Gruppe ergibt. Deutlich zeigt sich ein abwertendes Element: Das Eigentliche, das Wertvolle, ist der Arzt.

Zu diesen nichtärztlichen Angeboten gehören sozialpsychologisch orientierte gruppendynamische Veranstaltungen, die sich in Begegnungs- und Erlebnisgruppen, in pädagogisch orientierten Methoden wie auch in der themenzentrierten Interaktion zu Verfahren herausgebildet haben, die - offen oder verdeckt - Therapie anbieten. Wer mündlich oder schriftlich einen solchen Dienstleistungsvertrag eingeht, steht dann außerhalb des Schutzes der ärztlichen „Kunst". Kommt es zu einem nervösen Zusammenbruch oder einem anderen schmerzlichen Ereignis, so können diese Schädigungen nicht als Kunstfehler bezeichnet werden, und der Betroffene kann Schmerzensgeld in Gestalt von Geld nur dann fordern, wenn der Veranstalter nach seiner nichtärztlichen Sorgfaltspflicht grob fahrlässig gehandelt hat. Die so häufig geleistete Unterschrift, wonach man gesund und seelisch voll belastbar sei, mag als Abschrekkung für labile Teilnehmer gedacht sein, aber auch als Rückzug der Veranstalter aus der Verantwortung, da sie sich sagen können, sie hätten es tatsächlich mit Gesunden zu tun. Die rechtliche Konsequenz ist lediglich die der Ausklammerung des therapeutischen Bereichs, die formale Ernennung der Veranstaltung zu einer Nichttherapie.

Eine derart erzwungene Ausgrenzung aller gruppendynamischen und erlebniszentrierten Gruppenverfahren aus der Therapie schädigt die ernsthaft auf Therapie ausgerichteten Veranstalter, läßt die Teilnehmer rechtlos werden und bevorzugt die ärztlich ausgewiesenen Therapeuten. Fachlich ist dies insofern ungerecht, als auch die ärztlichen Therapeuten ihren Wissensfundus ganz erheblich aus den Nachbardisziplinen Psychologie, Soziologie und Sozialwesen bereichert haben. Verbandspolitisch sind daher seit langem Bemühungen im Gange, im Sinne von Psychologengesetzen die Ausübung von Therapie für nichtärztliche Therapeuten zu sichern.

•

Während einerseits das rechtlich exklusive Arzt-Patient-Verhältnis weiter besteht, ist doch die Berufsausübung Psychotherapie weitgehend frei. Jeder Bürger kann Dienstleistungsverträge mit einem anderen eingehen, sofern er sich an die Regeln des allgemeinen Zivilrechts hält. Die Anzeige in Tageszeitungen: „Höre Ihnen zu, DM 78,— die Stunde", ist ein Dienstleistungsangebot, das bei Abschluß eines Vertrages zivilrechtlich rechtswirksam ist, sofern die inhaltliche Ausgestaltung nicht in erheblichem Maße gegen die guten Sitten verstößt. Insofern kann jeder Psychotherapie ausüben, sich Psychotherapeut nennen und dies in Anzeigen oder in Geschäftsschildern der Öffentlichkeit anbieten, sofern er nicht den geschützten Begriff Psychotherapie verwendet. Die häufig gelesenen Angebotskataloge, vergleichbar denen von Warenhäusern, reichen auf ein- und derselben Seite von Bettnässen, Stottern, Schulschwierigkeiten, Partnerproblemen, Ehehilfe, Impotenz, Frigidität, Scheidungshilfe bis zu Lebensunlust, Sucht und Zwängen. Sie sind ebenso rechtlich zulässig wie fachlich bedenklich. Eingeschränkt wird der nichtärztliche Therapeut in seinem nach außen gerichteten Angebot nur darin, daß er bestimmte Symbole nicht verwenden darf, die dem Arzt vorbehalten sind und die den Eindruck aufkommen lassen könnten, es handele sich um ärztliche Therapie. So dürfen bei den Ankündigungen die Begriffe Behandlung oder Therapie nicht genannt werden. Der nichtärztliche Therapeut darf kein Berufsschild verwenden, das dem standardisierten und geschützten Arztschild mit der schwarzen Schrift auf weißem Grund ähnlich sieht und zu Verwechslungen Anlaß bietet. Außerdem dürfen keine Zusätze verwendet werden, die auf eine ärztliche Qualifikation hinweisen.

Das alles, so die offizielle Terminologie, schützt den Patienten vor mißbräuchlichen Therapeuten, ist also fürsorglich gemeint. Es schützt aber auch das Privilig der ärztlichen Gruppen gegenüber allen anderen Gruppen, ohne daß die fachliche Qualifikation darin erkennbar wäre. Der Titel Arzt wiegt ein Vielfaches gegenüber Weiterbildungen, die sich für psychotherapeutische Aufgaben unter Umständen qualifizierter erwiesen haben als die Basisausbildung Arzt.

Hieße der Überbegriff Therapeut, dann müßten die verschiedenen Ausbildungen untereinander gleichrangig um die Ausfüllung des Begriffs qualifizierter Therapeut kämpfen. So hat die Bezeichnung Arzt eine fachlich ungerechtfertigte Vorrangstellung.

Die entscheidende Eingrenzung solcher freien psychotherapeutischen Tätigkeit ist jedoch die Nichtzulassung zu den Krankenkassen und damit zu den Versicherungsbeträgen der Allgemeinheit. Die Bevölkerung ist aufgrund der Entwicklungen der letzten zehn Jahre weitgehend darüber informiert, daß ärztliche therapeutische Leistungen von den Kassen finanziert werden, so daß die Suche nach einem Therapeuten sich zunächst innerhalb des ärztlichen Rahmens abspielt. Bleibt diese Suche ergebnislos, muß sich der Patient dem Markt für freie Psychotherapie zuwenden.

Freie Praxis ist ein Euphemismus, der die Not verdeckt. Die „freie Praxis", auch offiziell als eigene Praxis deklariert, wobei die Abgrenzung von einer institutionellen Bindung wie Klinik, Wohlfahrtsverbände oder Behörden nur den sachlichen Bezug darstellen, ist die extreme Einschränkung, nur gegen Barzahlung arbeiten zu können. Dieser freie Therapeut übt zwar alle Methoden aus, darf sich in diesem Sinne sogar als Supertherapeut fühlen, der die Zwänge der anderen abgelegt hat, aber häufig verfügt er in keiner dieser Methoden über eine gründliche Ausbildung.

Neben dem Begriff freie Praxis hat sich der Begriff Beratung für Abgrenzungskriterien als geeignet erwiesen, da er vom ärztlichen Handeln in der allgemeinen Sprachbedeutung weit entfernt ist, so daß schließlich eine Formulierung und Ankündigung wie „Beratung in Ehe-, Lebens- und Erziehungsproblemen" keine Verwechslungsgefahr mit ärztlicher Psychotherapie zu befürchten hat. Dies ist deshalb so zweifelhaft, weil inhaltlich das Thema der Beratung in Lebensschwierigkeiten oft identisch ist mit schweren seelischen Erkrankungen und der Motivation der Klienten entspricht, Heilung zu suchen. Durch geschickte Wortwahl: Beratung statt Therapie, sowie: Probleme statt Erkrankung wird der Lebenssachverhalt so umgebogen und bagatellisiert, daß er einerseits einem neuen Markt Möglichkeiten gibt, andererseits jedoch die legitimen Wünsche von Patienten auf Heilung mißbraucht werden.

Die Übernahme des Begriffs Beratung im populären Sinn bedeutet: Jeder Mensch kann jeden anderen Menschen beraten. Andererseits wird in den Gebührenordnungen der Kassen die Leistung Beratung durchaus als ärztliches Handeln verstanden und kann daher abgerechnet werden (Ersatzkassen-Gebührenordnung, E-GO, Nummern 1–4, Stand 1. 1. 1981). Dies soll offenbar die Ausnahme sein, denn im Selbstverständnis der Ärzte beraten sie nicht, sondern behandeln. Nur der allgemeine Arzt kann nach der E-GO beraten. Spricht der Facharzt für Psychiatrie, so ist sein Sprechen automatisch Behandlung (E-GO Nr. 804): „Psychiatrische Behandlung durch eingehendes therapeutisches Gespräch ... DM 17,05". Bemerkenswert ist die Skala der aufsteigenden Bewertung: Sprechen als Sprechen, Sprechen als Beratung, Sprechen als Behandlung.

•

Im ärztlichen Bereich ist die Ausübung sprechender Psychotherapie durch die in den letzten Jahren eingeführten Weiterbildungen, die zur Zusatzbezeichnung Psychotherapie und Psychoanalyse führen, ein Titel, der zu ihrer Abrechnung berechtigt, inhaltlich begrenzt und präzisiert worden. Im Rahmen eines Weiterbildungsprogramms, das über einen Zeitraum von 2–4 Jahren reicht, müssen nach der Approbation weitergehende Qualifikationen erworben werden. Die Bedeutung dieser Zusatzbezeichnungen sind kassenrechtlicher Art: Honorare für analytische Psychotherapie und vergleichbare, in den Gebührenordnungen normierte Therapien werden von den Kassen lediglich den Ärzten gewährt, die sich mit der Zusatzbezeichnung zur Psychotherapie ausweisen können, deren Erwerb durch die Ärztekammer Ermächtigung genannt wird.

Der Umfang und die Inhalte der Weiterbildungskataloge haben hier also eine fachliche Kanalisierung gefunden. Sie sind berufspolitisch umstritten und unterliegen rascher Veränderung. Diese Weiterbildungsrichtlinien werden herausgegeben von den Landesärztekammern, variieren je nach Bundesländern und sind allgemeinen Richtlinien der Bundesärztekammer untergeordnet.

Diese Qualifizierungsangebote zur Ausübung von Psychotherapie stehen allen Ärzten offen. Sie werden von privatrechtlichen ärztlichen Fachvereinigungen durchgeführt. Außerdem sind einzelne Ärzte zur Ausbildung in Psychotherapie durch Ermächtigung seitens der Ärztekammer befugt. Wieder wird das berufspolitische Feld durch eine Erklärung der Macht bestimmt. Sie rechtfertigt sich durch Kontrolle und Schutz, dient aber wiederum auch den standesrechtlichen Privilegien.

Eine hochschulrechtliche Gewährleistung, die sich Therapeuten wünschen und fordern könnten, etwa die der Ausbildung durch medizinische Fakultäten im Sinne eines postgraduierten Studiums ist nicht erreicht, nicht einmal - individuelle Initiativen ausgenommen - politisch angestrebt worden. Dies zeigt, daß selbst innerhalb der Medizin dieses Gebiet nur einen schmalen Ausschnitt aus dem Bereich Psychiatrie und psychosozialer Medizin einnimmt, ähnlich wie die Forschungsrelevanz der Psychotherapie, dargestellt in der Enquête, außerordentlich gering ist. Der Stellenwert psychotherapeutischer Weiterbildung innerhalb der Medizin ist unbedeutend. Um es auch von einem einfachen ökonomischen Nenner her zu bestimmen: Weniger als 5% aller Krankenkassenbeiträge werden jährlich für das gesamte Feld der psychischen Versorgung der Bevölkerung, also aller ambulanten und stationären Dienstleistungen ausgegeben.

Es kommt auf die Optik an, der man sich bedient. Wer als Dozent für Psychotherapie innerhalb dieses in den letzten Jahren rasch gewachsenen Feldes steht, kann sich über die Fülle und Qualität der Aufgaben nicht beklagen und fühlt sich durchaus in einem geistig umfänglichen und anspruchsvollen Arbeitsgebiet. Aus der Optik der Gesamtmedizin ist dies dennoch ein zwergenhaftes Bemühen, dem vielerorts von oben herab begegnet wird. Jeder Facharzt für Psychiatrie fühlt sich dank seiner Qualifikation ohnehin berechtigt, mit der seelischen Störung therapeutisch umzugehen. Außerdem ist ihm das in den Standesrechten verbrieft. Viele Fachärzte sehen auf die Zusatzbezeichnung wie auch auf die Psychotherapie als auf ein Randphänomen herab, das sie eigentlich längst erfüllen: In der Praxis gewinne man alle nötigen Erfahrungen. Qualifiziertes Sprechen gäbe es nicht und könne auch nicht erworben werden. Man spreche, wie einem der Schnabel gewachsen sei.

Sozialpolitische Kräfte bestimmen schließlich die weitere Entwicklung - und eine Voraussage ist schwer möglich.

Ungeschriebene Regeln der Arbeitsbeziehung

Die Vorstellung über die Entwicklung eines festen Kodex von ungeschriebenen Regeln sucht nach einer Geschichte der Psychotherapie, in der die sozialen Auseinandersetzungen im Spannungsfeld Psychotherapie über einen längeren

Zeitraum bis zu den jetzt vorhandenen Ausprägungen beschrieben werden. Eine solche Geschichte ist auch aus der Aktualität her zu sehen, also eine Betrachtungsweise, welche die Geschichte in der Gegenwart begreift und damit die Tageserfahrungen, die psychotherapeutischen Behandlungsstunden, in die Diskussion hereinholt.

Neben der Situation zwischen Patient und Therapeut gibt es die Erfahrung unter Therapeuten, die berufliche und damit auch wissenschaftliche Entwicklung der Therapie aus der Sicht der Therapeuten. Hier sind die Patienten nicht vertreten, sie werden jedoch im Bewußtsein der Therapeuten gegenüber anderen Therapeuten präsent, in Fachgesprächen, auf Kongressen und in Publikationen. Außer dem formalisierten Austausch richtet sich das Hauptinteresse auf die Art und Weise des Umgangs mit dem Patienten und damit auf die nicht geschriebenen Regeln der therapeutischen Kommunikation.

Es entstehen Wertungen zwischen Patienten, die sich in Behandlung befinden, und möglichen Patienten, die am Schicksal der behandelten Patienten entweder unmittelbar als Familienangehörige oder Freunde teilnehmen. Verschiedene Bilder, die in den Medien über Therapien gezeichnet werden, rufen Spannungen, Neugier, Abwendungen hervor, die als drängende Meinungen und Forderungen bis in den inneren Bereich der Psychotherapie dringen. Von dort ausstrahlend entstehen Ansichten, die sich dem Therapeuten wie eine soziale Fama anhängen und dort mehr wirken, als er sich vorstellt. So kann ein Therapeut als zu hart verrufen oder ein anderer als mild und immer hilfsbereit empfohlen werden, wenngleich beide sich selbst so nicht erleben. Diese Fama beeinflußt das konkrete Therapiefeld.

•

Historisch stammen diese nicht persönlich ausgehandelten Rahmenbedingungen, die den Inhalt der Therapie gleichwohl erheblich beeinflussen, aus der klassischen, körperbezogenen Arzt-Patient-Beziehung des 19. und 20. Jahrhunderts. Sie sind Kopien dieses Verfahrens.

Zunächst wird auch im psychotherapeutischen Raum die Strenge der ärztlichen, der wichtigen und intimen Untersuchungssituation beibehalten. Nebenhandlungen wie Essen, Trinken und andere Ablenkungen, etwa Musik, sind ausgeklammert und zeigen dem Patienten: „Ich bin konzentriert". Rauchen ist ein offenes Problem und wird verschieden gehandhabt. Die Sprache des Therapeuten ist bewußt ernsthaft und damit eingegrenzt und beherrscht. Sie ist auch dann vom Alltagsstil abgehoben, wenn sie sich mit ihm befaßt. Im Gegensatz zum Arzt gibt es keine Berufskleidung für Therapeuten, und damit erscheint alles erlaubt, von strenger, konventioneller bis zur Freizeit- und Subkulturkleidung.

Das gilt auch für den Patienten. Interessant und damit auch diskutabel wird der Einfluß solcher, wie es scheint, trieb- und kommunikationsfreundlicher Bekleidungen erst dann, wenn man bestimmte psychiatrische Dienstleistungen anstrebt, etwa in Tageskliniken, in der Betreuung von Jugend- oder Altenclubs, in Rehabilitation und an anderen Orten, in denen es auch darum geht, ein sozial funktionierendes Lebensklima zu erhalten. Vielfältig sind diese Aufgaben im

Bereich der Sozialtherapie zu finden. Die Regeln dieser neudefinierten therapeutischen Felder müssen je nach ihrer Aufgabe ausgebildet werden.

Ungeschriebenes Gesetz ist die Wahrung der körperlichen Intimitätsgrenze innerhalb psychotherapeutischer Verfahren; es ist ebenfalls medizinischen Vorstellungen entnommen. Aufdeckung und Bloßstellung sind nur soweit erlaubt, wie sie für den Untersuchungsvorgang und die Heilungsabsichten notwendig und zumutbar sind. Seelische Probleme wurden zunächst einmal gemäß einer dichotomen Betrachtungsweise als körperlos angesehen. Der Psychotherapeut hat daher keinen körperlichen Kontakt mit dem Patienten außer durch Handgeben bei Begrüßung und Abschied. Auch dieser Körperkontakt wird von manchen Therapeuten nicht gesucht. Da aber ein Zusammenhang zwischen psychischen und somatischen Vorgängen bei nahezu allen psychischen Erkrankungen vorliegt, ist man in der Klinik einen Kompromiß der Mehrgleisigkeit eingegangen. Arzt und Psychotherapeut werden in zwei Personen mit verschiedenen Aufgabenbereichen getrennt. Wenn nötig, können sie einander konsultieren. Auf diese Weise können Ergebnisse zwischen den Ärzten ausgetauscht werden, ohne daß der Patient unmittelbar belastet wird. Diese Regelung dient zwar dem Schutz von Therapeut und Patient vor ungewollten, einseitig gewollten oder befürchteten wechselseitigen Übergriffen, Gewalt und Liebe, sie verkürzt aber die sachlich und der Idee nach unteilbare Arzt-Patient-Beziehung. Der Krankenhausarzt wie der praktizierende Arzt sind sowohl körperliche Untersucher, Behandler, wie auch sprechende Ärzte, die sich mit dem persönlichen und sozialen Umfeld der Erkrankung des Patienten befassen sollten - und das heißt immer: die in erheblicher Weise in das Leben des Patienten eingreifen. Die Abstinenz der Psychotherapeuten, sich neben der sprechenden Erarbeitung des Problems oder der Lebenssituation aller anderen Eingriffe zu enthalten, vor allem nur ihn befriedigende Neugier an der Person des Patienten wie auch die Einmischung in seine Angelegenheiten folgt daher einem eindeutigen Wertprinzip, dem Respekt vor Selbstfindung. Von dieser sicheren Grenzziehung aus haben eine Reihe von therapeutischen Methoden sich entfernt und das Berührungstabu zugunsten eines umfassenderen Behandlungskonzepts aufgehoben: seien es Gruppenverfahren aus dem Bereich der Erlebenstherapie oder auch ganzheitliche Behandlungsansätze, die der Körpererfahrung nahestehen. Dort wird es heißen: „Wir arbeiten mit der Körpererfahrung zwischen Therapeuten und Patienten und der Patienten untereinander". Körpererfahrung zeigt als Wortform eine neue Abstinenz, zwischen die Körper hat sich das Wort Erfahrung geschoben. Auch die Hypnose als klassisches Verfahren hat den Körperkontakt in Form des Handauflegens beibehalten. Erst an Extremfällen wird deutlich, daß das zentrale Feld sprechender Psychotherapie verlassen wurde, etwa bei sexuellen Beziehungen zwischen Therapeut und Patient oder bei Abgrenzungsüberlegungen, ob (juristisch formuliert) von Dritten erbrachte Dienstleistungen in der Sexualtherapie als Sexualsubstitution oder als Prostitution anzusehen sind.

Keine körperlichen Kontakte zwischen Therapeut und Patient zuzulassen, ist pragmatisch von großem Nutzen, weil sie beiden Teilnehmern einen sicheren und stabilen Rahmen bietet. Wichtig bleibt, daß der Therapeut weiß, wie er sich in diesem logisch nicht auflösbaren Spannungsfeld verhalten will. Er kann überlegen, wie er sein Berufsfeld als für ihn selbst günstig ausgestalten will, ob er sich einer ausschließlich sprechenden oder einer sprechend-körperbezogenen Therapiemethode zuwenden will.

•

Im psychotherapeutischen Feld gilt für den Patienten die ungeschriebene Regel, das in der Therapie Erfahrene nicht allzu ausführlich anderen zu erzählen, sicherlich nicht jedem anderen, aber auch nicht engeren Familienangehörigen oder Freunden. Diese in der Lebenswirklichkeit schwer durchzuhaltende Auflage an den Patienten folgte ebenfalls aus der Exklusivität des Arzt-Patient-Verhältnisses, in der klassischen Formulierung als Vertrauensverhältnis zwischen Arzt und Patient bekannt. Es erstreckt sich ausschließlich auf die beiden Therapieteilnehmer. Historisch ist diese Ansicht nicht voll begründbar, da bis etwa vor hundert Jahren die Arztbesuche im Haus des Patienten stattfanden und dies unter voller familiärer Anteilnahme. Erst die räumliche Isolierung des Untersuchungs- und weitgehend des Behandlungszimmers oder des Ein-Bett-Zimmers im Krankenhaus brachte die faktischen Voraussetzungen für eine Denkweise hervor, die der Zwei-Personen-Intimität größere Heilungschancen sowohl auf körperlichem wie seelischem Gebiet zuerkannte. Daß diese Idee nicht ausschließliche Gültigkeit gewonnen hat, zeigt sich in gegenläufigen Verfahren der Gruppentherapie, in der andere Augen und Ohren teilnehmen und intensiv teilnehmen sollen. Es gibt Untersuchungen, ob im Mehrbettzimmer des Krankenhauses nicht soziale Phänomene unter den Patienten zu beobachten sind, die die Heilung positiv beeinflussen können.

Bei Gruppenpsychotherapien wird die Verschwiegenheitsgrenze als Forderung aufrechterhalten. Da die Teilnahme am Erleben anderer jedoch selbst Heilungswert erlangt hat, kann ein strikter Abschluß nach außen nicht mehr so überzeugend durchgehalten werden wie im Fall einer ausschließenden Zwei-Personen-Beziehung. Die in der Therapie aufgekommene Thematik und Spannung kann am wenigsten verzerrt von den Personen bearbeitet werden, zwischen denen sie entstanden ist. Alle anderen würden nur entlasten und neutralisieren ...

Bei aller Offenheit der Gestaltung eines psychotherapeutischen Arbeitsfeldes gelten jedoch die Regeln der relativen Verschwiegenheit als Auflage an den Patienten weiter.

Die überaus grobe Norm, zwar allgemein gesetzlich fixiert, doch für die spezielle Situation in der Therapie nicht eigens modifiziert und insofern ungeschrieben: Gewalt und Liebe nicht in den körperlichen Bereich eindringen zu lassen, gibt Patient und Therapeut von Anfang an eine klare Orientierung. Schläge und Küsse sind nicht erlaubt und nicht zu erwarten. Diese künstliche Bedingung eines strikten Handlungsverbots, das in dieser Weise in anderen sozialen Situationen nicht gilt, ist die Voraussetzung für die Öffnung, für das sehr weite Feld sprachlichen Austausches überhaupt. Therapie ist nahezu der einzige Ort, an dem Aggression und Sexualität in verbaler Form ausgetauscht werden können, ohne daß soziale Folgen entstehen, in der Regel Diskriminierung oder Verführung. Auf diese Weise ist die allgemeine Bedrohung eines Menschen durch einen anderen mit der Folge von Angst, Einengung und Abhängigkeit idealiter ausgeschlossen.

Nun findet Gewalt bereits im Begriff der Bedrohung eine verbale Gestalt. Der allein durch Wörter erheblich in die Enge getriebene Therapeut wird in die Gefahr kommen, dem Patienten mit Abbruch der Behandlung zu drohen. Verzweifelte Patienten oder Angehörige, die außerhalb des therapeutischen Vertrages stehen, werden verbale Gewalt anwenden, in den ausgedrückten Absichten: „Ich nehme meinen Mann mit", oder in der Umkehrung: „Ich lasse Ihnen meinen Sohn hier, bis Sie ihn zurechtgebogen haben". Der Satz des Patienten: „Wenn Sie mich nicht behandeln, bringe ich mich um", ist die klassische Formulierung der Nötigung, die härteste Aggression im Versuch, eine Therapie zu erzwingen. In diesem Sinne ebenso gewaltsam ist die Androhung des Therapeuten, den Patienten aus der Therapie zu werfen, wenn er nicht bestimmte Handlungen tut oder unterläßt.

Die zivilrechtliche Möglichkeit, einen Vertrag jederzeit aufzulösen, wenn die inneren Voraussetzungen des therapeutischen Vertrags für beide Parteien entfallen sind, hilft in der Praxis wenig, wenn Patient und Therapeut entweder beide in tiefer Uneinigkeit über Wertvorstellungen verstrickt sind oder auch nur einer der beiden die Übersicht verloren hat, in Druck ist und nicht weiß, was er tun soll. Im Extremfall fordert der Patient Behandlung, die der Therapeut nicht leisten kann oder will. Nicht selten bietet der Therapeut Hilfe an, die der Patient nicht als solche erkennen kann und daher ablehnt. In beiden Fällen kommt keine Therapie zustande. Ungeschriebene Regel der verstehenden Therapie ist jedoch, solche Uneinigkeiten solange zu besprechen, wie die Möglichkeit der Verständigung besteht, und sich gewaltlos und ohne wechselseitige Kränkung zu trennen, wenn dies nicht möglich ist. Solche Überlegungen versagen jedoch vor den drängenden, unter Umständen verzweifelten Ansprüchen des Patienten. Dann hilft ihm das Bürgerliche Gesetzbuch und die Freiheit der Arztwahl wenig, zumal wenn er weiß, daß die Zahl der Therapeuten begrenzt ist und mit Ausnahme von Notfalldiensten längere Wartezeiten bestehen. Alle Auseinandersetzungen, die sich dem Thema Gewalt nähern, entfernen sich daher von psychotherapeutisch hilfreicher Interaktion und dies gerade dann, wenn sie nur tendenziell und verschleiert als solche erkennbar sind, etwa im Überreden statt Überzeugen, im Verlangen einer bestimmten Einstellung oder Handlungsanweisung statt Empfehlung.

Im Bereich körperlicher Liebe ist das Handlungsverbot so elementar durchgesetzt, daß, etwa im Gegensatz zur geübten Anwesenheit einer dritten Person bei gynäkologischen Untersuchungen, die ausschließliche Zwei-Personen-Situation für Patient und Therapeut gefahrlos eingegangen werden kann. Wenn die Sprache des Patienten dann in Formulierungen auftritt: „Ich möchte mit Ihnen meine Sexualität durcharbeiten", ist dieser Jargon doch immerhin bereits Sprache, wenn auch in dieser neutralisierten, dem medizinischen Bereich angedienten Entstellung, als handele es sich um einen vaginophallischen Problemausschnitt, der mit weißen Tüchern abzudecken sei. Jedoch auch im Bereich körperlicher Liebe sucht das Verlangen Befriedigung über viele und subtile Kanäle. Der eine redet vom Augenfick, der andere vom verbalen Beischlaf. Sicher ist in der Binnendifferenzierung von Sprechen über Gewalt und Sprechen über Liebe immer das Thema reale Abneigung und Zuneigung nahe, und es ist die oft schwierige Therapieaufgabe, hier das Ausmaß und die Form sprachlicher Veränderung zu finden, die dem Problem angemessen ist. Die Versuchung zur Gewalt und Liebe ist als Triebthema immer in der einen oder anderen Form gegenwärtig, in gleicher Weise für Patient wie Therapeut.

Je strikter das Handlungsverbot jedoch als gesichert erscheint - und es in der Therapie auch durchgehalten wird -, um so größer ist das Volumen des sprechenden Austauschs, die verbale Anreicherung eines Themas. Nur wenn sich Patient und Therapeut darauf als auf ein Prinzip verlassen können, sind sie in der Lage, sich bis an die Grenzen sprachlicher Erarbeitung zu bewegen.

•

Das Fehlen einer ungeschriebenen Regel, die selten in den Blickpunkt therapeutischer Überlegungen kommt, muß erstaunen: Der Patient, der eine Therapie eingehen will, weiß nicht, wieviel Schmerzen er zu erwarten hat.

Es gibt kaum eine Übereinstimmung zwischen Therapeuten, wie schmerzhaft oder schmerzlos Therapien sind. Therapiestile variieren von grausamer Schonungslosigkeit bis zu solchen, die vor Zagheit und Zaudern ein Problem geradezu zu Tode schonen. Hier ist nicht die Schmerzhaftigkeit gemeint, die sich in einer individuellen Therapie als eigentümlich und notwendig entwikkelt, das Ausmaß der schmerzlichen Einsichten, sondern eine generelle, auf eine Idee bezogene Entscheidung. Es besteht keine therapeutische Vereinbarung darüber, wieviel Wärme, Annehmen, Aussprechenlassen, Verstehen, Verzeihen dem Patienten gewährt und wieviel Verzicht, Einsicht, Umdenken ihm abverlangt wird. Therapieangebote weisen große Unterschiede auf, die zwar auch von individuellen Therapeuten getragen werden, aber als Eigentümlichkeiten von Schulen anzusehen sind. Der Patient hat wenig Einblick in diese Unterschiede.

Die Zufügung von seelischem Schmerz hat offensichtlich die Qualität von Gewalt und des Eindringens in körperliche Bereiche im Sinne der körperlich-seelischen Einheit des Selbst. Zum Thema der Schmerzzufügung gibt es eine rechtliche Parallele, die hier analog eingesetzt werden kann und vielleicht einigen Aufschluß gibt: Schmerzzufügung ist verboten, es bedarf der besonderen Einwilligung des Patienten gegenüber dem Arzt (§ 226a, 1. Halbsatz StGB). Diese Einwilligung ist dann jedoch rechtlich bedeutungslos, wenn sie „gegen die guten Sitten verstößt" (§ 226a, 2. Halbsatz, StGB). Parallel dazu ist schmerzende Einsicht, so die therapeutische Formel, dem, der diese Einsicht vermittelt, erlaubt, wenn der Patient dazu seine Einwilligung gegeben hat. Diese Einwilligung wird er im Namen des Therapieziels in der Regel abgeben, nämlich Erkenntnis und Wahrheit anzustreben. Kann diese Einwilligung des Patienten jedoch vom Therapeuten überschritten werden, kann er sie grausam mißbrauchen? Das deutsche Strafgesetzbuch kennt den Terminus seelische Grausamkeit nicht. Grausam als juristischer Begriff, als Zufügung einer besonderen seelischen Qual, wird nur ein einziges Mal und zwar im Mordparagraphen (§ 211 StGB) verwendet.

So wird die Aufdeckung eines Konflikts und seine schonungslose Mitteilung durch den Therapeuten dann - in der Betrachtung danach - untherapeutisch und möglicherweise grausam gewesen sein, wenn daraufhin der Patient an demselben Abend sich umbringt. Hatte der Therapeut den durch die Einwilligung des Lebenden gesteckten Rahmen überschritten? Damit ist die Problematik, nicht die Tragik eines Schicksals gezeigt, da unter Umständen dieser Patient, wie etwa aus einem Abschiedsbrief zu entnehmen ist, sich – *zuvor* entschlossen hatte, sich nach dem Besuch beim Therapeuten das Leben zu nehmen. Ohne diesen Brief zu hinterlassen, wäre der Patient grausam gewesen, indem er einen Therapeuten zurückläßt, der glauben muß, an seinem Tod schuldig zu sein.

Wieviel schmerzende Einsicht wird jeder Therapeut seinem Patienten zumuten? Wann ist darin eine ungeschriebene Einwilligung des Patienten erklärt? Es tut sich ein weiteres Dunkelfeld auf, in dem die Maßstablosigkeit herrscht, ein kommunikativer Bereich, in dem keine nachweisbaren und überprüfbaren Regeln herrschen, auch wenn sie ungeschrieben sind. Sie sind für die Praxis bedrohlicher, als wenn sie rechtlich normiert wären, ein Hinweis für Therapeuten, bedachtsam mit der Einwilligung ihrer Patienten zu sein, Schmerzendes zu berühren.

Die psychischen Krankheiten: Resultanten der Gesundheitspolitik

Rechtsansprüche des Patienten auf Behandlung und die Verpflichtung des ärztlichen Therapeuten zur Hilfeleistung begrenzen das freie Feld der therapeutischen Vereinbarungen.

Die sozialen Auseinandersetzungen über die Beiträge der Versicherten, die Verwaltung der Beiträge durch die Krankenkassen, die Kodifizierung beitragsfähiger Krankheiten, die Interessen der Therapeuten an Information und Rechtssicherheit über die Abrechnung geleisteter Therapie haben Richtlinien erzeugt, die innerhalb der Vertragsgruppen (Kassen, Ärzteverbände) rechtswirksam sind.

Diese Richtlinien regeln einen Geldfluß, die Verteilung der eingezahlten Gelder der Versicherten, und sind rechtsstaatlich notwendig. Durch die Kodifizierung werden Störungen zu Krankheiten ernannt, es werden Auflistungen möglich. Damit sind sozialpolitische Entscheidungen getroffen worden, die nicht als medizinische Beurteilungen im Sinne der Praxis und nicht als Richtlinien zur Ausfüllung durch die Forschung im psychotherapeutischen Bereich gerechtfertigt sind; es spiegelt sich darin ein Gegeneinander von wesensverschiedenen Denkrichtungen wider, die für die Interpretation der Richtlinien bisweilen zu Unlösbarkeiten führen. Zunächst soll der Bestand der Richtlinien aufgezeigt werden.

•

Es besteht ein Behandlungsanspruch auf Psychotherapie gemäß der kassenärztlichen Vereinbarung seit dem 20. Juli 1963, sofern eine Krankheit im Sinne der Reichsversicherungsordnung vorliegt. Zu erwarten wäre, daß die Reichsversicherungsordnung (RVO) einen Katalog von Krankheiten normiert hat, der objektiven, übernationalen Bestand hat und psychische Störungen in festumrissenen Krankheitsbildern definiert. Aus wissenschaftlicher Sicht und auf internationaler Basis wird seit längerer Zeit durch die Weltgesundheitsorganisation (WHO) an einer Systematisierung von psychiatrischen Krankheiten gearbeitet, an einem Diagnosenschlüssel und Glossar, einer Auflistung zur Abgrenzbarkeit und Vergleichbarkeit von Krankheiten. Die Systematisierung gilt jedoch nur für wissenschaftliche Zwecke und löst nicht die Rechtspflicht zur Behandlung aus. Demgegenüber hat die RVO die Ausgestaltung des Begriffs Krankheit nicht gesetzlich normiert, sondern dies primär dem beurteilenden Arzt vorbehalten. In Streitfällen, insbesondere bei Ablehnung einer Therapie durch den Arzt oder der Ablehnung der Übernahme der Kosten durch die Kasse, haben die Gerichte das Vorliegen von Krankheit, bezogen auf den Einzelfall, geprüft, um durch Entscheidung zu exemplarischer und verbindlicher Regel zu kommen. Als feststehende Rechtsprechung des Bundessozialgerichts ist unter Krankheit zu verstehen: „der regelwidrige Körper- oder Geisteszustand, dessen Eintritt entweder allein die Notwendigkeit einer Heilbehandlung oder zugleich oder ausschließlich Arbeitsunfähigkeit zur Folge hat". Da diese Definition sich für die Therapiepraxis als ungenügend erwies, wurden in Verhandlungen des Bundesausschusses der Ärzte und der Krankenkassen Vereinbarungen getroffen, die als Richtlinien vertraglichen Rechtscharakter erhalten haben.

Als Privatrecht haben sie nicht Gesetzescharakter, sind vielmehr ein Vertragswerk, das aus Gründen der Funktionalität zwischen Krankenkassen und Ärzteverbänden die Krankheiten und die ihnen zugeordneten Therapieformen normiert.

Als Krankheiten gelten nach diesen Richtlinien (in der Rechtssprache: Indikationen zur Anwendung definierter Therapien bei Behandlung von Krankheiten):

- psychoreaktive seelische Störungen (z. B. Angstneurosen, Phobien, neurotische Depressionen),
- Konversions-, Organneurosen,
- vegetativ-funktionelle Störungen mit gesicherter psychischer Ätiologie,
- seelische Behinderungen aufgrund frühkindlicher emotionaler Mangelzustände, in Ausnahmefällen seelische Behinderungen, die im Zusammenhang mit frühkindlichen körperlichen Schädigungen und/oder Mißbildungen stehen,
- seelische Behinderungen als Folgezustände schwerer chronischer Krankheitsverläufe, sofern sie noch einen Ansatzpunkt für die Anwendung von tiefenpsychologisch fundierter und analytischer Psychotherapie bieten (z. B. Zustand bei chronisch verlaufenden rheumatischen Erkrankungen, spezielle Formen der Psychosen),
- seelische Behinderungen aufgrund extremer Situationen, die eine schwere Beeinträchtigung der Persönlichkeit zur Folge hatten (z. B. langjährige Haft, schicksalhafte psychische Traumen).

Auffallend ist, aus welch verschiedenen Denkbereichen und Begründungszusammenhängen das Vokabular stammt, das hier zur Bestimmung des Oberbegriffs Krankheit geführt hat. Es werden Störungen neben Neurosen gesetzt, Behinderungen neben Mangelzustände, es wird von Schädigungen neben Beeinträchtigungen der Persönlichkeit gesprochen. Die Regelwidrigkeit der körperlichen und geistigen Zustände nimmt die Definition von Krankheit auf, wie sie in der Gerichtssprache verwendet wird. Diese Formulierungen sind nach Absprachen aus den einzelnen Verbänden, die ihre Interessen angemeldet hatten, entstanden und bezeugen den Kompromiß aus der Pluralität der gesundheitspolitischen Ansichten. Sie sind weder das Produkt medizinwissenschaftlicher Arbeit noch psychotherapeutischer Forschung. Wenn nun jeder ohnehin wüßte, was mit den Formulierungen gemeint ist, sie also funktionierten, könnte Wissenschaftlichkeit für entbehrlich gehalten werden. Es ist jedoch zu befürchten, daß die oft technische Sprache durch alle Instanzen, über Krankenkassen, Antragsformulare, Befundberichte weitergegeben wird bis zur Ausübung der Psychotherapie selbst und dort - unangemessen für eine kommunikative Situation - in eben dieser Dinglichkeit auftaucht: Was ist gestört? Wo sitzt die Schädigung? Welche Regeln sind normal, damit an ihnen die Regelwidrigkeit gemessen werden kann? Die Sprache der Richtlinien gibt daher eine Klarheit vor, die jedoch erst durch Kritik und Interpretation auf die Ebene sinnvoller therapeutischer Formulierungen gebracht werden muß.

Inhaltlich eröffnet dieser Katalog ein breites Anwendungsgebiet der Beeinflussung menschlichen Leidens, reicht von frühkindlichen Entwicklungsstörungen über die klassischen Neurosen bis hin zu Schädigungen sozialer Art, wobei im letzten Abschnitt sogar Behinderungen, die, als schicksalhafte psychische Traumen bezeichnet, den Anspruch auf Therapie begründen. Das ist eine außerordentlich progressive gesetzliche Grundlage, die keineswegs selbstverständlich ist, da in der Regel Schicksalsschläge als Ereignisse gelten, die als individuell hinzunehmen gedacht werden und traditionell kaum eine Therapie im Sinne von Krankheit auslösen sollen. Daß sogar Folgen langjähriger Haft als seelische Behinderungen angesehen werden, zeigt durchaus eine Unvereinbarkeit zwischen Gerichtsbarkeit und Gesundheitswesen, da langjährige Haftstrafen von derselben Rechtsordnung als gerecht und zugleich als Krankheitsverursacher betrachtet werden.

Bei dieser Gegenüberstellung ist zu berücksichtigen, daß es sich bei dem Behandlungsanspruch auf Psychotherapie um Vereinbarungen zwischen Trägern handelt, die einen Ermessensspielraum besitzen. Außerdem sind Verfahren vor Gerichten möglich, in denen die Vereinbarkeit solcher Richtlinien gegenüber geltendem Recht überprüft werden kann. So könnten konkrete Resozialisierungsvorhaben wegen des Sühnecharakters des Strafrechts als verfassungswidrig erklärt werden. Bislang gibt es solche Entscheidungen nicht.

Der angeführte Katalog von Krankheiten enthält jedoch eine eindeutige Entscheidung zugunsten der Wertschätzung menschlichen Wohlbefindens und stattet es mit den Rechtsfolgen der Therapiebarkeit aus.

Für die so kodifizierten Krankheiten haben folgende psychotherapeutische Verfahren ihre Anerkennung durchgesetzt:

- Die tiefenpsychologisch fundierte Psychotherapie umfaßt Therapieformen, die aktuell wirksame neurotische Konflikte behandeln, dabei aber durch Begrenzung des Behandlungsziels durch ein konfliktzentriertes Vorgehen und durch Einschränkung regressiver Tendenzen eine Konzentration des therapeutischen Prozesses anstreben (Nr. 1.1.1. der Richtlinien).

- Die analytische Psychotherapie umfaßt jene Therapieformen, die zusammen mit der neurotischen Symptomatik den neurotischen Konfliktstoff und die zugrundeliegende neurotische Struktur des Patienten behandeln und dabei das therapeutische Geschehen mit Hilfe der Übertragungs- und Widerstandsanalyse unter Nutzung regressiver Prozesse in Gang setzen und fördern (Nr. 1.1.2. der Richtlinien).

Zusätzlich ist darauf hinzuweisen, daß nach der Neufassung der Richtlinien 1976 unter den Begriff der Krankheit im Sinne der RVO Phänomene subsumiert werden, die bisher als chronifizierte Neurosen ausgeschlossen waren. Die Ziffer 2.1.5 der Richtlinien erklärt: Seelische Behinderungen sind behandlungsfähig, die als Folgezustände schwerer chronischer Krankheitsverläufe anzusehen sind. Damit wird der oben genannte Katalog (anerkannte Krankheiten) um einen wesentlichen Bereich erweitert. Vor dieser Entscheidung bestand bei chronifizierten Neurosen kein Behandlungsanspruch und es mußte auf die Rentenversicherungs- und andere Kostenträger verwiesen werden, heute ist in der Regel davon auszugehen, daß sie in die Zuständigkeit der gesetzlichen Krankenversicherung fallen.

Hinzugekommen ist 1980 die Anerkennung der Verhaltenstherapie als vertragsärztliche Leistung.

•

Essen, Rauchen, Schlafen, Trinken, Angsthaben, homosexuelle Neigungen und der Wunsch, andere Menschen, die einem in die Quere kommen, zu schlagen, sind keine Krankheiten. Dennoch kann praktisch jeder diese einzelnen Verhaltensweisen zu einer Krankheit erheben, indem er sich und einen Therapeuten zu ärztlichen Gesprächen veranlaßt, an deren Ende eine neurotische Struktur und damit ein Krankheitserfordernis der Richtlinien erreicht ist. Der Therapeut braucht schließlich diese Neurosenqualität nur noch in Kriterien des Antragsverfahrens umzuformen. Denn es gibt Freß- wie Magersüchte, Nikotin- und Alkoholabusus, krankhaftes Schlafbedürfnis, Angstneurosen, homosexuelles Leid und sadistische Triebstörungen durchaus mit Krankheitscharakter. Wo aber sind die gültigen Abgrenzungskriterien?

Soziale Übung, die vielberufene Normalität und die davon als Krankheitsterminus abzutrennende Sucht sind nur für den leicht zu unterscheiden, der diese Gewohnheit nicht pflegt: z. B. Nichtraucher und Nichttrinker. Wie können schlechte Laune von Depression, Ängstlichkeit von einer Phobie, schwere Zweifel von einer Schizophrenie getrennt werden, um die Angemessenheit zu finden, derzufolge weder die Laune zu Depression noch die Depression zu bloßer Laune umgemünzt wird? Was sind ängstliche Vermeidungshaltungen? Was versteht man unter psychosozialer Schwäche, oder wie bewertet man die Sorge, sich zu überfordern?

Was sind, krankheitstechnisch gesprochen, Ehekrisen, Schulschwierigkeiten, Arbeitswut?

Eine unabsehbare Spannweite der Bewertung entsteht. Da die Krankheitsdeklaration bereits die Folge der Beziehung zwischen einem bestimmten Patienten und einem bestimmten Therapeuten ist, ist nicht auszuschließen, daß der eine oder der andere oder beide Mißbrauch treiben, etwa Unlustphänomene zu Krankheiten stilisieren, um sie zu behandeln und abzurechnen. Lebenssachverhalte wie Schwächen und Ängste, Mißempfindungen und Reizbarkeit können nicht nur in Diagnosen umgewandelt werden, sondern gemäß den Richtlinien kann ihnen leicht eine gesicherte psychologische Ätiologie bescheinigt werden. Alle neurosenspezifischen Kriterien wie Dauer, Ausmaß, Auslösung, soziale Beeinträchtigung, sekundärer Krankheitsgewinn, Leidensdruck, ergeben keine allgemein anerkannte gesellschaftliche Richtlinie dafür, welches Maß für die persönliche Anspannung der Kräfte notwendig ist, um Lebensprobleme in eigener Regie zu lösen. Wann haben im Einzelfall diese eigenen Kräfte versagt? Wann ist bezahlte professionelle Hilfe notwendig?

Eine großzügige Betrachtung dieser Phänomene würde tatsächlich zu einer paradoxen Gesellschaft von einer erdrückenden Zahl von Hilfsbedürftigen und einem großen Heer von Therapeuten führen. Die Restriktion würde jedoch durch die Etikettierung normales Leid oder Normalität nur extremes Befinden als Krankheiten anerkennen und im Einzelfall individuell sehr schwer empfundenes Leiden von der Behandlung ausschließen.

Längst hat die geistige Durchdringung des Begriffs Krankheit deutlich gemacht, daß die Dimension Heilen und Lindern für die angemessene Bewertung des Psychischen ungeeignet ist. Krankheit müßte viel eher in Begriffen wie Entwicklung und Veränderbarkeit gefaßt werden. Einsicht, emotionale Nachreifung, Erwerb von psychosozialer Kompetenz sind Begriffe, in denen Wertentscheidungen richtiger zum Ausdruck kommen, als im statischen Krankheitsbegriff der Störung und den entsprechenden Ausdrücken Beseitigung oder Linderung der Störung; Lebensvorgänge sind nie zurückzudrängen auf den medizinischen Status quo ante.

Dennoch blieb es in der medizinpolitischen Auseinandersetzung bei einem tradierten Krankheitsbegriff, einer Somatisches mit Psychischem parallelisierenden Sprachregelung. Von daher entsteht auch die tradierte, jedoch widersprüchliche Formulierung: jemand sei psychisch objektiv behandlungsbedürftig. Denn dies bedeutet, daß ein anderer, welcher Fachmann auch immer er sei, über Behandlungsbedürftigkeit bestimmen könne, die dann zu einer Behandlungspflicht führen müsse. Dies widerspricht geschriebenem und ungeschriebenem Recht: Das Grundrecht, eine Neurose frei auszuleben, darf nicht von einem anderen eingeschränkt werden, so lange der Betroffene nicht gegen Gesetze verstößt. Das einzige begriffliche Korrektiv, das in den Richtlinien nicht verankert ist, jedoch aus der Praxis der Psychotherapie stammt, ist der Behandlungswunsch, die selbstverantwortliche Vorentscheidung eines einzelnen, Patient sein zu wollen. Das bedeutet, der Patient ist in der Lage, eine Differenz zwischen einem Ist-Zustand und einem gewünschten Soll-Zustand auszudrükken, seine Fähigkeit, vor einem Therapeuten zu erklären, daß er in dem bestehenden Zustand nicht weiterleben wolle und eine irgendwie anders geartete Lebenssituation anstrebe.

Die Befürchtung, 80% der Bevölkerung seien nach einer solchen Selbstdefinition behandlungswillig und sogar behandlungsbedürftig, ist unrealistisch. Die Erwartung, allein durch eine sprechende Therapie Lebensprobleme zu lösen oder zu verändern, ist unabhängig von der sozialen Schicht bestimmt von dem Wert, der dem Sprechen zugebilligt wird. An diesem Wert orientiert sich jedoch zahlenmäßig nur eine kleine Gruppe.

Gesetzgebung und Psychotherapierichtlinien haben von diesen Überlegungen keinen Gebrauch gemacht. Die Entscheidung, ob versicherungsrechtlich eine Krankheit vorliegt, soll der Psychotherapeut, ebenso wie ein somatisch orientierter Arzt, allein treffen. Der Spielraum bietet Vielfalt, Offenheit, Willkür. Wieviele Wege und Umwege entstehen?

•

Für die kassenärztliche Psychotherapie sind nur drei Psychotherapieformen anerkannt: die der tiefenpsychologisch fundierten Psychotherapie, der analytischen Psychotherapie sowie ab 1980 die der Verhaltenstherapie. Gemessen an der Vielfalt psychotherapeutischer Methoden bedeutet das für Patienten eine erhebliche Einschränkung, eine adäquate Therapie im ambulanten Bereich zu finden.

Anerkannt sind die tiefenpsychologischen Methoden, auch in verschiedenen formalen Ausgestaltungen der Therapie, Einzel- oder Gruppentherapie, jedoch ist berufspolitisch eine scharfe Grenze gegen alle anderen Formen der Psychotherapie gezogen. In den Sammelreferaten und Therapieführern über verschiedene neue Therapieformen, die kassenrechtlich nicht abrechenbar als Psychotherapie angeboten werden, wird erkennbar, daß von dem weiten Spektrum der sich entwickelnden Psychotherapien nur ein äußerst schmaler Bestand als kassenärztliche Therapie anerkannt ist. Bereits an dieser Stelle wird die Einschränkung der sozialpolitisch großzügig angesetzten Rechtsansprüche auf Psychotherapie deutlich.

Die Entwicklung ist ungewiß. Es ist ein Psychotherapeutengesetz in Vorbereitung, das andere Psychotherapieverfahren für Psychologen normieren soll. Psychologen, Sozialarbeiter, Sozialpädagogen und andere Therapeuten versuchen, unter bestimmten Voraussetzungen in den kassenärztlichen Therapiebereich aufgenommen zu werden. Solche Regelungen folgen der allgemeinen sozialpolitischen Tendenz. Es ist zu erwarten, daß in der zweiten Hälfte der 80er Jahre eher restriktive Tendenzen zu verzeichnen sein werden.

Eine weitere Einschränkung des gewährten Indikationsrahmens findet sich in den Bestimmungen der Reichsversicherungsordnung (§ 368e), nach dem „der Versicherte nur den Anspruch auf die ärztliche Versorgung hat, die zur Heilung oder Linderung nach den Regeln der ärztlichen Kunst zweckmäßig und ausreichend ist". Ferner gilt: „Die Krankenpflege muß ausreichend und zweckmäßig sein. Sie darf jedoch das Maß des Notwendigen nicht überschreiten" (§ 182 Abs. 2). Aus diesen Bestimmungen der RVO werden die Begriffe zweckmäßig, ausreichend, sowie das Maß des Notwendigen, wie auch der unmittelbare Wortsinn besagt, im restriktiven Sinne verstanden. Eine Leistungspflicht der Kassen besteht nicht mehr, wenn das Maß des Notwendigen erreicht ist. Wissend, daß solche Maßstäbe bei psychischen Erkrankungen überaus schwierig festzulegen sind, hat das Verlangen der Krankenkassen und anderer, nicht zur therapeutischen Fachrichtung gehörender Ärztegruppen zur herrschenden Praxis geführt, diese Begriffe eng zu sehen und etwa eine optimale oder großzügige Behandlung nur als Ausnahme anzuerkennen. Der Nachweis, ambulante therapeutische Behandlung wirke gegenüber stationär-psychiatrischer kostendämpfend, hat nicht dazu geführt, daß der ambulante Bereich verstärkt gefördert würde. Es bleibt der Eindruck erhalten, daß der Spargrund fallengelassen wird, wenn es letztlich an der Wertschätzung der Psychotherapie insgesamt mangelt.

Wer mißt das „Maß des Notwendigen", wie es die Richtlinien verlangen? Bereits die logische Ausführung mußte genügen. Wenn etwas als notwendig erkannt ist, ist die Aufgabe gelöst. Gemeint ist bei der Erfassung des Notwendigen etwas, wie die Unterscheidung in volle, ganze und absolute Wahrheit und hier in einer kostensparenden Richtung interpretiert wird, nämlich als das gerade noch eben vertretbare Mindestmaß an Notwendigem.

Der Begriff des Notwendigen kann die Abgrenzung zwischen wichtiger Verwendung und fahrlässiger Vergeudung nicht leisten. Es herrscht dann die Regel der Praxis, die überaus große Entscheidungsfreiheit der Ärzte im Bereich des Gewährens und Versagens.

Ob sich Psychotherapeuten darin ausgebildet fühlen, personengerechte Entscheidungen zu treffen? Besteht unter ihnen ein allgemeiner Konsens über Schweregrad und Behandlungsnotwendigkeit? Trifft nicht das Verlangen eines Patienten auf Behandlung eher zufällig auf einen gewährenden oder versagenden Therapeuten?

•

Eine vierte und letzte Einschränkung der Leistungspflicht der Krankenkassen bezüglich Psychotherapie ergibt sich aus der Begutachtungspflicht.

Die bedeutende Erweiterung des Aufgabenbereichs der gesetzlichen Krankenversicherung wird dadurch kontrolliert und eingeschränkt, daß eine spezielle Begutachtung notwendig wird, bevor die Kassenleistung in Anspruch genommen werden kann. Eine solche Begutachtung gibt es nicht im Bereich der somatischen Medizin. Dort ist ein feststehender Katalog von Behandlungen und deren entsprechenden Leistungen durch die Kassen festgelegt – die genannten Gebührenordnungen mit den Ziffern der Dienst- oder Sachleistung –, so daß lediglich eine nachträgliche und formale Kontrolle ausgeübt wird. Jeder Psychotherapeut, der über die Kassen abrechnen will, muß seinen Patienten einem Begutachtungsverfahren unterziehen, welches Rechtscharakter hat und bei Ablehnung die Zuziehung eines Obergutachters erfordert.

Dies gilt zwar als Hilfe für den Psychotherapie ausübenden Arzt derart, daß er durch die schriftlichen und ausführlichen Begutachtungsanträge in die Lage kommt, sich über die Indikation und Prognose seines Patienten Gedanken zu machen, damit nicht durch voreiliges Therapieren und damit Fehlbehandlungen Versicherungsgelder, die aus der Gemeinschaft der Versicherten entnommen werden, unzweckmäßig verbraucht werden. Eine therapeutische Handlung, für die noch das spezielle Hindernis des Begutachtungsverfahrens überwunden werden muß, wird jedoch seltener offeriert als eine vergleichbare somatische, die vom Arzt ohne formale Zwischenschaltung eines Beurteilers sofort ausgeführt werden kann. Ohne die Begutachtung positiv bestanden zu haben, ist der Therapeut für seinen Patienten nicht zur Behandlung ermächtigt.

Schon eher besteht ein Vertrauen von Institution zu Institution. Therapeutische Kliniken können Musiktherapie, Gestaltungstherapie, autogenes Training und auch analytische Psychotherapie ohne einen Nachweis über die Qualifikation der Therapeuten anbieten, sofern sie als Klinik zur Ausübung von Psychotherapie pauschal berechtigt sind. Einem Musiktherapeuten bleibt es nur offen, innerhalb einer Institution zu arbeiten, mit einer freien Praxis hat er kaum eine Chance, seinen Lebensunterhalt zu verdienen.

Der Mangel an zugelassenen Psychotherapeuten verstärkt die Tendenz, sich Psychotherapie von finanziell stärkeren Patienten durch einen Privatvertrag honorieren zu lassen, um das Begutachtungsverfahren zu vermeiden. Schließlich gibt es Empfehlungen an die Gutachter, wie sie die Richtlinien im einzelnen auslegen sollen. Es bestehen von Seiten der Kassenärztlichen Bundesvereinigung in den Kommentierungen Formulierungen wie: „Die Gutachter werden nicht jede Form einer chronifizierten Neurose, jeden Borderline-Fall, jede narzißtische Charakterneurose, jede Zwangskrankheit im Rahmen der kassenärztlichen Versorgung zur analytischen Psychotherapie unbegrenzt zulassen können" (Ziffer 4.26 der Kommentierung). Eine solche Formulierung spricht gegen Text und Geist der Psychotherapierichtlinien, da die genannten Krankheiten zum Katalog der anerkannten Krankheiten gehören und ebenso die analytische Psychotherapie eine anerkannte Therapieform ist. Hier werden in der Beurteilung der Leistungspflicht der Kassen Bestrebungen deutlich, dieses insgesamt immer noch verdächtige Gebiet Psychotherapie einer strengen Kontrolle zu unterziehen.

•

Diese gedrängte Darstellung der sozialpolitischen Entscheidungen im Bereich Psychotherapie, verdeutlicht an den Richtlinien und deren Kommentierung, gibt einen Einblick in die Komplexität des Sozialsachverhalts psychisches Leid und therapeutische Behandlung. Die Richtlinien sind das Ergebnis des Versuchs, aus der faktisch unübersehbaren Vielschichtigkeit des Themas durch Auflistung von Krankheiten und der ihnen zugewiesenen Therapieformen – also den Ausschluß aller anderen möglichen Begriffsbildungen und Systematisierungen – einen funktionsfähigen Kompromiß zu erzielen. Freilich ist das Ergebnis, bei dem die Grundbegriffe nicht diskutiert und verbindlich definiert wurden, voller grundlegender Widersprüche. Offengeblieben sind: der Krankheitsbegriff bei psychischen Störungen, die Begriffe Heilung und Linderung als nichtadäquate Beschreibung von Therapiezielen, die zweckmäßige und ausreichende Behandlung, das Maß des Notwendigen als kostenpolitische und nicht therapieadäquate Begriffe. Ebenso unberücksichtigt bleiben die Bedeutung der Wissenschaftlichkeit der psychotherapeutischen Verfahren sowie die entsprechenden Forschungen aus dem Bereich der sozialen Medizin.

Die Richtlinien sind am ehesten als Versuch der Berufsverbände anzusehen, eine therapiepraktische Entscheidung vorzulegen, eine Abgrenzung aus dem Chaos vorzunehmen. Es ist jedoch ein künstliches Nichtchaos, da viele

Abgrenzungen vieldeutig, mehrfach interpretierbar und leicht manipulierbar sind. Dies wird im Begutachtungsverfahren am krassesten deutlich. Dem geschicktesten Patienten und seinem versiertesten Therapeuten wird es gelingen, die Sozialbürokratie bis hin zur Anerkennung der Leistungspflicht zu zwingen. Das geradezu zwanghafte Begründungs- und Leistungsdenken über Krankheit, das in der konkreten Frage zum Ausdruck kommt: „Wie setze ich mich als Kranker konkurrierend gegenüber anderen Kranken durch?" und ebenso: „Wie bin ich als Psychotherapeut ein optimaler Verwaltungsfachmann?", ist seelischem Leiden unangemessen. Dies widerspricht einer Sozialgesetzgebung, die vorgibt, in einer aufsteigenden Linie gerade den Schwächsten am meisten und in Abstufungen den Stärkerwerdenden weniger zu unterstützen, bis ein hilfefreier Zustand relativer Autonomie erreicht ist. Stattdessen gilt: Die Stärksten teilen sich die Beute.

Hinweise zur Literatur

Berufsverband Deutscher Psychologen (1978) *Psychologen-Gesetz.* - Berufsverband Deutscher Psychologen (Hrsg) (1976) *Report Psychologie, Sonderteil: Psychologengesetz.*

Zum Ausschluß von Nichtmedizinern von Regelungen der Schweigepflicht der ärztlichen Therapeuten vgl. die grundsätzlichen Ausführungen des Bundesverfassungsgerichts in: *Neue Jur Wochenschr* 1972: 2214–2217.

Die zusätzlichen Vorschriften befinden sich weitgehend im ärztlichen Standesrecht, vgl. Landesärztekammer Hessen (Hrsg) (1980) *Berufsordnung für die Ärzte in Hessen.*

Richtlinien des Bundesausschusses der Ärzte und Krankenkassen über tiefenpsychologisch fundierte und analytische Psychotherapie in der kassenärztlichen Versorgung (Psychotherapie-Richtlinien), Kommentierung in: *Dtsch Ärztebl* 1976: 1634–1636, 1881–2001, 1768–1774, 1833–1840 und 2084–2087.

Zur erweiterten Vereinbarung über die Anerkennung der Verhaltenstherapie als Kassenleistung vgl. *Dtsch Ärztebl* 1980: 2317–2321. - *Diagnoseschlüssel und Glossar psychiatrischer Krankheiten* (^{5}1980).

Zur Abrechnung von Psychoanalyse und Psychotherapie über die Kassen vgl. Brede (1983) *Psychoanalyse zwischen Therapie und Wissenschaft.*

Richtlinien über den Inhalt der Weiterbildung zur Zusatzbezeichnung „Psychotherapie":

1) Kenntnisse in: Entwicklungspsychologie und Persönlichkeitslehre, Lernpsychologie und Verhaltenslehre, Psychodynamik der Familie und der Gruppe, allgemeine und spezielle Neurosenlehre, Psychopathologie, Psychosomatik, Technik der Erstuntersuchung, psychodiagnostische Testverfahren, Indikation und Methodik der psychotherapeutischen Verfahren einschl. Prävention und Rehabilitation.

2) Eingehende Kenntnisse und Erfahrungen in der tiefenpsychologisch fundierten Psychotherapie und mit dem autogenen Training sowie mindestens einem weiteren Verfahren (z. B. Hypnose, Verhaltenstherapie, Gesprächstherapie nach Rogers, Psychodrama, Tagtraumtechnik).

3) Eingehende Kenntnisse sowie Erfahrungen in der Abgrenzung von Psychosen und Neurosen und von körperlich begründbaren psychischen Störungen.

4) Selbsterfahrung. 70 Doppelstunden in einer Selbsterfahrungsgruppe (tiefenpsychologisch oder psychoanalytisch) kontinuierlich oder in Blockform, oder: 35 Doppelstunden Selbsterfahrungsgruppe, wenn eine selbstgewählte weiterbildende Lehranalyse von 100 Stunden vorliegt. - Patientenzentrierte Selbsterfahrung (Balint-Gruppe) in 35 Doppelstunden, kontinuierlich oder in Blockform.

5) Mindestens eine tiefenpsychologische Einzelbehandlung von mindestens 40 Stunden mit Supervision nach etwa jeder 4. Sitzung.

Die Richtlinien in anderen Bundesländern weichen nur unerheblich ab. Die Richtlinien sind jedoch inhaltlich im Fluß. Es ist zu erwarten, daß erhebliche Zulassungsbeschränkungen und Aufstockungen der Lehrinhalte normiert werden, Stand Januar 1984, hier: *Richtlinien der Landesärztekammer Hessen*, beispielhaft für andere Länderkammern. Über die Dauer der Weiterbildung vgl. Anlage zur Weiterbildungsordnung Ziff. 13 (in: *Berufsordnung für die Ärzte in Hessen*, S. 62):

13. Bereich und Zusatzbezeichnung Psychotherapie
Weiterbildungszeit 2½ Jahre,
davon
1½ Jahre klinische Tätigkeit in der Psychotherapie und/oder psychosomatischen Medizin und
1 Jahr klinische Tätigkeit in der Psychiatrie bei einem mindestens zur 2jährigen Weiterbildung in der Psychiatrie ermächtigten Arzt.
Auf die Weiterbildung in der Psychiatrie kann ½ Jahr Weiterbildung in Kinder- und Jugendpsychiatrie oder Psychotherapie angerechnet werden.
Erfolgt die Weiterbildung in der Psychotherapie und/oder psychosomatischen Medizin berufsbegleitend, so beträgt die Weiterbildungszeit hierfür 3 Jahre.
Bei Ärzten mit mindestens fünfjähriger praktischer Berufstätigkeit kann die vorgeschriebene Weiterbildung in der Psychiatrie durch den Nachweis des Erwerbs entsprechender psychiatrischer Kenntnisse ersetzt werden.

Zur Auseinandersetzung über verschiedene Methoden in der Weiterbildung zur Zusatzbezeichnung Psychotherapie vgl. Arbeiten von Stucke W, Ploog D et al. in: *Spektr Psychiatr Nervenheilkd* 1979: 99-108, 179-184; 1980: 46-61.

Nachfolgend der Teilabdruck des Formulars (Stand Janur 1984), das der psychotherapeutisch tätige Arzt für seinen Bericht an den Gutachter zu verwenden hat, zwecks Antrag auf Feststellung der Leistungspflicht für Psychotherapie.

(1. / 2.) Angaben zur Person, zur Art der Leistung

3. Spontanangaben des Patienten
Schilderung der Klagen des Patienten - möglichst mit wörtlichen Zitaten - und der Symptomatik zu Beginn der Behandlung. Ist tiefenpsychologisch fundierte

oder analytische Psychotherapie im Rahmen von Rehabilitation geplant, kann hier auch der Bericht der Angehörigen des betr. Patienten eingefügt werden.

4. Anamnese
Hier sollen möglichst alle wesentlichen Erkrankungen erwähnt werden, derentwegen der Patient schon ärztliche Behandlung (ambulant, stationär, Kurbehandlung) erfahren hat. Nach Möglichkeit sollen auch die Namen der Ärzte und Krankenhäuser genannt werden; diese Angaben sind jedoch in jedem Falle bei einer bereits früher durchgeführten Psychotherapie zu machen.
Die Anamnese kann in freier Form dargestellt werden. Es sind jedoch zu berücksichtigen
a) Familienanamnese, b) körperliche Entwicklung, c) psychische Entwicklung, d) sozialpsychologische Entwicklung (mit besonderer Berücksichtigung der familiären und beruflichen Situation, des Bildungsganges und der Krisen in phasentypischen Schwellensituationen).

5. Befund zum Zeitpunkt der Antragstellung
Auch von anderen Ärzten erhobene Befunde, ggf. unter Beifügung der Befundberichte - besonders der letzten 3 Monate.
Sind tiefenpsychologisch fundierte oder analytische Psychotherapie zur Rehabilitation geplant, so sind die Ergebnisse klinischer Beobachtungen, speziell ärztlicher Untersuchungen, die den Umfang der Behinderung erkennen lassen, als Kopie beizufügen.
a) Psychischer Befund
(emotionaler Kontakt, Intelligenzleistung und Differenziertheit der Persönlichkeit, Einsichtsfähigkeit, Krankheitseinsicht, Strukturmerkmale, bevorzugte Abwehrmechanismen, evtl. Art und Umfang der infantilen Fixierungen, innere Motivation des Patienten zur Psychotherapie sowie Angaben zur psychopathologischen Symptomatik, wie z. B. Bewußtseinsstörungen, Störungen der Stimmungslage, der Affektivität und der mnestischen Funktionen, Wahnsymptomatik, suizidale Tendenzen).
b) Somatischer Befund

6. Psychodynamik der neurotischen Erkrankung
Darstellung der neurotischen Entwicklung und des intrapsychischen Konfliktes mit der daraus folgenden neurotischen Kompromiß- und Symptombildung. Zeitpunkt des Auftretens der Symptome und die auslösenden Faktoren im Zusammenhang mit der psychodynamischen Entwicklung sind zu beschreiben.
Ohne eine ausreichende Beantwortung dieser Frage kann der Antrag durch den Gutachter nicht bearbeitet werden!
(Sind tiefenpsychologisch fundierte oder analytische Psychotherapie zur Rehabilitation geplant, ist der psychodynamisch relevante Faktor in der Behinderung oder in deren Folgen darzustellen (auch Interaktionen zwischen Behindertem und sozialem Umfeld!).

7. Diagnose
zum Zeitpunkt der Antragsstellung, evtl. differential-diagnostische Erwägungen.

8. Behandlungsplan
Begründung für Art und Dauer der Psychotherapie.

Bei tiefenpsychologisch fundierter Psychotherapie: z. B. analytische Kurztherapie, dynamische Psychotherapie, Fokaltherapie, andere Kurztherapieverfahren; tiefenpsychologisch fundierte Gruppenpsychotherapie.
Analytische Psychotherapie, analytische Gruppenpsychotherapie, Probepsychotherapie.
Bei tiefenpsychologisch fundierter oder analytischer Psychotherapie als Maßnahme der Rehabilitation muß die Begründung für Art und Dauer der Therapie im Hinblick auf die Zielsetzung der geplanten Rehabilitationsmaßnahmen dargestellt werden (Eingliederung in Arbeit, Beruf und Gesellschaft).
9. Prognose der Psychotherapie
Beurteilung der Motivationslage und des Problembewußtseins des Patienten, seiner Beziehungsfähigkeit, seiner Verläßlichkeit und partiellen Lebensbewältigung.
Insbesondere Beurteilung der Fähigkeit oder Tendenz zur Regression, Ausmaß der Fixierung, der Flexibilität, der Entwicklungsmöglichkeit und der Krankheitseinsicht, soweit nicht schon unter 5a abgehandelt.

Die Einrichtung des Praxisfeldes – Räume und Zeiten

Wer mit einem Psychotherapeuten Kontakt aufnimmt, wird nicht unerheblich von Erwartungen geplagt: Wohin begibt man sich? Wer ist man dort? Wen findet man vor? Wie sieht es dort aus? Was geschieht mit mir?

Aufgrund gesteigerter Wahrnehmung, der Ängste und Hoffnungen, die auf dieses erste Gespräch gerichtet sind, werden die Orte, Räume und Zeiten oft überdeutlich wahrgenommen. Sofort entstehen Interpretationen, die falsch sein mögen, die der Patient jedoch nicht überprüfen kann. Er muß unausweichlich zunächst mit den Arrangements des Therapeuten zurechtkommen, sich hineinfinden, ob er sie auf Anhieb mag oder als bedrohlich empfindet. Der Patient begibt sich an einen fremden Ort; der Therapeut befindet sich bereits in dem Raum, in dem Therapie stattfindet; beide treffen sich auf demselben Terrain, welches für sie verschiedene Bedeutungen der Fremdheit oder Nähe hat.

•

Psychotherapie wird an verschiedenen Orten angeboten. Schon der Weg in ein altes, citynahes Psychiatriegebäude oder zu neu errichteten, achteckig gebauten Pavillons im Grünen, zu einem Ärztehaus in einem Büro- und Geschäftsviertel oder hinaus in einen Villenvorort beeinflußt den Patienten wie auch sein Problem.

Im Extremfall schämt er sich, für seine Schwierigkeiten in der Psychiatrie vorsprechen zu müssen, während ihm in derselben Angelegenheit der Praxisraum des Therapeuten in dessen gepflegtem Wohngebiet therapieangemessen erscheint.

Der Patient betritt nun eine *Privatwohnung* durch den gemeinsamen Hauseingang, in dem die Fahrräder der Kinder des Therapeuten stehen, oder durch einen eigenen kahlen Eingang, der in der Regel zu einer Einliegerwohnung führt. Im anderen Fall ist es eine typische ärztliche *Praxis* mit weiß-schwarzem Emailleschild, die Anmeldung bei einer jüngeren Frau und das stumme oder sprechende Geleit zu einem Zwischenraum, Wartezimmer genannt. Häufig gerät der Patient jedoch in ein mehrstöckiges *Institut,* in dem er sich zurechtfragen muß. Es kann sein, daß er zu einem *Zentrum* kommt, das sich als einziger Raum entpuppt. Manchmal wird er an große organisierte Einheiten *(Sanatorium, Kurklinik)* überwiesen, deren innere Gestaltung ihm unbekannt ist. So kann er sich an einem Ort einfinden, an welchem ambulante Psychotherapie in Räumen ausgeübt wird, die man durch ein üppig ausgestattetes Foyer eines *Hotels* betritt. Auf Seitenwegen erreicht er unerwartet *Burgen, Schlösser, Landsitze, alternative Bauernhöfe,* wo sich ein therapeutisches Eigenleben entwickelt hat.

Es kann ihm schließlich auch geschehen, daß er sogar ein normales *Krankenhaus* betritt, in welchem Abteilungen für ambulante Psychotherapie eingerichtet sind. Sie befinden sich dann inmitten eines deutlich klinischen Milieus, dort, wo es Betten, Ärzte, Schwestern und auf den Gängen sichtbares Gerät der medizinisch-stationären Versorgung gibt.

Dieser Überblick erklärt auch, aus welch verschiedenartigen Organisationsformen sich Psychotherapie entwickelt und wo überall sie sich angesiedelt hat. Jemand, der ein Krankenhaus oder eine *Anstalt* betritt, kann sehr viel leichter Sorge haben, ob er dort womöglich festgehalten wird und ob dort die Denkweisen der Therapeuten vielleicht so sind, daß sie ihm über kurz oder lang eine solche stationäre Therapie anbieten. Dabei mag offenbleiben, ob ein anderer Patient gerade die heimliche Hoffnung hat, aus der Berufsanspannung vorübergehend auszuscheiden und sich der Phantasie hingibt: mein Bett wartet auf mich. Der Besuch in einer Privatwohnung hingegen, in der ein Raum oft notdürftig vom persönlichen Bereich des Therapeuten abgetrennt ist, läßt andere Phantasien zu; man macht sich vielleicht größere Versprechungen, oft jedoch wird eine zu große Nähe zu einer Privatsphäre empfunden, der man sich als Patient nicht zugehörig fühlt. Neutral - aber man fragt sofort, wozu neutral? - scheint die Übernahme des klassischen, gesellschaftlich fest etablierten Modells der Praxis eines Arztes zu sein. Für viele Patienten ist es verwirrend, neugebaute Kliniken aufzusuchen, die heute als Fachkliniken für Psychosomatik und Psychotherapie firmieren und sich in ihrer Bauweise nicht mehr von Hotelkomplexen unterscheiden. Hier wird oft bereits an der Eingangstür ein Gemisch von Chlor, hoher Luftfeuchtigkeit sowie Kaffedüften wahrgenommen, Zeichen dafür, daß es in den Untergeschossen des Gebäudes Schwimmbäder, Massageeinrichtungen und Saunen gibt, während im Parterre neben Verwaltungsräumen ausgedehnte Speisesäle und freundliche Kaffeenischen untergebracht sind. Diese Einrichtungen rufen andere Assoziationen hervor, und die Hilfesuchenden fragen sich, ob sie sich am rechten Ort befinden, ob hier Lösungen für ihre schmerzlichen und bedrückenden Probleme zu erwarten sind: Haben diese Einrichtungen, in denen jetzt hinter verschlossenen Türen eine Therapie stattfinden soll, nicht doch mehr mit Erholung, Freizeit und Fitneß zu tun?

Als Patient weiß man nicht, wie die einleitenden Formalitäten geregelt werden. Ist an dem aufgesuchten Ort ein namentlich bekannter Gesprächspartner festgelegt wie in der ärztlichen Praxis, oder steht der Patient im Rahmen eines Instituts oder einer Ambulanz einer Gruppe von Therapeuten gegenüber? Hat er einen festen Termin oder muß er warten? Hat er einen Termin und muß trotzdem warten? In einer solchen unklaren Situation können Gefühle der Verunsicherung auftreten, man „riskiert“, an diesen oder jenen Therapeuten zu geraten, man könnte Glück aber auch Pech haben. Die Patienten wissen, daß die Therapeuten in Institutionen die rechtliche Erlaubnis haben, untereinander über sie zu sprechen. Ist unter diesen Umständen die dringend gewünschte Vertraulichkeit garantiert?

Die Aufzählung der verschiedenen Gebäude, in denen Psychotherapie geschieht (Privathaus, Miethaus, Institut, Sanatorium, Kurklinik, Krankenhaus, Anstalt), zeigt, daß die Patienten in diesen Einrichtungen, die einen zunehmend stärkeren Institutionalisierungsgrad aufweisen, auf jeweils verschiedene Bedingungen für die Entwicklung einer Patient-Therapeut-Beziehung treffen.

Mit dem Abnehmen von Privatheit und dem Anwachsen von Öffentlichkeit ist aber nicht nur eine Wendung zu Anonymität und Entfremdung, Funktionalität und Verwaltung verbunden, es wird auch eine Gegentendenz erkennbar, wonach privatwirtschaftliche Interessen gegenüber dem nichtkommerziellen Berechtigungswesen zurücktreten. Daraus ergibt sich die Frage, ob mit dem Ausbau von Versorgung ein Abbau von Eigenkräften im Therapiegeschehen verbunden ist. Lösen die Institutionen einen verstärkten Leidensdruck aus, der zur Therapie führt, oder wirken sie lähmend? Welche Chance haben jedoch die sozial Schwachen und psychisch Geschwächten auf dem Psychomarkt, der den Gesetzen von Angebot und Nachfrage folgt?

•

Solange Psychotherapie in der Arztpraxis oder in einem klassischen klinischen Milieu angeboten wird, ist die Orientierung für den Patienten relativ leicht. Inzwischen sind jedoch eine Reihe von Bezeichnungen entstanden, die von den Therapeuten eingeführt wurden, um ihre vom ärztlich-psychotherapeutischen Standpunkt abweichenden Angebote genauer zu bezeichnen. Das verhilft den Therapeuten zu genauerer Definition ihrer Arbeitsaufgabe, die Patienten allerdings wissen davon nichts. So wird es Patienten überraschen, wenn sie in einer psychotherapeutischen Klinik sich nicht mehr in einer *Station* befinden, sondern in einem - wie dort jeder sagt und wie es offiziell heißt - *Wohnbereich*. Sie sind plötzlich nicht mehr *Patienten* sondern *Gäste*. In Privatpraxen, die von Psychologen oder Sozialarbeitern/Sozialpädagogen geleitet werden, haben sie an der Tür das Wort Institut gelesen und sind jetzt nicht mehr Patienten sondern *Klienten*. Sofern es Beratungseinrichtungen sind, die therapeutischen Charakter haben, sind die Patienten *Ratsuchende*, manchmal gar: *Betroffene*. In reformpolitischen Schriften findet man auch den Begriff *Benutzer*. In Gruppentherapien spricht man von *Teilnehmern*, auch von den *Mitgliedern*. *Analysanden* gehen zu *Analytikern*.

Damit nicht genug: In assoziativer Verbindung zum Sport spricht man in der Gruppendynamik offen vom *Trainer*. Er ist vergleichbar seinem Kollegen, der eine Fußballmannschaft betreut, er ist der *Betreuer* seiner Gruppe und die anderen sind die *Betreuten*. Man hört diese Begriffe auch im Bereich der sozialen Dienste, die doch ursprünglich nicht auf konkurrierende Ertüchtigung, auf Sieg und Niederlage, eingerichtet wurden. Der Kreis schließt sich vom anderen Extrem seines Bogens, wenn dagegen unverblümt und sprachlich nackt der *Helfer* auftritt, der übrigens bei allen Verkleidungen doch immer im Spiel geblieben ist, und sogar als *Bewährungshelfer* und *Rot-Kreuz-Helfer* in die Verwaltungssprache eingezogen ist.

Ob man nun psychisch *Kranker*, psychisch *Behinderter* oder gar psychisch *Gestörter* ist, dieser Patient - wenn er sich doch bloß als solcher deklarieren dürfte - sitzt nicht mehr selbstverständlich einem *Therapeuten* gegenüber. Er trifft auf einen *Berater* oder auch, wenn es um Gruppenveranstaltungen geht, auf einen *Leiter* - und schließlich soll aus einer Bezeichnungslosigkeit, womit der Begriff Therapeut verleugnet wird, hervorgehen, daß dieser Gruppenleiter sich lediglich als *Teilnehmer* an einem gemeinsamen interpersonalen Vorgang versteht. Das kann ihm auch den Titel *Interaktant* einbringen.

So wird dann entsprechend nicht mehr von *Therapie* oder *Behandlung* gesprochen, sondern von *Beratung,* bisweilen lediglich von *Gesprächen* oder *Interviews;* der Vorgang wird bis zur inhaltslosen Bezeichnung *Sitzung* abstrahiert.

Die Vielfalt der Begriffe, die gewiß aus einer Kritik an erstarrten Formeln hervorgeht, ist mit einer Auflösung verbunden, die zu einer Desorientierung im therapeutischen Feld beiträgt. Kein noch so guter Therapieführer kann da verläßlich abhelfen. Sind Patienten tatsächlich Gäste? Schützen neutralisierte oder auch humanisierte Begriffe vor Mißbrauch, Mißachtung, spiegeln sie eine Sicherheit vor, die durch Etiketten nicht zu erreichen ist? Wenn Patienten wirklich Gäste sind, gilt dann auch die Umkehrung: Gäste sind Patienten? Besteht die Gesellschaft nur aus Helfern und Hilfsbedürftigen?

Auf dem freien Markt werden bisweilen Therapieangebote als nicht näher bezeichnete Gemeinschaftsveranstaltungen deklariert, z. B. Badenweiler-*Woche* oder Badenweiler-*Konferenz* - ein feiner Club, „for members only". Eine Sommerakademie veröffentlicht ihr Programm 1983, in dem offiziell das Unbewußte zu Gast ist und ausdrücklich das Wort Therapien (Plural!) gebraucht wird. Als Mode findet irgendwo Reparenting, eine Wiederbeelterung statt. Wird damit die Wiedergeburt naturgeschichtlich-biographischer Rückbesinnung erlebt? Kindsein für Stunden - der neue Heilungsweg? Jedes Einzelelement der klassischen Therapie wird mühe- und skrupellos zu einem Re... oder Rück..., zu „re-birthing", „re-naissance" wiedererweckt.

Auch damit nicht genug: Es wird wieder Heilung angeboten, offiziell englisch als „healing" verpackt, als „...Erfahrung jenseits von Therapiemustern". Als letzter unübertreffbarer Schritt wird die Heiltherapie erfunden werden müssen. Ist sie bereits auf dem Markt?

Alles in allem: Sagt das beschleunigte Re-birthing etwas aus über die Geschwindigkeit unseres Verfalls, gegen den sie angebärt?

•

Der Raum, das Behandlungszimmer begrenzt den Aktionsraum des Therapeuten. Er ist die ungeschriebene Verpflichtung eingegangen, während der Therapie den Raum nicht zu verlassen und dafür zu sorgen, daß keine andere Person eintritt. Auch eine telefonische Störung der Therapiesitzung ist auszuschließen. Entweder sollte der Therapeut über ein Sekretariat verfügen oder eine Telefonstunde einrichten oder einen Anrufbeantworter haben. Technische Geräte, von denen eine Unterbrechung der Therapie zu befürchten wäre (Telefon, Diktiergerät, Video) sollten im Behandlungsraum am besten gar nicht vorhanden sein, um nicht den Anschein zu erwecken, daß Dritte an der Therapie teilnehmen können.

Therapeuten arbeiten in Wohnzimmern, in Wohn-Arbeits-Zimmern oder in Klinikräumen, etwa mit Röntgenbildbetrachtungsschirmen an der Wand oder mit Infusionsständern, die anzeigen, daß der Therapeut auch andere medizinische Aufgaben zu erfüllen hat. Man findet Therapeuten auch in Räumen mit ähnlichem Zubehör, in denen sich jedoch deutlich eine private Nische abhebt, in der sich der Arzt in seiner abgespaltenen Funktion als Therapeut eingerichtet hat.

Der Patient wird sich sehr rasch einen Überblick über Mobiliar, Bilder, Vorhänge, Utensilien und Beleuchtung verschaffen, auch wenn er die Dinge nicht im einzelnen unterscheidet und dieses Umfeld eher ganzheitlich - als beruhigend oder beängstigend - wertet.

In der Literatur findet sich häufig die Empfehlung, dem Ratsuchenden eine Mischung von wohnlicher Atmosphäre und arbeitsmäßiger Distanz zu vermitteln. Es wird also ein Wohnklima befürwortet, das für das Sprechen besonders günstig sein soll. Dieser Vorschlag ist so zu verstehen, daß sich in der therapeutischen Situation der private und der professionelle Mensch innerhalb des Therapeuten mit dem Klienten treffen soll. Hier wird wieder deutlich, daß der Therapeut und sein Raum eine Zweiheit darstellen, während der Patient allein ist - eine unausweichliche Ungleichheit der Situation.

Wie auch immer der Therapeut sich einrichten mag, immer bietet er sich durch den Raum, in dem er arbeitet, auch selbst an, hat er doch sein Arbeitsumfeld so und nicht anders geschaffen. Die günstigste Ausstattung ist daher die, die dem Therapeuten am besten gefällt, die seiner Person entspricht, seinem Wohlbefinden während einer langdauernden Arbeitszeit am förderlichsten ist. Schätzt deshalb ein Therapeut besonders die Verinnerlichung des Gesprächs und wünscht er, daß möglichst wenig Gegenstände davon ablenken sollen, so ist der nackte Raum mit 2 Stühlen und einem Regal an der Wand sein optimales Arbeitszimmer. Ebenso ist dem Liebhaber von kubistischer Malerei, Kakteen oder Großaquarien erlaubt, diese Objekte zur Ausstattung seines Arbeitszimmers zu verwenden, weil schließlich er es ist, der in diesem Raum oft mehr als 10 Stunden am Tag verbringt (man denke an die Antiquitätensammlung in Freuds Arbeitszimmer).

Dazu gehören auch die Nebenräume: Vorräume, Warteräume, Toiletten. Kein Therapeut braucht die Kinderfahrräder oder Roller aus der Diele zu entfernen; er kann den Warteraum mit ausrangierten Wohnmöbeln und alten Illustrierten bestücken und im Arbeitszimmer seine kostbaren Reisebücher oder Erstausgaben aufstellen. Er mag alle kleinen Patientengeschenke sichtbar anbringen, er mag leere oder überquellende Schreibtische um sich haben - er sollte jedoch in jedem Fall wissen, daß er mit diesen Einrichtungsgegenständen seinem Patienten einen Eindruck über seine Person vermittelt.

Nicht selten wird der Patient vom Arbeitszimmer des Therapeuten überrascht sein: Er erwartet einen nüchternen Raum und findet sich in einem Wohnzimmer. Er betritt ein Bürohaus und findet innen einen sehr persönlich ausgestatteten Raum. Er erwartet einen reichen Therapeuten mit Insignien seines Wohlstands und sieht verstellbare Rigipswände und hört durch die mangelhafte Schallisolation andere Gespräche verschwommen mit. Er erwartet Modernität und findet, daß Konservatives vorherrscht, er sieht eine ärmliche klinische Ausstattung und hat zeitgemäßen Komfort erwartet. Gerüche von Bohnerwachs, frischem Kaffee oder abgestandener Büroluft - alles dies beeinflußt die Phantasietätigkeit des Patienten, die Art, wie er von seinem Problem spricht. Nicht wenige Patienten sind sofort eifersüchtig auf die Bücher des Therapeuten, sie erscheinen ihnen wie Fremde, die ebenfalls in diesem Raum sind, als stumme, aber mächtige Helfer des Therapeuten, die ihnen nicht zur Verfügung stehen.

Der Therapeut, der weiß, welches räumliche Umfeld er seinem Patienten anbietet, womit er ihn belastet oder verführt oder sein Sprechen erschwert - und der gleichzeitig bereit ist, wenn die äußeren Umstände das therapeutische Gespräch beeinträchtigen, mit dem Patienten darüber zu sprechen, kann prinzipiell in jedem Raum arbeiten, in dem er sich selbst wohlfühlt.

Manche Therapeuten können ihren Patienten nach der Therapie einen Ruheraum anbieten. Die meisten werden auf die Straße entlassen, wo sie als vorläufigen Schutzraum bestenfalls ihr Auto vorfinden.

●

Im letzten Jahrzehnt haben nahezu alle Psychotherapeuten ihre weißen Kittel ausgezogen, selbst die, die in Kliniken arbeiten. Sie haben damit ein wichtiges Instrument zur Anregung der Phantasien des Patienten aufgegeben: das festgefügte Erwartungsschema des Arzt-Patient-Verhältnisses. Die weiße Bekleidung wird nur noch dann angetroffen, wenn der Therapeut auch klinische Visiten übernimmt oder mit körperlichen Untersuchungen zu tun hat. In der Regel hat er dann vergessen, seinen Kittel zum Therapiegespräch auszuziehen. Stattdessen hat sich Straßenkleidung durchgesetzt; die Kleidung sollte unauffällig und doch korrekt sein. Ohne die damit intendierte Normalität zu problematisieren, drückt sich in dieser Äußerlichkeit doch eine Veränderung des Zugangs zum Patienten aus, die Idee von Gleichheit und Partnerschaft liegt offenbar zugrunde. Manche Therapeuten haben sich innerlich zu Therapiepartnern erklärt, und sie nähern sich dieser Vorstellung, wie sie annehmen, am besten, wenn sie je nach ihrer Klientel in Rollkragenpullover und Jeans, hemdsärmelig oder korrekt bürgerlich gekleidet auftreten. Sie wollen damit vertrauenerweckend, gleichgestellt erscheinen. Wird damit dem Patienten wirklich seine Angst vor Ungleichheit genommen, oder wird er mehr durch die Behauptung geängstigt, es gäbe keinerlei Ungleichheiten? Sollten deshalb die Therapeuten eine Auswahl von Berufskleidung im Kleiderschrank haben, um dem jeweiligen Patienten entsprechend gegenübertreten zu können? Die Kleidung des Therapeuten und die des Patienten beeinflussen sich gegenseitig. In wechselnder Identifikation können Moden übernommen werden, es können jedoch zur Abgrenzung auch entgegengesetzte Stile entwickelt werden.

Nicht unbedeutend ist die Frage, welche Sitzordnung die Therapeuten herstellen. Manche sitzen ihrem Patienten voll zugewendet, jedoch durch den Schreibtisch getrennt gegenüber. Vielfach sind alle Utensilien wie Bücher, Fotos, Schreibgeräte, Karteikästen, Terminkalender so geordnet, daß sie dem Therapeuten zu seiner Nutzung zugewendet liegen und der Patient die jeweiligen Rückseiten zu betrachten hat. Manche Patienten behelfen sich (und geben damit ihrem Protest Ausdruck), indem sie mit den vor ihnen liegenden Schreibutensilien des Therapeuten zu spielen beginnen, sie zurechtrücken oder auf Kante legen.

Der so gerügte Therapeut wird sich damit entschuldigen, daß er geltend macht, nicht er, sondern die Verwaltung habe den Schreibtisch hineingestellt, es ginge aus äußeren Gründen nicht anders. Der Schreibtisch erlaubt aber, über die Tischecke hinweg zu sprechen, wobei die Utensilien für beide Gesprächsteilnehmer aus dem Blickfeld rücken und damit sowohl die Möglichkeit eines gewissen Schutzes und Abstands durch den Tisch als auch eine Offenheit des direkten Kontakts gegeben ist. Üblicher ist es, sich auf Sesseln oder Stühlen ohne Tisch gegenüberzusitzen, in mittlerem Abstand, der keinen Körperkontakt, auch keinen unwillkürlichen, etwa durch Fußberührung zuläßt und dennoch eine gewisse Nähe vermittelt. Menschen brauchen einen Sicherheitsabstand. Es ist für beide günstig, nicht der ständigen Gefahr ausgesetzt zu sein, treten zu können oder getreten zu werden, zu füßeln oder gefüßelt zu werden. Es gibt Patienten, die sogar den Sicherheitsabstand eines breiten Schreibtisches brauchen, da sie nur in dieser distanzierten, bürohaft-amtlichen Form in der Lage sind, über sich zu sprechen. Es gibt Therapeuten, die das schnell erkennen und sich noch während des Erstinterviews hinter den Schreibtisch zurückziehen, was dem Patienten die Annäherung erlaubt.

Oft ergibt sich in Klinikzimmern, daß nur ein Sessel oder Drehstuhl zur Verfügung steht und der Patient deshalb auf einem einfacheren Sitzmöbel Platz zu nehmen hat. Das ist natürlich keine Tragödie - aber gleiche Stühle wären besser. Nicht so selten wie man annehmen möchte, gibt es therapeutische Arrangements, wobei der Therapeut höher sitzt, er allein über Armlehnen oder über eine hohe abstützende Rückenwand verfügt. Es ist als Selbsterfahrung für den Therapeuten nicht uninteressant, sich darüber klarzuwerden, warum er eine solche Szenerie geschaffen oder auch nur geduldet hat.

Alle Umstände, auf die der Patient trifft, alle Eigentümlichkeiten des Therapeuten, bis zu Äußerlichkeiten wie Anordnung von Bildern oder Fehlen von Bildern, sind Ausdruck einer realen Visitenkarte, die zur Identität des Therapeuten gehört und in der konkreten Therapiestunde eine räumlich vergrößerte Existenz des Therapeuten darstellt.

Sofern Arrangements innerhalb des Raumes während der Therapiestunde vom Therapeuten bewußt so gehalten werden können, daß er sie, wenn der Patient daran Anstoß nimmt ändern kann, braucht man sich um die Idealform keine Gedanken zu machen; dann braucht vorab auch nicht festzustehen, ob nun Raucherlaubnis oder Rauchverbot besteht, ob die Luft kühl oder überhitzt ist, ob es einen kräftigen Händedruck gibt oder eine körperlose Begrüßung stattfindet. Es gibt keine Norm, wonach vor oder nach der Therapie gesprochene Wörter locker oder bedeutungsschwer bzw. der Empfang schweigend und die Verabschiedung wortlos zu sein haben.

•

In psychotherapeutischen Behandlungszimmern liegen in der Regel keine Schaummatten und Kissen zum Zweck von Gestaltübungen, finden sich keine Hocker der Biofeedbacktherapeuten, sondern ein beliebiges Mobiliar, freilich mit den erforderlichen Sitzgelegenheiten. Dennoch gibt es im Behandlungszimmer eine Einrichtung, die ungegenständlich ist, aber wie ein Gegenstand von vornherein vorhanden und vom Patienten nicht verrückbar ist: Sprache.

Wer diesen Raum als Patient betritt, hört eine Anweisung, die bereits den Beginn der Therapie darstellt: „Benutzen Sie bitte Sprachformen, die relativ wenig mißverständlich sind. Sprechen Sie ernsthaft und konzentriert, seien Sie gleichzeitig so offen wie möglich, verwenden sie in angemessener Weise Ihre Umgangssprache, in der Sie sich auch sonst ausdrücken, aber vermeiden Sie extrem privatsprachliche, dialekthafte oder slanghafte Ausdrücke". Diese so oder ähnlich lautenden, in der Regel nicht ausgesprochenen Anweisungen stellen Anforderungen an den Patienten, die er theoretisch überhaupt nicht und praktisch nur mit vielen Unvollkommenheiten erfüllen kann. Er soll nämlich sehr persönlich sprechen, seine Schwierigkeiten so äußern, wie er sie im Gespräch mit sich selbst benennen würde, dies jedoch gegenüber einem anderen Menschen tun, vor dem er auch sprachliche Distanz einhalten muß.

Therapeutisches Sprechen entsteht in einer Wechselbeziehung, es kann gelingen und mißlingen. Unabhängig von den Personen stellt Sprache einen Einrichtungsgegenstand des Behandlungsraums dar, dem sich der Patient nähert, mit dem er sich abgeben muß: er muß sprechen. Er hat für seine Schwierigkeiten nur dieses einzige Mittel des Ausdrucks. Sein Schweigen ist prinzipiell nur erlaubt als eine Pause vor und nach dem Sprechen. Im therapeutischen Umgang wird dieses Schweigen dann durch das davor und danach Gesprochene interpretiert, also so umgewandelt, als wenn es ein Sprechen gewesen wäre. Der Therapeut fragt: „Was haben Sie sich während Ihrer Zeit des Schweigens gedacht? Welche Gedanken gingen Ihnen durch den Kopf?"

Es ist psychotherapeutisch wenig erforscht, inwieweit die Einrichtung Sprache Menschen davon abhält, sich therapeutischer Hilfe real zu nähern. Alle Untersuchungen gehen von dem Menschen aus, der sich bereits als Patient erklären konnte, indem er das Behandlungszimmer betreten hat. Wer dort schweigt, wird in aller Regel zurückgewiesen werden - doch der so verfahrende Therapeut würde vielleicht einen anderen Weg zu dem Patienten finden, wenn ihm bewußt wäre, daß der Patient durch sein Kommen, im Überschreiten der Türschwelle zum Therapeuten, bereits anerkannt hat, daß in diesem Raum Sprache herrscht.

•

Patient und Therapeut unterliegen Gesetzen der Zeit, biologischen Rhythmen - vormittags, mittags, abends, Wachheit, Müdigkeit, vielleicht Erschöpfung. Beide sind abhängig von gesellschaftlichen Regelungen und regulären Arbeitszeiten; 8 Uhr früh bis 19 Uhr sind als normale Zeiten zu betrachten, während die früheren oder späteren Stunden oder solche an Wochenenden als Randzeiten angesehen werden müssen. Wer um 20 Uhr vom Therapeuten empfangen wird, erfährt, wie ausgebucht der Therapeut ist, aber gleichzeitig, wie wichtig für den Therapeuten das Gespräch ist, weil er dafür die ihm nach den gesellschaftlichen Regeln zustehende Freizeit verwendet. Es gibt Patienten, die mit der Vorstellung leben, Therapie müsse eigentlich außerhalb der Dienstzeit stattfinden, weil sie im Gegensatz zur Arbeit in die sehr persönlichen Bereiche rage. Diese Vorstellung tritt am ausgeprägtesten an den therapeutischen Wochenenden für verschiedenartige gruppentherapeutische Verfahren hervor, bei denen nicht mehr genau zwischen ernsthaftem Tun und Vergnügen unterschieden wird. Das Ganze einfach als kreatives Spiel zu bezeichnen, ist ein sprachliches Kunststück, inhaltlich ist damit nichts ausgesagt. Aber findet in der bezahlten Arbeitszeit der Therapeuten wirklich die unbezahlte Freizeit des Patienten statt? Arbeitet nur, wer verdient? Und dient nur, was etwas kostet, der Reproduktion oder der Rekreation? Wessen Zeit ist mehr wert? Zumindest für Arbeitnehmer definieren Krankenkassen Behandlungszeiten im Sinne von Arbeitsäquivalenten. Das schließt Kontrollen und Einschränkungen ein: In Kliniken werden Besuchs- und Ausgangszeiten festgesetzt, die in keinem Freizeithotel zu finden sind. Beherrscht schließlich die von den Kassen gewertete Zeit sowohl den terminsetzenden Therapeuten wie den terminempfangenden Patienten?

Die Zeiten, verstanden als die Sprechstunden im wörtlichen Sinn, können beliebig organisiert werden. Allerdings ist Zeit technisch nicht zu verändern, sie ist nicht als Kondensat oder in Verdünnung erhältlich. Dennoch haben Therapeuten immer daran gearbeitet, die Zeit zu komprimieren. Zunächst ergeben sich formale Aufstückelungen von Zeit - und die wichtige Frage, welche Zeiteinheiten sinnvollerweise mit dem Problem des Patienten in Beziehung gesetzt werden können, wird dabei rasch vernachlässigt. Die klassische Einzelstunde in der Therapie beträgt 50 Minuten. Sie ist minutengenau in der Gebührenordnung, in der E-GO in den Nummern 861 und 863 festgelegt. Dennoch ist in der Praxis vieler Psychotherapeuten die Stunde auf 45 Minuten geschrumpft. „The decline and fall of the fifty-minute hour" nennt Greenson seinen Aufsatz aus dem Jahr 1974.

Daneben können psychotherapeutische/psychiatrische Behandlungen nach der E-GO (Nr. 806, 849 u.a.) als „eingehendes therapeutisches Gespräch, auch in akuter Konfliktsituation, ggf. unter Einschluß eines eingehenden situationsregulierenden Kontaktgesprächs mit Dritten, Mindestdauer 20 Minuten", durchgeführt und für DM 28,35 abgerechnet werden. Der erste Gedanke, „eingehend" könnte hier „ausführlich", „lang" oder auch „einfühlend" verständnisvoll" meinen, stellt sich bald als irrig heraus, da man sich durch vergleichbaren Kontext belehren lassen muß, daß wohl „gründlich" verstanden werden soll. Warum muß das betont werden, wenn nicht der Argwohn bestünde, eine 20-Minuten-Behandlung könne vielleicht oberflächlich bleiben?

Aus der klinischen Visite sowie Arrangements der klinischen Psychotherapie haben sich Gespräche von 10 Minuten Dauer und solche von weniger als 10 Minuten ergeben, die aus der Sicht der Therapeuten immer noch als Therapie angesehen werden - das Erreichen der berüchtigten 3-Minuten-Medizin, oder bis zu welcher Untergrenze soll man noch von Therapie sprechen? Es gibt Patienten, die sich offenbar mit einer Minute begnügen wollen („Haben Sie eine Minute Zeit für mich?"). Sie geben vor, diese Zeit reiche aus, lasse ein sinnvolles Gespräch zu; sie erkennen nicht, daß sie mit ihrer Kurzzeitangabe, selbst wenn sie nur rhetorisch gemeint ist, den Wert des Sprechens von vornherein in Frage stellen. Man fühlt sich an die Stimme eines automatischen Anrufbeantworters erinnert: „Sie haben 10 Sekunden Zeit, sprechen Sie jetzt". Therapeutischer Sinn entsteht aber erst durch ein Kontinuum an Sprechen, an Fortsetzungen. Zu diesem Zweck können tägliche Begegnungen stattfinden oder sonstige regelmäßige Treffen (ein- oder mehrmals pro Woche, pro Monat) oder auch unbestimmte Zeiträume zwischen den Gesprächen verabredet werden.

Erst durch Wiederholungen über einen gewissen Zeitraum hinweg kann sich eine therapeutische Beziehung entwickeln. Aber gemäß der allgemein vorherrschenden Ansicht „Zeit ist knapp", werden starke Anstrengungen gemacht, die Zeiträume zu verkürzen. Die Gebührenordnung fixiert die Therapiezeiten nach ökonomischen Grundsätzen. Zeit muß optimal genutzt werden, zum Heil des Patienten, aber auch zu dem Zweck, das Einkommen des Therapeuten zu garantieren. So ist der Hauptgrund der Durchsetzung der 45-Minuten-Stunde der, daß der Therapeut sich in einer Viertelstundeneinteilung wohlfühlt und ohne Pausen arbeiten will. Das macht sich bei einem (mindestens) 8stündigen Arbeitstag finanziell durchaus bemerkbar. Für den Patienten bedeutet die reduzierte Stunde, daß er praktisch nur noch 35-40 Minuten behandelt wird, da die Verabschiedung des Patienten vor ihm und die Begrüßung des nachfolgenden auch eine gewisse Zeit beanspruchen. In dieser Zeit ist der Therapeut noch mit dem vorangegangenen Patienten innerlich beschäftigt; er kann dem neuen nicht gleichzeitig seine Aufmerksamkeit zuwenden. Aus den ursprünglich 50 Minuten für den Patienten, dem eine 10minütige Pause im Stundenplan des Therapeuten folgt, ist für den Patienten über die Praktizierung der 45-Minuten-Stunde dann eine 40-Minuten-Stunde geworden, in vielen Fällen bleiben schließlich nur 35 Minuten.

Ein Streit um Minuten? Ruhepausen sind arbeitsrechtlich vorgeschrieben. Natürlich wird der geübte Diagnostiker einwenden, er könne ein Erstinterview bei einem bestimmten Patienten nach 10 Minuten zu *seiner* (des Therapeuten) Befriedigung, beenden, aber wie geht es dabei dem Patienten? Berufsroutine mag zur Verkürzung wiederkehrender Vorgänge beitragen, aber ist für die Entwicklung von Beziehungen nicht ein Mindestmaß an Zeit und eine Mindestanzahl von Wiederholungen notwendig? Sicherlich wird im klinischen Alltag der unwissende und bedrängte Patient auch die von Therapeuten gesetzten Normzeiten akzeptieren und versuchen, soviel wie möglich Hilfe zu bekommen. Gibt es aber auch Arrangements, die gerade dazu dienen, eine Beziehung zwischen Therapeut und Patient *nicht* aufkommen zu lassen, die einem Beziehungsverbot gleichkommen und damit Therapie unmöglich machen?

Selbst der erfahrene Therapeut wird nicht umhinkönnen, nach einem Zeitgewinn durch eine inhaltlich intensiv gestaltetes Interview eine kleine Pause zu machen. Die in forcierter Empathie, kunstvoller Verknüpfung, raschem Hervorheben aus der Vorerfahrung verbrauchte Energie, die zur Komprimierung der Zeit erforderliche Mühe führt zur Erschöpfung und damit zum Zeitverlust der nachfolgenden Erholungspause. Der Therapeut kann auch diese Erschöpfung überspielen, aber es ist gefährlich, Therapiezeit zu verkürzen: Ein depressiver Patient kann in 10-Minuten-Interviews nichts von dem für ihn selbst schwer Formulierbaren einbringen, er kommt nicht über Anfangsstereotypien seiner Klagen hinaus. Die Konflikte werden nicht klar zum Ausdruck gebracht, und folglich wird auch kein Schritt auf dem Wege zu Konfliktlösungen getan. Die evaluierenden Zusammenfassungen mit der Frage: „Was haben Sie heute gelernt?" sind ebenso groteske Beendigungen jeder Beziehung wie die Anfänge mit der Aufforderung: „Sagen Sie mir einmal *kurz,* was Sie *alles* auf dem Herzen haben!"

Dennoch werden solche Sätze nicht selten ausgesprochen. Die Therapeuten sind darauf trainiert, Zeit als Sachzwang zu sehen. Was zwingt sie dazu? Müssen sie erst durch Selbsterfahrung eines Besseren belehrt werden? Beziehungen und Entwicklungen benötigen gewiß jeweils unterschiedlich lange Zeiträume, aber sie können nicht willkürlich unter ein Minimum reduziert werden, ohne daß sie ihren Therapiewert verlieren.

Alles Verkürzen und Ausdünnen der Wiederholungen untergräbt den Nutzen einer Therapie, die *ihre* Zeit braucht. Längst hat man die Drei-Minuten-Medizin als inhumanen Umgang mit dem Menschen angeprangert, und darin ist kein Raum für Psychotherapie. Dennoch wurde auch hier die Zeitraffungssucht schon auf die Spitze getrieben mit dem Ergebnis: Therapie ohne Therapeut. Das kürzeste Interview des Therapeuten lautet: „Ich habe keine Zeit, helfen Sie sich selbst!"

•

Die Diskussion über Zeit und Zeiträume umschließt eine weiterreichende Dimension: Den objektiven Zeiteinteilungen tritt in der therapeutischen Situation die subjektive Zeit von Patient und Therapeut gegenüber, die Zeit der Gefühle, der Wiederholungen, der Pausen, der Trennungen. Wenn es dem Therapeuten gelingt, in der Annahme der Übertragung des Patienten und deren Beantwortung durch die Deutung sich mit dem Leben des Patienten zu verbinden, hat er die Trennung zwischen seiner Arbeitszeit und Lebenszeit für die gemeinsame Strecke der therapeutischen Zeit aufgehoben. Dann beginnt für den Therapeuten nicht erst ab 20 Uhr die Privatzeit.

Auch Patienten können ihre Therapiestunde als fremde, abgeleistete Pflichtzeit betrachten. Sie verlieren dann von ihrer eigenen Zeit, die sie mit Hilfe der Therapie wieder besser zu nutzen gedenken, noch einmal, indem sie sie dem Therapeuten opfern. Sie gehen dabei von der Voraussetzung aus, die Stunde der Therapie gehöre dem Therapeuten. Nur er könne sie gewähren, verkaufen, verschenken.

In dieser Überlegung wird die therapeutische Zeit gleichgesetzt mit der Dauer der therapeutischen Sitzungen. Alle Zwischenräume werden als Leerzeit betrachtet. Dabei wird übersehen, daß die Therapiestunden nicht isoliert zu bewerten sind, sondern daß die Gesamtdauer der Therapie ein Kontinuum darstellt. In der Form der Selbstanalyse reicht die Bemühung weit über alle Therapiestunden hinaus, die sich miteinander verbindet.

Es gibt nicht die *eine,* für Patient und Therapeut gemeinsame Zeit der Therapie. Beide leben in ihrer je eigenen Zeit und versuchen, diese eigene zum Gesetz für beide, zum Gesetz der Therapie zu machen: Ist der Therapeut der Wächter der Zeit und ihr Verwalter? Darf der Patient sie spielerisch vergeuden? Was bedeutet es, wenn ein Patient regelmäßig zu spät kommt? Er hat sich und dem Therapeuten Zeit weggenommen oder er behält Zeit für sich, in der er lebendige Phantasien haben kann, die er dem Therapeuten vorenthält. Trotz Gleichzeitigkeit nach der Uhr kann der Patient seine Therapiestunde ungenutzt lassen, oder der Therapeut kann innerlich abwesend sein: Ungleichzeitigkeiten in der Gegenwart, die die Therapie verhindern. Umgekehrt kann für Patient wie Therapeut in der Phantasie Zeit der Therapie sein, in intensiven inneren Dialogen, außerhalb der vereinbarten Stunde. Auch eine ausgefallene Stunde muß nicht leer sein. Sie kann voll besetzt sein mit Gefühlen des Ärgers, der Verlassenheit, der Zuneigung. Der Weg hin und zurück. Wartezeiten, Unterbrechungen, Stundenausfälle können die Therapie voranbringen, sofern sie als Therapiezeiten empfunden werden und das anstehende Thema bearbeitet wird.

Immer wieder geht aus therapeutischen Gesprächen hervor, daß die Zeit nicht nur an einer Abfolge von Wahrnehmungen und bestimmten Vorkommnissen zu messen ist: sie kann auch in Beschreibungen erscheinen, die nicht wortwörtlich Zeitbegriffe enthalten. So kann die Leidenschaft eines Patienten, Gegenstände zu sammeln, ebenso wie die Überfülle der erzählten Ereignisse, der Versuch, in der Erinnerung alle gelebten Zeiten aufzuheben, darauf hinweisen, daß sich der Patient von der gelebten Zeit als einer vergangenen nicht trennen kann. Während er die vergangene Zeit festhält, läuft ihm die gegenwärtige davon. Er hinkt ihr täglich hinterher.

Auch die Langeweile in der Therapie ist ein Zeitbegriff. In ihr ist das Zeitgefühl verändert. Zeit dehnt sich, aber dieser „Zeitgewinn" macht eher mißmutig.

Die gemeinsame Zeit zerfällt in zwei unverbundene Zeiten. Der Therapeut schweift ab, beschäftigt sich mit sich, kämpft mit seinem Ärger. Der Patient steigert die Produktion seiner Einfälle, versucht im angestrengten Leerlauf seine Einsamkeit loszuwerden. Beide vermeiden die Berührung. Wenn dies unerträglich wird, wird einer die Lähmung als erster mit seinem Affekt durchbrechen. Dadurch verändern sich Langeweile, Müdigkeit, Dissoziation. Damit ist der Weg frei für Benennung, Besprechung, Verstehen. In einer Arbeitsszene hat sich gemeinsame Lebenszeit wieder hergestellt. Aus der Hektik des Patienten und dem therapeutischen Ehrgeiz, aus Verzögerungs- und Beschleunigungswünschen ist Intensität entstanden.

Der analytische Prozeß verwendet den ständigen Wechsel von Regression und Progression, bedient sich zur Bewegung in der Zeit der wichtigen Figuren der Übertragung, in denen die frühen und die aktuellen Zeiten und Gestalten mühelos ineinanderfließen. Das Zurücktauchen in die kindliche Zeitlosigkeit kann ebenso ein Verleugnen der gegenwärtigen Zeit bedeuten, wie das erinnerungslose Verharren in der Gegenwart die Trennung von der eigenen Vergangenheit kennzeichnet. Die Erlaubnis, Zeiten verlassen zu dürfen, nicht an der platten Realität zu kleben, die einen zwanghaft gebunden hält, eröffnet die Möglichkeit, eigene Zeiterfahrungen zu entdecken. Was der Traum leistet, der frei über die Zeiten verfügt, kann auch bewußt geschehen. Die Aufgabe des Therapeuten besteht auch darin, vernachlässigte und abgestorbene Zeit des Patienten deutend aus ihrer Vergessenheit zu erwecken.

Es gibt auch eine Präsentation von Zeit, die nicht vergessen, sondern in unkenntlicher Gestalt erlebt wird. Sie wird sichtbar im Wiederholungszwang, im Symptom einer eingefrorenen Zeit, dem Gefrierschnitt eines Konflikts. Im Symptom ist die Zeit zum Stehen gekommen, es zeigt einen partiellen Entwicklungsstillstand an. Wenn die Zeiger der Uhr seit 20 Jahren einer Gesellschaft unverrückt mitteilen, es sei fünf Minuten vor Zwölf, liegt die Bedrohung nicht nur in der angegebenen Zeit, sondern auch in ihrer symptomatischen Erstarrung. Eine Uhr, die sich nicht mehr bewegt, ist eine Uhr ohne Zeiger, ist Symbol einer bedrückenden Orientierungslosigkeit und begonnener Zerstörung.

Der Wunsch, in keiner Zeit leben zu müssen, impliziert die Hoffnung, in allen Zeiten zu leben. Dieser Wunsch, Zeiten zu beherrschen, Herr der eigenen Zeit zu sein, bleibt unerfüllt, wird gekränkt.

Hinweise zur Literatur

Die innere und äußere Einrichtung des Praxisfeldes, verkürzt meist als „setting“ bezeichnet, wird in der Literatur nur indirekt und spärlich behandelt. Für die Psychoanalyse sind seit Freuds Beitrag (1913) *„Weitere Ratschläge zur Technik der Psychoanalyse“* wenige Modifikationen ausgearbeitet worden; vgl. Fenichel (1941) *Problems of psychoanalytic technique.* - Menninger u. Holzman (1958/1977) *Theorie der psychoanalytischen Technik.* - Greenson (1967/1975) *Technik und Praxis der Psychoanalyse.* - Auch in einem so grundlegenden und umfassenden Nachschlagewerk wie *Die Psychologie des 20. Jahrhunderts* (1976-1981) sind Hinweise auf Setting und verwandte Fragen nur innerhalb von Einzelaufsätzen zu finden; vgl. Vogt u. Vogt-Heyder (1979) *Tiefenpsychologisch fundierte Psychotherapie.* - Die für die Psychoanalyse zum Symbol gewordene Couch untersucht Stern (1983) *Die Couch; ihre Bedeutung für die Psychotherapie*, und zwar unter kulturellen und therapeutischen Aspekten. Ebenso werden therapeutische Zeiten selten umfassend thematisiert. Greenson (1974) gibt in *The decline and fall of the fifty-minute hour* einen Überblick.

Mit der Verkürzung der therapeutischen Stunde befassen sich explizit Balint et al. (1973) *Fokaltherapie;* weitere Überlegungen hierzu bei Lüth (1974) *Sprechende und stumme Medizin.* - Allgemein finden sich zur Problematik der Zeit überraschend wenige Arbeiten in der analytischen Literatur. Zur Einführung vgl. Loewald (1974) *Das Zeiterleben* sowie Fachinelli (1981) *Der stehende Pfeil, drei Versuche, die Zeit aufzuheben.*

Im Vorfeld der Therapie

Wer auf dem Weg zu einem Therapeuten ist, hat sich bereits zum Patienten erklärt. Wie ist er dazu gekommen?

Unterwegs übt er, bewußt und unbewußt, die bevorstehende Begegnung. Er erarbeitet sich diese Strecke, macht dabei bestimmte Anstrengungen: Die Wege zum Therapeuten sind mit den Phantasien der Patienten gepflastert.

Für die Therapeuten gilt Vergleichbares. Sie werden nicht als Therapeuten geboren. Sie bringen ihre Phantasien in die Praxisräume mit.

Noch haben sich Patient und Therapeut nicht getroffen, doch ihre Phantasien sind real vorhanden. Auf der imaginären Ebene haben beide lange miteinander gesprochen, führen einen Dialog, noch ehe sie sich kennen; in diesem imaginären Dialog gibt jeder dem anderen eine bestimmte Gestalt und eine bestimmte Einstellung. Was in der Phantasie vorweggenommen wird und dort zu einem drängendem Gefühl angewachsen ist, trägt dazu bei, daß das Gespräch dann wirklich stattfindet.

Wie ein Patient entsteht

Die therapeutische Situation beginnt in der Regel mit der Anmeldung oder dem Erscheinen des Patienten zu einer Sprechstunde. Es folgt das erste Gespräch mit dem Patienten, das Erstinterview. Beide Vorgänge legen die Vermutung nahe, daß es sich hier um Kontakte handelt, die etwas Neues, Eröffnendes haben, in denen etwas erstmalig geschieht. Die Annahme erscheint plausibel, doch im Grunde verhält es sich geradezu umgekehrt. Denn eigentlich kommt hier etwas zu einem Abschluß, an sein Ziel, was als therapeutische Vorgeschichte mit eigener Entwicklung und Dynamik zu verstehen ist. Im Vorfeld der therapeutischen Situation haben sich psychische Prozesse abgespielt, in denen Erlebnisse und Erfahrungen des Patienten erst eine besondere Verdichtung und Ausrichtung erhalten mußten, um ihn bis zur Tür oder zum Sprechzimmer des Therapeuten zu führen. Um diese erste Begegnung zwischen Patient und Therapeut verstehen zu können, müssen die vorhergehenden Entscheidungen und Erfahrungen, also die Motivationsgeschichte des Patienten mit einbezogen werden.

Wer sich damit befaßt, kommt rasch zu den großen, nicht einfach abzuhandelnden Fragenkomplexen: Wie entwickelt sich das Bedürfnis nach Therapie?

Und: Wie entsteht psychisches Leid? Zwischen beiden Fragen klafft eine ebenso unerklärte wie realistische Differenz: Nicht jedes Leid drängt zur Therapie. Wäre es deshalb richtiger zu fragen: Welches Leid drängt wann und unter welchen Umständen wen zur Therapie? Oder: Was geht in einem leidenden Menschen vor, daß er sich entschließt, einen anderen Menschen, der sich auf menschliches Leid offenbar versteht, aufzusuchen, um mit diesem darüber zu sprechen? Die stillschweigende Voraussetzung, daß ein Fremder aufgrund seiner Berufsausbildung einem eher aus persönlichen Schwierigkeiten heraushelfen könnte als Familienangehörige oder Freunde und Bekannte, muß eigentlich erstaunen.

Es könnte sinnvoll sein, aus den Fragenkomplexen zunächst eine Zielrichtung herauszulösen: Gibt es Grundvoraussetzungen im psychischen Geschehen, die gegeben sein müssen, damit eine Therapiebereitschaft entsteht? Diese kann - und dies ist eine alltägliche, allgemein anerkannte Erfahrung - nicht gekoppelt sein an eine, wie auch immer geartete, objektive Therapienotwendigkeit, da objektive Kategorien in der stets subjektiven Erfahrung von Leiden per definitionem nie enthalten sein können. Psychisches Leiden, das der einzelne für sich erlebt, worüber er schweigt oder mit anderen spricht, hat als Tagesereignis oft genug den Charakter des Drängenden und Eindringenden und wird entsprechend deutlich wahrgenommen. Dennoch führt es nur in den seltensten Fällen direkt zur Therapie. Wie ist dies zu erklären?

Die Erkundung dieser Phänomene soll sich hier an der Praxis ausrichten, am Patienten, der gekommen ist und an dem Leidenden, der außerhalb der Praxis bekannt ist und nie einen Psychotherapeuten aufsuchen wird. Manche Situationen und die aus ihnen folgenden Entscheidungen lassen sich durchaus erhellen: Zunächst fällt auf, daß im Gegensatz zu körperlicher Erkrankung psychischer Schmerz nicht meßbar und damit auch nicht als behandlungsbedürftig anerkannt ist. Es gibt keinen Schmerzpegel und folglich keine gesellschaftlichen Regelungen, wonach etwa bei Erreichen einer Schmerzgrenze die Entscheidung für oder gegen psychotherapeutische Behandlung zu treffen wäre. Ebensowenig gibt es eine gesellschaftliche Übereinstimmung darüber, aus welcher Summe verletzender Geschehnisse, die einem Menschen widerfahren sind, die Anwendung von Therapie begründet wird. Schließlich ist es, bei allen Schmerzbekämpfungstechniken, die Markt und Medien bieten, auch heute ein generelles Gebot, daß Schmerzen und Leid vorwiegend *auszuhalten* sind. Das ganz eigene, isoliert empfundene Gefühl von Schmerz und seiner Unerträglichkeit muß einen Menschen an die Grenzen dessen, was er ohne Eingriffe und ohne Lebensveränderung ertragen und hinnehmen kann, derart heranführen, so daß er aus einer unaufschiebbaren inneren Notwendigkeit diese gewohnte Haltung aufgibt und nach etwas Neuem, einer grenzüberschreitenden Veränderung zu suchen beginnt. Ohne diese durch Leid veranlaßten Grenzüberschreitungen und Suchbewegungen, die so stark sein müssen, daß sie auch gegen den Willen des bremsenden und kontrollierenden Verstands zum Tragen kommen und sich durchsetzen, wird der erste Schritt zum Beginn einer Therapie nicht getan.

•

Wie aus den Beobachtungen in der Therapie zu schließen ist, entsteht das Bedürfnis, einen Psychotherapeuten aufzusuchen, häufig dadurch, daß der Leidende aus einem sinnlos gewordenen Wiederholungsmonolog, aus einem zwecklosen Grübeln herauskommen und in den Dialog mit einem anderen, und zwar einem fremden, aber vertrauenswürdigen Menschen, einem Therapeuten also, eintreten möchte. Was auch immer als Ursächliches, Verursachendes angesehen wird, körperliche Beschwerden oder Beeinträchtigungen in der Befindlichkeit oder beides, es wird die Ebene des sprechenden Austauschs gesucht, da man den quälenden inneren Monolog zugunsten des Dialogs aufzugeben bestrebt ist. Das bedeutet aber wohl, daß trotz aller Verzweiflung zumindest die Kategorie Hoffnung im psychischen Elend vorhanden sein muß: Man erwartet, daß das Sprechen mit einem anderen Menschen eine Zustandsveränderung bewirken könnte. Dagegen entsteht in der Sprachlosigkeit - auch bei Fehlen des inneren Monologs, des Nichtgrübelns - die zwanghafte Einbindung des Selbst, die unauflösbare Bedrückung.

Patient und Therapeut müssen so sprechen, daß sie einander verstehen. Der Wille, sich verständlich zu machen, muß einen Willen zum Verstehen suchen. Das Verstandene muß wiederum sprachlich so ausgedrückt werden, daß der, der zuerst gesprochen hat, es wieder verstehen kann. Es muß eine Kette Sprechen-Verstehen-Sprechen-Verstehen-Sprechen-Verstehen... entstehen. Es wird die Errichtung einer Sprechen-Verstehens-Gemeinschaft zwischen zwei Menschen angestrebt. Von daher erscheint die Vorstellung überzeugend, es möge *diese* Gemeinschaft sein, die der psychisch Leidende sucht. Entgegen der offiziellen Vereinbarung über Heilen und Lindern würde der psychisch Leidende eher die Aufhebung des Leidens durch Verringerung von Einsamkeit und Monolog anstreben. Sind psychische Patienten immer als Vereinsamte und, wenn nicht als sozial gänzlich Vereinsamte, so doch als in einer bestimmten Situation mit bestimmten Problemen Alleingelassene zu betrachten? Besteht dann das Suchen nach der Therapie in der Suche, sich wieder in eine Sprechen-Verstehens-Gemeinschaft zu integrieren, aus der sie herausgefallen sind? Offenbar muß dieses Herausfallen, der Rückfall in monologisches Sprechen, als Krankheit verstanden werden, deren Bewußtwerden in einem Menschen das Bedürfnis nach Therapie bewirken kann.

So bliebe als negative Formulierung: Wer nicht sprechen kann, wird keine Therapie aufsuchen. Auch der nicht, der nicht mehr fähig ist, durch Sprechen Gemeinsamkeit erreichen zu wollen, ebenso wie der, der völlig in sich erstarrt ist, sowie der definitiv zum Selbstmord Entschlossene, selbst wenn dessen biologisches Leben, um den Preis erdrückender Verengung, bis auf weiteres erhalten bleibt.

•

Solche Überlegungen führen nicht zwangsläufig zu Psychotherapie. Im Gegenteil, es werden in der Regel Selbstheilungsversuche unternommen, das Leben durch neue Handlungseinstellungen zu verändern. Es werden andere und offenere Gemeinschaften gesucht, die dieses Sprechen und die Dialogisierung anbieten. Gemeint sind alle sozialen Gemeinschaften, von intimen Partnerschaften über Arbeits- und Hobbygruppen bis zu geselligen Veranstaltungen jeglicher Art. Jede Epoche bietet andere Möglichkeiten solcher Neugruppierungen, die von der Rückbesinnung auf tradierte Lebensformen (mit der Wiederentdeckung dialogischer Qualitäten) bis zu allen modernen alternativen Lebensrichtungen reichen und zu deren Randausläufern auch viele Einrichtungen zählen, die sich in der Nachbarschaft klassischer Psychotherapie angesiedelt haben: etwa Selbsthilfegruppen, Wochenendtrainings für Kreativität und Partnerschaft, Gruppendynamik und transzendentale Übungen. Erst wenn diese Möglichkeiten erprobt und erschöpft sind, wenn die eigenen Entwicklungs- und Steuerungskräfte als ungenügend empfunden werden, wenn die Unzulänglichkeit der Selbsthilfekräfte eingestanden werden muß, entsteht eine Neigung, sich der irgendwie verdächtig erscheinenden Psychotherapie zu nähern - verdächtig deshalb, weil der Anspruch dieses Faches bei aller Bescheidenheit seiner Vertreter und deren öffentlichen Äußerungen doch etwas recht Ungeheueres behauptet: Wenn es wirklich so ist, daß die Selbsthilfekräfte und die sozialen Gruppierungen im weitesten Sinne versagt haben, wie soll es dann leicht oder auch nur annähernd verständlich sein, daß diese wenigen auf Verstehen spezialisierten Therapeuten eigenhändig „neue Lebensformen" aufbauen oder erzeugen können, da sie doch selbst in ähnlichen sozialen Gruppierungen leben, selber Patienten und Leidende sein müssen? Wodurch sind sie als Heiler qualifiziert? Durch ein gnädiges Schicksal oder tatsächlich aufgrund einer speziellen Berufsausbildung, die ebenfalls ein Produkt der - Leiden verursachenden - Gesellschaftsformen ist? Die Unfähigkeit, diese Fragen zu beantworten, ändert nichts daran, daß ein Spannungsfeld bestehen bleibt: Die Diskrepanz zwischen eingetretenem psychischen Elend und der Fähigkeit auch des besten Therapeuten, sie zu beheben, ist real und, wortwörtlich genommen, nicht zu überbrücken. So erscheint es ebensowenig als eine sinnvolle Fragestellung, ob psychische Krankheiten geheilt werden können. Positiv ist jedoch die Suche nach Bindegliedern, nach Vermittlungen, riskanten und schwankenden Hängebrücken, die sich in Wörtern wie Lindern, Anregen, Besinnen, Aufhalten, Einsehen, Neuansetzen - sogar in einem in seiner Bedeutung veränderten, weniger zerstörten und zerstörerischen Ertragen anbieten. Der Vergleich zwischen der Größe des Problems und der Kleinheit der Lösungsmöglichkeiten macht es verständlich, daß der Patient sich diesem Thema entzieht. Keiner verdenkt es auch dem Therapeuten, der noch in der Phase der Berufsfindung steckt und nicht auf dem Wege zu einem Patienten ist, daß er das Nachdenken darüber abbricht. Dagegen setzt Psychotherapie jedoch ganz auf diese Vermittlungen, auf die unübersehbar zahlreichen Einzelschritte der Veränderbarkeit. Damit ist vielleicht ein Grundprinzip, beinahe Glaubensbekenntnis der Psychotherapie ausgesprochen, nämlich auf Entwicklungen zu hoffen, die in ihrer Lebendigkeit immer Veränderung bedeuten. Es kann so etwas wie das Verlangen des Menschen angenommen werden, das ihn veranlaßt, die gewordene Einsamkeit abzulösen, den Rückfall in die Einsamkeit nicht als bleibend anzuerkennen und das Sprechen-Verstehen-Sprechen neu zu versuchen.

In seiner Bereitschaft, sich auf das Denken über psychisches Leiden und seine Veränderbarkeit einzulassen, wird der Therapeut den Vorstellungen und monologischen Sätzen nachspüren müssen, die einen Menschen schließlich dazu bringen, sich als Patient zu sehen. Es sind die sprachlich wahrgenommenen Merkmale der Vereinsamung, die zu imaginären therapeutischen Dialogen führen. Dort wird die Ratlosigkeit spürbar, die trotz der manchmal von vielen Seiten angebotenen Beratung bestehen bleibt. Vereinsamungsphänomene werden hier als Sätze und Aussagen vorgestellt, als Verdichtungen von Abläufen, die nicht bewußt erkannt und benannt wurden, deren Inhalt jedoch offenbar wird in Aussagen wie:

> Ich halte diese Schwierigkeiten nicht länger aus. Ich komme mit mir nicht allein zurecht. Ich denke immer wieder dasselbe. Die Gespräche mit den Freunden, Bekannten, Verwandten, Partnern nützen mir nichts mehr. Gerade mit ihnen habe ich Probleme. Meine Lebensumstände lassen sich, so wie ich sie sehe, nicht verändern. Ich muß mit jemanden sprechen, der außerhalb meines Lebenskreises steht. Jemand, der nicht mit mir verstrickt ist, der keine Interessen an mir verfolgt. Ich kann aber nicht einfach jemanden ansprechen, der mir gänzlich fremd ist, dem ich zufällig begegne. Der hört mir nur oberflächlich zu, lehnt mich bald ab. Es müßte jemand sein, den ich nicht kenne, aber der mir zuhören wird. Der das will, auch wenn es nur seine Pflicht ist, dies zu tun. Weil es sein Beruf ist. Weil er mich verstehen muß.

Bei diesem Stück monologischer Motivationsgeschichte drängt sich der Gedanke auf, daß bei der Suche nach einem Menschen, der zum Gesprächspartner in extremen Schwierigkeiten werden könnte, die innere Bereitschaft, sich jemandem anzuvertrauen, überraschenderweise mit dem Grade seiner Unbekanntheit wächst. Je fremder er ist, desto eher erscheint er dazu geeignet; je länger der Fremde seine Fremdheit aufrechterhalten kann, um so besser. Nicht jeder Fremde, der einem zufällig begegnet, bietet aber dafür die Gewähr. Der zufällige Fremde bleibt oft nicht lange ein solcher, sondern kann sehr bald ein aus innerer Notwendigkeit gewählter Bekannter werden. Die bleibende Fremdheit, die ja Voraussetzung für mehr Nähe ist, müßte in der Beziehungsform angelegt und garantiert sein. Der zufällige Fremde, der sich wandelt, müßte durch den organisierten, den institutionalisierten Fremden, der sich gleichbleibt, ersetzbar sein, damit Beziehungsangst, die Einsamkeit und Sprachlosigkeit erst hervorbringt, nicht wiederum den Versuch blockiert, sie zu überwinden. Dem zufälligen Fremden gegenüber, dem man auf der Reise, im Urlaub, an der Theke sein Herz ausschütten kann, ist der institutionalisierte Fremde auch insofern überlegen, als er Stabilität und Kontinuität, die Wiederholbarkeit der Begegnung unter gleichen Voraussetzungen gibt. Seine ortsgebundene Präsenz sichert Verfügbarkeit in Notsituationen. Er hat sich niedergelassen und damit als Arzt und Therapeut eine Versorgungspflicht übernommen, die in Anspruch genommen werden kann.

•

Diese Interpretation der Assoziationen und Motivierungen gilt nicht ausschließlich und erschöpfend. Sie ist eine Betrachtungsweise, die genauer darzustellen ist. Die Bewegung vom Ich des Patienten zu einem Therapeuten sind mit Vorstellungen verbunden, die sich in dafür typischen Sätzen zusammenfassen lassen:

> Ich brauche jemanden, der mehr weiß als ich. Einer, der sich tagtäglich mit dem Verstehen herumschlägt, wird etwas anzubieten haben. Wenn er es als Beruf durchführt und ich ihn dafür bezahle, wird er mich teilhaben lassen, mir davon abgeben. Ich kann mir durch ihn Wissen aneignen. Ich kann mir jetzt nicht vorstellen, was es ist und auf welchem Wege

ich es begreife, aber ich kann das an Ort und Stelle überprüfen. Ich muß in die Nähe dessen gelangen, der Wissen und Erfahrungen hat, von dem ich lernen kann.

Der Fremde gewinnt hier Konturen. Zuerst wird bestätigt, er ist ein Nicht-Ich, ein anderer. Bereits die Vorstellung, zu einem anderen zu wollen, zeigt die Hoffnung, es gäbe Anderes, Neues, ob es nun sofort hilfreich ist oder nicht. Wer von seinem Ich bedrückt ist, kann vom anderen eher Neues erwarten, als wenn er den anderen nur als Fortsetzung seines Ichs ansehen muß, ihn in sein eigenes Ich eingeschmolzen hat. Die Fähigkeit, einen anderen als einen Anderen zu erkennen, mildert die Einsamkeit. Außerdem ist dieser Andere mit beruflichen Schutzzeichen versehen, er ist einer, der einem nichts Übles wollen darf. Er hat sich offensichtlich gesellschaftlich behauptet. Er hat seinen sozialen Platz mit Wissen erkämpft und mit Erfahrung durchsetzt. Er bietet sich als einer an, der abzugeben bereit ist.

Diesen beiden idealtypischen Vorstellungsreihen stehen jedoch schwere, einschränkende psychische Phänomene entgegen, die sich ebenfalls monologisch ausdrücken lassen; es handelt sich dabei um stets wiederkehrende Gefühle des Zweifels, des Verbots und der Nutzlosigkeit:

Ich muß damit allein fertig werden. Ich habe es nicht besser hingekriegt, das ist mein Schicksal. Ich habe die Verhältnisse nicht geschaffen, aber ich kann sie nicht verändern. Das Leben läßt sich nicht therapieren. Wenn jeder, der meine Probleme hat, sich behandeln lassen müßte, brauchten alle Leute Therapie; eine solche Therapie kann es nicht geben. Therapie ist nur für die, denen es absolut schlecht geht, die schwer krank sind. Bin ich schwer krank? Wenn andere erfahren, daß ich in Therapie bin, wüßten sie, wie schwach ich bin und würden mir um so mehr zusetzen. Es hat keinen Zweck. Ärzte haben mich zurückgewiesen: „Ihnen ist nicht zu helfen". Sie haben erklärt: „Sie haben nichts – oder: „Da kann man nichts tun".

Aber auch:

Meine Probleme sind viel zu groß, ich kann mir nicht vorstellen, wie sie ein anderer begreifen soll. Mir kann keiner helfen. Wie könnte das etwas nützen, was nur Sprechen ist? Ich bin seit 20 Jahren krumm vor Kummer, was soll da das Gerede?

Solange dies wiederum Sprache ist, wenn auch Monolog ohne Zuhörer, erscheint das Erleben selbst überprüfbar und veränderbar zu sein. Sehr wahrscheinlich wird dieses Leiden zwar millionenfach erfahren, aber nicht zur Sprache gebracht. Es bleiben Schmerz, Beschwerden, Mißempfindung, Bewegungslosigkeit, allenfalls ein Gefühl von Nicht-Leben, wobei die Vorstellung herrscht, daß eben dies das Leben sei.

Psychotherapie als sprechendes Verfahren steht hier vor einer prinzipiellen, der Idee nach unüberwindbaren Grenze. Vermutlich gehen an dieser Kluft von Sprachlosigkeit und Sprache viele Leidende unter und tauchen nie als sprechende Patienten auf.

•

Bevor sich der Patient für eine Therapie entscheiden kann, müßten in ihm Sätze mit Hoffnungscharakter entstanden sein, die zu aktiver Suche nach einem Therapeuten führen:

Ich gebe mich nicht auf. Mir kann jemand helfen. Ich bin bereit, Hilfe anzunehmen. Sprechen und Verstehen sind Voraussetzungen von Hilfe. Ich will mich meinen Problemen auf neue und andere Art nähern.

In diese inneren Monologe ist nun neben der Selbstbefragung des Patienten ein Element eingedrungen, das in nicht leicht durchschaubarer Vermischung von Außenerfahrung und deren persönlicher Interpretation mitberücksichtigt werden muß und oft Anlaß zu Mißverständnissen im Entstehen einer therapeutischen Situation gibt: Der Patient hat sich nach Therapieplätzen erkundigt, von Bekannten über Therapieverläufe gehört und hat dann in imaginativ vorweggenommenen Dialogen erprobt, wie er seine Angelegenheiten am günstigsten vorbringen kann. Denn dieser Fremde und Andere ist alles andere als neutral. Er wird unabweisbar mit Phantasien besetzt werden, die um so stärker von der Wirklichkeit abweichen werden, als sie unter dem Druck von Beängstigung und Vereinsamung, den Folgen von ungeübter und mißlungener Beziehung, stehen. Erwartungen aus solchen Phantasien gehören ebenso zu dem, was der Patient in die Sprechstunde des Therapeuten einbringt wie seine Motivationsgeschichte – und dies, ehe noch ein Wort gesprochen ist. Bleiben sie unausgesprochen, können sie von Anfang an den Inhalt des Gesprächs in unangemessener Weise verzerren. Solche Fehlinterpretationen genannte Vorwegnahmen des Patient–Therapeut-Verhältnisses können aus der Sicht des Patienten lauten:

> Ich muß mich total hingeben, mich außerordentlich krank und klein machen, sonst nimmt er mich nicht. Es gibt so viele Patienten und es werden nur die genommen, die am schlimmsten dran sind.
> Ich muß brav sein, mich unterwerfen, herausfinden, was er gerne hören möchte. Ich muß dem Therapeuten versprechen, alles zu tun, was er sagt; alles von ihm als richtig und außerordentlich wichtig nehmen.
> Ich muß mich ganz auseinandernehmen lassen, damit er mich völlig neu zusammmensetzen kann. Ich muß ihm ganz genau den Punkt beschreiben, wo ich kaputt bin, damit er weiß, wo er zu reparieren hat.

Sofern der eine oder der andere dieser Sätze – und damit wird bereits in das reale Therapiegeschehen eingegriffen – sprachlich geäußert oder wenigstens mitgenannt wird, ist er dem sprechenden Verstehen zugänglich, kann sein Bedeutungsgehalt erkannt und damit besprochen und verändert werden. Bleibt er aber unausgesprochen und damit unbesprechbar, ist eine entscheidende Hürde im Vorfeld der Therapie nicht überwunden. Bei einer stark verzerrenden Phantasiebildung über das Patient–Therapeut-Verhältnis im Sinne einer sprachlosen oder kaum sprachlichen Präsentation kommt es allein auf den Therapeuten an, ob er fähig ist, die oft mehrfachen Verkleidungen zu erkennen, damit nicht von falschen Voraussetzungen ausgegangen wird, die den therapeutischen Prozeß belasten.

•

Ist es dem Patienten gelungen, sich in dieser Weise therapiefähig darzustellen, hat er einen nicht unbeträchtlichen Schritt zu seiner Therapie durch Selbsthilfe geleistet. In der Entwicklung von der Haltung „Ich muß alles allein schaffen, mir kann doch keiner helfen“ bis zum Eingeständnis „Ich brauche Hilfe, es gibt Hilfe“ lag bereits eine gewisse Überwindung von Größen- wie Nichtigkeitsvorstellungen und eine Annäherung an eine veränderte Wahrnehmung innerer Realität. Die Kränkung bei dem Gedanken, therapeutische Hilfe in Anspruch nehmen zu müssen, kann bereits soweit verarbeitet sein, daß sie sich nicht mehr als Barriere vor eine notwendige Therapie stellt. So hat die innere Auseinandersetzung in Richtung Therapiewunsch und die reale Suche nach Therapie bereits eine nicht zu unterschätzende vorbereitende Kraft, deren Wirkung vom Therapeuten vor jedem ersten Gespräch bewußt wahrzunehmen und zu beachten ist. Er sollte sich in den beginnenden Prozeß einschleusen und die Botschaft aufgreifen, die mit dem Kommen des Patienten verkündet wird: „Ich bin zur Therapie bereit". Von den Patienten selbst wird aus diesen Gründen ihr Kommen bereits oft als Leistung betrachtet, die der Therapeut anerkennen und nun seinerseits durch eine aktive Gegenleistung honorieren soll.

Von daher rührt auch die nach der ersten Kontaktaufnahme häufig anzutreffende passive Erwartungshaltung des Patienten. Sie ist das typische Begleitphänomen des Kommens und der damit verbundenen Opferung von Selbsteinschätzungen, die einen Entschädigungsanspruch an den Therapeuten stellen: „Ich bin hierher gekommen - nun müssen Sie mich behandeln". Ein solcher Gestus wird von weniger geübten Therapeuten oft als Anmaßung mißverstanden.

Im Erstinterview trifft der Therapeut einen Patienten, über den er sich bisher keine Gedanken machen konnte. Er hat sich auf ihn nicht konkrekt vorbereitet. Doch auch er hat eine Geschichte, eine Therapeutengeschichte, wenn auch keine spezielle Motivationsgeschichte, die zu dieser ersten Therapiestunde geführt hat. Es beginnt ein Gespräch unter ungleichen Bedingungen.

Wie ein Therapeut entsteht

Es fällt nicht schwer, gegen die bekannten Tabus zu schreiben, es handele sich bei den Therapeuten um gereinigte und geübte Heiler, um die Nachbildung der Figur Arzt, dessen Heilungskapazität erbeten wird und dessen persönliche Gesichtszüge hinter denen des Wohlwollens und der klaren fachlichen Strenge unbekannt bleiben. Mimik und Gestik der Therapeuten sind dagegen ohne Geheimnis. Eine Motivationsgeschichte der Therapeuten zu schreiben hieße jedoch, sich bis ins Dunkelfeld ihrer sehr persönlichen und grundlegenden Erfahrungen, Einstellungen und Phantasien zu begeben.

Die gesamte analytisch-therapeutische Literatur hat den interpersonalen Charakter dieses Arbeitsfeldes anerkannt und zumindest mit dem Begriff Gegenübertragung einen Fachterminus geschaffen, womit Vorstellungen und Phantasien des Therapeuten als konstitutive Elemente erfaßt und offen mitdiskutiert werden können. Allerdings bezieht sich die Gegenübertragungsdebatte immer auf das Kräftefeld zwischen Patient und Therapeut, sie wird im Zusammenhang mit der Übertragung des Patienten gesehen und beruht auf klinischer Erfahrung. Die motivationsbildenden Phantasien der Therapeuten, die aus dem beruflichen Hintergrund stammen, werden in der Begegnung mit den Patienten entwickelt, abgeschwächt oder verändert. Dennoch ist zu überlegen, ob es unabhängig von der Arbeit mit konkreten Patienten so etwas wie grundlegende Phantasien gibt, die nicht unerheblich dazu beigetragen haben, daß Menschen den Beruf des Therapeuten ergreifen wollten und konnten. Kein Therapeut beginnt seinen Arbeitstag mit einem Tabula-rasa-Bewußtsein. Auch wenn er, im Gegensatz zu dem auf dem Weg befindlichen Patienten, sich nicht eigens auf das neue Gespräch vorbereitet hat und fachliche Erwartungen im Vordergrund des Bewußtseins stehen, so ist eine psychische Bereitschaft notwendig, der Wunsch, dieses Gespräch zu führen. Man könnte argumentieren, es bleibe keine Zeit für die Phantasien des Therapeuten, er habe zu arbeiten. Um so schlimmer: Wo keine Zeit bleibt, sich Phantasien bewußt zu machen, wird man ihnen ausgeliefert sein, sich blind nach ihnen richten.

Psychotherapeuten zeichnen sich durch ein besonderes Interesse an anderen Menschen aus. Sie haben ein Arbeitsfeld konstruiert, in dem sich bei sprachlicher, räumlicher und seelischer Intimität eine ausgesprochene Zurückhaltung im Bereich des Handelns, die therapeutische Abstinenz, ausgebildet hat. Wollte man aus der Existenz dieses Arbeitsbereiches schließen, Psychotherapeuten hätten ein langdauerndes Interesse an psychischem Elend, so müßte man über diese Behauptung sehr beunruhigt sein. Die spontane Ablehnung dieses zweideutigen Interesses an Elend könnte jedoch zu der nicht minder pauschalen Behauptung führen: Therapeuten wollen soziales Glück.

•

Therapeuten sind Helfer. Diese Wertvorstellung bietet die öffentliche Basis, von der die Erkundung ausgehen kann.

Der äußeren gesellschaftlichen Anforderung, der Arzt müsse der Heiler sein, entspricht eine innere Voraussetzung, daß Ärzte Heiler sein wollen. Auch wenn man den sozioökonomischen Anreiz in Rechnung stellt, bliebe ohne eine derartige Motivation die Frage ungeklärt, warum diese Personen nicht Anwälte, Architekten oder Finanzmakler geworden sind. Im Bereich des Heilens und Helfens zu leben, heißt aber auch, das zugrundeliegende Gegensätzliche aufzuspüren und, wenn es bereits vorhanden ist, sich darin – in der Heillosigkeit und Hilflosigkeit – zu bewähren. Es muß überraschen, daß eine so deprimierende soziale Landschaft soviel Interesse und Hinwendung auslösen kann.

Selbst in der technisierten Medizin bleibt dieses Eigentümliche erhalten: Dort, wo der größte Apparateeinsatz stattfindet, auf der Intensivstation und in der Bestrahlungsmedizin, trifft der Arzt auf einen hilflos Kranken. Selbst wenn die Leistung des Arztes vordergründig in der perfekten Beherrschung einer komplizierten Maschinerie besteht, ist die Hilflosigkeit anwesend. In der Intensiv- und Strahlenmedizin werden zwei Hilflose zueinander gebracht, wobei sich der eine an sein Leben, der andere an seine Maschinerie klammert. Da die genannten beiden medizinischen Bereiche nicht nur einfach vorhanden sind, sondern auch eine hohe gesellschaftliche Reputation und Anziehungskraft besitzen, ist zu überlegen, welche Reize von dort ausgehen, welche Befriedigungen sie den dort tätigen, mit großem Leid konfrontierten Ärzten zu bieten haben. Die hier vermuteten psychologischen Zusammenhänge werden wohl auch für die Therapeuten gelten, die sich von der naturwissenschaftlichen Medizin abgekoppelt haben oder anderen Berufsgruppen angehören, wie Psychologen und Angehörige sozialer Berufe, die gleichfalls freiwillig Bereiche der Hilf- und Heillosigkeit als Tätigkeitsfeld gewählt haben.

Die gesellschaftlich normierte Aufteilung in die Helfer und die Hilfsbedürftigen gibt oft gerade durch die krasse und krampfartige Aufrechterhaltung dieses Gegensatzes einen Hinweis darauf, daß hier mehr Gemeinsamkeiten bestehen als man offen zugibt - und daß diese Gemeinsamkeiten gefährlich sind. Forschungen aus der Ethnopsychoanalyse belegen, daß in vielen Kulturen zwischen Heilern und Hilfsbedürftigen ein enger psychologischer Zusammenhang besteht. Häufig ist ein Rollentausch zu beobachten: Der Kranke wird später ein Heiler oder der Heiler ein Kranker, manchmal gar ein unheilbar Kranker, der verstoßen oder getötet wird. Diese Beobachtungen werden gern primitiven Kulturen zugeordnet und sollen mit unseren Verhältnissen nichts zu tun haben. Dennoch gibt es genug Anzeichen, welche die Nähe zwischen den Heilern und Hilflosen und die Kraft der Verwandlung in unseren eigenen Verhältnissen sichtbar machen. So werden ehemalige Drogenabhängige als Therapeuten von Gemeinden eingesetzt und ordnungsgemäß honoriert. So haben viele Ärzte durch heroische Selbstimpfungen Krankheit immer wieder an sich erprobt und Krankheit zugelassen. Jeder Arzt ist bei seiner Arbeit in der Praxis durch Ansteckung gefährdet. Er setzt sich einem Gefahrenbereich aus, und es ist sehr schwer zu unterscheiden, ob er sich der Gefahr nur aussetzen muß, weil er Krankheit behandeln will, oder ob er sich der Gefahr aussetzen will, weil er sich freiwillig in ihr Gebiet begibt. Dieser Mensch muß der Gefährdung etwas entgegensetzen können, was ein anderer, der alle diese Gebiete ängstlich meidet, weniger besitzt. Sein Mut rührt nicht allein daher, daß er Gefahren realistischer einschätzt, dieser Mut wird auch von Überlebensphantasien begleitet, von dem, was psychoanalytisch als Größenselbst beschrieben wird - und was dann oft zu tödlichen Fehleinschätzungen führt.

•

Der Psychotherapeut hat sein Haus nicht im Angesicht des Abgrunds gebaut. Seine Arbeit erscheint weit entfernt von aktuellen Katastrophen. Abgesehen von den sogenannten Kriseninterventionen, im Bereich unmittelbarer Suizidversuche oder krisenhaft verlaufender Psychosen ist die sprechende Arbeit von Couch zu Sessel am ehesten mit der Arbeit mit chronisch Kranken zu vergleichen, wobei sorgfältige, ausdauernde, im ganzen jedoch undramatische Medikation und Pflege notwendig sind. So erscheinen Psychotherapeuten eher zurückgezogen, ängstlich - ein bißchen bescheiden. Wenn man diese Charaktereigenschaften kennzeichnen will, so kommt man etwa zu folgender Einschätzung: Psychotherapeuten halten sich als Schwache gern mit anderen Schwachen auf, haben eine Exklave der Schwachen geschaffen, in der sie jedoch wiederum als Helfer und Heilende, also als Starke auftreten können.

Als die Nomenklatur der Neurosenlehre einigermaßen ausgebildet und sie als Krankheits- wie auch Charakterlehre anerkannt war, wurden in parallelisierender Betrachtung den Therapeuten wie den Patienten Charakterzüge gegeben, so daß man auch den Therapeutenkollegen z. B. als depressiv, zwanghaft, phobisch oder hysterisch bezeichnen konnte. Da diese Begriffe aber zunächst Krankheitsmerkmale bedeuten, die den unbewältigten ödipalen Konflikt charakterisieren, ergab sich die Möglichkeit, den postödipalen, den reifen Therapeuten zu fordern. Im internen Kreis der Therapeuten wurde diese Forderung nicht allzu streng genommen, da man bei sich selbst und an anderen erkennen mußte, daß der postödipal-reife Therapeut nur idealtypisch zu begreifen und kaum in der Wirklichkeit aufzufinden ist. Die präödipalen Anteile der genannten Charakterzüge waren nicht nur Reste von Unreife, für die die analytischen Therapeuten noch einmal zur Lehranalyse auf die Couch geschickt werden müßten, sondern sie wurden in der Praxis im Umgang mit Patienten gebraucht, wenn es in verschiedener Einstellung um Einfühlung und Verstehen, um konkrete therapeutische Aufgaben ging. Die präödipalen Merkmale wurden daher zu Persönlichkeitsmerkmalen erklärt, die im beruflich wohlwollenden Umgang toleriert werden können. Die Aufzählung der sehr verschiedenen präödipalen Charaktermerkmale läßt jedoch immerhin den Schluß zu, es handele sich bei Psychotherapeuten um sehr verschiedene Charaktere.

Schließlich konnte aus dem psychischen Gesundheitsbegriff „autonomes Ich" nicht weiter erschlossen werden, woher das Interesse, die Motivation, die vitale Triebkraft bei den einzelnen Therapeuten kommt, diesen Beruf lebenslang durchzuhalten. Jeder Mensch mit autonomem Ich müßte danach in gleicher Weise sagen können: „Ich will Psychotherapeut werden". Es bleibt also die Frage, welche der frühen Anteile in der Charakterbildung für diese Eigenschaft verantwortlich sein könnte, ohne welche die Feststellung: „Psychisches Elend interessiert mich" nicht getroffen würde. Sie würde durch größere Reife und Ichhaftigkeit unter Umständen nur wegsublimiert werden. Der total Gesunde, der gesellschaftlich als normal geltende Mensch kommt in therapeutischen Kreisen nicht vor. Im Gegenteil: Ein Maß an Krankheit wurde geradezu zu einer Bedingung erhoben. Der angehende Analytiker muß selbst Patient sein - in der Lehranalyse -, um Mitglied der Berufsgruppe zu werden. Dem entspricht in der Psychotherapie der Ausbildungsbereich Selbsterfahrung.

Alle diese Einsichten konnten die Therapeuten nicht davon abhalten, andere Therapeuten für so krank zu erklären, daß sie keine Therapeuten seien. Die Mächtigkeit der Thematik und ihre relative Unlösbarkeit bestehen fort. Die mit Ausbildung beauftragten Therapeuten können die *geeignetkranken* von den *ungeeignetkranken* Personen - unter den Bewerbern wie unter Kollegen - nicht verläßlich unterscheiden.

•

Jeder, der im therapeutischen Feld tätig ist, macht die Beobachtung, daß Therapeuten an bestimmten Patienten mehr Interesse haben als an anderen. In der Forschung wurde diese Frage immer wieder aufgegriffen. Sicher haben Therapeuten bestimmte Erwartungen, die die Auswahl ihrer Patienten beeinflussen. Folgt die Aufnahme solcher Beziehungen eigentlich den durchaus bekannten Kollusionen bei der Partnerwahl, wie sie sich in volkstümlichen Sätzen darstellen, die sich nicht an Widersprüchen stören: „Gegensätze ziehen sich an; gleich und gleich gesellt sich gern", oder wurden darüber hinausgehende Ergebnisse geliefert? Aus den leicht möglichen Kombinationen von Charakterstrukturen von Patienten und Therapeuten sowie deren Interaktion kann eine neurosenpsychologische Verpuzzelung versucht werden: Wer paßt zu wem?

Die Forschung hat sich jedoch auf eher grundlegende Modelle festgelegt, komplementäre oder symbiotische Dyaden zu untersuchen, die immer wieder beobachtet werden, aber kaum einen Schluß zulassen, ob daraus für die Therapie eher günstige oder ungünstige Zusammenstellungen entstehen. Bieten gemeinsame Depressivität, hysterisches Sichverbünden, anal-narzißtische oder omnipotent-phobische Gegensetzlichkeiten günstigere Voraussetzungen? In den privaten Fachgesprächen gibt es viele Behauptungen: die vom phobischen Therapeuten, der sich aus zu harter Lebenskonkurrenz lieber hinter die Couch zurückziehe, vom depressiven Therapeuten, der in einer Art Resignation dennoch arbeitsfähig bleibt, der ein gewisses Gleichgewicht zwischen seinem strengen Über-Ich und seinen Triebkräften gerade durch die Berufsausübung aufrechterhält, von der Zuverlässigkeit der „mild depressive personality". Man erwähnt den hysterischen Kongreßredner, der mehr an seiner wissenschaftlichen Selbstdarstellung arbeitet, und spricht vom analen Therapeuten, dessen Gründlichkeit zu loben, dessen Einengung im emotionalen Bereich eher zu fürchten ist. Dies alles aber kommt über Spielereien nicht hinaus, ist Therapeutentratsch, dessen abschätziger Unterton oft dazu dient, das Ansehen eines Therapeuten herabzusetzen und sich selbst zu profilieren.

Sicher sind alle neurosenpsychologischen Elemente im Patienten und Therapeuten präsent, gewiß beeinflussen sie die Aufnahme und den Verlauf der Therapie, es sind aber keine eindeutig optimalen Beziehungs-Konstellationen, keine Musterpartnerschaft, entstanden, deren Bildung zu fördern oder zu verhindern sei.

Solche Überlegungen sind in den offiziellen Verlautbarungen über das Berufsfeld eher verpönt und berufsethisch verbannt. Es sollen durch allgemeine Qualifikationsmaßstäbe gleichartige und generelle Versorgungschancen für jeden Patienten vorhanden sein. Innerhalb der Therapie sollten die Therapeuten keine eigenen Phantasien und Erwartungen haben. Sie sollten, wenn auch nicht mehr im weißen Kittel, jedenfalls neutral sein, wohlwollend-distant. Sie sollten, trotz aller Erfahrung der kommunikativen Wissenschaften, daß dies innerhalb einer Beziehung nicht möglich ist, immer noch als Reflektoren arbeiten, sich voll und ganz für den Patienten einsetzen, die psychische Potenz an den Patienten abtreten, die sie sich dann anschließend – auf welchem Wege auch immer – wieder beschaffen müßten. Der Patient habe schließlich das gekaufte Anrecht auf einen leeren Raum im Therapeuten, damit er dort seine Probleme und die sie ernährenden Phantasien einbringen kann. Eine solche Denkweise wird im Bereich der Verhaltens- und der Gesprächspsychotherapie unterstützt. Sie ist als Phänomen nicht nur in der standespolitischen und gesellschaftlichen, sondern auch in der fachlichen Auseinandersetzung vorhanden. Überlegungen, die in der Gesprächspsychotherapie sehr differenziert über die Therapeutenvariablen erarbeitet wurden: emotionale Wärme, Aufrichtigkeit und Echtheit des Therapeuten, sind überindividuelle, gruppenspezifische Züge von Therapeuten, die dem eigenen Gesicht und dem persönlichen Stil kaum eine Chance lassen. Es werden keine übergreifenden, das Therapiegeschehen bewußt und unbewußt determinierenden Phantasien und Erwartungen zugelassen. In den genannten Therapien soll ein phantasie- und erwartungsarmer Therapeut auftreten, der lediglich die Selbstverstehensebene seines Patienten anregt oder der einen Therapieplan aufstellt, dessen Durchführung er einleitet und überwacht. Der Therapeut als Individuum ist entbehrlich.

In dieser berufsspezifischen Einstellung haben sich die tiefenpsychologischen Therapeuten von ihren anderen Kollegen getrennt. Psychoanalytiker bestehen darauf, daß die Therapie weitgehend von der wechselseitigen Erfassung unbewußter Phantasien und Erwartungen sowohl des Patienten wie auch des Therapeuten bestimmt wird. Real erscheinende Konflikte werden von unbewußten Phantasiekonstellationen beherrscht, die in der Therapie aufeinandertreffen, Nähe und Abstoßung erzeugen, durchgearbeitet werden - und sich trennen. Damit sind zwei große, gegensätzliche Zugänge zum Thema Heilung erarbeitet worden: phantasieerlaubende stehen phantasievermeidenden Methoden gegenüber.

•

In der Entwicklung der Kindheit gibt es Phasen, in denen sich das Kind allwissend und allmächtig erlebt. Vater und Mutter sind die Diener des Kindes. Gleichzeitig erlebt das Kind eine außerordentliche Schwäche und Bedrohung durch äußere Kräfte. Während die Diener einerseits wirklich Diener sind, sind sie andererseits die Mächtigen. Sie erlauben sich, wegzugehen, ohne die emotionalen Zeiten ihrer Wiederkehr anzugeben. Gleichzeitig werden Hunger und andere reale Bedürfnisse erfahren. Als Bedürfnisse schmerzen sie, in der Befriedigung schaffen sie Lust. Später hilft das Ich zur Regulierung der sonst unerträglich-unlösbaren Situation Diener und Herr, Magd und Herrin in gleicher Person zu sein.

In einer fiktiven Normalität wird das alles vergessen - es wird überwunden, wegerlebt. Es gibt keine Erinnerung an diese unerklärbaren Grenzen. Bleibt aber etwas aus diesem erfahrenen Ungleichgewicht märchenhafter Triumphe und Niederlagen bewußt? Sind aus jener Zeit nicht bloß Spuren erhalten, sondern breite, in das Leben des Erwachsenen eingebaute Straßen? Besteht eine narzißtische Verbindung oder ein trieb-narzißtischer Verkehr? Ist etwas unerledigt geblieben, was längst abgetan sein sollte? Etwas hat sich als Nichtnormalität quergestellt: eine Verletzung, die ungeheilt blieb.

Sie muß deutlich genug gewesen sein, um die Normalität des Vergessens zu unterbrechen, aber nicht stark genug, um nur Unverstehbares leben zu müssen. So bleibt ein Mensch im Hintergrund seines Erlebens allwissend und alleskönnend; gleichzeitig hat er erfahren, daß er nichtwissend und nichtkönnend ist. Die Resultante aus beiden ist eine Haltung, die sich an die Orte, Objekte und Situationen zurückwendet, an denen dieses Zusammentreffen geschah, an die je eigenen Bruchstellen der Kindheit. Insofern ist dieses bestimmte psychische Elend, das in anderen Menschen beobachtet wird, auch das eigene psychische Elend das der Therapeuten, und daher ist es anziehend und bleibt lebenslang interessant.

Nicht das einmalige Trauma, der Stich oder die Kastration, bedingen die bleibende Verletzung. Sie wird aufrechterhalten durch ein besonderes Kindheitsschicksal, das bis ins Erwachsenenleben reicht. Das bringt einen Menschen nicht zwangsläufig dazu, Therapeut zu werden. Nur ist im Therapeuten ein ständig umkämpftes Gleichgewicht entstanden zwischen dem Gefühl der

Größe und der Nichtigkeit, eine besondere Spannung in der Bildung und Abstoßung von sozialen Beziehungen. In dem notwendigen Interesse an Menschen, das Therapeuten wohl in besonderer Weise zugeschrieben werden muß, läßt sich jedoch der spezifische Wunsch entdecken, intime Kenntnisse von anderen und dem Leben zu erhalten, die sonst nie - auch nicht in engsten persönlichen Beziehungen - erworben werden können. Von Lebens- und Biographienneugier getrieben, möchte man in die Lebenswelten anderer Menschen eindringen, ohne handelnd in sie verwoben zu werden. Im Schutz professioneller Distanz, die nicht zum Eingehen von sozialen Verpflichtungen, von Nähe und Bindungen nötigt, können sich anteilnehmende Bedürfnisse an Gegenwelten befriedigen, die Filmen, Dramen, Romanen gleich, im Sessel mitgelebt werden. Die Faszination an Fremdpsychischem, das Leben aus zweiter Hand genügt den meisten Therapeuten nicht. Sie unterscheiden sich damit von den Menschen, die in ihrem Objekthunger bereits durch Zuschauen gestillt werden. Therapeuten leben eher in der Hoffnung, das Leben anderer Menschen durch Verinnerlichung und Zurückgeben an den Patienten zu eigenem Leben transformieren zu können. So gesehen, verstehen sie sich nicht als Zuschauer, sondern als Beteiligte.

Im Mitleiden, durch die Einfühlung in Leiden und die vorübergehende Verschmelzung mit dem Leiden des anderen nähern sich Patient und Therapeut wiederbelebter Zeit und wiedergefundenem Ort, wo die Verletzungen der Kindheit geschahen. Verstehende Einfühlung löst die Einsamkeit, in der sich Patienten wie Therapeuten befinden können, auf.

Warum übermannt das Elend den Therapeuten nicht, macht ihn nicht hilflos, so daß er aus dem Kreis der Helfer ausscheidet? Was hält die Arbeitsspannung aufrecht? Warum wendet sich der Therapeut nicht stumm und bittend an den Patienten: „Lassen Sie uns hier ein Ende machen“? Vieles spricht dafür, daß der Therapeut etwas lebenslang abarbeitet, was gemeinhin Schuldgefühl genannt wird. Er lebt in der Erinnerung an reale und phantasierte Vorkommnisse, in denen Schmerzzufügungen entstanden, die vielleicht vom Opfer, aber nicht vom Täter vergessen wurden. Therapeutsein heißt dann, eigene Schuldentlastung zu suchen. Wenn es so und nicht anders wäre, wenn Schuld abgearbeitet würde, wie das Soll eines Bankkontos, müßte dann der eine Therapeut mit 40, der andere mit 50 Jahren sein Konto egalisiert haben? Aber vielleicht hat sich während der Jahre des Erwachsenseins ein Zinsendienst ergeben, der dauernd dieses Gesamtkonto belastet. Immerhin, wenn der Therapeut in beziehungspsychologischer Sicht kein Dauerverbrecher ist, so müßte er schließlich entschuldet werden. Daher überzeugt die Vorstellung eher, daß ein zusätzliches Element vorhanden ist, demzufolge der Therapeut dieses Gleichgewicht nicht verändern will, obwohl er es leidvoll empfindet. Im Weitertherapieren steckt offenbar ein Gewinn, der ihn zur Wiederholung anregt, ein lustvoller Zustand. Vielleicht ist dies eine Art narzißtische Rückgewinnung einer sowohl schmerzlichen wie glücklichen kindlichen, der Phantasie offenen, Situation. Therapeut und Patient treten in der Therapie in eine solche gemeinsame Kindheit ein, tauschen ihre Kindheitserinnerungen aus, erfahren die Allwissenheit und die Hilflosigkeit in ihren wechselnden Gewichten - und trennen sich, beide verändert und mit Gewinn.

Diese Therapie ist abgeschlossen, eine neue beginnt. Für den Therapeuten ist das Thema nicht abgeschlossen. Vielleicht hat er am ersten Patienten eine Wiedergutmachung geleistet, und er hat sich selbst in einer reiferen und wissenderen Weise erfahren. Nun muß er dieses Wissen an seinen nächsten Patienten weitergeben. Das hat zu tun mit Unergründbarkeit, sofern man von der Prämisse ausgeht, Ergründbarkeit stelle einen Wert dar. Freud spricht von der Zeitlosigkeit des Unbewußten, Jaspers von der Unabschließbarkeit des Verstehens. Die unendliche Analyse ist ein Absurdum, das dennoch überzeugt. Wahrscheinlich trägt jede neue Therapie zu einer Neugestaltung der inneren Struktur des Therapeuten bei, die für seine Phantasietätigkeit und sein eigenes Leid anregend wie lindernd wirkt.

•

Die Entscheidung zum Beruf des Therapeuten greift nicht ziellos in den gewaltigen Vorrat an Therapierichtungen, sondern die Berufswahl bedeutet als Wahl *einer* Therapieform, daß sich die eigenen psychischen Strukturen und Therapiewünsche und -ängste ihre spezielle Form des Ausdrucks und der Heilungshoffnung suchen. Die Wahl des Therapeuten für *seine* Therapierichtung ist lebensgeschichtlich bedingt und folgt nicht dem Prinzip einer modischen Beliebigkeit. Manchmal mag dies zwar den Anschein haben, aber auch das wäre der Ausdruck einer persönlichen Geschichte von Anpassung, Bedürfnissen und Zugehörigkeitswünschen – materielle Interessen keineswegs ausgeschlossen. Es gibt eine Affinität zwischen Charakterstruktur und Therapiestruktur: Therapeuten vertreten ihre Therapien, denen sie sich zugehörig fühlen. Zwischen der Art, wie einer seine eigenen Schwierigkeiten behandelt und im Notfall behandelt werden möchte, und der eigenen therapeutischen Haltung, die er seinem Patienten gegenüber einnimmt, besteht ein unmittelbarer, bis ins Unbewußte reichender Zusammenhang.

Da viele Ausbildungsrichtlinien zum Therapeuten die Forderung aufgestellt haben, daß jeder, der eine bestimmte Therapieform beruflich ausüben will, sie in einer Art Selbsterfahrung erlebt haben muß, gewinnt die Wahl einer aufdeckenden oder zudeckenden, einer phantasieerlaubenden oder phantasieverbietenden, einer sprechenden oder körperbezogenen, einer direkten oder nichtdirektiven Methode einen aufschlußreichen Erkenntniswert. Wer sich für eine Methode entschieden hat, die nicht phantasiebezogen ist, wird sich kaum fragen können, warum er diese Therapieart gewählt hat, da er dann bereits in einem Bereich der Selbstanalyse wäre, den er eher zu vermeiden sucht. In solchen Therapien wird das Selbst des Therapeuten als eine zu vernachlässigende, sogar störende Größe betrachtet. Von daher versteht es sich, daß erhebliche Kommunikationsbarrieren zwischen einigen Gruppen von Therapeuten bestehen.

Was hier von der inneren Zuneigung des Therapeuten zu seiner Therapieform gesagt wurde, sollte nicht weniger für den Patienten gelten. Immer steht im Zentrum therapeutischer Arbeit die Gewinnung oder Wiederherstellung der eigenen Identität, die davon abhängt, welche Ideen und Werte die jeweils gewählte Therapie anbietet. Hier wird der oft unerfahrene Patient eher längere Zeit der inneren Ausrichtungsversuche brauchen, bis er die Therapie gefunden hat, die seinem Entwicklungsprozeß entspricht. Ob die auf dem Markt befindlichen kritischen Führer durch die Therorien und Praktiken der Psychotherapie, die für Patienten gedacht sind, ausreichende Hilfen sind?

•

Psychotherapeuten sind sehr verschiedenartige Menschen. Die Rückführung auf *ein* Grundthema *des* Therapeuten, auf einen Singular, erscheint aussichtslos. Dennoch verlockt die Praxis manchmal dazu, nach einem übergreifenden Prinzip zu suchen, aus dem sich der Lebensberuf Psychotherapeut herleiten ließe. Der Psychotherapeut hat früh in seinem Leben einen Mangel erfahren und wird von ihm chronisch heimgesucht. Dieser Mangel bleibt gegenwärtig, ein im Lebensgefüge vorhandener Schmerz, der sich weder durch Anpassung an soziale Umstände noch durch deren Veränderung auslöschen läßt. Aus ähnlichen Vorstellungen geschieht auch die emotionale Geburt des Therapeuten. Nicht aus dem in Überlegungen zur Ausbildung so oft gehörten Tugendkatalog, wonach der angehende Therapeut den Menschen, Künsten und Wissenschaften gleich nahe sein solle, entwickelt sich der spätere Therapeut, sondern aus einem Mangel. Nicht der Reichtum und Besitz emotionaler und kognitiver Anlagen bestimmt die Berufswahl, sondern die Suche nach einem Berufsfeld, in dem Lebendigkeit, Veränderung, Wachheit, Kreativität im Umgang mit Menschen in einer speziellen Form des Einfühlens, Leidens, Durchdenkens entstehen kann. Es ist nicht der Wunsch, an einer Stelle zu bleiben und sich dort zu erhalten, sondern eher der, sich zu verändern - wie dies bei einem Patienten geschieht.

Der Mangel und die Verletzung bedingen die Intention, Verletzte und Bedürftige aufzusuchen. Das ist der Wiederholungszwang des Therapeuten, der durch keine Analyse aufgelöst wird. Im Aufsuchen der Verletzten spürt der Therapeut, daß er dieses Elend nicht unverändert hinnehmen muß, er nicht eintreten muß in die Welt des Schicksals, sondern einen realen Weg der Veränderbarkeit suchen kann. Therapeuten sind verwundbar und entschlossen, Heilung zu suchen. Das Leiden kann zwar nicht entfernt oder wegtherapiert werden, aber es hat ein Recht erkannt und anerkannt zu werden. Dennoch ist es begrenzbar, kann ihm Einhalt geboten werden, umgeformt und aus seiner Verarmung, Isoliertheit, Wortlosigkeit, Namenlosigkeit erlöst werden.

Die Erinnerung an Verletzung bezeugt die Verletzbarkeit. Wie hätte ein Mensch, der behauptet: „Mir macht das alles nichts aus!“ Therapeut werden können?

Hinweise zur Literatur

Aus dem psychiatrischen Arbeitsfeld hervorgegangen, wird das Entstehen des Patienten und des Therapeuten sowie ihr Aufeinandertreffen beschrieben in: Dörner u. Plog (1978) *Irren ist menschlich, oder Lehrbuch der Psychiatrie/Psychotherapie.* - Dörner (1975) *Wie werde ich Patient, oder Sozialisation zum Patienten.* - Fengler u. Fengler (1980) *Alltag in der Anstalt.*

Zum Verständnis der sozialen Rollen Heiler und Kranke und ihrer kulturbedingten Abhängigkeiten und Muster hat die Ethnopsychiatrie und die Ethnopsychoanalyse Material und Interpretationen vorgelegt: Parin et al. (1963) *Die Weißen denken zuviel. Psychoanalytische Untersuchungen bei den Dogon in Westafrika.* - Parin (1971) *Fürchte deinen Nächsten wie dich selbst. Psychoanalyse und Gesellschaft am Modell der Agni in Westafrika.* - Parin (1978) *Der Widerspruch im Subjekt. Ethnopsychoanalytische Studien.* - Wulff (1972) *Psychiatrie und Klassengesellschaft. Zur Begriffs- und Sozialkritik der Psychiatrie und Medizin.* - Wulff (1978) *Ethnopsychiatrie. Seelische Krankheit - ein Spiegel der Kultur?* Heinrichs (Hrsg) (1982) *Das Fremde verstehen.* - Devereux (1967) *Angst und Methode in den Verhaltenswissenschaften.* - Devereux (1974) *Normal und anormal. Aufsätze zur allgemeinen Ethnopsychiatrie.* - Devereux (1978) *Ethnopsychoanalyse.* - Heinrichs (1981) *Über Ethnopsychoanalyse, Ethnopsychiatrie und Ethno-Hermeneutik.*

Über die Herausbildung von Therapeutentypologien auf der Grundlage der Neurosenlehre und ihrer komplementären Ergänzung Patient-Therapeuten-Paare s. Riemann (1959) *Die Struktur des Therapeuten und ihre Auswirkung in der Praxis.* - Beck (1981) *Krankheit als Selbstheilung.* - Mit psychologisch-statistischen Methoden hat Beckmann - (1974) *Der Analytiker und sein Patient* - Häufigkeiten von Konstellationen beschrieben, wobei die neurosenpsychologische Setzung, welcher Therapeut welche Struktur vertrete, durch einen Gruppenentscheid untereinander bekannter Therapeuten entstand.

Die Grundüberlegungen zu den Therapeutenvariablen im Sinne von gewünschten Charakterstrukturen der Therapeuten finden sich in Rogers (^{2}1972) *Die klientbezogene Gesprächstherapie* und Tausch (1970) *Gesprächspsychotherapie.*

Die besonders in der Zeit von 1950–1970 normativ geführte Diskussion um die moralischen Aspekte der analytischen Therapie hat zu einer Auflistung von Eigenschaften geführt, die in ihrer abstrakten Moralität richtig sind, jedoch der Vielfalt der Psychotherapeutenrealität nur schwer gerecht werden. Der Appellcharakter der Tugenden hat einen praktischen Hintergrund: die Auswahl der geeigneten Kandidaten zur Ausbildung in Psychoanalyse. Zugleich wurden dabei jedoch auch die Standards der Berufsethik der Analytiker mitverhandelt: Balint (1981) *Die Urformen der Liebe und die Technik der Psychoanalyse.* - Greenacre (1961) *A critical digest of the literature on selection of candidates for psychoanalytic training.* - Bird (1968) *On candidate selection and its relation to analysis.* - Heimann (1968) *The evaluation of applicants for psychoanalytic training.* - Kohut (1968) *The evaluation of applicants for psychoanalytic training.* - Freud A (1970) *Probleme der Lehranalyse.* - Mitscherlich-Nielsen (1970) *Was macht einen guten Analytiker aus?* - Fromm-Reichmann (1959/1978) *Bemerkungen über die persönlichen und beruflichen Anforderungen an den Psychotherapeuten.* - Greenson (1974) *Technik und Praxis der Psychoanalyse.*

Die Tatsache, daß diese Diskussion nicht weitergeführt wurde, läßt die Vermutung zu, daß die Übersteigerung der Tugendkataloge zu einem Verlust des praktischen Interesses geführt hat.

Reflexionen über den Berufsstand des Psychoanalytikers in seinem Verhältnis zum Patienten und der organisierten Psychoanalyse bringt ein Beitrag, der auf einer Serie von Interviews beruht: Malcolm (1983) *Fragen an einen Psychoanalytiker; zur Situation eines unmöglichen Berufs.*

Das Schreiben über das Sprechen

Die Hoffnungen der Therapeuten auf authentische Zeugnisse ihrer Therapien sind so groß, daß viele von ihnen, in Dienstzimmern oder privat, bisweilen geradezu heimlich Schränke voll Tonbänder und Kassetten gespeichert haben, um sie später einmal auszuwerten. Das Bedürfnis nach besserem Verständnis, die Suche nach den wahren Kriterien, Leidensdruck und Neugier der Therapeuten an der wirklichen Ausgestaltung ihres sprachlichen Feldes mit dem Patienten treibt nicht wenige von ihnen dazu, ihre Bänder über Therapiesitzungen zu sammeln und zu katalogisieren. Ein Motiv chronischer Schuldentlastung ist mit im Spiel, auch wenn die Enttäuschung bereits geahnt wird. Yalom schreibt: „Die ... Berge von Tonbandaufzeichnungen erinnern mich oft an einen Friedhof" (Yalom u. Elkin 1975).

Ähnliches gilt von den handgeschriebenen oder diktierten und dann maschinengeschriebenen Protokollen von Therapeuten, unabhängig von der Verpflichtung zur Aktenführung und dem dienstlichen Briefwechsel. Es gilt um so mehr für die sehr privaten Hefte, Mappen, Karteikarten, alle die Notizen des Alltags, die sich anhäufen, ungelesen bleiben und dennoch weiter hervorgebracht werden. Bei den Therapeuten ist etwas unerledigt geblieben, was durch das registrierende Aufschreiben immerhin festgehalten wird. Die Hoffnung besteht, beim Anhören der eigenen Bänder oder beim Durchlesen der Notizen werde Denken und Erleben neu einsetzen und wie eine autodidaktische Weiterbildung wirke. Vielleicht ist das Sammeln dieser Notizen auch der Ausdruck eines Wunsches des Therapeuten nach einer Beziehung zum Patienten, eines Beziehungswunsches, der die reale Therapiedauer überlebt hat. Die gespeicherten Tonbänder sind wie ein vollständiger Briefwechsel, der im Tresor lagert. Warum ist im Endergebnis keine Zeit, um sich diesem greifbar Vergangenem zu widmen und darin wie in anregenden Büchern zu lesen?

Vielleicht gibt es noch ein anderes Motiv, eine solche Archivierung des Therapieverlaufs immer wieder vornehmen zu müssen. Der Therapeut selbst schleppt seine ganze erlebte Therapiegeschichte mit jedem Patienten eine Weile als Gepäck in alle anderen Therapien mit, er versucht, sie loszuwerden, abzulegen, zum Verschwinden zu bringen.

Psychotherapeutisches Denken befaßt sich auch mit der Frage, wie die schriftliche Reproduktion des Therapiegeschehens aussehen könnte. So haben in einem wohl einmaligen Versuch 1960 Pittenger, Hockett und Danehy untersucht, wie Protokolltexte therapeutischer Gespräche durch schriftliche Zeichen über Klangfärbung, Ausdrucksmodalität, gewisse Komponenten der Emotion und der Beziehung angereichert und damit bedeutungssicherer gemacht werden können. Es wurde notwendig, für jedes Wort und jeden lautlich faßbaren Ausdruck bis zu 12 Zusatzzeichen einzuführen, die in einem Vorspann sprachlich definiert wurden. Für je 2–6 Wörter des Protokolls wurden eine volle Druckseite Interpretationen gegeben, so daß die gesamte Arbeit von über 260 Seiten sich nur über die ersten 5 Minuten Interviewdauer eines therapeutischen Erstgesprächs erstreckt.

Diese gedanklich richtige Anreicherung von Protokollen, würde man sie im Rahmen klinischer und ausbildungstechnischer Situationen verwenden, führt in die Sackgasse der Unlesbarkeit und Unverwendbarkeit. Solche Texte sind geeignet, an die Komplexität der Problematik heranzuführen, sie in einer Mikrostudie modellhaft zu verdeutlichen, jedoch nicht, wenn ein verstehender Zugang zu einer Therapiestunde sowie zu längerdauernden Therapien gesucht wird.

Wenn sich zeigt, daß der weitere materielle Ausbau des Protokolls keine neue Qualität erbringt, stellt sich die Hoffnung ein, Erweiterung mittels der fiktiven Ebene, die auf Empathie und Phantasie beruht, könne durch verborgenes Denken erreicht und so die unmittelbare Nähe zur Therapie hergestellt werden. In der Literatur wurde durch die Stilfigur des inneren Monologs versucht, dem manifesten Text von Dialogen den unausgesprochenen Denkhintergrund hinzuzufügen, um die Totalität der Beziehung sichtbar zu machen. Neben dem Protokolltext würde man die fiktiven, nur gedachten Sätze schreiben, wobei offen bleibt, ob solche psychischen (Hintergrunds)phänomene überhaupt sprachlich ausgedrückt werden können. So entsteht etwa für zwei aufeinanderfolgende Therapien ein Protokoll, dessen gesprochene Sätze identisch sind, (im Text unterstrichen), deren unausgesprochene, die Beziehung charakterisierenden Sätze, die den Therapieverlauf entscheidend beeinflussen, jedoch verschieden sind (im Text kursiv). Diese Protokolle könnten so zu lesen sein (P. = Patient, T. = Therapeut):

Die 9-Uhr-Stunde

P.: Guten Tag. *(Da bin ich, Gott sei Dank.)*
T.: Guten Tag. Bitte nehmen Sie Platz. *(Gut, daß Sie da sind.)*
P.: *(Wenn ich das heute nur hinkriege.)*
T.: *(Wir schaffen das, ich kenne ihn.)*
P.: *(Ich weiß, ich kann es ihm sagen.)*
T.: *(Heute braucht er Zeit zum Reden, irgendwas ist los.)*
P.: Ich fühle mich gar nicht wohl.
T. *(Ja!)*
P.: Ich habe mich gestern wieder mit meiner Frau gestritten und sie geschlagen. Ich habe sie verletzt, und wir mußten ins Krankenhaus.
T.: *(Wir werden uns das gleich einmal anschauen.)*
P.: *(Ich schäme mich.)*
T.: *(Er braucht Zeit.)*
P.: *(Gleich kann ich reden.)*
T.: Wie kam das?

Die 10-Uhr-Stunde

P.: Guten Tag. *(Ich muß mich wieder wie verrückt beeilen.)*
T.: Guten Tag. Bitte nehmen Sie Platz. *(Schon eine Woche herum, daß Herr M. da ist. Immer wenn ich den M. sehe ...)*
P.: *(So ein Mist, ich muß ihm alles erzählen.)*
T.: *(Was heute wohl kommt?)*
P.: *(Letzte Woche war das auch so schwierig.)*
T.: *(Er läßt mich warten, bis er mit seiner Sache herauskommt.)*
P.: Ich fühle mich gar nicht wohl.
T.: *(Endlich!)*
P.: Ich habe mich gestern wieder mit meiner Frau gestritten und sie geschlagen. Ich habe sie verletzt, und wir mußten ins Krankenhaus.
T.: *(Also wieder die Gewalt!)*
P. *(Was er sich jetzt denkt?)*
T.: *(Nun los.)*
P.: *(Jaja, ich mach schon.)*
T.: Wie kam das?

Es wird deutlich, daß das Verbatim-Protokoll der beiden Stunden ununterscheidbar gleich ist, während der Inhalt, die Beziehung in beiden Therapiestunden unvergleichbar anders ist.

•

Eingedenk des Umstands, daß der Austausch, die lebendige Situation der Therapie nur zu einem Teil in sprachlich fixierbarer Form stattfindet und daß alle anderen Elemente, die dem Verbalisten nur als Beiwerk erscheinen, Tonfall der Stimme, Pausen, Mimik, Gestik, die sog. Atmosphäre der Begegnung und der unausgesprochene Stand der therapeutischen Situation zwischen Patient und Therapeut integrative Bestandteile der Therapie sind, ohne deren Verständnis der Gesamtvorgang nur unvollkommen zu beschreiben ist, versuchen Therapeuten, sich der originalen Situation der Therapie auf andere Weise als durch Schreiben zu nähern. Üblich geworden ist die Aufzeichnung mit einem Videogerät, das die optisch erfaßbare Wahrnehmung einbezieht. Die Konsequenz dieser Denkrichtung ist der Versuch, bis in die Therapiesituation unmittelbar selbst einzudringen. Damit werde eine maximale Näherung an die Therapie erreicht, in der Hoffnung, man könnte Phänomene der Therapie aus erster Hand beurteilen. Was hier spontan überzeugt, erweist sich doch in mehreren Richtungen als problematisch:

Die therapeutische Szene unterliegt dem Zeitablauf. Wer sie durch Einwegspiegel oder direkt beobachtet hat, kann nach Abschluß der Sitzung darüber sprechen. Dieses Sprechen ist abhängig von mehreren Veränderungen, die von der therapeutischen Szene getrennt sind und einer anderen Kategorie angehören. Da ist zunächst das zeitliche Danach und ein Sprechen über etwas, eine metakommunikative Aussage über ein kommunikatives Ereignis. Die Erfahrung der Beobachter ist nicht die der Therapeuten selbst, steht folglich außerhalb der real entstandenen therapeutischen Beziehung. Ihre Wahrnehmung ist geordnet nach einem Kriterium der Beobachtung, der Neutralität oder des wissenschaftlichen Interesses. Schließlich kann der Beobachter mittels seiner begrenzten Wahrnehmungskapazität nicht erkennen, welches Denken und Empfinden bei Patienten und Therapeuten abgelaufen ist, sofern sie keinen sprachlich-verstehbaren Ausdruck gefunden haben. Der Beobachter erkennt die Beziehung von Therapeut und Patient und kann darüber wichtige Beiträge vermitteln, er bleibt aber trotz der körperlichen Nähe von der Existenz der therapeutischen Beziehung zwischen den beiden Individuen ausgeschlossen. Dadurch kann er das Innenfeld der Therapie nicht in den Blick bekommen. Gefordert ist stattdessen die Einheit von Beobachter und Beteiligtem, in der kein Platz für einen Dritten ist.

So sehr alle Beteiligten beteuern, sie würden sich von diesem Arrangement – Spiegelwand oder Status eines Beobachters – nicht gestört fühlen, sie sei als psychische Trennwand nicht existent, ist die therapeutische Situation real verändert. Sofern alle Teilnehmer eingeweiht sind, von dieser Beobachtung oder der Spiegelwand wissen, eröffnet diese Kenntnis ein neues Spiel, das über das schlichte Ereignis Patient–Therapeut hinausgeht. Wahrgenommen wird dann eine komplizierte Interaktion zwischen Patient und Therapeut und Beobachter bzw. der Beobachtergruppe. Zwischen diesen drei oder mehreren Beteiligten besteht durch das Wissen ihrer Existenz eine bewußte oder weniger bewußte Beziehung, in der Sprache der Kleingruppenforschung: die eines Gruppenprozesses. Selbst die wissenschaftliche Methode der Interbeobachterübereinstimmung wird durch Gruppenbeeinflussungen begrenzt. Deutlich wird dies, sobald man klarstellt, wie die Gruppe der Beobachter zusammengesetzt ist, welche Berufspositionen die einzelnen Mitglieder haben, ob sie Anfänger oder Supervisoren sind, ob sie wissenschaftlicher Leistungspflicht innerhalb eines Forschungsprogramms unterliegen oder schließlich, wie im psychologischen Bereich, als unbezahlte oder bezahlte Versuchspersonen dienen. Alle diese Rollen bedingen eine spezifische Phantasietätigkeit, die unvermeidlich in die Ergebnisse einfließt.

Es bleibt der Wertung der betreffenden Forscher überlassen, ob sie diese Unlösbarkeit lediglich als Schönheitsfehler betrachten oder als einen gravierenden Mangel, der kein verläßliches Urteil zuläßt.

Auch Fragebögen, die vorgeben, Aussagen objektiv erfaßbar zu machen, unterliegen ähnlichen Prozessen: Die geheime, aber wirkliche Interaktion besteht zwischen denen, die die Fragebögen entworfen haben und denen, die sie benutzen. Die andere, offizielle Behauptung, in den Ankreuzungen im Fragebogen werde das therapeutische Geschehen abgebildet, etwa wenn Patient und Therapeut unmittelbar nach der Stunde die gleichen Fragebogen unabhängig voneinander ausfüllen, wird dadurch zweifelhaft.

•

Das Mißtrauen in diese allzu subjektiven, miteinander verflochtenen, nur gruppendynamisch faßbaren Phänomene hat das Interesse hervorgebracht, das Geschehen in Therapien vollständig und objektiv zu erfassen. Unter solchen Voraussetzungen erscheint menschliches Beiwerk störend, es überwiegt die Faszination der klaren Daten. Diese Aufmerksamkeit bewegt sich weg von der unmittelbaren Teilnahme an Psychotherpien und setzt auf die Wiederholbarkeit und Abtrennung durch eine ganz andere Art der Schriftlichkeit.

Die Speicherung von Therapiesitzungen auf Tonbändern und Videofilmen eröffnete zunächst die großartige Möglichkeit, das Aufgenommene beliebig oft zu reproduzieren. Wichtige Interaktionssequenzen können herausgeschnitten und als Beleg für eine These oder zur Anregung für einen Denkablauf verwendet werden. Durch den Ausschnitt auf wenige Minuten lassen sich Wahrnehmungsleistungen und Denkleistungen auf dieses Phänomen hin zentrieren. Danach entstehen Zeiten für Austausch der Wahrnehmungen und Beurteilungsvorgänge. Deshalb haben so gut wie alle Ausbildungsinstitutionen, therapeutische Kliniken, selbst kleinere Beratungsstellen solche Geräte zur Verfügung.

Dennoch haben diese Mittel trotz übenden Umgangs bei weitem nicht den zentralen Stellenwert innterhalb der Therapieausbildung und Therapieforschung erreicht, wie man etwa vor 20 Jahren erwarten konnte. Die Gründe sind zunächst unklar. Möglicherweise ist der technisierte Ablauf wie Einschalten, Ausschalten, Bandvor- und -rücklauf, auch die Art der Wiederbelebung im Film, die schließlich doch die Konserve eines vergangenen und nichtwiederholbaren Ereignisses ist, für persönliches Sprechen und Verstehen unangemessen. Es entsteht über die Verfügbarkeit auch eine Beliebigkeit – der Ernst, die

Anspannung, auch die Faszination entfallen. Gibt die Wiederholung dem Einmaligen nicht etwas Gespieltes, Dargestelltes, wodurch die Szene ihre Gültigkeit verliert? Ist in das Bild eine Einfühlung wie in einen Menschen möglich? Bleibt sie nicht gleich an der Wiederholung als solcher, an dem, was ihr eigen ist, hängen? Während das abgebildete Gespräch als kunstlos nachgestelltes Produkt durch die Wiederholung verdünnt, verflacht, entwertet wird, verliert das gelungene Kunstprodukt durch seine bewußte Gestaltung, die dem bloß Reproduktiven entgegenarbeitet, durch eine ähnliche Wiederholung nichts.

Wer als Therapeut häufiger und hintereinander Videofilme über ganze Therapiesitzungen gesehen hat oder Tonbandabschriften liest, ist mit einem Gefühl der Unbehaglichkeit wenn nicht Unzufriedenheit und Ärger, vertraut. Das Sehen und Hören des Videofilms dauert ebenso lange wie die Sitzung selbst, also etwa 50 Minuten; eine Tonbandabschrift von einer Sitzung, in der relativ viel gesprochen wird, umfaßt etwa 15 Schreibmaschinenseiten Text, was bei einer Lesezeit von 2 Minuten pro Seite ebenfalls mindestens eine halbe Stunde beansprucht. In dieser Zeit wird lediglich wahrgenommen, und erst anschließend beginnt die Erörterung, die Suche nach wichtigen Stellen und ihre Interpretation. Unleugbar häufen sich durch dieses wiederholte Sehen oder Lesen Informationen an, aber das, worauf hin sich das Bewußtsein des Hörenden oder Sehenden ausrichten will, verflüchtigt sich gerade in dem Maße, wie die Informationsmenge ansteigt. Er liest und hört, aber er versteht nicht. Statt des erwarteten Mehr entsteht Wegwendung, verbraucht sich die Substanz. Schriftliche Therapieprotokolle ohne Beschönigung der sprachlich fixierten Äußerungen, ohne Interpunktionen, machen bisweilen den Eindruck von spannungsloser, ungeordneter, armseliger Interaktion.

Wer dagegen etwa in einer bestimmten Klinik oder in einem Institut sowohl den Patienten wie den Therapeuten persönlich kennt, ist sich sicher, daß in der Wirklichkeit der gelebten Therapiestunde viel ernsthafter und kraftvoller gesprochen wurde.

Die Hoffnung auf das totale Protokoll, das dem Realgeschehen vollständig entspricht und dem Original bis zu dessen Identität näherbringt, läßt eine ähnliche Hoffnung scheitern, wie man sie wohl mit der Betrachtung von Realtime-Filmen, die das Leben zu ersetzen scheinen, verband. Würde die verlorengegangene dritte Dimension des Films durch ein direktes Spiel wieder eingeführt und würde man einem Zuschauer anbieten, eine nachgespielte Therapie mit den selben Darstellern anzusehen, hätte das nicht Sinnlosigkeit zur Folge, eine Verkehrung ins Gegenteil?

•

Vorausgegangen war die Erfahrung, daß die unbegrenzte Wiederholbarkeit durch Tonband und Film zu einer immer größer werdenden Datenfülle führt. Der Betrachter sieht sich einem Informationsfluß gegenüber, der seine differenzierte und zielgerichtete Wahrnehmung belastet und schließlich zusammenbrechen läßt. Was informationstechnisch das weiße Rauschen genannt wird, ist als der Zusammenbruch der psychischen Figuren, der Gestaltelemente, letztlich der Verständlichkeit zu bezeichnen.

Aus dieser Einsicht bemüht sich psychotherapeutisches Denken um eine neue Form der schriftlichen Fixierung: Einerseits behält sie die Tendenz zur maximalen Aufzeichnung aller reproduzierbaren Daten bei, versucht jedoch gleichzeitig eine Datenverminderung dadurch herbeizuführen, daß zur Interpretation nur bestimmte, vorher als sinnfällig vermutete Aussagen verwendet werden. Nicht ein ganzheitlicher menschlicher Beobachter soll jetzt die Wahrnehmungen machen, sondern ein auf bestimmte Daten hin programmierter Computer. Hier begegnet den Therapeuten in den Computerausdrucken auf Endlosbögen die neue Schreibweise. Schwierigkeiten bereitet, daß die therapeutische Lesehilfe nicht eigens mitgeliefert wird.

So können entsprechend instruierte Computer das Sprech- und Pausenverhalten beider Therapiepartner messen und nach Zeitabschnitten berechnen. Computer können Abfolgen erkennen, z. B. wer spricht zuerst, wenn eine Pause eingetreten ist, können feststellen, wer wen häufiger unterbricht, wer länger oder kürzer spricht, wie lange entsprechende Pausen bei verschiedenen Patienten und Therapeuten dauern – das ganze differenziert nach Zeiteinheiten von 5, 10 oder 20 Sekunden. Alle diese Ergebnisse druckt der Computer automatisch aus. Es kann nun im Vergleich mit Inhaltsprotokollen derselben Therapiestunden untersucht werden, ob lange Pausen des Patienten oder des Therapeuten mit besonderen Schwierigkeiten zu tun haben, etwa mit dem Widerstand des Patienten oder der Ratlosigkeit des Therapeuten. Die Hoffnung richtet sich auf eine Art Computersupervisionsservice. Der Therapeut konnte früher nicht während der Therapie und auch nicht danach die Mikrostruktur von Sprechen und Schweigen (on-off patterns) sowohl bei sich selbst wie bei dem Patienten bemerken, er kann jetzt jedoch nachträglich sowohl das Inhaltsprotokoll als auch die formalen Sprachkriterien einsehen und diesbezügliche Fragen stellen. Das klingt faszinierend, aber wie interpretiert er die Computerpapiere?

Denn die Zahlenkolonnen auf dem Ausdruck, die Korrelationen aus Datenwürfeln, das gesamte Datenpaket, sind rein formale Kriterien, und es ist nicht geprüft, ob innerhalb dieser formalen Kriterien tatsächlich die Botschaften ausgetauscht werden und ob die formalen Daten wirklich die Bedeutungsträger sind.

Dieser automatischen formalen Analyse steht ein anderer Versuch der Annäherung an therapeutisches Geschehen gegenüber, der sich als automatische Inhaltsanalyse versteht. Hier werden das Vorhandensein bestimmter Wörter und die Veränderung in ihrer Häufigkeit über den Therapieverlauf automatisch ermittelt. So besticht die Idee, der Patient, der etwa am Anfang der Therapie immer Formulierungen mit „man“ gebraucht und schließlich immer häufiger zu „ich“ übergeht, habe in der Therapie Ichhaftigkeit gelernt. Aber wer weiß, welchen Druck der Therapeut ausgeübt hat, willentlich oder unwillentlich? Vielleicht paßt sich der Patient lediglich dem Sprachgebrauch des Therapeuten an, ohne dessen Bedeutungen zu übernehmen.

Die Inhaltsanalyse ist also durch das bloße lexikalische Vorkommen eines Wortes begrenzt, sie kann sich dem Phänomen nicht stellen, daß z. B. für den einen Patienten die Bedeutung des Wortes Haus so zu erfassen ist, daß er damit meint: „mein sicherer Hafen“, während es für den anderen bedeutet: „Eingesperrtheit, Gefängnis“.

Damit wurde ein klassisches Problem wieder aufgeworfen: die Suche nach den Bedeutungen, den Symbolisierungen, der Unterscheidung von relevanten und nichtrelevanten Zeichen, von Form und Inhalt. Unvorhergesehen fand sich jetzt eine naturwissenschaftlich orientierte Forschungsrichtung mit allen ungeklärten Themen der Linguistik, der Sprachphilosophie und der Hermeneutik konfrontiert: mit der Frage der Sinnfindung. Es trafen zwei Modelle des Denkens und der entsprechenden Forschung aufeinander. Eine Auseinandersetzung zwischen den Modellen hätte zu einer Synthese führen können. Stattdessen nahm die psychologische Forschung einen anderen Verlauf. Einfache Fragen nach Bedeutung zu stellen, erschien bereits als unzulässiges und störendes Philosophieren, wobei nicht an den Bereich der traditionellen Philosophie gedacht wurde, sondern das Element „einen Sinn suchen" als methodenfremd angesehen wurde. Solcher Art philosophisch genanntes Fragen mußte als trojanisches Pferd empfunden werden und von vornherein ausgeschlossen bleiben. Als Folge verschwand die Faszination, die von dem Problem ausgeht, und es wurde nicht daran gearbeitet die Widersprüche zu nutzen.

Während formale Sprachanalyse unendlich ihre „on-off patterns" aufzeichnen kann, kappte die von der Psychoanalyse immer wieder betonte Phantasie das stromführende Kabel komplexer Elektronik.

•

Nicht selten entstehen in der Therapie Situationen, die den Therapeuten dazu drängen, festhaltend und ordnend Notizen zu machen, in der Erwartung, dieses registrierende Schreiben werde Klarheit in seine Therapie bringen. Eine andere Wendung führt zu dem Wunsch, bereits gestaltetes Therapiegeschehen zu befragen, das ihm als Text zur Verfügung steht. So steht registrierendes Schreiben gestaltetem Schreiben gegenüber, ein sich im Schreiben Vergewissernder gegenüber einem, der liest.

Es gibt das lange, systematische Lesen, die unterbrochene, nicht abbrechende Bemühung, von der nicht zu wissen ist, wann und wie sie wirkt, die jedoch den Blick spürbar erweitert. Hier wird dagegen so etwas wie das rasche Lesen angesprochen, das in Verknüpfung mit der therapeutischen Situation zu Erleichterung und Rat führen soll. Es ist das Verlangen nach den dickleibigen Registern, in denen unter den Stichwörtern Symptome, Charakterstrukturen oder Technik nachgeschlagen werden kann, wenn Erläuterungen dringend gebraucht werden. So sollten Praxisbücher sein.

In den Systematisierungen dagegen, in den Lehrbüchern, finden sich, nicht zum schnellen Verzehr geeignet, Theorien ausgebreitet, die sich erst dann erschließen, wenn sie in ihrem ganzen Zusammenhang begriffen werden. In den gängigen Lehrbüchern ist die Theorie reichlich mit Fallmaterial, Fallberichten oder Beispielen durchmischt. Die Fälle entsprechen etwa den Photographien und Zeichnungen, den Illustrationen in einem organmedizinischen Lehrbuch – obwohl der pschychotherapeutische Text immer nur Text bleibt. Manche Therapeuten picken sich aus Lehrbüchern die Fallberichte heraus, die vielversprechenden illustrativen Stellen.

Während die Theorie offenläßt, welchen Spielraum des Denkens und Verstehens auf ihrer Grundlage entwickelt werden kann, scheint die Falldarstellung Sicherheit zu geben. Der kurze Text aber, das Beispiel, ist nur herbeigespielt wie eine Nuance, Vignette, bietet einen schmalen Ausschnitt aus dem Problem, eine Kurzdarstellung in szenisch geordnetem Stil. Warum hat der schreibende Therapeut, so wird sich der lesende Therapeut fragen, gerade dieses eine Beispiel aus den vielleicht 100 Fällen, die der Autor kennt, ausgewählt? Soll dieses eine Beispiel besonders klar, eindringlich und überzeugend das zeigen, was der Autor zuvor in seiner Theorie formulierte? Soll es die Übertragung von der Theorie in die Praxis sein, ein Bild anstelle einer Abstraktion, das Typische als Exemplum? Dann dürfte der Lesende gewiß sein, gerade dieses eine Beispiel vermittle ihm die Wirklichkeit von 100 Beispielen, es würde ihm nicht eine Einzelheit zugespielt, sondern eine Totalität gegeben.

Oft ist der Lesende von der Falldarstellung im ersten Durchgang gefesselt. Dann stellt sich Enttäuschung ein. Sein Problem *dieser* Stunde ist anders. Der Therapeut mag zweifeln, ob seine Wahrnehmung unzureichend ist oder ob es sich um ein deutlich anders strukturiertes Problem handelt. Die Übertragung seines Praxisproblems auf die Falldarstellung gelingt nicht. Nun geht der Leser in den entsprechenden Theorieteil des Buches über, ohne sich und seinen Patienten dort besser zu begreifen. Folglich werden die neu geschaffenen Bibliotheken nur angelesen. Bücher, die für langes Lesen gedacht sind, werden für freie Intervalle von einer Viertelstunde oder, wenn es hoch kommt, für eine irgendwie aus dem Arbeitsplan gefallene Freistunde herangezogen. Auf diese Bedürfnisse antworten die Lehrbücher und Systematisierungen nicht. Sie stellen mit ihren geordneten Bücherrücken eine Front der Verweigerung dar. Die großen Index-Findex-Bände, am Anfang und am Ende der Regale, wohin es den hilfesuchenden Blick des Therapeuten immer wieder zieht, werden nicht in Angriff genommen.

Scheinbar beliebig werden hier die Begriffe Fall, Beispiel, Fallbericht, Fallbeispiel, Falldarstellung nebeneinander verwendet. Genauer betrachtet gibt es jedoch Unterschiede, die auf reale Verschiedenheiten hinweisen: Der *Fall* erinnert an den Menschen, der gefallen ist, jetzt zum Fall geworden, eine Entpersönlichung und Abstraktion. Ein Fall, verwendbar für andere Fälle, unter anderem ein Krankheitsfall, wobei hauptsächlich das Krankheitsbild, aber kaum noch der Mensch interessiert. Das *Beispiel* hingegen weist zunächst auf eine Auswahl hin, verbindet das bereits erwähnte Bei-Gespielte, etwas Unverbindliches, nun einmal so Gesagtes mit dem tiefen Ernst des Exemplums, das in seiner Stellvertreterfunktion geradezu einen Anspruch auf Totalität erhebt. In der Kombination *Fallbeispiel* sind dann alle Bedeutungen des Falles und des Beispiels eingeschlossen, jeder Autor kann ihm den eigenen Sinn mitgeben. *Fallberichte* und *Falldarstellungen* weisen den Leser auf eine umfänglichere Stellungnahme zu einem Thema hin. In ihnen ist die Verdichtung nicht bis auf die Minimalform einer Szene gedrängt, sondern es gibt einen Textablauf, Absätze, Wiederaufnahmen, es können einzelne Therapieschritte in ihrem Verlauf dargestellt werden. Der Bericht läßt anklingen, daß er an einen Adressaten gerichtet ist. Das kann der andere Therapeut sein, es kann auch ein anonymer Adressat sein, wie bei der Eintragung in eine Akte: ein Bericht für alle, die es fachlich angeht. Die Falldarstellung schließlich reicht bis hin zu literarischen Formen wie Portrait, Anekdote, Erzählung.

Bei allen diesen Wortkombinationen ist zu berücksichtigen, daß der Fall die kürzeste und formalisierteste Form einer ursprünglichen *Geschichte* ist, die erzählt wurde. Insofern ist er keine willkürliche und didaktische Erfindung für neuere Lehrbücher, sondern befindet sich innerhalb der Tradition des Erzählens, die verschiedene Formen gefunden hat: die Parabel als Lehrstück, die Heiligenlegende, die Anekdote und der Witz, die Vitaesammlungen, die Märchen, die Weisheitsbilder des Zen, alle szenischen Gestaltungen mit hoher vitaler und eindringlicher Wirkung. Von daher besteht seit alters die lehrende Vermittlung durch den Fall, der zu einer zeitlos gültigen Geschichte geworden ist.

Für alle, die in Klinken arbeiten, ist das Zweiminutengespräch mit dem Kollegen die nächstliegende Informationsquelle. Ist der Therapeut allein, wird er wieder einen Leseversuch unternehmen. Er stößt auf das nächste Fallbeispiel, das ihm wie das Photo einer erkrankten Hautpartie erscheint: „Der 48jährige Pianist P. kam wegen Appetitlosigkeit, Blasenkrämpfen ...". Das ist praxisnah und wirklich. Es gibt diesen Menschen, hier folgt sein psychisches Portrait. Dieses Beispiel soll unmittelbar, einleuchtend und eindeutig sein. Es ist schmucklos und ohne irgend einen ästhetischen Anspruch geschildert, weil es ein fachlicher Text sein soll. Dem Portrait eines Menschen werden nun in der Wirklichkeit der Bücher oft nur wenige Druckzeilen eingeräumt. Dadurch ist eine Begrenzung gesetzt, die bereits eine sehr kunstvolle Zusammenstellung der Wörter verlangt. Es wird eine Komposition entstehen, in der nicht nur die Inhalte und Wortbedeutungen sehr sorgfältig den ihr zugedachten Sinn ergeben müssen, sondern es werden sogar Leseanweisungen eingegeben. Man erwartet, eine Lebensgeschichte zu lesen und erfährt eine Interpretation: „er kam wegen ...". Damit wird von Begründungen ausgegangen, die kausale Präposition „wegen" hat alle anderen Farben des Lebens ausgeschlossen. Niemand glaubt mehr, das karge Beispiel sei einfach aus der Feder gerutscht. Sichtbar wird eine hochbearbeitete Spontaneität.

Sicher war es für den Autor wichtig, an der bestimmten Stelle von der abstrakten, theoriebezogenen Darstellung zu diesem Beispiel überzugehen. Er fügt sein Beispiel dort ein, wo es seine Theorie günstig belegt - oder wo seine Theorie ins Schwimmen gekommen ist und er sich eines realen Ankerplatzes vergewissern will. Manche Autoren formulieren ihr Beispiel paradox: „*Ein* 48jähriger Pianist kam wegen ...". Dieser eine steht dann für alle; es entsteht die große Gruppe von 48jährigen Pianisten mit Appetitlosigkeit und Blasenkrämpfen. Gäbe es eine solche Gruppe und ließe der eigene Patient sich ihr zuordnen, so wäre der tiefe Wunsch nach einem Index durch dieses Fallbeispiel befriedigt.

Im Bereich der Kasuistik ist lange bekannt, daß man in Beispiele alles hinein- und alles herauslesen kann, wenn bestimmte Interessen bestehen. Gerade die Konkretheit der Fälle, das Wegschneiden der Konnotationen, das enge Wortverständnis führt dazu, daß die Lebensszene, die bei aller Abkürzung doch einen menschlich umfassenden, verstehbaren Ausschnitt darstellen sollte, um ihre Bedeutung gebracht wird. Ohne das Gerüst einer Theorie wirkt jedes Beispiel in sich selber hilflos. Gerade die Festschreibung führt also zur Beliebigkeit der Interpretation: „Der 48jährige Pianist P. kam wegen ...".

Die Theorie kann sich durch Logik und Beweisführung gegen falsches Einpassen stemmen, während dem nackten Beispiel jede Kleidung anzuziehen ist.

Wann treffen sich die herausgelesenen mit den hineingelesenen Patienten? Wenn aus dem Fall eine Fülle von Fällen bis hin zu einer Fülle von Lebensgeschichten phantasiert werden kann, findet der Einzelfall dann nicht immer eine der Lesererwartung entsprechende Fallfigur? Kann das isolierte Beispiel nicht immer mühelos eingegliedert werden - eine Projektion, die objektlos bei sich selbst verharrt?

Wo bleiben im Fall und im Beispiel die Orte, Zeiten und Bezugspersonen des Patienten, die mit dem in der Therapie wirklich vorhandenen Patienten in Verbindung treten können, die den lesenden Therapeuten hätten anregen können? Der Therapeut steht in einer Beziehung mit seinem Patienten und sucht beim Lesen die Beziehung zu finden, die der schreibende Therapeut hatte, um Vergleiche zu ziehen. Die vermittelnden Angaben fehlen.

Eine andere, innere Schwierigkeit gehört zum Schreiben des Fallberichts: Er verstößt mit Notwendigkeit gegen die Kategorie der Schweigepflicht. Im Fallbericht wird eine Grenze des Geheimnisses überschritten, die durch keine noch so gekonnte Verschlüsselung rückgängig gemacht werden kann.

Mit der Schweigepflicht waren Patient und Therapeut in ein gemeinsames Schweigen über das eingetreten, was nur *in* diesem Schweigen hervortreten konnte, weil es als Einheit des Geheimnisses die Einmaligkeit der Beziehung bedeutete. Gerade diese Einmaligkeit zu erleben und sich ihrer bewußt zu werden, verändert die Beziehungsfähigkeit derer, die sich von dem gemeinsamen Schweigen umschlossen fühlen. Mit dem Schreiben über den Patienten treten Therapeuten stets aus dem Geheimnis heraus, mit offizieller Erlaubnis zwar und sonst vielen guten Gründen, aber sicher nicht ohne Skrupel. Vielleicht gelang es ihnen nicht, in dem gemeinsamen Schweigen mit dem Patienten zu leben, das in seiner Dichte und Fülle die eigenen Grenzen zu sprengen drohte. Das Hervorzeigen des Patienten in der Schriftlichkeit erscheint als ein Akt, welcher der Therapie zuwider läuft.

Das Verlassen des inneren Raumes berührt ihn immer, verändert ihn - sei es vom Therapeuten aus, der seine „streng vertraulichen Fallberichte" veröffentlicht, sei es vom Patienten aus, der mit anderen seine Therapie „durchspricht". Beide geben etwas preis, was gerade in seiner Besonderheit den entscheidenden Wert *dieser* Therapie darstellte. Die Therapie ist undicht geworden.

Den so gewonnenen Berichten, skelettiert oder ausführlich beschrieben, wird das anhaften, was bei ihrer Entstehung widersprüchlich ist: Das Geheimnis einer Therapie soll sowohl geschützt werden als auch gleichzeitig als öffentlich überzeugender Text dargestellt werden. Das Fallbeispiel soll die Substanz der Beziehung erhalten und gleichzeitig glatt, funktionsgerecht und exemplarisch sein. Aus dieser Paradoxie zeigen Fallberichte, daß sie ständig gegen Scham- und Schuldgefühle geschrieben wurden. Sie bleiben damit notwendig unvollständig und verfehlen die Aufgabe. Sie zu stellen heißt immer wieder, Unlösbares zu fordern.

•

Autoren können Leser mißbrauchen, wenn sie an den Übergangsstellen von Theorie zu Fallbeispielen den wahren Abgrund ihres Nichtweiterkommens, die ungeschriebene und für sie unschreibbare Seite, nahtlos überbrücken. Leser können vielschichtige Falldarstellungen für vordergründige Zwecke ausschlachten. Der Patient wird mißhandelt, wenn er als Fall benannt und nach einem Fallbeispiel behandelt wird. All dieses entbindet nicht davon, sich durch Schreiben und Lesen den Phänomenen der Therapie zu nähern, sie festzuhalten, zu bearbeiten, sie einem anderen zu dessen Entzifferung vorzulegen.

Auch der beste Fallbericht kann als Rezept mißbraucht werden. Es reicht die Zeit nicht, um ihn angemessen zu durchdenken oder die Leserqualität des Therapeuten ist derart eingeschränkt, daß er ihn starr und auf rasche Anwendung bedacht liest. Kann solch falsches Lesen gute Texte korrumpieren? Sind dem Leser Fehlbewegungen erlaubt, weil sie Ausdruck seines Suchens sind, in dessen Verlauf auch das unverständige Lesen, das Nichtverstehen seinen notwendigen Platz hat? Schließen nicht erst die erneuten Ansätze, die wiederholten Einstiege das Nichtverstandene zu dem Bündel von bedrängender Ratlosigkeit zusammen, das sich dann in der einen und anderen Richtung erschließt?

Therapeutisches Wissen kann kaum erlesen werden, aber jedes Lesen reichert an. Die Scham, nicht im ersten Anlauf verstanden zu haben, ist unbegründet. Aber das Erröten zeigt ein Denken an, welches das Verstehen sensibel behandelt, das Nichtverstehen respektiert und nicht beansprucht, immer von der Wahrheit persönlich bedient zu werden.

•

Jede Reproduktion einer vollständigen Psychoanalyse stößt auf wahrnehmungs- und gedächtnistechnische Grenzen. 600 Stunden Analyse à 50 Minuten dauern 30000 Minuten. Wenn über eine solche Analyse in einem Fallbericht 30 Minuten lang gesprochen wird, so ist eine Zeitraffung auf ein Verhältnis von 1:1000 vorgenommen worden. Die gleiche Größenordnung gilt für die schriftliche Zusammenfassung eines Berichts von 15 Seiten, welcher der vollständigen Transkription von 15000 Seiten entspricht.

Selbst bei dieser Verkürzung fehlt in allem schriftlich Festgehaltenem des Gesprochenen, das Gedachte, das Verschwiegene, das Phantasierte. Die Größenordnung dieser Phänomene ist schwer bestimmbar. Dennoch wird in allen zusammenfassenden Berichten Wert darauf gelegt, was sich der Therapeut gedacht hat, welche metapsychologischen Überlegungen er anstellte sowie Vermutungen darüber, womit der Patient sich befaßte, wenn er schwieg. Dadurch erhöht sich die Verdichtung des 30minütigen Vortrages oder des 15seitigen Berichts in eine Größenordnung, die kaum noch erlaubt, von einer Reproduktion des therapeutischen Geschehens zu sprechen. Selbst wörtliche Zitate aus Therapien sind in aller Regel neue Schöpfungen, Verkürzungen von mehreren Sätzen, deren Inhaltsspuren in verschiedenen Stunden nachzuweisen wären und die zu einem einzigen Satz, einer Frage, einem Wendepunkt symbolisiert wurden. Therapeuten erkennen in den neuen Sätzen des Berichts und Vortrages die Essenz des therapeutischen Geschehens, lassen diese Sätze gelten, als ob sie gesprochen worden wären. Lediglich der Verweis, es handele sich um Reproduktion originaler Sätze, ist unzulässig.

Wenn es dem Vortragenden oder Schreibenden gelingt, in der Reduktion nicht ein verkümmertes und falsches Produkt herzustellen, sondern zu einer Verdichtung zu kommen, welche die Substanz erhält, ist nicht etwa ein Abbild, sondern eine Neuschöpfung gelungen, die von keiner selektierenden oder synthetisierenden Maschinerie geleistet werden kann. Nicht die wortgetreue und nicht die phonetische Genauigkeit bringt die Wahrheit der Realität näher, sondern Gestaltung, die nur überzeugt, wenn sie die Qualitäten einer anderen Schreibweise, die der Literatur, erreicht.

Hinweise zur Literatur

Schriftliches Zeugnis für die Einstellung vieler Therapeuten, Tonbänder und andere Protokolle zu stapeln, geben Yalom u. Elkin (1975) *Chronik einer Therapie*, S. 8.

Die Arbeit von Pittenger et al. (1960) *The first five minutes* ist das grundlegende Beispiel einer Transkription, die Affektlage, Rhythmen, Motivationen und andere phonetisch faßbare Elemente des Sprechens durch neue Zeichensetzung zu erfassen sucht.

Zur psychotherapeutischen Forschung mittels Videotechnik vgl. Richter (1967) *Fernsehübertragung psychoanalytischer Interviews.*

Die Tatsache der potentiell unendlichen Fülle von Informationen machte einen Wechsel in der Forschungsrichtung notwendig. Die Ansprüche an die technische Apparatur richten sich nicht mehr allein auf eine möglichst identische Reproduktion des therapeutischen Gesamtgeschehens, sondern streben selektive Gedächtnisleistungen und -auswertungen an. Diese Probleme der Datenordnung und Datenreduktion werden in den USA seit etwa 1963 für die Erforschung psychotherapeutischer Prozesse zugänglich gemacht. Da jedoch bei der Programmierung sowie bei der Rückübersetzung aus der Maschinensprache in psychische Verstehenszusammenhänge Auswahlkriterien notwendig sind, d. h. Hypothesen über mögliche sinnvolle Aussagen, hat der Einsatz von Computern die Suche nach den grundlegenden Sinnbezügen neu motiviert. In der Bundesrepublik Deutschland hat ein Sonderforschungsbereich der DFG 1968–1978 angloamerikanische Forschung aufgegriffen, vgl. dazu Junker u. Zenz (1970) *Der Einsatz datenspeichernder und -verarbeitender Apparate für die Erforschung psychotherapeutischer Prozesse,* mit einer Übersicht über die Geschichte und Problematik audiovisueller Hilfsmittel und Berücksichtigung des Problems der Datenreduktion, vom Interaktionschronographen von Chapple bis zur automatischen vokalen Transaktionsanalyse (AVTA) nach Casotta, Feldstein und Jaffe; vgl. ferner Junker et al. (1974) *Was kann die automatische Analyse des Sprech-Pausen-Verhaltens („on-off pattern") von Arzt und Patient für die Beurteilung von Psychotherapien leisten?* – Junker et al. (1974) *Über die Anwendung eines Sprachanalyseverfahrens („on-off pattern") in einer laufenden Psychotherapie.* – Junker et al. (1974) *Vergleich und Interpretation des formalen Sprachverhaltens („on-off pattern") zweier Psychotherapien.*

Als neuere Forschung zum Problem der Signierung und empirischen Beurteilung von therapeutischen Dialogen vgl. Argelander (1982) *Der psychoanalytische Beratungsdialog.*

Zum immer noch ungelösten Problem der Fallstudien vgl. Dahmer (1983) *Die eingeschüchterte Psychoanalyse;* Ausführungen dazu auch bei Strotzka (1979) *Fallstudien zur Psychotherapie* und in zusammenfassender Übersicht bei Kächele (1981) *Zur Bedeutung der Krankengeschichte in der klinisch-analytischen Forschung.*

Die Begegnung mit den hilfreichen Grundfiguren: Hauptwörter therapeutischen Denkens

Immer wieder sind Therapeuten dem Thema auf der Spur, das sie erlösen soll: Was ist die geheime Kraft der Therapie, die Causa movens, – oder anders: was hilft, was ist wirksam?

Manche therapeutischen Schulen haben versucht, ein abgeschlossenes System zu erstellen. Psychoanalytiker – so ließe sich sehr verkürzt sagen – setzen auf Einsicht, humanistische Therapeuten auf Erleben, Verhaltenstherapeuten auf Lernen. Kliniker berichten nach langjährigen Erfahrungen mit über 5000 Patienten nicht selten, daß „alles hilft". Steckt darin ein Rätsel, eine Geheimformel, eine Provokation?

Alles hilft ein wenig, das scheint eine vernünftige, wenn auch karge Antwort zu sein. Wenn viel von „allem, was ein wenig hilft", zusammenkommt, hilft es mehr. Dann bleibt freilich die Frage immer noch unbeantwortet, warum sogar das Viele oder Alles manchem Patienten überhaupt nicht geholfen hat.

•

Die Verwendung eines einzigen, übergreifenden Hauptworts läßt spielerisch – und fachlich ungedeckt – sofort neue Therapieformen erfinden: *Hoffnungs*therapie, *Gefühls*therapie, *Denk*therapie, *Verstehens*therapie, *Wahrheits*therapie. Eine tradierte Polarisierung wie rational-emotional, kann unmittelbar vermarktet und als „rational-emotive therapy" angeboten werden. Dies ist erklärlich, weil alle Hauptbegriffe in jeder Therapie wichtig sind und erst dann falsch werden, wenn sie begrifflich isoliert und hierarchisch gegeneinander abgegrenzt herausgestellt werden. Jede Therapie ist eine *Phantasie*therapie und gleichzeitig eine *Realitäts*therapie. Aber mit solch allgemeinen Überschriften sind keine Erkenntnisse zu gewinnen.

Bleibt der Rückgriff auf die Erfahrungen geübter Therapeuten, die eine Reihe von wichtigen Einzelaspekten nennen. So hat Heigl in seinem Aufsatz *Was ist wirksam in der psychoanalytischen Therapie?* anhand der historischen Entwicklung eine Zusammenfassung versucht, die er mit der Bemerkung einleitet, es „soll kein Anspruch auf Vollständigkeit in dem Sinne erhoben werden, daß alle therapeutisch wirksamen Faktoren erfaßt sind". Hier taucht bereits dieses gefährliche „alle" auf und der mathematische Begriff „Faktor", der auf Verrechenbarkeit hinweist.

Heigl zählt zu den „wirksamen Faktoren": Katharsis, Rekonstruktion der Vergangenheit, Wachsuggestion, freie Assoziation, neue emotionale Beziehung, psychoanalytische Situation, Übertragung und Handhabung der Übertragung, Gegenübertragung, Aufdeckung der augenblicklichen Konfliktsituationen, reale, spontane Beziehung zum Therapeuten, emotionale Umerziehung, korrigierende emotionale Erfahrung, Deutung. Diese Aufzählung könnte als Sammelsurium in Mißkredit kommen. Aber welcher Therapeut wäre gegen die Rekonstruktion der Vergangenheit, gegen eine Abreaktion unerledigter Affekte mittels der freien Assoziation? Wer erkennt nicht die Wichtigkeit einer neuen emotionalen Beziehung innerhalb der speziellen psychoanalytischen Situation? Wer arbeitet nicht auch mit der Aufdeckung der augenblicklichen Konfliktsituation, betrachtet sie in dem Spannungsfeld zwischen ihrer Genese und der Aktualität? Wer kümmert sich nicht um die Phänomene der Übertragung und der Gegenübertragung? In der Selbstverständlichkeit der Bejahung dieser Elemente der analytischen Psychotherapie wird gleichzeitig ihr unspezifischer Charakter sowie die Unmöglichkeit einer unmittelbaren Anwendung in einer bestimmten Therapiesituation deutlich.

Auch die Deutung der Abwehrmechanismen als hilfreichen Vorgang in der Therapie hat eine Geschichte: Die ursprünglich von Anna Freud zusammengestellte Reihe von 10 Mechanismen: Verdrängung, Regression, Reaktionsbildung, Isolierung, Ungeschehenmachen, Projektion, Introjektion, Wendung gegen die eigene Person, Verkehrung ins Gegenteil, Sublimierung - von ihr erweitert, um: Verneinung mit Hilfe der Phantasie, Idealisierung, Identifizierung durch den Angreifer - , forderte zu einer weiteren Auflistung, zu linearer Fortschreibung heraus. So entstanden die von Melanie Klein herausgestellten Benennungen: Objektspaltung, projektive Identifizierung, Verleugnung der psychischen Realität, omnipotente Kontrolle des Objekts. Die Autoren Laplanche und Pontalis weisen darauf hin, daß diese Liste nicht abgeschlossen sei. Jeder analytische Forscher hat die Möglichkeit und das Recht, ohne die vorgezeichnete Linie zu verlassen, der Reihe der Abwehrmechanismen ein neues Konstrukt hinzuzufügen.

Es scheint dies eine dem Thema anhaftende Bedingung zu sein. Menschliche Kommunikation unterliegt einer unendlichen Deutbarkeit. In diesem Zusammenhang muß Auflistung immer als der erste Versuch einer systematischen Ordnung verstanden werden, der zunächst der Beruhigung und Entängstigung des Therapeuten vor einer sonst chaotisch anmutenden Fülle der Phänomene dient. Es kann jedoch nicht überraschen, wenn aus dieser Anhäufung der Begriffe eine Gegenbewegung entsteht, die mit neuen Wörtern versucht, die Vielfalt wieder auf das beruhigende Ordnungsprinzip der Dreigliederung zurückzubringen. So bescheidet sich Rogers offiziell mit 3 Psychotherapeutenvariablen, die er als notwendige und hinreichende Elemente der Therapie ansieht: Echtheit, Wärme, Empathie.

Die beiden einander entgegenlaufenden Reihen der anwachsenden Aufzählungen und der reduzierenden Verkürzungen führen zu der methodischen Erlaubnis, wonach jeder einzelne erfahrene Therapeut berechtigt ist, die von ihm speziell ausgearbeitete Methode als einen sinnvollen und nützlichen Therapiestil zu bezeichnen. Innerhalb dieser Argumentation ist ohne verletzende Übertreibung zu sagen, jeder Therapeut sei in der Auswahl der ihn persönlich überzeugenden methodischen Kriterien tatsächlich ein freier, einmaliger, unverwechselbarer Therapeut; es gäbe so viele therapeutische Schulen wie es individuelle Therapeuten gibt. Insbesondere im angloamerikanischen Sprachraum, in dem eine entsprechende Namengebung sehr beliebt ist, haben sich daher Therapeuten beispielsweise als Multimethodentherapeuten bezeichnet und sich ausdrücklich zu Eklektikern erklärt. Das kann dann, horribile dictu, so lauten, wie es der bekannte Gruppentherapeut Yalom über die therapeutischen Vorerfahrungen seiner Patientin G. schreibt:

> Die Leiter dieser Umerziehungsprogramme dachten sich ein paar Gewaltkuren aus, um Ginny augenblicklich umzukrempeln: nackt durchgeführte Marathonsitzungen, um ihre Reserve und ihren Hang zum Sichverbergen zu überwinden. Psychodrama und „psychologisches Karate", um ihre negative Einstellung und Unterwürfigkeit zu beseitigen, vaginale Stimulation mit Hilfe eines Elektrovibrators, um ihre Orgasmusfähigkeit zu wecken. All dies blieb ohne Ergebnis.

Amerikanische Autoren, die sich offen zum Methodenpluralismus bekennen, verweisen indes immer wieder auf eine Einheit, auf eine unverwechselbare persönliche therapeutische Identität. So ist wieder ein Monismus entstanden: Identität. Auf diese Weise reiht sich der Begriff Identität in den Katalog der Grundfiguren ein. Erneut entsteht hier allerdings die Unsicherheit, ob dies viel weiter geführt hat als die Behauptung „Alles hilft".

Die Identität des Therapeuten kann zu dem Zweck, sie als hilfreiche Figur einzusetzen, jedoch inhaltlich ausgefüllt werden und, zwar aufgrund der Vorstellung, daß das Sichkümmern und Sichsorgen des Therapeuten um seinen Patienten eine Gravitationsrichtung hat, die ähnlich wie die des Leidens und Mitleidens zu einem wechselseitig induzierten und wieder ausgestoßenen Leiden führt, mit der Folge, daß der Patient Heilung oder Erleichterung gewinnt. Gegenüber diesen Überlegungen, die sehr viel mit Seelischem, Endothymem, Existentiellem und Kommunikativem zu tun haben, tritt wieder der Anspruch auf, daß in der Therapie Rationalität, Verbalität und Technik ihren Platz behalten müßten. In diesem Wechselspiel, das unter Therapeuten zäh und ausdauernd und mitunter aggressiv-abwertend geführt wird, setzen die einen wiederum ihre Hoffnungen auf quantitative Reihen, während die anderen sich davon abwenden und ihr Heil in qualitativen Elementen einer Bewegung suchen.

Von den Bewegungen und Spielformen zurück zu den Wörtern, zu einigen seltsam gebrauchten, philosophisch ungeklärten und wichtigen Begriffen der Therapiewelt, der therapeutomorphen Welt - oder zu Begriffen der Therapeuten, mit denen sie Leid und Heilung zu fassen versuchen und die die von ihnen vermutete Wirklichkeit widerspiegeln: Verstehen, Erleben, Einsehen, Übertragen, Gegenübertragen, Inbeziehungsein, Heilen.

Verstehen

Einen anderen Menschen verstanden zu haben, ist eine Behauptung - oft leichtfertig bejaht oder verneint -, die das Fremdartige übersieht, das nur über ein Wechselspiel von Fragen, Reflexionen, Mitbedeutungen zu entdecken ist. Lebenswirklichkeiten entziehen sich dem ersten lockeren Griff. Ist der bezuglose Satz: „Ich konnte nicht mehr, ich habe das Glas in der Hand zerdrückt, und die Kinder sahen die blutenden Finger und sagten, bitte Mami, bring Dich nicht um" verständlich?

Wenn der Therapeut spürt, er habe das verstanden und schließlich sagt: „Ich habe das verstanden", so spricht er über ein intrapsychisches Ereignis, das er, wenn es ihm völlig bewußt wäre, nicht eigentlich erarbeitet hat, sondern das ihm unreflektiert, ohne besondere Denkschritte begreiflich schien. Bei näherer Betrachtung ist dieses Verstehen jedoch das Ergebnis vielfältiger, auch voneinander abgrenzbarer psychischer Vorgänge, des Denkens wie des Erfahrens wie auch der Einfühlung, die sich sowohl im Therapeuten allein als auch bereits in der Beziehung zwischen Patient und Therapeut abgespielt haben. Vermutlich hat der Therapeut beim Zuhören zugleich über Vorverständnis, Nachfühlung, Selbsterfahrung seinen Erfahrungsschatz befragt:

Habe ich das schon einmal gehört und mir wissend angeeignet? Habe ich vergleichbare Denkvorgänge oder Phantasien selbst gehabt, die bei mir mit starken Affekten verbunden waren und über deren Zusammenhang ich eine Art Vermutung habe? Kenne ich Situationen, Lebensumstände, Lebensszenen oder kann ich mir Situationen vorstellen, aus denen eine solche Handlung für mich nach bestimmten Überlegungen als überzeugend hervorgehen kann? Habe ich mit mir die Erfahrung gemacht, Gläser in der Hand zerdrückt zu haben, wissend, wann und warum?

Die Antwort des Therapeuten: „Ich verstehe", ist das Ergebnis seiner teilnehmenden äußeren und inneren Anstrengung. Es können auch andere Folgerungen gezogen werden:

Es ist doch entsetzlich, wie es in Familien zugeht. Ob das wohl stimmt, was die Patientin sagt? Wie diese hysterischen Frauen sich an ihren Kindern vergehen. Hoffentlich passiert mir das nicht.

Nach diesem Ablauf ist nicht die therapeutische Antwort zu erwarten: „Ich verstehe Sie", eher ein abwartendes Schweigen, das sich weiter am Patienten orientieren will. In diesem Fall sollte das unausgesprochene „Ich verstehe nicht" deutlich im Bewußtsein aufrechterhalten bleiben, in bestimmten Therapiesituationen sogar ausgesprochen werden. Das Verständnis hängt ab von der Gesamtheit der inneren Wahrnehmungsfähigkeit des Therapeuten, seinem Fachwissen, seiner Erfahrung, seinen positiven und negativen Wertvorstellungen, seinem Ideal-Ich und Anteilen seines negativen Selbst.

Die Deutung könnte lauten: „Sie sind in Ihrer Ehe in eine Situation der hilflosen Wut gekommen und müssen das zeigen, ob Sie wollen oder nicht".

Wenn die Patientin daraufhin „Ja" sagt oder zu weinen beginnt, ist dies die Folge davon, daß sie sich von dem Therapeuten verstanden gefühlt hat. In der Patientin sind beim Hören und beim unmittelbaren Beurteilen der Antwort des Therapeuten ebenfalls Befragungen ihres Erfahrungsschatzes vorgegangen, etwa:

Der Therapeut hat erkannt, daß das nicht gegen die Kinder gerichtet ist, sondern aus der Eheauseinandersetzung stammt. Er hat erkannt, daß ich das nicht absichtlich mache, sondern nicht mehr anders kann. Er hat meinen eigenen Schmerz wahrgenommen und mitempfunden. Er hat erkannt, daß ich wütend bin, daß ich mich nicht unterkriegen lasse. Er hat erkannt, daß ich mich vor den Kindern schäme.

Aber auch bei der Patientin können andere Abläufe mit Ergebnissen des Nichtverstehens eingetreten sein:

> Ich bin gar nicht wütend, ich bin nur verzweifelt. Ich bin nicht hilflos, ich werde es ihm noch ganz anders zeigen, wenn er so weitermacht. Das ist nicht die Ehe, das sind meine Eltern und meine Kinder, die mir keinen Raum lassen, um meinen Interessen nachzugehen.

Bereits bei diesem ersten, skizzenhaften Ablauf dessen, was zunächst einmal spontanes Verstehen oder spontanes Nichtverstehen genannt wird, sind mehrere Erkenntnisse möglich:

- Therapeut und Patientin verstehen sich und haben sich durch Sprechen oder einen anderen Ausdruck (das Weinen) verständigt, daß sie sich verstehen. Der nächste kommunikative Schritt kann nun bereits inhaltlich das szenische Umfeld, das Wieso angehen, und die Patientin kann solange weitersprechen, wie dieses gemeinsame und wechselseitig durch Mitteilung bewußt gemachte Verstehen reicht.
- Der Therapeut hat nicht verstanden, hat nicht verstehen können, obwohl seine Berufsanspannung darauf gerichtet war. Dieses Nichtkönnen ist ein eingetretenes Ereignis, eine Wahrheit, nicht etwa ein Versagen in der therapeutischen Fähigkeit. Dieses Nichtverstehen ist daher nicht zu verdecken, sondern zu verwenden: Der Therapeut wird durch Rückfragen oder andere Ermutigung versuchen, die Patientin zu veranlassen, mehr über sich mitzuteilen, in der Erwartung, dann mehr Verstehbares zu erkennen. Sollte dies nicht gelingen, auch nicht in einem zweiten oder dritten Anlauf, müßte der mißglückte Verstehensversuch von seiten des Therapeuten konsequenterweise als „Ich kann Sie nicht verstehen" und damit auch „Ich kann Sie nicht behandeln" ausgesprochen werden.
- Die Patientin fühlt sich, wenn der Therapeut geantwortet hat, nicht verstanden. Sie glaubt, daß andere Bedingungszusammenhänge ihrer Aussage zugrundeliegen. Sie wird versuchen, durch weiteres Sprechen die Umstände aufzuhellen, damit der Therapeut ihr helfen kann.
- Der Therapeut glaubt verstanden zu haben, hat sich aber geirrt. Die Patientin teilt ihm in ihrer Antwort mit, daß das, was der Therapeut gesagt hat, nicht richtig, also nicht verstanden sei. Das gleiche gilt, wenn die Patientin sich selbst verstanden zu haben glaubt, dies jedoch durch die nächste Reaktion des Therapeuten als irrtümlich empfinden muß. Beide Therapieteilnehmer müssen sich jetzt auf eigene Weise bemühen, durch neues Sprechen eine wechselseitig ausgedrückte und wahrgenommene Verstehbarkeit zu erzielen. Gelingt das nicht, erscheint ein hilfreicher psychotherapeutischer Prozeß zwischen diesen beiden Personen unmöglich.

Allen 4 Situationen ist gemeinsam, daß über das spontane Verstehen und über das spontane Nichtverstehen hinaus eine Ermittlung nach weiteren, umfassenderen Verstehensmöglichkeiten notwendig ist, damit ein Therapievorgang nicht nur eingeleitet, sondern aufrechterhalten wird.

Während Verstehen sich wie von selbst im Bewußtsein durchsetzen kann und so überzeugt, daß es keiner weiteren Erklärung bedarf, ist bei Nichtverstehen eine besondere Denkaktivität notwendig. Das Mitgeteilte erscheint nicht einzuleuchten. Hilfe wird im Sprechen der Patientin dann zu finden sein, wenn es mehrfache Interpretationen zuläßt. Ihre ersten Sätze enthalten szenische Details wie: Glas in der Hand zerbrechen, daß die Finger bluten; den Vorgang vor die Augen der Kinder gebracht zu haben, die darüber erschrecken. Wenn zwischen Therapeut und Patientin über die Bedeutung dieser beiden szenischen Stücke Nichtverstehen und Zweifel aufkommen, können diese Sätze erneut betrachtet und einzelne Deutungsversuche unternommen werden. Ist das Zerbrechen von Glas Ausdruck aggressiver Wut oder nicht? Ist das Zufügen von Schmerz - sich wie den Kindern - Ausdruck von Hilflosigkeit oder nicht? Der Weg zur Verständigung führt zum Aufspüren von Bedeutungen und Zusammenhängen, wobei das Entdecken von Interpretationshilfen im Sprechen über die ersten Sätze eine entscheidende Rolle spielt.

Erst wenn die Verständigung Umfang, Dichte und wechselseitige Sicherheit erreicht hat, kann Veränderung angestrebt werden, sowohl die innere Einsicht wie die äußere Verhaltensweise betreffend. Sind Wut und Hilflosigkeit gemeinsam als bedingende Faktoren des ungewollten szenischen Ereignisses festgemacht, kann die Überlegung einsetzen, wie und warum es zu dieser unerwünschten psychischen Situation gekommen ist. Ohne dieses Verstehen bliebe die Szene sinnlos, denn die durchaus logische Folgerung könnte heißen: „Nehmen Sie dickeres Glas, das zerbricht nicht" oder „Sperren Sie die Kinder in den Keller, dann sehen sie es nicht". Die Szene zu Beginn dieses Abschnitts, in der ein Glas in der Hand zerbrochen wurde, besteht aus einem Text von 27 Wörtern. So werden häufig wenige Wörter, die authentisch zu sein scheinen und unter dem Arbeitsbegriff Material eingeführt wurden, zum Verstehen einer therapeutischen Situation angeboten. Therapeuten und Leser arbeiten sich daran ab, oft mit dem Gefühl (wie auch nach diesen letzten Seiten), dem Text alles nur Denkbare abgerungen, ihn durch Phantasieren und Deuten in seinen verschiedenen Dimensionen aufgeschlüsselt zu haben. Dennoch spüren die Leser danach: Dieses angestrebte, helle Verständnis wurde nicht erreicht, die therapeutische Wirklichkeit ist nicht vorhanden. Der Therapeut, der diese Sätze in der Therapie gehört hat, hat mehr als nur Wörtliches erfahren, hat einen Kenntnisstand erreichen können, der mit 27 gelesenen Wörtern allein nicht zu erzielen ist.

Das isolierte Textfragment, diese Kunstfigur des so und nicht anderes gewollten Ausschnitts aus einem wechselseitigen Lebenskontext ist nicht in der Lage, das Verstehen zwischen zwei Menschen ganz zu vermitteln - und hätte auch dann nicht ausgereicht, wenn dieser Dialog auf mehreren Seiten wie ein Protokoll niedergeschrieben worden wäre.

Für das umfassende Fallverstehen müßten eine Anreicherung durch die Biographie, die therapeutische Situation, alle möglichen darstellbaren Kontexte zu Papier gebracht werden, um eine ausreichende Grundlage für die Interpretation zu schaffen. Die Hoffnung, aus dem stilisierten Material weitergehende, verallgemeinernde Schlüsse auf das Verstehen in einer konkreten therapeutischen Situation überhaupt ziehen zu können, mittels der Verkürzung zielgerichteter und genauer, sogar umfassender informiert und aufgeklärt zu sein, kann sich nicht erfüllen.

Das stilisierte Fragment bringt jedoch aufgrund der Unsicherheit, es therapeutisch eindeutig interpretieren zu können, eine neue Frage auf den Plan. Gibt es andere Möglichkeiten, sich Verstehen zu nähern? Kann Verstehen nicht nur durch die vollständigere Annäherung an die verbale Realität des Gesprochenen, sondern auch durch vertieftes Verständnis des Begriffs Verstehen sicherer werden? Wie sieht die Fachdiskussion darüber aus?

•

Die psychotherapeutische Literatur gibt überraschend wenig Aufschluß über den zentralen Vorgang des Verstehens. In den großen Lexika der Psychoanalyse findet sich das Stichwort Verstehen nicht. Es muß eine allgemeine Übereinkunft bestanden haben, Verstehen sei ohne jede Frage ein so wichtiges Element und Ziel der Therapie, daß dies nicht eigens hergeleitet und begründet werden muß. Erst als dieser Konsens und die Vertrautheit zerbrachen, erst als neue therapeutische Methoden Platz beanspruchten, in denen Verstehen ausdrücklich kein therapeutisches Agens war, wurde es nötig, auf das Verstehen hinzuweisen, es zu betonen und aus dem Vertrauten herauszulösen. Indem es nicht mehr zu den Selbstverständlichkeiten gerechnet und eigens abgegrenzt wird, kann seine Bedeutung schärfer erfaßt werden.

Dennoch würde der Versuch, ein so außerordentlich komplexes gedankliches Gebilde wie Verstehen lexikalisch zu erfassen, wohl zu einem Mißerfolg führen. So konnte Freud ohne weiteres über die Struktur des seelischen Apparats und die seelische Organisation schreiben, ohne sich zuvor auf eine Definition der Seele festgelegt zu haben, die er dann etwa gegen andere Seelenbegriffe hätte verteidigen müssen. Allerdings fehlt in neueren wichtigen Arbeiten über Psychoanalyse (z.B. Kohut 1977) der Ansatz zu einer begriffsbildenden Bemühung um das Verstehen. Heißt das, daß dort noch auf die Übereinstimmung unter Verständigen gesetzt wird?

Therapeuten bewegen sich hier nicht auf völlig unbekanntem Territorium. Die geisteswissenschaftliche Tradition, die unter dem Stichwort verstehende Psychologie eine Reihe von Autoren wie Dilthey, Simmel, Gruhle und Jaspers aufzuweisen hat, ist darauf ausgerichtet, das im Gewohnten unsichtbar Gewordene des Verstehens zu begrifflicher Schärfe zu bringen. Weiter von therapeutischem Handeln entfernt, es aber unbeabsichtigt mitbedingend, sind Arbeiten der Sprachphilosophie (z.B. Holenstein (1980) *Von der Hintergehbarkeit der Sprache*), die sich dem Verstehen vom erkenntnistheoretischen Aspekt her nähern. So sind Bereiche der Linguistik, Semiotik, Hermeneutik (z.B. Lorenzer (1973, 1974)) u.a. wichtig für Überlegungen zu der Frage, auf welche Weise Verstehbarkeit überhaupt vorhanden ist und wie sie unter Menschen erzeugt wird. Ähnliches gilt für die grundlegenden gesellschaftsphilosophischen Arbeiten, die das Erklären dem Verstehen gegenüberstellen und darin eine lange Tradition bis zu den aktuellen Auseinandersetzungen in den Habermas-Lumann-Diskussionen und den Arbeiten von Apel gefunden haben. Es ist beklagenswert, daß die Psychotherapie keinen Anschluß an diese philosophisch-gesellschaftliche Dimension der Grundannahmen des Verstehens gefunden hat. Ihr Hinweis, therapeutisches Denken ereigne sich in einer konkreten Situation und könne nicht auch noch grundsätzlich reflektieren, wie man die Themen der Welt verstehe, das Denken verstehe, das Verstehen verstehe, ist aufrichtig, läßt aber eine vorhandene Erkenntnisquelle unberücksichtigt. Es fehlt eine verbindende Praxis von Therapie und Philosophie.

So bleibt zunächst nur der therapienähere Zugriff auf die Annahmen der verstehenden Psychologie. Das Verstehen eines anderen, das Erkennen von Fremdpsychischem, darüber besteht Übereinstimmung, setzt eine besondere Leistung des Verstehenden voraus. Als Ausgangsformulierung dient die These Simmels: „Alles Verstehen ist eine Hineinverlegung selbsterlebter Innenereignisse". Das entscheidende Gewicht und der Ausgang der Kontroverse liegen auf der Bedeutung des Selbsterlebten: Wird das Psychische eines anderen Menschen tatsächlich erlebt, als vorübergehend eigenes Erleben empfunden oder als Vorstellung, die ein gedankliches Element darstellt? Ist dies vorgestellte Fremde ein Teil des Selbst oder wird es als eine gedankliche Figur belassen? Bin ich der Andere oder stelle ich mir nur vor, ich wäre der Andere? Einmal bin ich eine imaginäre Sekunde lang im Verstehen in dem Anderen, mit ihm untrennbar verschmolzen, in ihn verwandelt – im anderen Fall bleibe ich draußen, sehe für ihn, erlebe für ihn, bin für ihn, doch in jedem Augenblick von ihm getrennt.

Die therapeutische Konsequenz ist beachtlich: Wenn ich im Verstehen der Andere bin, so kann Verstehen nie falsch sein. Stelle ich ihn mir nur vor, so kann die Vorstellung falsch sein, es entsteht die Möglichkeit des Irrtums.

Dieses Problem bleibt ungelöst, aber ein verbindender Gedanke entschärft es. Dem Einfühlen, dem sich Hineinverlegen in den Anderen fügt sich ein Element an, das anderen Ursprungs, jedoch nicht von ihm abtrennbar ist. Es sind die Erfahrungen des Therapeuten. Sie führen ein gedankliches Element von Vorverständnis, Erwartungen, Vorurteilen mit ein – freilich damit auch die Chance des Irrtums. Der Einfühlende läßt im Augenblick dieses Zustands nicht etwa seinen Gedankenbereich fallen oder außer acht, sondern tritt mit ihm als sein Gesamt in den Prozeß des Verstehens ein. Erst durch das Zusammentreffen von einfühlendem Verstehen und der Erfahrung kann eine Überprüfung stattfinden, als deren Folge Erkenntnis sichtbar wird.

Die eingebrachte Erfahrung ist nun wiederum nicht objektiver Natur, sie ist an die Person des Therapeuten gebunden und durch sie begrenzt. Da sie nachweislich aus vielen, neben logisch-sachlichen auch emotionalen, irrationalen, szenischen Elementen besteht, nennt Jaspers diese Erfahrung, die untrennbar im Verstehensprozeß enthalten ist, die „verstehende Phantasie". Indem sie sich mit den Wörtern des Patienten, die eine sich auf Verstehen ausrichtende Phantasie darstellen, verbindet, geschieht das beidseitige, oft gleichzeitige Ereignis entweder des Verstehens oder der Erfahrung einer Trennung: Ich verstehe nicht. Das Ereignis des Verstehens ist der Abschluß der Verstehensbemühung, danach kann eine nächste Erkundung des psychischen Territoriums beginnen. Im Nichtverstehen wird eine Zurückverweisung signalisiert mit der Forderung, an einem bestimmten Punkt mit einem neuen Verstehensversuch anzusetzen.

Begriffe wie Empathie, verstehende Einfühlung, verstehende Phantasie, szenisches Verstehen, sind in diesem Sinne als Synonyme von Verstehen zu betrachten, die sich jeweils auf das Erkennen von Innenereignissen bei einem Anderen beziehen. Mitleiden, die Sympathie, erscheint als eine engere Ausrichtung der verstehenden Einfühlung, und zwar in dem Gefühlsbereich Leiden. So unerläßlich dieser Bereich für die psychotherapeutische Begegnung ist, stellt er doch nur einen Ausschnitt aus dem Verstehensbereich dar, der sich umfassender zeigen muß, da er das Bedingungsfeld des entstandenen Leidens einzubeziehen hat. An dieser Stelle erweist sich Verstehen als ein in sich gegliederter andauernder Prozeß, der alle erfaßbare Rationalität, also alle Erklärungen einzuschließen hat, sie verwendet, ihnen aber als Erkenntnismittel übergeordnet bleibt.

Einem solchen Verstehensbegriff fühlen sich alle tiefenpsychologischen, psychoanalytischen und humanistischen Psychotherapien verpflichtet.

•

In der Umgangssprache sowie im klassisch-psychiatrischen Bereich wird Verstehen nicht selten als Erklären verstanden, das ohne Bezug auf einfühlendes Verstehen gedacht wird. Die Frage: „Wenn du in die offene Flamme greifst, verbrennst du dich. Hast du das verstanden?“ zielt nicht auf Ereignisse, die in der Erlebenswelt des Fragestellers vorhanden sind, sondern auf ein überprüfbares Ereignis der Außenwelt. Es ist eine Information über den naturwissenschaftlich erfaßbaren Ablauf der Welt. Verwendet der Therapeut den Begriff einmal in diesem umgangssprachlichen Sinne, ein andermal im Sinne der verstehenden Einfühlung, so wird der Patient kaum Fähigkeiten entwickeln, sich und den Therapeuten im Sinne von empathischer Bemühung besser zu verstehen.

Ein Therapeut, der von einem Patienten hört, er werde von Strahlen bedroht, deren Art und Intensität von ihm genau beschrieben werden, kann diese Phänomene einem bestimmten Erkrankungstyp zuordnen. Er kennt ähnlich strukturierte Patienten und verfügt über das zugehörige Fachwissen. Wenn er nun antwortet: „Ich kann das gut verstehen“, so kann er das allenfalls als einen Erklärungszusammenhang für sich selbst äußern, in dem Sinne: „Ich verstehe mich, die Diagnosen und die Psychiatrie“ – aber diese Erklärung ist für den Patienten ohne Nutzen. Gäbe der Therapeut dabei vor, er würde die Äußerungen des Patienten über die Strahlen als selbsterlebtes Innenereignis empfinden, spräche er die Unwahrheit. Er hat die Strahlen nicht an sich gespürt. Im Sinne des einfühlenden Verstehens müßte er daher erklären, er verstehe diese Bedrohung nicht. Er kann es dabei belassen, sich jedoch auf die Suche nach einem Verstehensweg begeben, etwa derart, daß er sich einfühlend der Beängstigung des Patienten zu nähern versucht, er sich fragt, welche sonstigen unerklärlichen und bedrohlichen Ereignisse im Leben des Patienten vorliegen könnten. Auf dieser Suche kann er sich in die innere Bereitschaft versetzen, eigene bedrohliche und unerklärliche Lebenssituationen bei sich auftauchen zu lassen, um aus dem so entstandenen Zustand des Verstehens dann mit dem Patienten zu sprechen. Gelingt dies, so wird sich der Patient erleichtert fühlen. Er spürt, jemand ist auf dem Weg, ihn zu verstehen, auch wenn dabei das Thema der bedrohenden Strahlen selbst noch nicht angesprochen wird.

Wenn der Patient erleben kann, daß er sich einfühlend verstanden fühlt, tritt bei ihm eine Zustandsänderung seiner Gefühle ein, er ist nicht mehr allein wie vor dem Gespräch, sein Ich weniger bedroht, und er ist daher in der Lage, weitere Einzelheiten aus dem Umfeld seiner Problematik auszusprechen.

Der Therapeut hat sich durch Einfühlung in die Lage versetzt, dem Patienten nahe zu sein und kann daher seine weiteren Gedanken über bedrohliche und unerklärliche Geschehnisse sensibler, persönlicher weiterführen. Ohne dieses einfühlende Verstehen kann der Therapeut zwar aus seiner Erfahrung, gewissermaßen lexikalisch, die zugehörigen Beschwerden, Ängste und Realereignisse abfragen, er wird auch entsprechend seiner Vorerfahrung für ihn erklärbare Antworten bekommen, es wächst daraus jedoch keine gemeinsam erlebte Grundlage des Verstehens, keine hilfreiche therapeutische Situation.

•

Verstehen taucht überraschend auch in einem Bereich auf, wo es nicht nur nicht vermutet, sondern sogar begrifflich und ausdrücklich ausgeklammert schien, in der Verhaltenstherapie: Da sie auf der korrekten Anwendung präzisierter Behandlungsverfahren aufgrund experimenteller Befunde entwickelt wurde, wobei das Thema der Beziehung als nicht in ihrer wissenschaftlichen Blickrichtung liegend ausgeschlossen blieb, wundert es nicht, daß auch in den zahlreichen neueren Arbeiten der Begriff Verstehen als Element der therapeutischen Beziehung überhaupt nicht erwähnt wird. Dennoch nähert sich auch die Verhaltenstherapie durch Einführung mentaler Konzepte, die Fiedler (1979) „Wiederentdeckung des denkenden und fühlenden Menschen“ nennt, einer beziehungspsychologischen Betrachtung. Erfahrungen aus den humanistischen Therapien werden durchaus integrativ verwendet, etwa in der Formulierung desselben Autors: „Eine im therapeutischen Sinn ‚positive‘ Beziehung kann definiert werden als ein Miteinander von Therapeut und Klient, das sich durch wechselseitige Offenheit, wechselseitige Unterstützung und wechselseitiges Vertrauen auszeichnet“. Die dreimalige Betonung des Wortes wechselseitig zeigt deutlich, in welche Richtung diese Überlegungen drängen.

Auch die Praxis der Verhaltenstherapie bringt einigen Aufschluß. Wird sie nicht an universitären Einrichtungen erdacht und erprobt, sondern im klinischen Raum und in der therapeutischen Praxis angewendet, ist eine extrem wichtige Vorentscheidung getroffen, nämlich, daß der Erkrankte sich als Patient und nicht etwa als eine mehr oder weniger gesunde Versuchsperson versteht. Damit entsteht eine Arbeitssituation, in der Aufmerksamkeit und Verständnis unverzichtbar werden, sofern man das medizinisch formulierte Ziel Heilung oder Linderung anstrebt. Selbst dort, wo sich Verhaltenstherapie auf Bestrafungs- oder aversive Techniken bezieht, in der Regel bei Programmen zum Ablernen von sozial unerwünschtem Verhalten (Alkohol, Rauchen, Drogenabhängigkeit, sexuelle Perversion, auch Verhaltensumpolung bei Homosexualität) gibt es heimliche Beziehungen zwischen den Programmgebern und den Empfängern. Sicher wird dieser Patient Phantasien haben etwa „Meint es der Therapeut gut mit mir?“ und damit ein einfühlendes Verstehen in seinen Therapeuten suchen. Wahrscheinlich gilt dies auch für seinen programmierenden Therapeuten. Jedes hilfreiche Klima – und dieses muß bei allen Verhaltenstherapien gegeben sein, wenn Aussicht auf Erfolg bestehen soll – ist ohne wechselseitiges einfühlendes Verstehen kaum vorstellbar. Insofern sollen keine falschen Fronten unter Therapeuten aufgebaut werden. So sehr sich Therapeuten durch Herausstellung und Genauigkeit des Begriffes Verstehen unterscheiden, verwenden sie ihn gleichwohl als Grundlage ihrer Arbeit.

•

Die Schwierigkeiten, die mit der Frage „Was heißt und ist Verstehen?" auftauchen, dürften zum größten Teil bereits in ihrer sprachlichen Form zu suchen sein, die in die Philosophie verweist. Soll dieser Weg nicht beschritten, sondern das Verstehen in der Psychotherapie direkt betrachtet werden, ist es notwendig, den Begriff Verstehen aus einer abstrakten Substantivierung herauszunehmen und ihn in die konkretere Verbform zurückzuführen. Dabei wird er aus einer übergewichtigen, purifizierten und erstarrten substantivischen Verkleidung befreit und als Zeit- und Tätigkeitswort in dessen lebendigeren, bewegten Kontext gebracht. Der Ort des Verstehens, die Subjekte und Objekte, die Bewegung im Raum und in der Zeit kommen auf ein Ziel zu, erlangen wieder Geltung: „Jetzt verstehe ich, was Sie mir über Ihre Gefühle sagten".

Am Ort der Psychotherapie, in der jeweiligen therapeutischen Situation, in der Zeit dieser konkreten Therapie soll verstanden werden, was zwischen den Beteiligten an Wörtern, Gedanken, Gefühlen, Reaktionen entsteht. So ist das Geschehen bereits um eine Dimension erweitert, da hier ein Subjekt nicht ein Objekt, ein Natur- oder Kunstprodukt, ein Phänomen oder eine Struktur verstehen will, das nicht selbst verstehen kann, sondern es treffen zwei zum Verstehen fähige Subjekte aufeinander, die sich schon immer verstehend in ihrer Welt bewegten. Dabei ist offen, ob sie auch bereit sind, sich zu verstehen, wenn auch davon auszugehen ist, daß sie die Hoffnung haben, daß Sichverstehen ein heilsamer, zu wünschender Weg sei. Damit wird deutlich, daß es kein Verstehen an sich, keinen Verstehensprozeß gibt, der unabhängig ist von denen, die verstehen und von dem, was verstanden werden soll.

Verstehen in der Psychotherapie ist also kein objektbezogenes Verstehen, sondern vollzieht sich subjektbezogen in Gegenseitigkeit, wobei sich die Verstehenden und das, was verstanden wird, eben durch das Bemühen um Verständigung verändern. Als veränderndes, eingreifendes Verstehen ist es eine dynamische, gestaltende Bewegung im Gegensatz zum dinghaften Erklären, das alles so beläßt, wie es ist. Zudem wird das, was in der therapeutischen Situation geäußert wird, schon immer daraufhin gezeigt, daß es verstanden werden soll, es ist bezogen auf den anderen als Verstehenden, während die Buchstaben des Gedichts, das Gewitter, das Salzkristall unberührt davon bleiben, ob sie verstanden werden oder nicht, da es ihnen aufs Verstandenwerden nicht ankommen kann. Sie existieren unabhängig davon. Menschliche Existenz ist auf Verstehen angewiesen.

Heißt Verstehen in der therapeutischen Situation immer Sich-verstehen als Aufeinanderbezogenes, so wird damit deutlich, daß ein Sich-in-Beziehung-Setzen die Perspektive zum Verstehen eröffnet und ermöglicht. Dieses Setzen ist der willentliche Akt, eine Beziehung zuzulassen und aufrechtzuerhalten - sowohl vom Therapeuten wie vom Patienten. Störungen des Verstehens sind dann Momente, wo dies nicht gelingt, nicht mehr gelingt oder wo eine Beziehung zusammenbricht. Solchen Momenten in der therapeutischen Beziehung nachzugehen ist dann die Hauptaufgabe, führt sie doch darüber hinaus zu den Stellen in den Beziehungen des Patienten und des Therapeuten, wo jene Störungen zuerst auftraten, weil etwas nicht verstanden wurde. Denn alles, was es bei einem Patienten und Therapeuten zu verstehen gibt, ist in Beziehungen mit anderen Menschen entstanden, in den geglückten oder gescheiterten Erlebnissen des Verstehens. Insofern sind auch Momente des Nichtverstehens zwischen Therapeut und Patient als Symptome dieser Beziehung zu betrachten, an denen entlang sich die Therapie entwickelt. Der Wunsch, daß diese Beziehung störungsfrei bleiben sollte, kann sich bei Menschen, die gerade wegen Beziehungsstörungen in die Therapie kommen, nicht erfüllen. Zudem werden diese Störungen von Patienten oft nicht verstanden als etwas, an dem sie selbst beteiligt sind, vielmehr begreifen sie sich selbst als Opfer der Verständnislosigkeit anderer. Um so mehr verlangen sie vom Therapeuten, daß er sie ganz und gar verstehen, sie in ihrer Sicht der Beziehung bestätigen soll. Hier warten auf sie bereits die ersten Enttäuschungen, die leicht als Mißlingen des Verstehens ausgelegt werden, wenn sich der Therapeut nicht voll in die Patientengeschichte einbeziehen läßt.

Therapeutisches Schreiben bezieht sich daher auf die konkreten Erfahrungen der Therapie, und es ist der Arbeitsaufgabe gemäß, *in* ihr zu denken und nicht in das allgemeine Philosophieren abzugleiten oder aufzusteigen. Darin liegt keine unbedachte Vermeidung, sondern eine berufsnotwendige Begrenzung.

Hinweise zur Literatur

Einige der folgenden Beiträge wurden oben bereits angesprochen: Heigl (1966) *Was ist wirksam in der psychoanalytischen Therapie?* – Zu den Abwehrmechanismen vgl. Freud A (1980) *Das Ich und die Abwehrmechanismen.* – Klein, M (1968 ff.) *The Writings of Melanie Klein.* – Rogers ([2]1972) *Die klient-bezogene Psychotherapie.* – Laplanche u. Pontalis (1972) *Das Vokabular der Psychoanalyse* (s. Stichwort Abwehrmechanismen).

Zum Problem der Multimethodentherapeuten vgl. Garfield (1982) *Psychotherapie. Ein eklektischer Ansatz.* – Kind (1982) *Psychotherapie und Psychotherapeuten.* – Singer (1978) *Phantasie und Tagtraum: Imaginative Methoden in der Psychotherapie.* – Yalom u. Elkin (1975) *Chronik einer Therapie. Die Geschichte einer Heilung*, die in ihrem Buch ein literarisiertes Portrait medizinischer Therapieverhältnisse bieten (S. 16).

Verstehende Psychologie wird abgehandelt von Autoren wie Dilthey (1924) *Gesammelte Schriften*, Simmel (1918) *Vom Wesen des historischen Verstehens* (S. 143), Gruhl (1948) *Verstehende Psychologie*, Jaspers ([9]1973) *Allgemeine Psychopathologie.*

Für den Bereich der Psychoanalyse vgl. Hartmann (1972) *Verstehen und Erklären.* Einen Überblick über neuere Arbeiten geben Balmer (1976) *Objektive Psychologie – verstehende Psychologie* und Graumann (1976) *Das Verstehen. Versuch einer historisch-kritischen Einleitung in die Phänomenologie des Verstehens.*

Wie die Auseinandersetzungen der linguistischen Schulen um das Verstehen geführt werden, läßt sich gut nachlesen bei Holenstein (1976) *Linguistik, Semiotik, Hermeneutik* sowie Holenstein (1980) *Von der Hintergehbarkeit der Sprache.*

Zum Thema der mentalen Vorgänge in der Verhaltenstherapie vgl. Fiedler (1979) *Diagnostische und therapeutische Verwertbarkeit kognitiver Verhaltensanteile.*

Eine weitere philosophisch-therapeutische Sichtweise vermittelt Lorenzer mit seinem tiefenhermeneutischen Ansatz über das szenische Verstehen in (1973) *Sprachzerstörung und Rekonstruktion* und (1974) *Die Wahrheit der psychoanalytischen Erkenntnis.* - Umfassend dazu: Gadamer (^{3}1972) *Wahrheit und Methode.*

Erleben

Erleben und Verstehen sind verwandte Begriffe. Immer ist Einfühlung mit dem Ziel des Verstehens in einen konkreten Lebensvorgang zwischen Menschen ein psychisches Ereignis, welches Erleben bedeutet. Ohne gesteigerte Wahrnehmung für das psychische Selbst eines anderen, ohne die Verknüpfung mit dem eigenen Selbst und den Rückbezug und den Vergleich mit eigenen Erfahrungen, läßt sich kein fremdes Leben erfassen.

In jeder Therapie wird erlebt. Der Begriff würde nur dann abgrenzbare Elemente enthalten, wenn in verschiedenen Therapieformen verschieden erlebt würde, es so etwas wie ein therapieeigentümliches Erleben gäbe.

In der Verhaltenstherapie wäre als Minimum das wahrnehmbare Nachlassen der Symptome einzusetzen, in der Gesprächstherapie das sich vergrößernde Selbst. In der analytischen Psychotherapie ist jeder Schritt der Entdekkung von Unbewußtem ein Erlebnis. Umgekehrt kann jede Therapiesitzung unabhängig von ihrer Methode so geartet sein, daß sie als zu kalt, zu mechanistisch, zu leer empfunden wird. Dann würde ein Beobachter behaupten können, darin seien zu wenig Erlebenselemente zu beobachten. Er unterliegt jedoch dann dem allzu gängigen Vorurteil, nur Wärme, Lebendigkeit und Fülle wären der Stoff des Erlebens.

Abgrenzungskriterien innerhalb des Begriffs Erleben entstanden in der Psychotherapie erst dadurch, daß eine Gruppe von therapeutischen Methoden, zusammengefaßt als humanistische Therapien, den Erlebensaspekt als besonderes und eigenes Kriterium ihrer Therapien betonten und sich dadurch von analytischer Therapie, die mit dem Begriff Einsicht arbeitet, abzusetzen versuchten. Während Verstehen immer einen Rückbezug auf bereits Vorhandenes, zum Teil Ungeklärtes, Rätselhaftes hat und damit notwendigerweise auch immer die zurückgerichtete Erkenntnis in der Form „Wie ist das geschehen? Wie hat sich das entwickelt?“ und damit die biographische Dimension anspricht, scheint Erleben die Einheit eines Menschen aus der Gegenwart und in der Gegenwart anzugehen, anzufassen, neu zu beleben. Die überspitzte Formulierung des therapeutisch Hilfreichen lautete dann: „Alles, was Du tun mußt, ist fühlen".

Die mit dieser Aufforderung erlaubte Entfernung von der Vergangenheit, das Aufgeben und Untergehen der persönlichen Biographie eines Menschen für die augenblickliche Lebensszene, brachte eine große Welle therapeutischer Begeisterung und Aktivität hervor. So wurden diese methodisch sehr verschiedenen Therapien auch unter dem Terminus Erlebenstherapien zusammengefaßt. Erst damit war eine künstliche Trennung zwischen Verstehen und Erleben, eine begriffliche Konfliktsituation geschaffen. Gibt es denn ein Erleben pur, das in der Gegenwart und aus sich selbst heraus hilft? Oder muß es vom Verstehen begleitet werden und letztlich durch Erinnern, Durchfühlen, Durchdenken noch einmal aufgenommen und bewußt gemacht werden? Aus meditativ-philosophischen Kreisen wird überzeugend berichtet, es gäbe das reine Erleben. Es sei das wortlose Überwältigtwerden von Erkenntnis in der Gegenwart, die ohne Zeit- und ohne Verstehensarbeit geschieht. Eine solche Erfahrung ist im Alltag von Psychotherapien nicht erreichbar.

Alle Veranstaltungen, die einen Rahmen bieten, in denen das Konstrukt Erleben besonders herausgehoben und betont wird, können in mehr oder weniger deutlicher Ausgestaltung als Therapien angeboten werden und als Konkurrenten auf dem Markt auftreten. Das gilt für die nichtdirektive Therapie von Rogers, für Gestalttherapie nach ihrer Ablösung von psychoanalytischen Konzepten durch Perls, für die biofunktionalen Therapien, die Primärtherapie, für mystische und transzendentale Ansätze, Urschreitherapie, direkte Entscheidungstherapien sowie Rolfing (eine Technik der Tiefenmassage) und strukturelle Integration – um nur die bekanntesten Formen zu nennen. Gesteuert von dem neuen Dogma Erleben wurden nun die klassischen Settings, die Zweierbeziehung Therapie–Patient und die Zeiteinteilung nach Therapiestunden aufgegeben, so daß ein buntes Veranstaltungsangebot von Workshops, Marathons, Wochenendveranstaltungen, Klein- und Großgruppenarbeit bis hin zu Lebensgemeinschaften entwickelt wurde. Es entstanden Therapiezentren und Therapiedörfer. An allen diesen Orten werden Lebensereignisse geschaffen, in denen sich Erleben ausbreite, das gegen Leiden, Isolierung und Diskriminierung neuen Lebensmut und Zuversicht setze. Nüchtern nennt Singer dies „eine komplexe Mischung neuer Sozialisationsformen, von Selbsthilfe und Partyspielen".

•

Dabei weist eine Überschrift aller Erlebenstherapien, nämlich die, eine humanistische Bewegung („human potential movement") zu sein, darauf hin, daß zwar andere Therapien nicht im wörtlichen Gegensinn unhumanistisch seien, daß hier jedoch ein allgemeines und übergeordnetes Kriterium gefunden sei, von dem her (sozusagen von einem höheren Niveau aus) die Bezeichnung humanistisch besonders gerechtfertigt erscheint: Sie soll Besinnung auf philosophische Traditionen des europäischen Idealismus, der Existentialphilosophie im weitesten Sinne, erwecken, unter Einbeziehung tradierten fernöstlichen Gedankengutes aus Indien, China und Japan. Gleichzeitig werden jene Überlieferungen christlicher Überzeugungen wieder aufgenommen, die sich nicht im engeren Sinne als Offenbarung im Kräftefeld Sünde–Erlösung verstehen, sondern Anschluß an die humanistische Tradition gefunden haben sollen. Schließlich wird bei der Gestaltung von Psychotherapien auf Gemeinschaftsformen zurückgeriffen, die im europäischen und außereuropäischen Klosterwesen seit mehreren tausend Jahren bekannt sind. Es ist nicht zweifelsfrei, ob manche Therapieentwicklungen in den USA sich nicht nachträglich eine humanistische Fundierung gegeben haben und ob nicht auch hier das große Wort humanistisch allzu lässig als angestecktes Namensschild verwendet wird.

Dieser übermächtige Hintergrund führt in der Präsentation der Erlebenstherapien zu kaum lösbaren Verwicklungen: Es ist unmöglich, eine einheitliche und umfassende Theorie vorzulegen, da diese geistesgeschichtlichen Zusammenhänge in sich komplex und oft auch inhaltlich nicht ohne weiteres vereinbar sind. So formulieren auch Vertreter dieser Therapierichtungen wie Perls: „Gestalttherapie ist ein existentieller Ansatz. Das bedeutet, daß wir nicht nur damit beschäftigt sind, Symptome oder Charakterstrukturen zu behandeln, sondern daß wir mit der ganzen Existenz eines Menschen befaßt sind". – „Das Wichtigste von allem, was fehlen kann, ist die Mitte. Ohne Mitte geht alles nur am Rand vor sich, und es gibt keinen Ort, von dem aus man mit der Welt arbeitet, von dem aus man mit ihr zurechtkommt." Der Katalog solcher Behauptungen kann leicht erweitert werden, z. B. in Werbebroschüren, in denen es wie in Präamblen großer Verfassungen lautet: „Nach ZIST kommen Menschen, die unzufrieden sind damit, wie sie ihr Leben leben: die sich als Opfer ihrer Umwelt und von Problemen und Sachzwängen fühlen; die vor eifriger Beschäftigung mit wichtigen Sachen keine Muße finden, sich mit wesentlichen Fragen ihres Menschseins zu befassen; die täglich in lustloser Routine vielen guten Zwecken dienen, doch ihrem Leben keinen Sinn geben können. ... Sind diese Menschen krank? Nein."

Um sich den Grad der Verschiedenheit zwischen Therapie einerseits und Erlebnisangeboten andererseits, das Ausmaß der Heterogenität von Methoden und Zielen vorstellen zu können, müssen als Beispiel aus den 117 Veranstaltungen des Jahres 1980 folgende Ankündigungen zitiert werden:

- Welche Möglichkeiten gibt mir eine Gruppe, Erfahrungen mit mir selbst und mit anderen zu machen? Wie nutze ich diese Erfahrungen, um meine positiven Anteile zu verstärken und meine negativen Anteile abzubauen?
- Ich wollte Märchenprinzessin werden, Karriere machen, dazu einen Traummann haben, und, und, und... was wurde/werde ich wirklich? Wir überprüfen unsere von Gesellschaft, Eltern, Vorurteilen aufgesetzten Illusionen auf ihren Wirklichkeitswert. Was soll ich wollen, was will ich wirklich?
- Was gehst Du mich an, Nachbar? Ich möchte Nähe, ohne verlorenzugehen. Ich habe Wünsche und will Dich nicht verschlingen. Ich möchte mich durchsetzen, ohne Dich zu verletzen. Ich möchte Lieben, ohne mich gebunden zu fühlen.
- In diesem Kursus erarbeiten die Teilnehmer mit Hilfe der TZI-Methode das ihr Leben gestaltende Drehbuch. Sie können erkennen, wo das Lebensskript ihre Gedanken, Phantasien, Pläne, Handlungen und Beziehungen fördert und wo es sie schädigt. Sie können versuchen, lebensstörende Rollenanweisungen zu verändern.

Solche bis hin zur poetischen Gestaltung formulierten Einladungen (hier zu 4 Kursen) können sich in keinem Antragsformular eines Arztes auf Übernahme psychotherapeutischer Behandlung an die Gutachterinstanz finden. Schon diese sprachliche Verschiedenheit scheint einen unüberbrückbaren Gegensatz von verallgemeinerndem Miteinander gegenüber hochspezialisierter, beinahe psychotechnisch zu verstehender Psychomethodik, die zur Therapie eingesetzt wird, aufzuzeigen.

•

Der Ganzheitsanspruch der Erlebnistherapien - im Gegensatz zu den isolierten, peinlichen, oft kleinkarierten Symptomen des neurotisch bedrängten Menschen - wirkt unmittelbar und beruhigend, gibt einen warmen Vorschuß und weist suggestiv auf Sinnhaftigkeit und Entwicklung. Die Veranstalter und Therapeuten arbeiten mit einer Offerte, die sich auf den unübersehbaren geistigen Hintergrund stützt und die einzulösen sicher keine leichte Sache ist.

Inwieweit dies im Ablauf einer Veranstaltung zu illusionierender Verkennung realer Sachverhalte führt, indem man fälschlich annimmt, man könne durch einen Willensakt und einen veranstalterischen Rahmen das Draußen, in der Regel stilisiert als Konkurrenz und Isolation, zugunsten eines liebevollen kreativen Raums auflösen, kann nicht aus der Idee, sondern allein aus der Praxis erlebenstherapeutischer Techniken erschlossen werden. Mit der therapeutischen Verwertung von Humanismus und Philosophie sind optimistisch-praktikable Organisationsformen aufgetreten. Sie geben vor, die großen Handlungen: Sinn suchen, Lebenspläne entwerfen, Freiheiten und Bindungen erkennen, könnten tatsächlich in einer Wochenendveranstaltung oder auch in einer zweiwöchigen Begegnungsgruppe auf diese Weise herstellbar sein. Es wird so getan, als ob solche Veranstaltungen sogar Vorbildcharakter für die normale Lebensführung haben könnten, da eine back-home-Übung eingeschlossen ist.

Viele Veranstalter weisen darauf hin, daß sie sich nur als Initiatoren, Promotoren, Katalysatoren verstünden. Aber im Gegensatz dazu stellen sie sich als herausragende Figuren dar (bis hin zur heilighaften Figur des Guru), die offensichtlich so groß sind und von denen eine Aura ausgeht und sich auf die Teilnehmer erstreckt, daß diese wie von selbst ihre humanen Potentiale einzubringen scheinen. Dies läßt sich in der Darstellungsform eines humanen Paketes vorstellen, wobei sich die Leiter mehr mit der Entbindung dieser Pakete befassen müssen, als an einer kritischen Durchsicht der Inhalte teilzunehmen. Unter der Leitung des Veranstalters kann also jeder dort seine Entbindung vollziehen, seine Geburt. Diese suggestiv-programmierte Geburt steht, was ihren verkürzten mechanischen Ablauf betrifft, im Widerspruch zu der Bedeutung von Entwicklungen und Reifeprozessen. In der raschen Machbarkeit und Verfügbarkeit über die großen menschlichen Themen holt der Zeitgeist auch jene ein, die gegen ihn arbeiten wollen.

Dies alles zeigt sich in der Kommerzialität der Erlebenstherapien, an ihrer Sprache und ihren Versprechungen. Ungewollt haben diese Therapien Funktionen übernommen, Lebensersatz zu leisten, Wochenendüberbrückungen, eine Ent-Einsamung mit rauschhafter, kurzer Lebensübersteigerung.

Dagegen erscheint das Leben später schal und flach. Dies führt zur Notwendigkeit der Wiederholung. Die Veranstaltung wirkt als passageres Antidepressivum. Die Gefahr des Süchtigwerdens muß hingenommen werden.

Dabei ist es keinem Teilnehmer anzulasten, seine Einsamkeit an Wochenenden durch ein Gruppenerlebnis zu mildern. Wenn die persönlichen Feste fehlen, warum sich keinen Ersatz schaffen? Nur: Warum müssen die wahren Motive uneingestanden bleiben?

Die Erlebenstherapien sind nicht ohne die Mängel der klassichen Therapie entstanden. Vielleicht haben die tradierten Therapien das Erleben zu wenig beachtet, war es für sie zu sehr selbstverständlich geworden und damit untergegangen, so daß erst die Erlebenstherapien diese vergessene Seite ans Licht holen und gerade durch ihre Überbetonung sie ihnen wieder sichtbar macht. Davon können die analytischen Therapien profitieren, wenn sie den Hinweis ernst und gewichtig genug nehmen und das Erleben wieder als eigenes Thema öffentlich vertreten.

Hinweise zur Literatur

Das Erleben, stets als Basisbegriff in den humanistischen Therapien gebraucht, hat im Unterschied zur Literaturtradition des Verstehens keine eigenständige theoretische Durchdringung erfahren. Zur Information vgl. die bereits genannten Therapieführer sowie Revenstorf (1983) *Psychotherapeutische Verfahren.* – Eine umfassende Darstellung gegenwärtiger Therapieformen gibt Corsini (Hrsg) (1983) *Handbuch der Psychotherapie* mit folgender Inhaltsangabe:

Aktualisierungstherapie / Aqua-Energetik / Autogenes Training / Bioenergetik / Biofeedback / Direkte Psychoanalyse / Eidetische Psychotherapie / Entspannungsprogramm / Ermutigungstherapie / Feministische Therapie / Fixedrole-Therapie / Focusing / Funktionale Psychotherapie / Gestalttherapie / Holistische Erziehung / Hypnotherapie / Impasse-priority-Therapy / Individualpsychologie / Integrative Therapie / Integritätsgruppen / Katathymes Bilderleben / Klientenzentrierte Psychotherapie / Körpertherapie / Kognitive Verhaltenstherapie / Konfrontative Therapie / Kreative Aggression / Krisenmanagement / Kunsttherapie / Kurztherapie / Mainstreaming / Meditation / Morita-Therapie / Multimodale Therapie / Multiple Familientherapie / Musiktherapie / Mutual-need-Therapie / Naikan-Therapie / Neubewertendes Counseling / New-identity-Prozeß / Nichtdirektive Psychoanalyse / Orgontherapie / Personal-construct-Therapie / PLISSIT-Modell / Poesietherapie / Primärbeziehungstherapie / Primärtherapie / Provokative Therapie / Psychoanalyse / Psychodrama / Psychoimaginationstherapie / Psychosynthese / Radikale Psychiatrie / Radix-Gefühlserziehung / Rational-emotive Therapie / Rebirthing / Recall-Therapie / Selbstsicherheitstraining / Sexualtherapien / Social-influence-Therapie / Streßmanagement / Strukturierte Lerntherapie / Tanztherapie / Themenzentrierte Interaktion / Transaktionsanalyse / Transzendenztherapie / Triadisches Counseling / Verbale Verhaltenstherapie / Verhaltenstherapie / Vierundzwanzig-Stunden-Therapie / Z-Prozeß-Beziehungstherapie.

Perls (1974) *Gestalttherapie in Aktion.* – Singer (1978) *Phantasie und Tagtraum: Imaginative Methoden in der Psychotherapie.*

ZIST, *Zentrum für Individual und Sozialtherapie* (Jahresprogramme 1981ff.).

Grundlegend auch Wyss (^{5}1977) *Die Entwicklung der Psychoanalytischen Schulen bis zur Mitte der siebziger Jahre.*

Einsehen und Deuten

Gegenüber dem Hochgefühl, die vorhandenen, nur gehemmten „human potentials“ zu entbinden, leben die Einsichtstherapien mit dem Pessimismus der kleinen Schritte.

Alle Einsichtstherapien - und das sind die, die sich enger und entfernter um die Psychoanalyse gruppieren - setzen als Vorbedingung, daß die Störung und das Leiden, die als veränderungsbedürftig empfundene Beeinträchtigung in der Befindlichkeit, sich nicht mehr wesentlich durch selbstregulierende Initiativen, auch nicht durch Sichzusammennehmen und Weitermachen, aufheben. Neurosenpsychologisch ist dies im Begriff des Wiederholungszwangs gefaßt, gegen den nicht erfolgreich angelebt werden kann. Störungen bleiben danach oft trotz sehr veränderter Lebenssituationen bestehen, anstatt, wie es die erste Denkweise nahelegt, sich mit diesen neuen Verhältnissen zu wandeln. Oft wird der Zugang zu analytischen Therapien erst dann möglich, wenn der Patient erfahren hat, daß ihn die Erlebenstherapie zwar innerlich bewegte, die Symptomatik beeinflußte, sein Leiden jedoch nicht bezwingen konnte.

Aus therapeutischer Erfahrung läßt sich beobachten und beschreiben, wie Einsicht aussieht und was sie begleitet. Sie ist eine Erhellung des Bewußtseins durch eine neue Wahrnehmung oder ein neues Wissen. Diese Erhellung ist oft mit Erleichterung verbunden, sie kann sich bis zu absoluter Klarheit und Überzeugung steigern - im Aha-Erlebnis oder „flash“ - sie kann jedoch auch getragen sein von dem Gefühl des Schmerzes und der Trauer. Darin schwingt jedoch nicht mehr die Empfindung von Bedrückung, Unverständlichkeit oder Gefahr mit, gegen die man sich durch Handlung erneut zur Wehr setzen müßte. Immer wird etwas wie eine Eröffnung, eine Gegenwartsaufgabe erfahren. Gemeinsam ist den inhaltlich verschieden wahrgenommenen Bedeutungen eine bestimmte Wertung. Die Erfahrung bezieht sich auf das Selbstverständnis und die Selbsteinschätzung, gelangt in Bereiche des Selbst, wo widersprüchliche Gefühle Geltung haben dürfen. Es wird eine sich im Inneren ausbildende Ambiguitätstoleranz wahrnehmbar, die auch dann bestehen bleibt, wenn sie mit einer bitteren Erkenntnis zusammentrifft. Es wird etwas als richtig empfunden und akzeptiert, das diese Bitternis transzendiert, ohne auf Erkenntnis und Leben zu verzichten.

Diese inhaltlichen Beschreibungsversuche zeigen, daß Einsehen im hohen Grade Erleben ist. In diesem Sinne ist die Trennung von Erlebens- gegenüber Einsichtstherapien ihrer Substanz nach falsch. Die Abgrenzungskriterien sind sehr viel eher in dem verschiedenartigen Ablauf der Therapien, in der szenischen Gestaltung zu suchen. Einsehen ist eine spezielle Form des Erlebens.

•

So sehr es auch dem Erleben verbunden ist, steht es ihm jedoch gegenüber. Ihm kommt die Kraft zu, Gelebtes, das an verschiedenen Orten und zu verschiedenen Zeiten geschah, zu umfassen, durch das Sehen des Gemeinsamen Getrenntes zusammenzuführen. Erleben selbst kann dies nicht leisten, es kann sich darin nur wiederholen. Hier erscheint das Einsehen dem Erleben übergeordnet zu sein, es kann den roten Faden erkennen, der die Erlebnisstücke verbindet und ihnen durchgehenden Sinn verleiht. Die Einsicht in Zusammenhänge stellt den Patienten in die Kontinuität seines Lebens, die in der Punktualität seines Daseins aufgehoben ist. Sie führt zu einer Identität, die er in andauernder Therapie immer wieder in Ansätzen erfährt.

Einsehen gewinnt seine verändernde Kraft erst aus dem Durcharbeiten, aus der Dauer der therapeutischen Arbeit. Dem Wiederholungszwang tritt das wiederholende Deuten entgegen.

•

Aus der Fachliteratur sind hierüber kaum Aufschlüsse zu gewinnen. Selbst wenn - selten genug - das Stichwort Einsicht vorhanden ist, heißt dies nicht, daß eine Einsichtdiskussion geführt wird.

Einsehen scheint so sehr eine Leistung des Patienten zu sein, ist als solche so stillschweigend vorausgesetzt, daß Therapeuten den Begriff zunächst nicht weiter erarbeiteten, obwohl er zur Bezeichnung des Stils ihrer Therapien wurde. Stattdessen haben sie ihre eigene Leistung in den Vordergrund gerückt, ihr sprechendes Eingreifen in die Äußerungen des Patienten: die Deutung. In diesem aufeinander bezogenen Begriffspaar Einsicht-Deutung wird jedoch die Beziehung als übergreifendes Geschehen weitgehend ausgeklammert. Es erschien für die beurteilende Durchdringung therapeutischen Geschehens offensichtlich günstiger, die isolierten Einzelleistungen der beiden Teilnehmer begrifflich dingfest zu machen. So steht die Deutung auf seiten des Therapeuten der Einsicht auf seiten des Patienten gegenüber. Dieser Gedankengang hebt sich deutlich in einer Definition ab, die Laplanche u. Pontalis (1972) lexikalisch als Deutung in der analytischen Psychotherapie erarbeitet haben: „Aufdeckung der latenten Bedeutung der Worte und Verhaltensweisen eines Subjekts durch die analytische Untersuchung". Die erste Rückfrage an das Zitat lautet rasch: Wo ist das zweite Subjekt? Wo ist die Beziehung zwischen ihnen?

•

So selbstverständlich es erscheint, daß in der Psychotherapie gedeutet wird, ist der Blick darauf zu richten, daß Psychotherapie selbst bereits eine Deutung der Wirklichkeit ist. Diejenigen, die sich in einer psychotherapeutischen Situation befinden, Therapeut und Patient, bewegen sich in einem bestimmten Verhaltensmuster gegenüber der Realität, welche sie interpretieren. Sie haben bereits akzeptiert, daß Innerpsychisches in einer spezifischen Weise gedeutet wird, die sich grundlegend von anderen Deutungsmustern, etwa soziologischen Kriterien, unterscheidet. Patient und Therapeut haben sich bereit erklärt, diese neue Sichtweise aufzunehmen und sie als therapeutisches Instrument zu begreifen.

Psychisches wird als deutungsbedürftig und erweiterungsfähig angesehen. Ihm kommt ein Mangel an Evidenz zu, die erst zu gewinnen ist. In diese Denkfigur werden die Formen, Methoden, Beziehungen und Interaktionen von Therapie dann eingebracht und zu einer Theorie ausgestaltet. Zugleich werden damit Ränge zugewiesen: der Therapeut erhält die Rolle des Deuters, der Patient die des Gedeuteten. Die dadurch entstandene Frage nach der Macht: Wer darf wen deuten? wird in dieser Form kaum gestellt, um so häufiger insgeheim praktiziert. Will der Patient Einsicht gewinnen, so wird dies nicht ein isolierter Akt in ihm selbst sein, sondern er wird sich in seinen Einsichtsschritten selbst deuten, er wird seine Beziehung zum Therapeuten deuten und ihm diese Deutung mitteilen –, und er wird schließlich auch den Therapeuten selbst deuten. Alles dies ist notwendig, damit der therapeutische Prozeß in Bewegung bleibt und zu dem Schlußpunkt: der isolierbaren und inhaltlich beschreibbaren Einsicht führt. Der Patient nimmt diesen Schritt des Einsehens, der eng mit der Person des Therapeuten verbunden ist, schließlich aus der Beziehung heraus und erklärt ihn als seinen eigenen: „Ich habe Einsicht gewonnen".

Das zweite Subjekt, das in der Definition der Deutung vermißt wurde, (an seiner Stelle wurde die analytische Untersuchung eingesetzt), ist der Therapeut. Der therapeutische Prozeß wird erst erfaßbar in der Beziehung beider Subjekte zueinander. Die Definition ist daher unvollkommen, hat Verbundenes in Einzelbereiche isoliert und hat damit die Komplexität, in der die Heilungschance liegt, nicht angemessen berücksichtigt.

Die Vorstellung des wechselseitigen Deutens zwischen Therapeut und Patient muß jedoch ergänzt werden durch die Unterschiede, die durch die getrennten Aufgaben von Patient und Therapeut im Ablauf des Sprechens in der Therapie zu beobachten sind. Der Therapeut deutet den Patienten häufiger als der Patient den Therapeuten.

Es ist nicht auszuschließen, daß die Therapie auch dadurch produktiv wird, daß der Therapeut relativ wenig deutet, während der Patient seinen Gewinn aus seiner Deutung des Therapeuten und der aus ihr folgenden Durcharbeitung dieses Deutens zieht.

•

Der so erhellend wirkende Begriff Einsicht bleibt janusköpfig und bedrückend. In der juristischen und in einer vergleichbar pädagogischen Wortbedeutung verwendet, kann damit dem Patienten mißbräuchlich auferlegt werden: „Sie müssen doch endlich einsehen ...!"

Dieses Einsehen würde bedeuten, eine Tat zu bereuen, eine neue Tat dieser Art zu unterlassen und eine zu tun, die von einem anderen gewünscht wird. Nicht Selbstbestimmung, sondern Fremdbestimmung ist der Sinn so verstandener Einsicht. Sie wird nicht bei sich selbst gesucht, sondern von einem anderen gefordert. Der einsichtige Gefangene, der seine Resozialisation betreibt und der einsichtige Schüler oder Heiminsasse, der sich angepaßt hat, leidet jedoch oft an dem Mangel an Einsicht im Sinne von einleuchtender, selbstbestimmender Wahrnehmung.

Ist deshalb vielleicht der Widerstand gegen Einsicht so stark, weil das, was durch Einsicht in den Blick kommt, stets als etwas Schuldhaftes – anderen oder dem eigenen Leben gegenüber – befürchtet wird? Die Einsichtsnötigung als Mittel der Schuldzuweisung kann den Widerstand gegen Einsicht als Erkenntnismittel lebenslang fixieren. Das „Du muß einsehen" bringt ein: „Ich will nicht einsehen!" hervor. Diese Machtausübung bringt Menschen um ihre Erkenntnisfähigkeit und kann sie damit in ihrer gesamten Entwicklung dauerhaft einschränken. Gerät Therapie dogmatisch in diesen Bereich der Nötigung, so wiederholt sie selbst für den Patienten die Versperrung des Weges, den sie öffnen sollte: von der erzwungenen Selbsterkenntnis zum freien Einsehen in die Bedingtheiten der eigenen Person zu kommen. An dieser Stelle gewinnen Erlaubnistherapien, die verkünden: „Du mußt nicht ... du darfst" mit schneller Schuldentlastung ihr kurzlebiges Recht, das zum Unrecht an dem Patienten erst dadurch wird, daß es den langsamen Weg zur Einsicht ebenfalls für immer verbaut.

So schwer Einsichten zu gewinnen sind, verfallen sie rasch, wenn man sie festlegen will. Zu Rezepten geworden nützen sie nichts mehr. Als Formeln verhindern sie weitere Einsichten. Werden sie aus der Zeit, in der sie gewonnen wurden, in eine neue Situation übertragen, wirken sie anachronistisch. Zur Wiederverwendung ungeeignet, müssen sie stets von Neuem gesucht werden.

Einsichten leben als Transitorisches und erreichen in der Hervorbringung ihren therapeutischen Wert. Einsichten haben wenig damit zu tun, dem Patienten Lebensweisheiten anzubieten, die aus dem therapeutischen Schatz, der in langen Berufsjahren angehäuft wurde, hervorgeholt werden. Predigen und Konsumieren von Einsichten unterbindet deren Entwicklung. Aufgabe bleibt, Verfestigtes zu verflüssigen, Eingefangenes frei zu setzen, Zerstreutes zu binden.

Der Therapeut des Einsehens greift nicht ins volle Leben des Patienten, lebt nicht mit ihm im Sinne von gemeinsam geteilten, handlungsbezogenen Lebensszenen. Wenn er aber davon ausgeht, daß in der Entfernung zwischen Couch und Sessel auch alles das zu fühlen, zu erkennen und aufzunehmen ist, was das Leben des Patienten nachhaltig bessern kann, ist er dann trotz seiner kargen Ausstattung nicht doch der Optimistische und Lebenssichere, der sich nicht getrieben fühlt, seine ganze Existenz im Mitleben aufbringen zu müssen?

Hinweise zur Literatur

Deuten und Einsehen als zentrales Begriffspaar der analytischen Therapie wird erklärend und anwendungsbezogen in den Lehrbüchern der Psychoanalyse in den entsprechenden Kapiteln gewürdigt. Dabei werden Vorbereitung, Arten der Deutung, Zeitpunkt, Häufigkeit, Indikation und Kontraindikation herausgestellt. Das Buch von Sandler et al. (1973) *Die Grundbegriffe der psychoanalytischen Therapie* gibt eine Übersicht und vermittelt den Stand der Diskussion.

Zur Metapsychologie des Deutens vgl. Ricoeur (1974) *Die Interpretation.* – Eissler (1954) *The effect of the structure of the ego on psychoanalytic technique.* – Loch (1966) *Über einige allgemeine Strukturmerkmale und Funktionen psychoanalytischer Deutungen.*

In Beziehung sein

Heilung durch Beziehung ist ein ebenso ehrwürdiger wie schillernder Grundbegriff. Einige klassische Umschreibungen lauten: Beziehung ist Begegnung.

Beziehung ist die Partnerschaft zwischen Therapeut und Patient. Beziehung schafft das ontologische Wir. Therapeut und Patient heilen einander in der Beziehung. Mehrdeutig spricht Balint vom Arzt als Droge.

Sozialarbeit und Sozialpädagogik stellen, sofern sie sich therapeutischen Zielen widmen, den durch den Zusatz „helfend" präzisierten Begriff Beziehung in den Mittelpunkt: die helfende Beziehung. Die Soziologie hat „helfende Berufe" ins Leben gerufen: Selbst dort, wo in der Eingrenzung der Therapie als pragmatisch-vertragsrechtliches Arbeitsbündnis alle philosophischen Grundlagen entbehrlich scheinen, wird bei der Planung der Therapie sorgfältig darauf geachtet, daß sich eine Beziehung entwickelt. So entstehen je nach therapeutischer Schule verschiedene Definitionen, die im Rahmen der tiefenpsychologischen Ausrichtungen ihr Gemeinsames darin haben, daß sie sich als Beziehungstherapien ansprechen lassen. Was auch immer in ihnen geschieht, ein wesentliches Agens, ein Medium, innerhalb dessen Therapie entsteht und aufrecht erhalten wird, ist die therapeutische Beziehung.

•

Einer, der nach diesen Maßgaben zu therapieren beginnen will, hört bereits im Vorfeld widersprüchliche Meinungen, die er im inneren Monolog reproduziert: „Du sollst Dich für Deinen Patienten interessieren, aber Du sollst kein persönliches Interesse an ihm haben. Ohne tiefreichende, persönliche Zuwendung zu Deinem Patienten kannst Du ihn nicht heilen, aber Du sollst fachlich und sachlich interessiert sein, am Fall, nicht an der Person". Wie fühlt sich der Patient, dem der Therapeut im ersten Gespräch versichert: „Ich bin nicht an Ihnen, sondern an Ihrem Symptom interessiert?" Versteht der Patient sich mit einem eng umrissenen Schaden und seinen Arzt als den dafür zuständigen Spezialisten? Wäre dies der Fall, wie z. B. beim Hinterwandinfarkt, entspräche das Fachwissen den Symptomen, und eine Beziehung wäre unnötig. Wenn sein Symptom hingegen so fließend und unlokalisierbar ist wie etwa die Angst, so müßte der Patient sich bedenklich aufspalten, in den gesunden Menschen und den Symptom- bzw. Angstträger. Dann könnte der Therapeut zu ihm sagen: „Ich bin der Fachmann für die Symptome, nicht für Sie, den Menschen".

•

Beziehung ist zunächst ein neutraler Begriff. Er gibt eine Kraft an, die zieht, ist aber ergänzungsbedürftig, weil er nicht angibt, wer wohin mit welchen Kräften zieht. Beziehung bestimmt ein Verhältnis zwischen den Menschen, suggeriert Vereinigung und Trennung zugleich. Ist die Beziehung nur das Dazwischen, der Raum zwischen Patient und Therpeut oder reicht sie auch hinter die beiden einzelnen, schließt sie sie in einen einzigen Raum ein?

Wird Beziehung an diesem Zwischen gemessen, oder fließen die beiden sich Beziehenden in die Beurteilung ein? Sind ihre Individualitäten – durch die Beziehung gesehen – noch kenntlich, verwischt oder gar zu einer neuen Einheit verwandelt?

Es verhält sich mit der Beziehung wie mit der Einsicht. In ihr steckt das Rätsel des Lebendigen: sie entsteht, kommt, wird aufgenommen, hat ihre große Stunde, verändert sich, taucht wieder auf, verflacht, verebbt. Der bedrückte Patient sagt: „Es läuft nichts". Er erklärt damit, sein Leben bewege sich nicht. Der Patient, der wegen Beziehungsschwierigkeiten kommt, erklärt, daß er mit dem Tempo und der Qualität seiner Lebendigkeit unglücklich ist. Versucht der Therapeut, wie es nicht selten zu hören ist, eine Diagnose der Beziehung herzustellen, indem er die Beziehung anhält, um sie zu klären, gar abzuklären, versucht er damit eine statische Beziehungsdiagnose ohne eine mögliche Beziehungsbewegung, ist er auf einem zerstörerischen Weg. Beziehungen werden immer gelebt. Stattdessen lassen sich vorausschauend Weichen stellen oder entgleiste Situationen erkennen, sofern von dort lebendige Spuren bis in die Gegenwart reichen.

Patienten wie Therapeuten werden in der therapeutischen Situation, innerhalb der Beziehung, sich im Leben fühlen, lebendig sein, miteinander leben. Sie sind interessiert aneinander als unverwechselbare Personen, neugierig, betroffen, aufmerksam. Sie sind wechselseitig ansprechbar und ansprechend, anziehend und angezogen, so daß sie aus eigenen Stücken etwas verändern: das Fremde zum Bekannten, das Ferne zum Nahen. Sie werden auch die rückläufigen Prozesse nicht außer acht lassen, das Sichentfernen, um aus diesem Wechsel von Ferne und Nähe Lust und Erkenntnis zu gewinnen.

Der Patient lebt im Therapeuten wie der Therapeut im Patienten. Sie sind in der Therapiestunde vereinigt und werden außerhalb der Therapiestunde weiter miteinander und übereinander sprechen, phantasieren, träumen. Wie sollte auch dem Therapeuten in der Therapiestunde plötzlich und unabweisbar etwas über den Patienten einfallen, ihm zufallen, wenn er nicht vorher in seine Lebenssphäre eingedrungen ist?

Das alles ist Interesse. Es klingt wie eine abstrakte Zuwendung, fleischlos, neutralisiert, geeignet, die Neugier zu verbergen. Die semantischen Gegensätze der Wörter Interesse und Beziehung bringen jedoch vitale Kräfte zur Entfaltung. Was wäre mit Gleichgültigkeit, Unaufmerksamkeit und Langeweile, mit Unansprechbarkeit und Unaussprechbarkeit, was wäre mit Isolierung und routinemäßigem Ablauf - mit Desinteresse zu gewinnen?

Erst im Übergang vom Interesse zu den Interessen entsteht der Umschlag von Liebe zu Macht.

•

Der unfaßbare Regelgeber verschreibt dem Therapeuten, und durch ihn hindurch auch dem Patienten das wechselseitige Interesse und setzt es unter eindeutig positive Kriterien. Wertschätzung, Echtheit, ein Klima des Wohlbefindens in der Therapie, schließlich das Wohlbefinden als solches, sollen hilfespendende Kräfte sein. Wozu aber diese Sicherheitsmaßnahmen, die dann etwas festschreiben, was gerade eben als lebendig, als veränderungsbereit erklärt wurde? Sind Therapeuten nicht mehr zu ärgern oder zu verletzen, weil sie genügend analyisert sind? Führt das reine Übertragungs-Gegenübertragungs-Konzept zur Unberührbarkeit des Therapeuten? Darf ein Patient nicht damit konfrontiert werden, daß und wie er im Leben - und damit auch im Leben mit dem Therapeuten, diesen und andere verletzt?

Verletzungen mit tödlichem Ausgang sind in Therapien bekannt. Es gibt Suizide von Patienten, in denen der Therapeut der letzte Stein des Anstoßes war. Es gibt Gewalthandlungen von Patienten an Therapeuten. Dagegen sind

Gewaltverbote errichtet, gleichzeitig die Grenzen der Beziehung. Erreichen emotionale Kräfte ein solches Ausmaß, daß sie dazu führen, den anderen körperlich wie seelisch zu verletzen, ist das therapeutische Feld verlassen.

Ein anderes Bild wurde berühmt und endlos wiederverwendet: der Analytiker als Spiegel. Als Planspiegel gibt er unverzerrt, wenn auch seitenverkehrt, dem Patienten wider, was dieser aussendet, worüber er sich jedoch selbst unsicher ist. In einfühlender Identifikation sagt der Gesprächspsychotherapeut: „Sie wollen mir sagen, daß Sie ...". Implizit fügt der Therapeut hinzu: ‚Habe ich Sie so richtig verstanden?' In beiden Situationen kann der Patient die Aussagen auf Widersprüchlichkeit oder Richtigkeit vergleichen. Dadurch gewinnt er einen Spielraum für sich selbst, Neugier an neu Gesehenem. Spiegel aber leisten mehr: Zentrierende Spiegel geben dem Patienten eine szenische Verdeutlichung, Verdichtung, Präzision. Aber sind Therapeuten Planspiegel? Oder sind sie beruflich zu Brennspiegeln entwickelt, die sehr erhellen, aber nicht verkohlen? Sind Therapeuten nicht, wenn sie wie Spiegel aufgestellt und festgeschraubt werden, wie auch alle anderen Menschen, nur Zerrspiegel? Gewinnen sie ihre Fähigkeit des Sichtbarmachens nicht erst dann, wenn sie zu laufenden Spiegeln werden, bewegliche Flächen sind, deren Verzerrungen Bebilderungen werden? Geben sie nicht erst dann neue Sichtweisen, unter- und überbeleuchtete, vergrößerte wie verkleinerte, auf Oberfläche oder Tiefe eingestellt? Vereint mit der Fähigkeit, Zeit anzuhalten wie zu beschleunigen, führen sie zu Verzauberungen.

Die Bilder tragen nicht alles, nicht die Welt. Sitzt jemand hinter dem Spiegel? Ist dort der berechnende, private, manipulierende Therapeut, einer, der nur sein therapeutisches Ich wie eine Marionette über den Rand der Puppenbühne hebt? Spielt er nur Therapie? Aber was ist die Puppe ohne den Spieler? Und ist der therapeutische Spiegel nicht sowohl undurchsichtig wie durchsichtig, damit aus diesem Wechsel Kräfte sichtbar werden, die zum Neuerkennen, Vergleichen, Bewerten, zu dem befähigen, was den therapeutischen Prozeß ergibt? Ist der Patient nicht auch der Spieler, der es wagt, mit seiner Puppe aufzutreten, die er probeweise zeigt und in die er allmählich sein Selbst eingibt? Ist Therapie nicht die Beziehung zweier Menschen, die wechselseitig durchlässig-undurchlässige Spiegel sind – und die sich dabei noch bewegen? Nur Kinder greifen hinter den Spiegel. Patienten erlernen oft mühsam, daß hier immer ein Griff ins Leere sein würde. Der Wert des Spiegels liegt in seiner Nichthintergehbarkeit.

Die Kritiker haben dazu nicht geschwiegen: In einer von rechtlichen Normen gesteuerten, nach Ansprüchen geregelten Welt, in der es keine Medizinmänner, Priester oder Gurus mehr gibt, erscheint das therapeutische Angebot Beziehung als unangemessen, irrational und daher gefährlich. Die konkrete Dienstleistung Psychotherapie müsse innerhalb quantifizierbarer und meßbarer Dimensionen ablaufen. Sofern sie an etwas grenzt, das als Zauberei bezeichnet wird: das Ineinanderspielen von Phantasien zwischen Patient und Therapeut, sei die Grenze überschritten, die innerhalb einer naturwissenschaftlich-technisierten Medizin, von der die Psychotherapie ein Ableger sei, gezogen ist. Sie verweist Beziehungspsychologie in den Bereich unwissenschaftlicher Mystik, weist ihr den Platz einer Sekte zu.

Noch immer behauptet die Medizin in den offiziellen Deklarationen, das Vertrauensverhältnis Arzt-Patient sei eine der wesentlichen Grundlagen heilender Medizin. Es wird hier etwas als helfend vorausgesetzt, was in der Praxis jedoch vielfach als ein Störungsfaktor betrachtet wird, ein menschlicher Reibungsverlust, der auf ein Minimum zu reduzieren sein sollte. Nirgends kann dementsprechend das Vertrauensverhältnis nach einer Gebührenordnung abgerechnet werden, es steht außerhalb der Dienstleistung, es ist eher ein freundliches Beiwerk, so etwas wie ein kultureller Überbau. Die berühmte Aufforderung über dem gynäkologischen Stuhl: „Entspannen Sie sich!" hat sicher nichts mit der Person der Patientin zu tun, die sich vor dieser Untersuchung ängstlich verspannt. Gesehen als eine Sachleistung wie die der gynäkologischen Untersuchung, könnte innerhalb dieser Denkvorstellung lediglich so etwas wie ein psychisches Lernprogramm angeboten werden, das an jeder Stelle unterbrechbar und überprüfbar, in den Einzelschritten rational aufeinander bezogen ist und allen Evaluierungsmöglichkeiten offensteht. Damit hat Beziehungspsychotherapie nichts zu tun.

Die Auseinandersetzung erreicht hier ein Terrain der wechselseitigen Unverstehbarkeit: Die Beziehungstherapeuten weisen darauf hin, daß psychisch erkrankte Patienten nachweislich in ihren sozialen Beziehungen verletzt wurden, gestört sind, daß z. B. die eheliche Auseinandersetzung ursächlich zu einem Magengeschwür geführt hat, daß der Liebeskummer in den Tod treibt und es die verlassenen Kinder sind, die das psychische Elend in der Welt fortsetzen. Insofern seien viele psychische Störungen beziehungsbedingt, beziehungsbezogen, und das Heilmittel sollte darin bestehen, dem betroffenen Menschen eine neue Beziehung anzubieten. In ihr sollte er lernen, welches Unglück, welche Fehlhaltungen und welches Unwissen ihn bislang von befriedigenderen menschlichen Beziehungen ferngehalten haben. Der Patient soll in und an der therapeutischen Beziehung lernen. Therapeuten nennen daher ihr fachliches Angebot: eine wichtige Beziehung - und die Kritiker nennen es abwertend: eine gekaufte Freundschaft. Da Psychotherapie auch ein arbeitsrechtliches Vertragsverhältnis sei, was durchaus der Wirklichkeit entspricht, meinen sie, dieses Beziehungsangebot, die Freundschaft, werde hier vom Therapeuten wie eine Ware angeboten - und Freundschaft könne nie käuflich sein. Sie vergleichen die Therapie mit einer sexuellen Beziehung auf Zeit und verwenden die Metaphorik vom Therapeuten als einer geistigen Prostituierten, die ihre Zuwendung stundenweise vermietet. Aber nirgends hat ein Therapeut behauptet, er sei der Freund des Patienten. Kaum ein Patient wird gegenüber Bekannten behaupten: Der Therapeut ist mein Freund. Es sieht so aus, als ob mit diesem Begriff der Freundschaft der Psychotherapie ein Begriff unterlegt wird, den sie selbst gar nicht verwendet, der unangemessen ist. Die Kritik gerät durch einen falschen Begriff selbst in ein falsches Fahrwasser.

Es ist schwierig, eine Analogie für die therapeutische Beziehung in den sonstigen Mustern sozialer Beziehung zu finden. Wenn in Selbsthilfespielen zur Einübung besserer Partnerschaft, besonders bei Ehe- oder Liebespaaren die Figur Therapeut auftritt, so immer in einer stummen und zuhörenden Rolle. Wenn der Rollenwechsel geübt wird („Jetzt bist Du mein Therapeut"), so heißt es für den, der nicht der Therapeut ist, er dürfe nun ununterbrochen sprechen, sich assoziativ ausbreiten, ohne Strafe Ansprüche äußern, während der, der die Rolle des Therapeuten übernommen hat, dem anderen wohlwollend stumm und scheinbar mit unendlicher Geduld zuhört, – wobei diese Rolleneinheit auf 3–5 Minuten begrenzt wird. Hier wird die Hilflosigkeit deutlich, den Inhalt therapeutischer Arbeit sozusagen in die Alltagssphäre einzuführen. Das Paradox ist, daß der Therapeut, der in der therapeutischen Situation, wie auch immer stilisiert, ein sprechender Therapeut ist, im Selbsthilfespiel zu einem stummen Partner wird. Das hilfreiche Sprechen des Therapeuten muß umgewertet werden zu einem zerstörerischen, alleswissenden, allesverbietenden Sprechen, und zwar so, daß als Gegenrolle der stumme Therapeut entworfen werden muß.

Die Kritik aus den eigenen Reihen erscheint sachentsprechender, mehr aus der Therapie gewonnen: Jeder Therapeut ist in seiner Fähigkeit, therapeutische Beziehungen mit seinem Patienten einzugehen, begrenzt. Diese Fähigkeit wird durch Begabung, Ausbildung, auch durch geschickte Ökonomie der Praxis und berufliches Engagement sehr verschieden sein. Immer wenn sich Therapeuten erschöpft, gelangweilt, auch deprimiert fühlen, ist die Grenze ihrer Beziehungsfähigkeit überschritten – und damit ihre Fähigkeit zur Berufsausübung bedroht. Da Beziehungsfähigkeit aber eine Tugend der Therapeuten ist, möchte jeder gern viel von dieser Tugend besitzen – wissend, daß sie kein quantifizierbares Phänomen ist. Bleibt die Frage, ob alle Therapeuten einen Zehn- bis Zwölfstundentag in Einzeltherapien leisten können, in denen sie in jeder Stunde zum Beziehungsangebot imstande sind. – Die Frage erhebt sich auch dann, wenn bei hochfrequenten Therapien derselbe Patient mehrmals in der Woche kommt. Deutlicher wird die Überschätzung ihrer eigenen Beziehungsfähigkeit, wenn Therapeuten von ihren Kleingruppen mit etwa 8 Patienten auf Großgruppenveranstaltungen mit 50 Teilnehmern oder mehr überwechseln. Auf geradem Wege führt das zu den Marathonveranstaltungen, in denen das Beziehungsangebot des ausübenden Therapeuten ins Irrationale und Heilerhafte gesteigert ist, was ihn möglicherweise so stolz und zufrieden macht wie den Kollegen, der seine „hundert engsten Freunde" zum Wochenende eingeladen hat.

•

In der Praxis der analytischen Psychotherapie ist die therapeutische Beziehung durch ein Wortpaar näher bestimmt: Übertragung und Gegenübertragung. Mit diesen Begriffen wird ein Modell des Erkennens und eine Funktion zur Gewinnung von Erkenntnis innerhalb des Realgeschehens der Therapie charakterisiert. Die Übertragung wahrnehmen heißt, bestimmte Aussagen des Patienten für besonders relevant zu halten. Diese Aussagen betreffen Kindheitserlebnisse, bei denen gestörte, traumatisch unentwickelte Beziehungen entstanden, die das Leben des Erwachsenen durch Wiederholungszwang belasten. Die Übertragung ist die Wiederholung leidbesetzter kindhafter Erfahrungen in der Verknüpfung mit der Person des Therapeuten. Sie richtet sich unbewußt auf eine Elternfigur. Der Therapeut kommt so in eine notwendige Konstellation, in der er wie ein Vater, eine Mutter oder eine andere wichtige Bezugsperson aus der Kindheit des Patienten erlebt und als solche mit all ihren aus der damaligen verletzenden Lebenssituation herrührenden Mängeln angesprochen wird. Der Therapeut wird diese Übertragung aufnehmen, zulassen, fördern, aktiv auf sich ziehen, weil er darin die früheren Situationen strukturgetreu wieder erreichen kann. Erst wenn sich die Übertragung genügend ausgebreitet hat, wird der Therapeut sich aus dieser Umklammerung mit den frühen Gestalten lösen. Dabei wird er aufzeigen, daß es nicht nur den übertragenen Vater gibt, sondern, in seiner Person und durch seine Person hindurch, auch andere Väter.

Die alte Streitfrage, ob das Übertragen ein spezifisches Phänomen der analytischen Therapie sei oder auch in allen anderen Therapien, die sich als Beziehungstherapien verstehen, vorkomme, ist insofern obsolet, als sie auf einer anderen Ebene leicht klärbar ist: Wer in einer Therapie steht, die Beziehungsphänomene erhellt, kann Übertragungen nicht vermeiden. Die Übertragung kann jedoch von verschiedenen Therapeuten verschieden wahrgenommen, ins Licht gerückt und damit bearbeitet werden. Therapien, die direkt auf einer Konfliktebene arbeiten, werden Übertragungsphänomene zurückstellen und sich zunächst und vor allem Problemlösungen zuwenden. Ob sie dann jedoch die Kräfte, die aus dem Beziehungsschicksal des Patienten erwachsen sind, genügend berücksichtigen, sie individuell respektieren, bleibt offen.

Während der analytische Therapeut die Übertragung fördert und ihr Anwachsen begrüßt - sie wächst sowohl im Patienten als auch wie ein Symbiont oder Parasit am Therapeuten fest - spürt er, wie dabei wichtige Themen angerührt werden. Sie beziehen sich auf eigene, problematische, versagende, im Leidensdruck präsente Situationen seiner eigenen Biographie. Der erfahrene Therapeut wird diese Themen, die in ihm aufkommen, zurückstellen, beiseite lassen, ihren Platz in seinem Bewußtsein eher beschneiden. Dennoch weiß er, daß dies eine künstliche und vorübergehende Trennung vom eigenen Selbst ist und daß es nicht möglich ist, sich aus dem Spiel zu lassen. Er wird notwendigerweise diese seine Existenz dem Patienten erfahrbar machen, er wird, ob er es will oder nicht, gegenübertragen.

Für den Umgang mit diesem Phänomen gibt es verschiedene Handlungsanweisungen an den Therapeuten. Eine, gemäß einer frühen Äußerung Freuds, lautet, man solle sich der Gegenübertragung soweit wie irgend möglich enthalten und, wenn sie erkennbar überhand nimmt, sich in eine neue persönliche, therapeutische Analyse begeben. Eine andere Anschauung besagt, die Gegenübertragung sei auch beim Therapeuten selbst zu fördern, sie solle in ihm anwachsen wie bei dem Patienten, damit daraus ein Wissen über den Stand der Beziehung zwischen Patient und Therapeut gewonnen und dieses Wissen anschließend dem Patienten vermittelt wird. Die wahrgenommene und therapeutisch vermittelte Gegenübertragung des Therapeuten wäre demgemäß ein optimaler Schritt, sich dem Beziehungsthema des Patienten zu nähern und seine typischen Verletzungen zu erkennen. Eine dritte Vorstellung geht über diesen Rahmen hinaus mit der Überlegung, ob nicht auch der Therapeut seine Grundthematik unmittelbar auf den Patienten überträgt, ob es nicht *vor* der Gegenübertragung eine primäre Übertragung vom Therapeuten auf den Patienten gibt. Dann wären in der Therapie Übertragungen wie Gegenübertragungen sowohl auf seiten des Patienten wie auf seiten des Therapeuten gegenwärtig. Auf die primäre Übertragung durch den Therapeuten folgte eine Gegenübertragung des Patienten, ebenso wie die Gegenübertragung des Therapeuten auf die primäre Übertragung des Patienten. Wahrscheinlich kommen diese Überlegungen, die oft auch unter dem Sichtwort: „von Unbewußt zu Unbewußt" geführt werden, dem Kern der Sache am nächsten.

Indem es Patient und Therapeut erlaubt wird, zu übertragen und gegenzuübertragen, sind alle psychischen Phänomene berechtigt, aus dem Dunkel hervorzutreten. Es werden negative Gefühle, Feindseligkeiten bis zu Sadismen, es werden alle zerstörerischen Impulse zunächst einmal insoweit wertgeschätzt, daß sie ans Licht des Bewußtseins kommen können. Damit kann die therapeutische Beziehung erheblich belastet werden. Therapeut wie Patient werden nicht darauf verpflichtet, sich in emotionaler Wärme über ihre Probleme auszutauschen, sondern die Probleme selbst kommen in ihrer Härte und oft zerstörenden Potenz unmittelbar in die Therapie hinein. Die Beziehung verändert sich entsprechend den Themen, die in ihr bearbeitet werden. So können lange Strecken der Therapie von Hoffnungslosigkeit, Verbitterung oder Aggression gekennzeichnet sein, die aber eine Chance zu ihrer Durchdringung und damit Veränderung haben, wenn sie von Patient und Therapeut durchgestanden werden. Hier ist neben der Ausgrenzung von Gewalt in der Therapie ein Element erforderlich, das oft zu Beginn des Arbeitsbündnisses formuliert wird: Beide Teilnehmer dieser Therapie haben sich vertragsrechtlich verpflichtet, einander nicht zu schädigen, sondern zu fördern. Es ist ein Heilungsvertrag eingegangen worden, der sowohl Patient wie Therapeut die Beschränkung auferlegt, destruktive Impulse und zerstörerische Phantasien nur bis zu dem Grad aufkommen zu lassen, wie sie noch gerade therapeutisch bearbeitbar und das heißt schließlich: lebbar sind. Diese innere Begrenzung der therapeutischen Beziehung, die sich nicht allein aus dem Gewaltverbot herleitet, wird bei Therapeut und Patient sehr verschieden sein. Sie läßt sich nicht von vornherein vertragsrechtlich bestimmen. Sie kann innerhalb von Therapien zu deren Abbruch führen, wenn der Patient oder der Therapeut seinen jeweiligen Gegenüber nicht mehr aushält und sich von ihm trennen muß. Trennungen entstehen nicht in einem einzigen äußeren Akt, etwa der Beendigung der Therapie, sondern sind eine in jeder einzelnen Stunde vorkommende und zu bearbeitende Notwendigkeit. Wenn besonders zerstörerische Kräfte, zu denen auch übermäßige Zuneigung gehört, drohen, die dünnen äußeren Wände der therapeutischen Situation zu sprengen, wird aus der inneren Beziehung eine äußere, in der Patient und Therapeut sich dann im realen Leben zu Gegnern entwickeln, mit Impulsen zur gegenseitigen Vernichtung, oder zu Partnern in einer Liebesbeziehung. Solange sich der therapeutische Raum erhält, wird vom Durcharbeiten der positiven, libidinösen Übertragung wie deren Gegenteil, der destruktiven, negativen Übertragung gesprochen.

•

Die therapeutische Beziehung enthält untrennbare Ebenen: Alle Phänomene, die Therapeut wie Patient miteinander wahrnehmen und bearbeiten, sind gesprochener und unausgesprochener Ausdruck ihrer Existenz. Es ist kein Spiel, kein Als ob.

Die therapeutische Arbeit versucht nun, diese Vorkommnisse der Gleichzeitigkeit in ein Davor und Danach zu trennen: Vom Therapeuten wird verlangt, zunächst die Phänomene zu erleben und wahrzunehmen, anschließend zu bedenken und zu beurteilen. Diese Aufgabe, die auch dem Patienten zugemutet wird, gilt als therapeutische Ich-Spaltung, die den zeitlichen Vorgang des Nacheinanders weniger berücksichtigt. Der Patient soll in dieser Hinsicht, nicht anders als der Therapeut, sich selbst öffnen und wahrnehmen, soweit es ihm überhaupt möglich ist - und anschließend versuchen, die Vorstellungen und Phantasien zu ordnen, zu verstehen, sie neu zu integrieren oder sie auszuscheiden.

Beide Teilnehmer an der Therapie arbeiten, so gesehen, in gleicher Weise. Sie erleben und beurteilen, versuchen Zuordnungen nach Kategorien von Wiederholung oder Einmaligkeit, von Strukturen und Genese, von Abwehr und Abgewehrtem, von Ich-Entwicklung und Ich-Verhinderung - nach allen Gesichtspunkten der therapeutischen Theorie, dem Gerüstbau, unter dessen Schutz sich der heilende Prozeß entwickelt.

Unter diesem Aspekt sind die Aufgaben von Therapeut und Patient gleichrangig, und immer wieder folgt daraus der Schluß, Patient und Therapeut seien Partner, gleichrangige Verbündete, seien schließlich Gleiche. Eine sachliche und polemische Diskussion ist entstanden über die Frage der Gleichheit und Ungleichheit in der Psychotherapie. Alle Patienten haben erfahren, daß sie in Therapien abhängig werden. Therapeuten, die in der Übertragung als Vater, Mutter oder andere Bezugsperson an deren Stelle angesprochen werden, fühlen sich darin tatsächlich als Eltern. Diesen Eltern wird nun eine Position der Unabhängigkeit zugesprochen, die der Abhängigkeit der Kinder entspräche.

Wer aber hat behauptet: Eltern seien unabhängig von Kindern? Aus welcher realen Erfahrung sprechen die, die vorschnell meinen, Kinder seien die unmündigen abhängigen Wesen, während ihre Eltern, ihre leiblichen, rechtlich verpflichteten, unmittelbar mitlebenden Eltern demgegenüber unabhängig, überlegen, frei seien?

Das Hauptmotiv der Gleichheitsbefürworter richtet sich gegen die Vorstellung, man könne Erwachsene wie Kinder behandeln. Es mischt sich ein lauter Ton der Empörung bei, so als geschehe Ungerechtigkeit. Nun werden auch in der analytischen Therapie Erwachsene dringend als Erwachsene gebraucht, die alle ihre Ich-Funktionen einsetzen müssen, um sich ihren eigenen Widersprüchen, Schwächen, Schicksalsschlägen und der Begrenztheit ihres Selbst zu stellen. Daß Patienten hingegen als Kinder, in der Ich-Einheit ihrer einmaligen, einzigen Lebensgeschichte sprechen, träumen, phantasieren, von ihrer Erniedrigung und ihrer Allmacht berichten, ist ohne Schande. Die Spannung entsteht erst, wenn der Wechsel von erzählendem Kind-Ich und beurteilendem Erwachsenen-Ich verlangt wird. Auch darin zählt wiederum die Qualität des erwachsenen Ichs, das Spannungen erträgt, Befriedigungen aufschiebt, nachdenkt, abwartet, Pläne entwirft. Vor jeder analytischen Therapie wird der Patient dem Sinne nach gefragt, ob er *auch* aus seinem Kind-Ich sprechen will, ob er, fachsprachlich, die Regression eingehen will.

•

Die Verschiedenartigkeit von Patient und Therapeut in der therapeutischen Beziehung liegt in der unterschiedlichen Nähe zur existentiellen Not. Der Therapeut läßt durch professionelle Distanzierung und der prinzipiellen Wiederholung des Inbeziehungkommens mit mehreren Patienten ein Berufsfeld entstehen, während der Patient in der Beziehung zu nur einem Therapeuten seinen Leidensdruck und sein Therapieziel unmittelbarer erlebt. Wie der Patient näher an seinen Schmerzen ist, kann er auch die Befreiung von diesen Schmerzen in einer Weise selbstnah erleben, wie es der Therapeut nicht erfährt.

Nicht allein aus der Sicht des Patienten erscheint Abhängigkeit bedrohlich. Manche Therapeuten fürchten sich ebenso vor der Abhängigkeit, in die sie geraten, wenn sie ein Elternteil sind, wenn sie mit einem begehrlichen, undifferenziert liebevollen und grausamen Kind konfrontiert sind. Sie suchen eher einen mündigen Patienten, dessen Ich-Funktionen stabil sein müssen, weil ihn der Therapeut z. B. nur einmal in der Woche, an einem Wochenende, in einem Kurzverfahren oder auch nur in einem Gruppenarrangement sehen will. Dann wird der Therapeut die Bedingung der Gleichheit innerhalb der Therapie sogar betonen, um die regressiven Wünsche des Patienten zu vermeiden. Dies ist aber gleichzeitig eine Beziehungsverweigerung in der Aufgabe und Funktion des Therapeuten, deutlich die Ungleichheit anzunehmen und dem Patienten eine Gleichheit nicht zu verordnen, die für die gemeinsame Aufgabe unangemessen ist. Ein Therapeut, der die Ungleichheit nicht gelten läßt, nimmt dem Patienten die Chance, einmal auch als Kind sprechen zu dürfen, eine kindliche Beziehungsebene zu wiederholen, um von dort einen Neuanfang zu finden. Stattdessen hat der Therapeut die Ungleichheit der Beziehung auszuhalten und auch dann als Erwachsener in der Aufgabe des Heilers wie Lehrers zu verharren, wenn der als Kind agierende Patient in wütenden Angriffen oder überschwänglichen Liebesbezeugungen dem Therapeuten die Therapie schwer macht – schwer innerhalb des Rahmens, den er seinem Patienten angeboten hat.

Alle vertragsrechtliche Gleichheit, die Regeln der Psychotherapie von Anfang an offenzulegen und ihnen zuzustimmen, wie erfahrene Partner miteinander gleichrangig über Lebensprobleme sprechen zu können, führt zu einer Verkürzung der therapeutischen Beziehung. Die auf Gleichheit eingeschworenen Patienten wie Therapeuten stoßen sich voneinander ab, wenn das Gelände der Bearbeitung steinig wird. Will der Patient diesen Vertrag der Gleichheit kündigen und sich als Abhängiger fühlen, wird der Therapeut dies versagen.

Das ungeprüfte wechselseitige Einverständnis, das rasche Annehmen von Patient und Therapeut führt korrespondierend zu einer leichten Trennung, zu einem Ungeschehenmachen der Beziehung.

Kinder und Erwachsene sind nie gleich. Aber folgt aus dieser Ungleichheit, ein Erwachsener könne Kindern nie gerecht werden?

Hinweise zur Literatur

Inbeziehungsein wird in den verschiedenen therapeutischen Schulen gesondert beurteilt; vgl. dazu Battegey u. Trenkel (1978) *Die therapeutische Beziehung unter dem Aspekt verschiedener psychotherapeutischer Schulen.* – Petzold (1982)

Die Rolle des Therapeuten und die therapeutische Beziehung. - Goldberg (1980) *Gleichheit in der Psychotherapie? Theorie und Praxis therapeutischer Beziehung.*

Hinsichtlich des ebenso komplexen wie kontroversen Begriffs Beziehung in der Psychoanalyse können Verfasser wie Balint (1970) *Therapeutische Aspekte der Regression. Die Theorie der Grundstörung*, Stone (1973) *Die psychoanalytische Situation*, Klauber (1980) *Schwierigkeiten in der analytischen Begegnung* herausgegriffen werden, die der Patient-Therapeut-Dyade eine besondere Bedeutung zumessen und sie exemplifizieren.

Einen darüber hinausgehenden Ansatz bietet Bauriedl T (1980) *Beziehungsanalyse*, die Beziehung als den zentralen Bezugspunkt der therapeutischen Situation ansieht. - vgl. auch Bauriedl T (1982) *Zwischen Anpassung und Konflikt.*

Über unbewußte Konstellationen in der Patient-Therapeut-Beziehung handelt Langs (1982) *The psychotherapeutic conspiracy.*

Der Verfall der therapeutischen Bedeutungen

Psychotherapeutische Praxis verdiente den Namen Spannungsfeld nicht, wenn das eindeutige Verfolgen sinnhafter Wege im Verstehen, Erleben, in der Einsicht, der therapeutischen Beziehung, der Übertragung/Gegenübertragung und im Leidensdruck sicher und immer zum Ziel, der Heilung, führte. Viele Erfahrungen sprechen dafür, daß es die geradlinig erzeugte Heilung nicht gibt. Wer sich nicht einlassen kann auf die Bewegungen, die von den Grundfiguren in den Therapien eingeleitet werden, wird ihre Sinnzusammenhänge nicht erkennen, wird sie entstellen, mißverstehen, nicht wertschätzen, umgehen, fallen lassen. Gibt es Patienten, die Psychotherapie so verwenden, daß nichts geschieht – und dennoch formulieren können: „Ich habe alles mir Mögliche getan und bin sogar in Therapie gegangen?“ In diesem Fall konnte Therapie nicht als Mittel der Leidensverminderung erfahren werden. Eine Therapie einzugehen bedeutete dann geradezu, sie zu vermeiden. Viel häufiger sind einzelne, inhaltliche Bereiche der Therapie betroffen, wenn ein Thema so stark besetzt ist, daß der Patient die Infragestellung nicht erlaubt. Gebraucht wird der Begriff Abwehr, wenn eine Vorstellung nicht zugelassen werden darf, weil sie das ohnehin labile Gleichgewicht zu sehr nach einer unerwünschten Richtung hin verändern würde. Widerstand, die vielfältigen Formen der Abweisung der Äußerungen des Therapeuten durch den Patienten, gehört zur Alltäglichkeit der Therapie. Die Aufmerksamkeit soll hier auf den Umstand gelenkt werden, daß diese Abwehr auch vor den Grundfiguren der Therapie nicht Halt macht. Sie sind für den Therapeuten oft sakrosankt, unberührbar, und werden von ihm häufig nicht in das kritische Denken einbezogen. Der Therapeut geht am Sinn dieser Grundfiguren vorbei, wenn er sie als Dogma, als Waffe, auch zur Demütigung des Patienten einsetzt. Schließlich kann die Dyade Patient–Therapeut sich gemeinsam in Täuschungen verlieren, ohne daß die Möglichkeit besteht, den verunglückenden Therapieverlauf zu korrigieren: Beide setzen Therapie fort, ohne zu wissen, daß sie eine der unerläßlichen Grundfiguren mißdeutet oder mißbraucht haben.

•

Ein Therapeut, der den Widerstand des Patienten an der Therapie als solcher erfaßt hat, obwohl der Patient ihre Arbeitsformen perfekt einhält, sagt: „Sie wollen keine Therapie“, wird vom Patienten mit vielerlei richtigen Begründungen hören, er wolle das doch. Es wird die Empörung mitschwingen, die den Rest des Arbeitsbündnisses und des Verstehens auslöscht. Stattdessen müßte der Therapeut sich soweit einfühlen können, daß er dem Patienten sagt: „Sie würden sich manchmal wohler fühlen, wenn sie keine Therapie machten". Nach der Bejahung durch den Patienten könnte der Therapeut weiter zu bedenken geben, wie stark diese Hoffnung auf größeres Wohlbefinden ohne Therapie sei. Erst innerhalb dieses Verstehenskontextes können Therapeut und Patient besprechen, wie die Kräfte aussehen, welche die Therapie belasten. Jedes direkte Eingehen auf nur mitgehörte, eine dem Unbewußten abgelauschte Haltung: „Wenn Sie keine Therapie wollen, hören wir am besten auf ..." führt nur zu Mißverständnissen und Verwicklungen. Das therapeutische Eingehen sucht eine Art des Fragens, die das Selbstgefühl des Patienten nicht kränkt und ihm gleichzeitig und dennoch eine neue Erfahrung erlaubt.

Vergleichbar lassen sich diese Phänomene an allen Grundfiguren erkennen, wobei immer offen bleibt, ob eher der Patient, eher der Therapeut oder die Dyade sich mißverstehend in ein Abseits begeben.

Es gibt Formulierungen in Therapien, die in pathetischer Überbetonung Verstehen bezeugen sollen: „Sie sind der einzige, der mich versteht!" - „Wir verstehen uns ja besonders gut!" Der verstehensfördernde Therapeut fühlt sich wohl - und ist eingelullt. Allein aus der Überbetonung hätte er erkennen können, daß der Patient das Bedrohliche und das Wahrhaftige des Therapeuten beiseite zu drängen versuchte. Der Therapeut ist festgehalten, er behält keinen Spielraum mehr für Distanz und Kritik. Im riesengroßen Verstehen verschwimmt die Therapie - wie sorgfältig sie vorher auch definiert worden war.

In ähnlicher Weise kann das Klima einer Therapie vom Patienten mit schwärmerischem Erleben durchdrungen sein. Er kann eine erotische bis hin zu einer eindeutig sexuell verführerischen Situation schaffen. Dies ist nur insofern bedrohlich, als Verbündungen erreicht werden sollen, die unangemessen sind. Es gilt auch der umgekehrte Fall: Der Therapeut hat es schwer, sich solcher positiven Impulse zu erwehren. Beim Zurückweisen würde er eine Rolle des kleinlichen, wenig erlebenden, nüchternen und alltäglich-trostlosen Therapeuten annehmen. Bleibt der Therapeut davon verschont, sich nicht mehr als großartig vorzustellen und in dieser Weise ein falsches Klima der Therapie zu schaffen?

Auch Einsichten können durch Festschreibung und Verdinglichung in ihrem Wert verfälscht werden. Intellektuell, durch das formale Erlernen einer Therapiesprache, sieht es so aus, als ob Einsichten an der Tagesordnung seien. Nähme man diese Fortschritte für wahr, ließe sich noch in derselben Woche die Therapie abschließen. Dies wiederum verhindert der Patient, indem er weitere Einsichten verspricht und alles dafür tut, daß die Therapie in seinem Sinne fortgeführt wird. Es ist ein Zeichen dafür, daß der Patient die Sinngebung des Therapeuten nicht auszuhalten vermag und versucht, auf diese Weise seinen eigenen Sinn einzusetzen, unangenehme Themen auszuklammern und zu erreichen, daß sie gemeinsam vermieden werden.

Ähnlich wie in der Betonung des besonders guten Einverständnisses wird häufig vom Patienten auf die ungewöhnliche Dichte der Beziehung hingewiesen: „Auf Sie kann ich mich verlassen!" - „Zwischen Ihnen und mir ist alles gut!"

Selbst die Übertragung, der Weg, der in der analytischen Psychotherapie als sicher und unfehlbar gilt, kann unbewußt verändert und entstellt werden -

gleichsam gegen und außerhalb bewußter Logik. Dieses Phänomen wurde vor allem innerhalb der Traumforschung und Traumdeutung deutlich: Eine Ansicht geht davon aus, daß das freie Erzählen eines Traums dem Traumerleben insofern unmittelbar entspricht, als es sowohl die Entstellung der Inhalte im manifesten Trauminhalt wie auch die wirkliche Bedeutung im latenten Traumgedanken birgt. Eine andere macht deutlich, daß Träume als solche bereits innerhalb des Beziehungsfeldes von Patient und Therapeut, wenn nicht sogar entstehen, so doch im Aussprechen gegenüber dem Therapeuten einer besonderen Wendung unterliegen. Es gibt keine objektiven Träume des Unbewußten, sondern solche, in denen sich die Beziehung zum Therapeuten je nach der Übertragungslage widerspiegelt. Der Patient träumt *für* den Therapeuten – oder auch *gegen* ihn. Die Traumproduktion versiegt, wenn in der therapeutischen Beziehung kein geachtetes Feld für Träume eingeräumt wird. Auf diese Weise können Patient und Therapeut auch die Übertragung und Gegenübertragung vermeiden oder überinterpretieren.

Sehr häufig versuchen Patienten, ihr Leiden so vorzubringen, daß ein starker Sog von ihm ausgeht, so daß der Therapeut nicht mehr nur Mitleid zeigen kann, sondern sogar mitleiden muß. Gerade wenn dieses Leiden sich auf Realgeschehnisse bezieht, die weder der Therapeut noch der Patient ändern können, kann der Therapeut im unmittelbaren Einfühlen lediglich sein Mitleiden bekunden – und er gerät in die Gefahr, nicht zu spüren, daß er dadurch keine Distanz mehr hat, um durchaus realistische Therapieaufgaben anzugehen. Andererseits kann dies jedoch im Therapeuten Verpflichtungen auslösen, sein Therapieangebot zu vergrößern, häufiger und intensiver therapeutisch zu arbeiten, um gegen das große Leiden des Patienten nicht ohnmächtig zu sein. Dabei spürt er nicht mehr, wie er durch ein symbiotisches Zusammenfließen mit dem Leiden des Patienten unfähig wird, die kleinen und realen Schritte der Alltagsarbeit zu leisten.

•

Sehr leicht kommt es in der Debatte über die hilfreichen Grundfiguren zu einer Denkweise, die von dem Verdacht gekennzeichnet ist, als ob ein bewußter Kampf stattfindet und absichtlich Mißbrauch getrieben würde. Dann wäre es angebracht, vom Lügen zu sprechen, aber allen genannten Phänomenen ist gemeinsam, daß sie keine bewußten Fälschungen und damit keine Lügen sind. Um dem falschen moralischen Duktus zu entgehen, wurde vom Verfall der hilfreichen Figuren gesprochen. Selten bestehen die Mißdeutungen bereits am Anfang der Therapie, sie entwickeln sich in dem Maße, wie die Beziehung entsteht, wie unbewußte Topoi und Phantasien aufeinander wirken. Die Chance der Therapie ist immer die, daß einer, Patient oder Therapeut, den Prozeß als erster begreift – und davon ablassen kann. Die Professionalität des Therapeuten verlangt, daß er seinem konkreten Therapiestil Einhalt gebietet, wenn er spürt, daß er seine Begriffe dogmatisch, ohne einfühlenden und verstehenden Kontext zu verwenden beginnt. Er hat dann vom Patienten alles gefordert: mehr Verstehen, mehr Einsicht, mehr Beziehungsdichte, sogar mehr Leiden. Aber auch mancher Patient spürt sehr wohl das Mißbehagen, wenn er seinen Therapeuten mit einer Heftigkeit bedrängt, die ihm kurzfristig einen Sieg signalisiert, aber ihm längerfristig auch klar werden läßt, daß ihm solche Siege nichts nützen.

Patienten wie Therapeuten können sehr ähnliche Wahrnehmungen machen, die sie zunächst einmal dazu führen, daß die Therapie in eine Sackgasse gerät. Es gibt inhaltlich sehr unbestimmbare Eindrücke, die rundum als Gefühle bezeichnet werden, jedoch begrifflich ein komplexes Arrangement von Denken, szenischer Vorstellung, von Empfinden und Gefühlen darstellen. Der Eindruck entsteht, als ginge die Therapie nicht weiter, als arbeite man sich an derselben Stelle ab, als sei etwas blockiert. Es stellen sich Spannungszustände ein, Unlust und geringe Therapiebereitschaft, die sich bis zu Kopfschmerzen, Übelkeit und vegetativen Störungen steigern können. Es entstehen gemeinsame Symptome in der Therapie, die nicht vom Patienten allein herrühren können, da sonst der Therapeut frei von ihnen bliebe. Diese Symptome sind Ausdruck des Stillstands, der Verengung, des Kampfes - der manglenden Beweglichkeit. Es entstehen Gefühle des Umsonst, der Vergeblichkeit und Nutzlosigkeit.

Wohin sich auch das Bewußtsein des Therapeuten, in Übereinstimmung mit der Anstrengung des Patienten, wendet: die Themen und Spannungen zwischen ihnen sind bekannt, sie zeigen keinen neuen Aspekt. Veränderungen bleiben aus, Sprechen gerät in Wiederholungen, man gibt weder Bedrückendes noch Sehnsuchtsvolles preis, selbst das Schweigen erlischt.

Die therapeutische Landschaft wirkt flach und eintönig. Verschiedene Therapeuten haben verschiedene Wahrnehmungskategorien ausgebildet, an denen sie spüren, wann eine Therapie lebendig ist oder abzusterben droht. Diese Prüfung der Therapie ist an die sehr individuellen Therapiesprachen, die persönlichen Symbolisierungen gebunden, die nichts mit den fachsprachlichen Wendungen der Neurosenlehre zu tun haben.

Überall wird die Grenze von Therapie angezeigt: Wenn im Therapieverlauf die hilfreichen Grundfiguren selbst angezweifelt werden, sie in Verwirrung geraten, keine Verständigung über sie zu erzielen ist und kein beurteilender Dritter zur Verfügung steht, ist dieses therapeutische Feld ausgereizt, erschöpft, nicht begehbar. Es ist sinnvoll, solche Therapien zu beenden. Unbekannt bleibt, wer häufiger zu dieser Lösung greift, Patienten durch ihr Wegbleiben oder Therapeuten durch einen vorgezogenen formellen Abschluß; im letzteren Fall ist die Frage naheliegend, wie weit sich Therapeuten Bestrafungswünsche gegenüber den „nicht therapierbaren" Patienten erfüllen.

•

Oft gewinnen die Tugenden der Grundfiguren ihren Glanz und ihre helfende Fähigkeit dann, wenn ihre Ziele, die sie anstreben und die durch sie erreicht werden sollen, nicht erreicht werden. In der Arbeit am Nichtverstandenen, im Zweifel an der Beziehung, an der immer wieder zurückgekehrten Einsichtslosigkeit bewährt sich die Therapie. Hieße ihr Auftrag, alles zu verstehen, ununterbrochen und ohne Ermüdung zu erleben, in alles Einsicht zu haben und die ideale Beziehung anzustreben, wäre das Ergebnis immer Versagen. Es sind die Hindernisse und Störungen, die zum Widerlager der Therapie gehören, an denen sich die Grundfiguren brechen, in Bewegung kommen, Wellen erzeugen.

Dies zeigt sich leicht, wenn Therapien nur bei ihrem Namen genannt, wenn sie als ideologische Formel mißbraucht werden. Heißt es in den Erlaubnistherapien, „Du darfst erleben", heißt das auch bald: „Hier ist deine Verpflichtung". Es entsteht unter der Voraussetzung des Mehr-und-mehr-Erlebens bald ein „Du muß erleben". Wie können Wärme und unmittelbare Wertschätzung in der Stunde gelebt werden, in der dem Therapeuten oder dem Patienten vor einem Problemabgrund schwindelt? Wie sollte man in nördlichen Breiten eine Therapie durchhalten, die sich zur Sunshinetherapie erklärt hat? Ebenso entfällt die helfende Kraft einer Einsichtstherapie, wenn Verstehen und Lebendigkeit in der Beziehung verlangt werden, wenn die Therapie zur Einsichtsübung verfällt, die so formalisiert und gesteuert ist, daß kein eigenes Erleben entsteht. Was soll der Patient im übrigen noch alles verstehen oder einsehen – etwa, damit er seinen Therapeuten befriedigt? Was soll der Therapeut einem Patienten noch alles bieten, der unersättlich darauf hinweist, daß er sich immer noch nicht genug verstanden fühle?

Verschiedene Stile von Therapeuten wirken sich auf die Therapie aus. Wer Verstehen als Grundtugend sieht, wird anders auf die Persönlichkeit des Patienten eingehen als derjenige, dem Erlebensqualitäten als grundlegend erscheinen. Wer Einsichten vermitteln will, wird als Therapeut oft erst dann zufrieden sein, wenn ein Konflikt gefunden, aufgedeckt, erklärt, verstanden und bearbeitet ist. Womöglich verlangt dieser Therapeut auch noch die sprachlich mitgeteilte Einsicht des Patienten und ein wie immer geartetes Versprechen, künftig dieser Einsicht gemäß zu handeln.

Dies alles erscheint unvermeidbar. Es gibt keine Versuchsmöglichkeit, denselben Patienten bei verschiedenen Therapeuten zur gleichen Zeit behandeln zu lassen, um zu sehen, wie sich verschiedene Stile auswirken. Im Konkurrenzkampf der Tugenden haben alle eine Chance, aber keine Methode kann sich für die allein gültige erklären und andere ausschließen. Alle Tugenden der Grundfiguren wahren auch die Möglichkeit, daß man von ihnen abläßt: eine Beziehung so einzugehen, daß sie auflösbar wird, das Verstehen an der Nichtverstehbarkeit zu begrenzen, neben den neutralisierten Einsichten auch die triebhaften Wünsche nicht gering zu achten. Erst in dieser Polarität des Eingehens und Auflösens gewinnen die Grundfiguren ihre Kraft.

•

Muß das Verstehen eigens gelehrt, geprobt, gelernt werden? Welche Reflexionen sind darüber nötig, ob richtig, angemessen erlebt und eingesehen wurde, welche Beziehung entstanden ist?

Therapeutische Beziehung ist eine sprechende Beziehung, und doch kann sehr vieles außerhalb der direkten Besprechung verstanden werden. Die Frage „Verstehen Sie mich?" wird in vielen Sätzen implizit gestellt, ohne daß das Wort Verstehen ein einziges Mal auftaucht. Weder Fragen noch Antworten verwenden das auf Verstehen bezogene Wort, aber sie umschreiben, umspielen es, behalten es im Sinn. Auch die so sehr auf Verbalisierungen drängende Reflexion: „Wie fühlen Sie sich?" kann mit wenig Vokabular auskommen, die das Gewünschte deutlich genug benennt. Vielleicht verwenden Therapeut und Patient gelegentlich die Formulierung: „Verstehen Sie mich?", ohne daß darauf eine

Antwort nötig wäre; die Frage war dann nur ein sich selbst vergewissernder Ausruf: „Sind Sie noch da?", eine Geste des Vertrautseins, aber keine Frage-Antwort-Interaktion. Dagegen werden die scheinbar neutralen Interjektionen („hm") sehr präzise aufgeschlüsselt, in bestätigende, fragende, verneinende, zweifelnde Bedeutungen. Das ist ein Ergebnis sowohl sprachlicher wie nichtsprachlicher Erkundigung und Überprüfung des Gegenübers.

In der üppigen Verbalisierung der hilfreichen Grundfiguren besteht die große Gefahr, die Wörter zu entleeren, zu verschleißen, als sinnlose Stereotype zu verbrauchen. Der Therapieslang (Jargon) ist immer ein Zeichen von bedrohlicher Sinnstörung. Die spontanen Wörter eines Patienten im ersten Gespräch: „Bei uns liegt die Sexualität offen auf dem Tisch" sind ebenso mehrdeutig und unentschieden wie der Wunsch, „Beziehungen zu klären", mit anderen „besser zurechtkommen" zu wollen und Problemlösungen anzustreben. Wer von Einsichten und Lobpreisungen des Erlebens überfließt, hat nichts für sich behalten können. Die Verbalisierung, so gewünscht wie notwendig, ist ein Feind der Sinnhaftigkeit, wenn sie zur leicht einsetzbaren Formel, zu einer Kulisse der Therapie wird, in der sich die Problemfiguren beliebig verstecken. Es gibt verredete Therapiestunden wie verregnete Tage. Es gibt kaputtgeredete Therapiestunden, in denen die abgewrackten Begriffe hin und her gereicht werden, in denen mit verrostetem Vokabular gekämpft wird, weil es nicht gelingt, aus den Wörtern Bedeutungsvielfalt und aus den Trieben Beziehungsvielfalt hervorzubringen. Das Auftauchen der Grundfiguren in verbalisierter Form ist kein Hinweis auf ihre verläßliche Gegenwart.

•

Unüberwindbar werden die Schwierigkeiten in der Therapie, wenn eine oder beide Personen sich auf eine einzige Grundfigur beziehen und schließlich an ihr das Versagen der Therapie festmachen. Der Patient, der nie verstanden wird oder sich nie verstanden fühlt, der die Beziehung immer nur als unzureichend ansieht und der Therapeut, der äußert, der Patient könne seine Deutungen nie zur Erlangung von Einsicht verwenden, können nicht miteinander arbeiten. Wenn Deutungen dagegen einzelne Themen der Therapie betreffen und sich auf Lebensprobleme beziehen, dann handelt es sich dabei um wechselnde, arbeitsnahe Phänomene. In Büchern von Patienten über gescheiterte Therapien wird dementsprechend eine Feststellung besonders herausgehoben, die zum Überbegriff des Versagens wird: „Ich bin nicht verstanden worden". Seltener ist zu hören: „Mein Beziehungswunsch wurde nicht erwidert". Gelegentlich berichtet ein Patient: „Ich habe nur Theorien gehört". Er meint damit, er habe Therapie nicht erlebt. Die Verabsolutierung einer einzelnen Grundfigur bei der Feststellung des Versagens zeigt, wie wenig es gelungen ist, den Sinn des jeweiligen Grundbegriffs im gegenseitigen Austausch lebendig zu machen.

Ähnliches gilt für die psychotherapeutischen Schulen: Wenn eine von ihnen behauptet, sie hätte grundlegende Begriffe mit Ausschließlichkeitsrechten gepachtet, ist Mißtrauen am Platz. Darf in analytischer Therapie etwa nicht gelernt werden, weil die Verhaltenstherapie den Begriff des Lernens so groß herausgestellt hat? Wird in Erlebnistherapien nichts gesehen, in nichts Einsicht genommen? Wer verbietet dem Verhaltenstherapeuten, eine Beziehung mit seinem Patienten aufzunehmen? Die Unterschiedlichkeit der Therapiestile ergibt sich aus dem Mischungsverhältnis, dem Herausgreifen dessen, was in der konkreten Therapie als bedeutungsvoll erkannt, gefördert oder unterdrückt wird. Alle Psychotherapien verwenden die Grundfiguren gemeinsam.

Die Auswahl und die Bedeutungsschwerpunkte schließlich verändern sich in der Zeit. Therapeutische Theorien unterliegen Wirkungen ihrer immanenten Struktur, berufspolitischen Kämpfen wie gesellschaftlichen Strömungen. Sie verhärten oder verflüssigen sich, sie sind bei gleichem äußeren Bauprinzip häufig wechselwarme Gebilde. Um über sie urteilen zu können, müßten ihre Therapeuten und ihre Patienten gemeinsam angesehen werden - eine wenig erwünschte Offenlegung für die Beteiligten und ein schwieriger Zugang für jeden Dritten.

Die Grundfiguren sind, als Abstraktionen allein gelassen, hilflose Gebilde. Alles Ernstnehmen und Wohlmeinen, alle Vorstellungen von Reife, Wachstum, Selbstfindung sind tatsächlich Schall und anschließende Lautlosigkeit, wenn sie nur als Absichtserklärungen auf dem Papier stehen. Was sie zum Leben bringt, sie vom Schweben über den Wassern in die Wirklichkeit herunterholt, sind die Menschen und der reale Vorgang einer Therapie: die therapeutische Stunde.

Das Erstinterview - Modell einer Therapie

Interview, Erstinterview, Erstgespräch, Abklärung, Erstkontakt, diagnostisches Gespräch, Zweitsicht, Vorstellung, Anamnese, Durchchecken - welches Sprach- und Denkfeld tritt hier in Erscheinung, wenn in dieser Mischung aus Journalismus, Soziologie, Psychologie und Medizin die psychotherapeutische Wortwahl getroffen werden muß?

Ein breites Assoziationsgelände erschließt sich, die Konnotationen schießen üppig aus der ausgelaugten Metaphorik: Starinterviews, Politikerbefragungen, repräsentative Aussagen von Versuchspersonen - besteht das Interview des Patienten aus der Checkliste der Ich-Funktionen oder der Abwehrmechanismen? Statements, Wörter, Daten, Werte - wer wertet wen für oder gegen wen aus?

Kann die erste Stunde als eine Nullstunde vergessen werden wie die Nullserie, der notwendige aber uneigentliche Vorlauf? Beginnt erst nach dem Aushorchen durch den Therapeuten das Zuhören, nach dem ersten Gespräch das therapeutische Sprechen? Folgt auf das erste Sehen des Patienten und der konsiliarischen Zweitsicht die therapeutische Begegnung? Wie oft kommt es vor, daß der Patient, während der Therapeut noch seine Daten interpretiert, sein Urteil am Verfahren schon gebildet und den Therapeuten, den er annehmen muß, bereits abgelehnt hat? Wer interviewt wen?

Längst jedoch haben die Phantasien des Patienten im Vorfeld der Therapie eingesetzt, die Therapie vorbereitet, so daß das Erstinterview nie der Anfang ist. In dem Augenblick, da Patient und Therapeut sprechen, ist Therapie entstanden. Ein Erstinterview, das ohne Arbeitsbündnis schließt, ist, streng genommen, ein Therapieabbruch.

Im Erstinterview entscheidet sich, ob Übertragungen aufkommen dürfen oder verhindert werden. Patient und Therapeut werden sich klar werden müssen, ob sie sich aufeinander einlassen können, einen Draht haben, miteinander zurechtkommen, ob im Interview eine Tür aufgestoßen wird. Es entwickelt die Bereitschaft, in sich Lebenszeit für den anderen einzuräumen, in ihn einzudringen und gemeinsame Lebenszeit entstehen zu lassen. Für beide ist es wichtig zu wissen, daß sie keine Zeit zu geben oder zu nehmen haben, sondern, was sie auch immer miteinander erfahren, sie ihre Zeit *sind*.

•

Das Erstinterview ist ein Mikrokosmos. Alle Phänomene einer Therapie können in der ersten Begegnung auftauchen, können deutlich wahrgenommen und beispielhaft bearbeitet werden.

Der therapeutische Prozeß allerdings, der Entwicklung in der Zeit voraussetzt, entsteht nicht. Dennoch: Zeit ist und Zeit vergeht auch in einem Erstinterview. Es gibt Anfänge, zentrale Phasen und Beendigungen, ein Vorher und Nachher, eine den Anfang betreffende Rückfrage: „Sie haben mir zu Beginn erzählt, wie ..., dann haben wir später gesprochen, was sich daraus entwickelt hat, ... was meinen Sie jetzt dazu?" So kann ein Erstinterview als eine Zeitspanne erlebt werden, die überraschend lange gedauert hat.

Ebenso bekannt ist das blitzhafte Erfassen eines Zusammenhangs, eine gestalthafte Präsenz, deren Einmaligkeit später in vielen, wiederkehrenden und verändernden Figuren erneut zur Kenntnis genommen werden muß. Selbst die glückliche Erkenntnis eines Augenblicks erspart nicht die mühsame Wiederholung. In ihr jedoch löst sich auch das scheinbar langweilige, zeitvergeudende Element auf: therapeutische Wiederholungen sind immer Veränderungen und Neubesetzungen. Das Bedeutungsumfeld hat sich geändert, auch wenn, wie in Beton gegossen, die alte Leidensformel fortbesteht. Der Therapeut erträgt nicht nur die Wiederauflage, sondern spürt dabei das Entstehen von offenen Valenzen. Dieses oft unscheinbare Aufbrechen, die geringfügige Andersartigkeit befriedigt ihn und ist Anlaß, sein Interesse neu zu erregen.

•

Ein Erstinterview ist eine erste Therapiestunde. Damit ist die Vorstellung ausgeklammert, es gäbe im tiefenpsychologischen Bereich ein diagnostisches Interview.

Wie verträgt sich das mit dem Wunsch des Therapeuten, sich auch diagnostisch zu orientieren, die Ich-Grenzen des Patienten zu erfassen, eine ihm gemäße Therapiemethode anzubieten und etwas über Verlauf und Prognose vorauszudenken? Aber gerade dieser Vorgang ist bereits therapeutische Arbeit. Diagnose und Therapie werden identisch, weil als Gegenüber nur der *eine* Therapeut sitzt, der sich als Person und Instrumentarium begreift. Eine objektive Diagnose würde den Anspruch erheben, für alle Therapeuten zu sprechen. Die hier entwickelte Diagnose ist jedoch ein dyadisches Gefüge, das für dieses Gespann Patient-Therapeut gilt, eine Beziehungsdiagnose. So läßt sich ebensogut von einer integrativen Diagnose sprechen, da der Therapeut seine Wahrnehmungen über die Struktur des Patienten unmittelbar als Widerhall seiner eigenen Struktur und Therapiebereitschaft erkennt. Fühlt sich der Therapeut diesem Patienten nicht gewachsen, so besteht für *diese* Therapie keine reale Grundlage, die Diagnose ist negativ; ein Behandlungsbündnis kommt nicht zustande.

Dies bedeutet nicht, die klassischen diagnostischen Begriffe, vor allem deren neurosenpsychologischen Hintergrund, aufzugeben. Sie werden nur nicht als alleinige Matrix verwendet, in der unabhängig von den beiden Teilnehmern so etwas wie das Krankheitsbild gefunden wird. Wer nur objektive Diagnosen anstrebt, nicht die Angst oder die Verwirrung des Patienten bei sich fühlen will, hat eine geringere Aussicht als Therapeut, mit diesem Patienten sinnvoll zu arbeiten. Damit kommen sehr subjektive Einstellungen ins Spiel, aber sie sind der Definition nach, also beziehungspsychologisch nicht zu umgehen, und die berufliche Aufgabe des Therapeuten ist, sie zu nutzen. Mancher Therapeut kann einen allem Anschein nach schwergestörten Patienten ertragen und mit ihm arbeiten, wenn er sich in ihm beruflich auskennt und sich persönlich nicht von ihm bedroht fühlt.

Sobald die Kriterien des äußeren Feldes wieder wichtig werden, etwa bei einer Überweisung dieses Patienten an einen anderen Therapeuten, wird zur Abkürzung und Beschreibbarkeit das allgemeine Fachvokabular nötig. Dort gelten die diagnostischen Begriffe und - je nach persönlichem Stil und Offenheit des Therapeuten - auch die Mitteilungen über seine persönliche Betroffenheit. Es ist eine beachtliche Erweiterung der Theorie der analytischen Psychotherapie, daß sie für dieses Persönliche einen berufsspezifischen Begriff erarbeitet hat, von Gegenübertragung spricht, und es damit aus einer eher willkürlichen Privatsprache heraushebt. In der differenzierten Mitteilung der Gegenübertragung wird von Therapeuten eine doppelte Leistung verlangt: einen Eindruck über den Patienten wie über sich selbst, also über eine therapeutische Situation, zu geben.

•

Alle Überlegungen über den dynamischen Verlauf einer Beziehungsaufnahme im Erstinterview setzen voraus, daß der interviewende Therapeut sofort oder in absehbarer Zeit eine Therapie übernehmen kann und somit bereits persönlich als Therapeut angesprochen ist.

In Institutionen, Polikliniken, im Rahmen der Ausbildung zum Psychotherapeuten und bei der Aufnahme in psychotherapeutischen Fachkliniken gibt es hierarchische Prozeduren, nach denen der Erstinterviewer nicht der beauftragte Therapeut sein wird. Er übernimmt dann Abklärungs- oder Überweisungsfunktionen. Es ist zweifelhaft, ob aus der Motivation, als oberärztlicher Verteiler zu einer möglichst objektiven Diagnose zu kommen, wirklich das gewonnen werden kann, was später bei einem anderen Therapeuten hilfreich sein wird. Die Kenntnis über das ihm untergeordnete Team, der Grad der Nähe, der Übereinstimmung in fachlichen und persönlichen Einschätzungen gibt die Möglichkeit, daß diese Verteilung auch dem Patienten nützt und nicht nur Organisationserfordernissen entspricht.

Entschließt sich die Leitung einer Institution, Patienten über den Aktenweg anzunehmen, entsteht kein Vorinterview, der Arzt findet den Patienten im Rahmen der Klinik bereits vor. Was jetzt geschieht, ist kein Erstinterview, das klären soll, ob und wie Therapeut und Patient miteinander arbeiten können, sondern die Therapie ist durch die Präsenz des Patienten und die Zuordnung zu einem bestimmten Therapeuten bereits angeordnet. Das erste Gespräch kann nur noch Modalitäten klären. Dies ist eine sehr verzerrte therapeutische Situation: Patient und Therapeut wissen, daß sie müssen - es bleibt nur offen, wie man dieses Müssen so verändert, daß daraus ein einigermaßen sinnvolles Wollen entsteht.

Dieser Schwierigkeiten bewußt, haben sich einige therapeutische Kliniken entschlossen, den Patienten in einem Vorstadium seiner Aufnahme einer Therapeutengruppe vorzustellen. In der Regel führt ein Therapeut das Interview, während die anderen aus der Runde zuhören. Danach wird im Therapeutenkreis besprochen, inwieweit der Patient geeignet ist, mit einem dieser Therapeuten eine Therapie aufzunehmen. Für junge Therapeuten mag diese Art des Interviews durchaus hilfreich sein, da mehrere Kollegen ihre persönlichen Eindrücke, auch fachsprachlich im Sinne ihrer Gegenübertragung, im Team ausdrücken können. Das Ergebnis ist jedoch eine Gruppendiagnose, die durch einen Gruppenprozeß erzielt wurde. Sie hat das so frei erscheinende Auswahlrecht jedes Therapeuten begrenzt, ihm dafür jedoch den Konsens einer Gruppenmeinung gegeben. Jeder erfahrene Therapeut weiß aber auch, daß eine solche von mehreren Therapeuten getragene Empfehlung nicht immer eine Motivationshilfe ist, sondern von Autoritätsverhältnissen sowie nachweisbarem Gruppendruck bestimmt ist.

Während auf der Therapeutenseite im besten Fall sich Fachwissen und Fachvorschläge günstig vereinigen und dem Therapeuten, der die Therapie schließlich durchführt, als Hilfe zur Verfügung stehen, ist offen, was auf seiten des Patienten geschieht. Er spricht zwar mit einem Therapeuten, muß aber aus dem Arrangement wissen, daß dieser mit aller Wahrscheinlichkeit nicht sein Therapeut wird, sondern einer aus der Reihe, der ihn hört, aber nicht mit ihm spricht. Damit ist jedoch der Faden der persönlichen und unmittelbaren Kommunikation gerissen: für beide Teilnehmer, Therapeutengruppe und Patient, bleibt die Situation unpersönlich und unverbindlich. Man hilft sich aus therapeutischer Sicht mit der Begründung, diese Art Interview stelle sicherlich eine reale Belastung für den Patienten dar, die sehr wohl mitbedacht und von dem Ergebnis des Interviews im Nachhinein abgezogen würde. Der erfahrene Therapeut könne schon differenzieren, welche psychischen Phänomene mehr der Belastungssituation entsprächen und welche dem Patienten als Individuum zuzurechnen seien. Problematisch ist, ob sich Phänomene wie Leidensdruck und Beziehungsaufnahme nach solchen Kriterien überhaupt trennen lassen, ob nicht Artefakte entstehen, die die Behandlungschancen erheblich verringern: Allein die unmittelbare Betroffenheit - ich bin der mögliche Therapeut - schärft die Wahrnehmung der eigenen Befindlichkeit, läßt die eigenen Ängste auftauchen, ruft Interesse hervor. Die Frage des Arbeitsbündnisses stellt sich immer als eine persönliche. Die Suche nach einer tragfähigen therapeutischen Beziehung ist unmittelbar personbezogen. Sie unterliegt Kriterien der freien Zuwendung und dem eigenen Wahrheitsanspruch. Er kann durch keine Gruppendiagnose ersetzt werden.

Davon bleibt unberührt, daß psychotherapeutische Forschung Variationen therapeutischer Settings untersucht und dabei Videoaufzeichnungen oder Mehrfachurteile von Experten in der Form von Gruppeninterviews verwendet.

Therapeuten haben gegen die Phänomene solcher Klinikzwänge nur Milderungen durchsetzen können. Oft sind Stationen von zwei Therapeuten besetzt, und es besteht dann wenigstens die Wahlmöglichkeit zwischen diesen beiden. Da es im therapeutischen Bereich allgemein anerkannt ist, daß angeordnete Therapien, Pflichttherapien, wenig Erfolgschancen haben, gibt es je nach interner Absprache in den Kliniken Möglichkeiten des Abgebens und Austauschens von Patienten. Diese Ausnahmeregelungen setzen jedoch die betroffenen Therapeuten immer unter sozialen, interkollegialen Druck, sie ermöglichen wiederum keine freien Entscheidungen des Therapeuten. Haben Patienten eine Wahlmöglichkeit überhaupt?

Die erste Begegnung steht unter dem Druck, daß die Entscheidung für oder gegen eine gemeinsame therapeutische Zeit fällt. Sie ist daher von Kriterien durchsetzt, die kaum etwas mit einem freien Gespräch unter Gleichen zu tun haben und eher einer Untersuchungssituation entsprechen. Die Elemente der Gleichheit, daß sich jeder ein Bild vom anderen machen will, jeder den anderen auf seine spezielle Funktion hin testet, werden ausgeschaltet durch die eindeutig professionelle Befragungssituation, die der Therapeut einleitet. Später, in der Therapie, wird die Ungleichheit gemildert durch die Beziehung, die Patient und Therapeut einschließt. Das Erstinterview jedoch ist eine Begegnung unter Fremden. Diese prinzipielle Fremdheit läßt sich abschwächen durch einen wohlwollend-eingehenden Stil des Therapeuten, der die schwierige Aufgabe hat, aus einer überlegenen Position sich über etwas zu verständigen, das die Trennung von Untersuchendem und Untersuchtem der Idee nach aufheben soll.

Anzustreben ist, daß im Erstinterview zwischen Patient und Therapeut ein verbindliches und wohlwollendes Arbeitsklima entsteht, innerhalb dessen die Beziehung Fuß fassen kann. Wohlbefinden heißt nicht Gemütlichkeit, Arbeit nicht Arbeitszwang. Der Therapeut wird darauf achten, daß über jede formale Ausübung einer Interviewtechnik hinaus ein Zustand der Gelassenheit im Rahmen einer Arbeitsleistung entsteht. Dies schließt ein, daß im Arbeitsraum auch die lustbetonten Vorstellungen zum Ausdruck kommen. Denn wie sollten durch die Therapie neue Lebenseinstellungen gewonnen werden, wenn sie nicht in der Therapie auftauchen?

Eröffnungen

Mancher analytisch arbeitende Therapeut wird behaupten, er beginne jedes Interview anders, je nach dem Patienten, der sich bereits in der ersten Minute in einer bestimmten, nicht vorhergesehenen Weise darstellt. Dies ist richtig, soweit es eher idealtypisch und für extreme Situationen behauptet wird. Einem in außergewöhnlichem Maß eingeschüchterten Patienten wird der Therapeut anders begegnen als einem hochmütig allwissenden. Für seine alltägliche Praxis hat aber auch dieser Therapeut seinen eigenen, sich wiederholenden Stil. Er ist sich dessen oft nicht bewußt, was um so mehr zeigt, daß er eben in diesem seinem Stil lebt. Indem er von seinen üblichen Eröffnungen ausgeht, gibt er einen Grundbestand von Fragen und Worten zu erkennen, den er nicht eigens erarbeiten und überprüfen muß, an dem er jedoch die Äußerungen seines Patienten erfaßt und messen kann.

Der Begriff Eröffnungen mag nach Schachspiel klingen, nach zu viel Technik. Abmildernd kann man auch von einleitenden Sätzen oder schlicht von Äußerungen des Beginns sprechen. Doch, wer Hunderte von Erstinterviews über Jahre der Berufspraxis durchgeführt hat, wird kaum behaupten können, jedes einzelne sei, zumindest am Anfang in einem anderen Stil erfolgt.

•

Unabhängig von der Verschiedenheit therapeutischer Stile findet praktisch und formal die Eröffnung durch den Therapeuten statt. Er läßt den Patienten eintreten, gibt ihm die Hand, bietet den Platz an, versetzt sich selbst in einen wahrnehmbaren Zustand des „Ich höre" und erteilt damit mehr oder weniger verbal das Wort. Selbst der Therapeut, der von sich aus nicht beginnen will, damit der Patient sich möglichst frei entfaltet, gibt soziale Zeichen, damit die Gesprächssituation als solche eröffnet werden kann.

Durch dieses soziale Handeln hat der Therapeut seine Bereitschaft erklärt. Selbst wenn der Therapeut nicht gesprochen hat, hat er sich selbst, seine Haltung, Bewegung, Kleidung, seine Person zu erkennen gegeben. Es ist ihm unmöglich, ein Neutraler zu sein, selbst wenn er es wollte. Um aus diesem Zwiespalt, unmittelbar betroffen zu sein und dennoch zurückhaltend zu bleiben, herauszukommen, sind Formeln der Eröffnung, Einleitungssätze entwickelt worden, die sich als besonders geeignet für den Beginn einer therapeutischen Situation erwiesen haben. An ihnen wird deutlich, welche Grundeinstellung der Therapeut mit diesen Formulierungen in die Situation eingebracht hat.

Die bekannteste Formulierung, die in mehreren Darstellungen zum Erstinterview gleichlautend verwendet wurde, heißt: *„Was führt Sie hierher?" „What brings you here?"*

Diese Frage läßt vieles, beinahe alles offen, aber verlangt eine Antwort. Der Patient kann wählen, womit er anfangen will, er kann ausdrücken, was er sich vielleicht vorher überlegt hat oder den nächsten Gedanken vorbringen, der ihm zu dieser Frage einfällt. Das Was in der Frage zielt auf ein Objekt, auf etwas Greifbares, das in einem Sinnzusammenhang mit dem Kommen steht und daher so zu verstehen ist, daß es eine Denkanspannung herausfordert. Die andere Konnotation, die von Bringen und Führen zu Treiben weist („Was treibt Sie hierher?"), drückt eine Dringlichkeit aus, die die Annahme des Therapeuten reflektiert, der Patient komme aus starkem Leidensdruck: „Was zwingt Sie hierher?"

Eine weitere Anfangsformulierung heißt: *„Warum kommen Sie?"* Darin wird dem Patienten sofort eine Begründung abverlangt. Günstiger wäre zwar die Frage: *„Wie sieht es bei Ihnen aus?"*, die anstatt sofort nach der vorborgenen Ursache zu forschen sich erst einmal der szenischen Gestalt, der Beschreibung, zuwendet. Allerdings ist eine derartige sprachliche Formulierung unüblich und inhaltlich mißverständlich.

Der Satz *„Was haben Sie sich gedacht?"* spricht direkt das Denken an und verpflichtet den Patienten zu Überlegungen, er möge zusammenfassen, was bereits in ihm vorgegangen ist. Für viele Patienten ist eine solche Frage zu schwierig, da ihnen die Aufforderung zu denken ungewohnt ist. Außerdem wird damit eine Verengung des Themas bewirkt, da Gefühlsbereiche ungeklärte situative Umstände scheinbar ausgeklammert werden. Mit dem, was sich der Patient gedacht hat, bleibt unbekannt, wie er sich einschätzt, wie er sich fühlt - und was er nicht durchdacht hat.

Sehr häufig wird gefragt: *„Was fehlt Ihnen?"* Dieses Fehlen weist unmittelbar auf das Thema der Beschwerden und kommt aus einem tradierten medizinischen Bereich, der dem Patienten vertraut ist und dessen Assoziation ihm zunächst Sicherheit verschafft. Gleichzeitig rückt diese Formulierung sehr stark körperbezogene Vorstellungen in den Vordergrund und scheint deshalb für ein Interview, das auf eine größere Weite der Erfassung angelegt ist, weniger günstig. Das gleiche gilt für die Eröffnung: *„Welche Beschwerden haben Sie?“*

Eine angemessene, aber unübliche Frage wäre dagegen: *„Was stört Sie?“* Hier ist unmittelbar die Störung in der Befindlichkeit, im allgemeinen Wohlbefinden angesprochen. In akzentuierterer Form heißt es: *„Woran leiden Sie?“* In der therapeutischen Praxis wird der unmittelbare Bezug auf das Wort Leiden gemieden, ja peinlich umgangen. Als umfassende Frage könnte sowohl das körperbezogene als auch das seelische Leiden durch ein entsprechend zum Ausdruck gebrachtes Interesse sofort ins Zentrum der Aufmerksamkeit gerückt werden. Alle Abstraktionen, die einen Konflikt oder ein Symptom ansprechen, erscheinen insofern brauchbarer, als sie dem Sprechen des Patienten zugänglicher sind und nicht zu rasch in eine Intimität führen, die dieser beginnenden Beziehung unangemessen wäre. Wenn sich die Dyade Patient–Therapeut jedoch zulange auf Begriffe wie Symptome, Beschwerden, Konflikte eingefahren hat, wird es schwierig, die begriffliche Verhärtung wieder aufzulösen.

Inhaltlich genau, nur aus sozial-umgangssprachlichen Gründen unangebracht, ist die Frage: *„Wie geht es Ihnen?“* Diese Konventionalität legt stereotype Antworten nahe. Sie ist nicht ernsthaft genug, hat nicht den Rang einer therapiebezogenen Frage, sie ist daher in unangenehmer Weise privat. Es kann das Mißverständnis entstehen, daß es sich hier um eine allgemeine Gesprächssituation handele, während der Patient im Gegensatz dazu eine sehr spezielle Begegnung, die eines *ersten* Gesprächs sucht.

Manche Therapeuten kommen zu Beginn eines Interviews dem Patienten nur soweit entgegen, daß sie lediglich einen Platz anbieten, averbal ihre Bereitschaft bekunden, der andere möge sprechen und dies vielleicht mit einem „Bitte ...“ verbinden. Die Prämisse, der Patient habe das Recht, die gesamte Sprechzeit für sich zu verwenden, impliziert das Ideal eines schweigenden Therapeuten. In Zeitungsannoncen aus dem paratherapeutischen Bereich wird sogar angeboten: „Ich höre Ihnen zu, DM 78,— pro Stunde.“ Der Therapeut, so lautet die These, ist wach, nimmt alles auf und versteht stumm. Unveränderbar bleibt diese Vorstellung in den Köpfen derer, die sich mit Psychotherapie zu befassen beginnen. Der Grund dafür ist weniger ihr Respekt vor dem anderen als ihre Angst, sich falsch zu äußern. Inzwischen hat jedoch die Interaktion zwischen Patient und Therapeut begonnen und in den Phantasien führen längst Streitgespräche, zögerndes Liebeswerben und heimliche Beschuldigungen ihr unerkanntes Leben. Der Therapeut, der dies spürt und weiterhin schweigt, läßt den Patienten allein und im Druck seiner unausgesprochenen Phantasien hängen und verweigert die Annahme. Sich überhaupt nicht zu äußern, ist dann eine Abweisung und Verletzung dessen, der durch sein Kommen und Sprechen bereits mitgeteilt hat, daß er eine gemeinsame Besprechung wünscht. Eine stumme Vorphase der Therapie, die zu einer möglichst unverzerrten Beurteilung des Patienten führen soll, ist nicht zu erzielen. Manche schweigenden Therapeuten achten daher sorgfältig auf ihre Körperhaltung, Gestik und Mimik, die dem Patienten verständlich macht, daß sie verstehend an dem Vorgebrachten teilnehmen. Sie äußern sich sprachlich mit anscheinend bedeutungsneutralen, im affektiven Kontext jedoch hinwendenden Interjektionen („hm", „ja"), oder sie wiederholen Teilsätze oder Interjektionen des Patienten, um ihm mitzuteilen: „Ich bin dabei, ich habe verstanden, ich vergesse nicht".

Die Absicht, den Patienten im ersten Teil des Erstinterviews weitgehend sich selbst überlassen zu können, ist begrenzt. Der schweigende oder angstgetriebene Patient wird seinen Zustand bereits nach sehr kurzer Zeit ausreichend gezeigt haben. Er braucht Anregung und Aufforderung, um sich weiter äußern zu können. Es ist wenig sinnvoll, ein Schweigeduell auszutragen - insbesondere, wenn weder Therapeut noch Patient wissen, welche unausgesprochenen Phantasien aufeinandertreffen. Die Hilfe durch das Sprechen des Therapeuten wird in einigen Interviewsituationen so dringend benötigt, daß der Therapeut zwangsläufig mehr als einen einleitenden Satz spricht und sich damit sofort mit den Ängsten und dem Unvermögen des Patienten befaßt.

•

Diese Eröffnungen dienen nicht der Lösung des äußerlich-technischen Problems: „Wie kommen wir miteinander ins Gespräch?" Sie enthalten geistige Prämissen, die der Therapeut im ersten Satz ausdrückt, auf die der Patient unweigerlich reagiert. Selbst die Zurückweisung: „Wie meinen Sie das?" bleibt im Zugzwang der Antwort, die nur zur Wiederholung der eröffnenden Frage führt. Ob Denken oder Leiden oder Fühlen den Therapeuten in erster Linie interessiert, kann für eine ganze Therapie verbindlich werden. Eine solche Weichenstellung setzt sich immer durch, sie kann auch nicht durch Schweigen vermieden werden. Der stumme Therapeut würde im Erstinterview die Wertung abgeben, ungelenkte Selbstdarstellung sei der heilsame Weg der Therapie. Solches Schweigen kann aber unbemerkt in die Nähe von Belastungsinterviews - „testing the limits" - führen, die als Eignungstests angewendet werden.

Die Wörter des Anfangs sind wörtlich zu nehmen. Wortwahl, Satzbau, Modus bilden ein Bedeutungsgefüge, das den Therapeuten beschreibt, ein erstes - verbal vermitteltes - Bild von ihm erkennen läßt. Gerade wenn er die Wörter ernst nimmt, erschließt sich ihm auch ihre zunächst nicht bewußte, verborgene und dennoch ausgedrückte Mitteilung. Der objektiv freundliche Satz: „Ich stehe Ihnen völlig zu Verfügung" kann kalt und herzlos ausgesprochen sein, kann unterschlagen, daß im Grunde nur die auf bereits 50 Minuten begrenzte Sprechstunde gemeint ist.

Bereits im Gespräch wird der Therapeut spüren, welche Dichte der Kommunikation sich im Sprechen und Schweigen ausbildet. Er stellt sich darauf ein, bemüht sich, die Situation so zu beeinflussen, daß gefühltes, aber unartikuliertes Leiden den Weg zur sprachlichen Äußerung findet. Gleichzeitig wird er diese Einladung an den Patienten so begrenzen, daß daraus keine Erwartungen entstehen, die sich durch die Wirklichkeit der Therapie nicht erfüllen lassen. Der Begegnung unter Fremden scheint Distanz angemessen zu sein. Formeln der Nähe und Aufmunterung, wie sie im medizinischen Bereich üblich sind, das falsche „Wir" in der Frage: „Wie fühlen wir uns denn heute?" leiten keine aufrichtige kommunikative Situation ein. Dort wird eine Gleichheit und Vertraulichkeit vorgetäuscht, die auch nicht dadurch zu rechtfertigen ist, daß man unterstellt, der Patient wünsche oder brauche diese Täuschung.

Ein therapeutisches Erstinterview dringt nicht unbeträchtlich in die Privatsphäre, in das Seelenleben des Patienten ein. Während der Therapeut mit solchen Gesprächen vertraut ist, gibt es Patienten, die sich dem kaum aussetzen können, sehr schnell durcheinander geraten und interviewunfähig werden. So kann die klassische ärztliche Gesprächsführung, die Erstellung einer Anamnese, gerade für den Erstkontakt als Erleichterung für den Patienten verwendet werden. Indem chronologisch Lebensdaten und damit verknüpft Krankheitsdaten erfragt werden, bleibt der Patient davon verschont, schwierige Sinnzusammenhänge mitteilen zu müssen. In der Psychotherapie kann ausnahmsweise so begonnen werden, doch es muß sich später erweisen, daß diese Art von Schutz nicht mehr notwendig ist. Wer mit einer Anamneseerhebung angefangen hat, ist in der Gefahr, bei einem anamnestisch-ausfragenden Stil zu bleiben, weil dies das Leichteste ist - und Patient und Therapeut sich daran gewöhnt haben.

Manche Patienten versuchen, die Schwierigkeit der Anfangssituation so zu vermeiden, daß sie hilflos oder offensiv äußern: „Fragen *Sie* mich lieber!" Der Therapeut kann durchaus darauf eingehen, wenn er dabei nicht stehenbleibt, sondern dem Patienten seine Hilflosigkeit oder Aggressivität zeigt. Andernfalls erhält er die Hilflosigkeit aufrecht oder er unterliegt der Aggression. Er fände sich bald selbst hilflos, im Netz seiner eigenen Fragen gefangen. Er kann dies rechtzeitig genug erkennen, wenn er den Beginn seiner eigenen Hilflosigkeit spürt, die er durch intensiveres und längeres Fragen fernzuhalten sucht und dabei trotz aller Aktivität ermüdet.

Der Beginn eines Erstinterviews kann davon bestimmt sein, wieviel Patient und Therapeut bereits übereinander wissen. Zum Arbeitsfeld des Therapeuten gehört, daß er Vorkenntnisse vom Hörensagen, über Telefonkontakte, von Kollegen, anderen Patienten oder Angehörigen, durch Überweisungsbriefe oder Akten erhält. Manche Therapeuten versuchen, so gut es möglich ist, sich auf dem Stand der Unwissenheit über den Patienten zu halten, bevor sie ihn selbst gesehen haben, und lehnen eine Akteneinsicht oder andere Vorweginformationen ausdrücklich ab. Sie wollen sich ein eigenes Bild vom Patienten machen, sich subjektive Vorstellungen erlauben, die nicht durch Urteile anderer im vorhinein beeinträchtigt sind. Es erscheint durchaus sinnvoll, mit dem Studium der Unterlagen bis nach dem Erstinterview zu warten. Dies gilt dann nicht, wenn der Patient bereits durch die medizinischen Instanzen hindurchgegangen ist und der Inverviewer jetzt herausfinden soll, welche weiteren Möglichkeiten der Behandlung offenstehen. In dieser Situation fühlt sich derjenige Patient am meisten entlastet, der wissen kann, daß sich sein Therapeut über ihn bereits informiert hat. Ein therapeutisches Gespräch, in dem beide Teilnehmer nur so tun, als wäre dies ein Erstinterview, ist unwahr. Der Patient erzählt dann vielleicht zum fünften oder sechsten Mal eine inzwischen abgerundete und zum Stereotyp gewordene Biographie, während der Therapeut sich der trügerischen Hoffnung hingibt, er könne als erster unter all den bisher tätig gewordenen Therapeuten die wahre Thematik des Patienten begreifen. Hat der Therapeut Vorkenntnisse über den Patienten, so ist es sinnvoll, den Stand dieses Wissens dem Patienten mitzuteilen. Therapeut und Patient können anschließend mit ihrem Thema, dem Neuen und Eigentlichen dieser Beziehung, beginnen.

•

Unvermeidbar besteht im Erstinterview eine Ungleichheit in der kommunikativen Situation. Während die Anwesenheit des Therapeuten durch die Berufsposition und seine Bereitschaft, sie jetzt auszuüben, eine Selbstverständlichkeit ist, muß der Patient sein Kommen erst hinlänglich begründen. Lediglich da zu sein genügt nicht, er muß in einer Art überzeugender Selbstdarstellung das Interesse und die Hilfsbereitschaft des Therapeuten erregen und sich dadurch sein „Daseinsrecht" erst gewinnen. So dominieren in den typischen Eröffnungen des Patienten Sätze kausalen und finalen Inhalts, wobei sich bestimmte Muster je nach Patient und Therapieumfeld häufen. Ihr stereotyper Charakter weist darauf hin, daß sich in Erstkontakten geronnene, festgefahrene, klischeehafte Sätze einstellen, weil sie nach sozialer Gewohnheit und Erfahrung als geeignet erscheinen, das Interesse des Therapeuten zu gewinnen. Die eigenen, spontanen, persönlichen Ausdrucksformen des Leidens werden dadurch unsichtbar, überdeckt, ja entstellt. Es ist gerade die Aufgabe des Erstinterviews und der Therapie, Hilfe bei der Übersetzung konventioneller, fremder Sprache in eigene, persönliche zu leisten.

Patienten gebrauchen Formulierungen, nebeneinander stehende, für sich zu nehmende Sätze, wie: Ich komme, weil ich Schmerzen habe, aber der Arzt nichts finden kann - weil es mir schlecht geht - weil ich mit jemandem über meine Probleme reden muß - weil ich mit mir nicht mehr zurecht komme - weil ich Schwierigkeiten habe, mich bei der Arbeit zu konzentrieren - weil ich in der letzten Zeit bei den geringsten Anlässen immer weinen muß - weil ich ganz häufig unerklärliche Angst bekomme, wenn ich allein zu Hause bin - weil ich mich informieren wollte, wie ich mit den Schwierigkeiten umgehen kann, die mir mein Mann macht - weil ich meine Prüfungen nicht schaffe - weil meine Frau sagt, ich sollte mich untersuchen lassen - weil ich wissen wollte, ob es eigentlich normal ist, wenn ich sooft an Selbstmord denken muß.

Während sich in diesen begründenden Formulierungen noch einmal das Leid zeigt, das zur Therapie führt, wird in zielgerichteten Sätzen eher deutlich, wohin die Therapie führen soll: Ich komme, damit meine Ehe nicht kaputtgeht - damit ich endlich wieder eine Nacht ruhig schlafen kann - damit Sie mir einen Rat geben, wie ich aus dem Chaos, in dem ich lebe, herauskommen kann - damit ich meine Schluckbeschwerden in Gegenwart anderer loswerde - damit ich es endlich schaffe, von zu Hause auszuziehen - damit ich mir klar werde, was ich beruflich eigentlich machen soll.

Allen diesen Eröffnungen haftet eine Erstarrung an, die nicht unbedingt der Patientenbefindlichkeit entspricht, sondern als Ausdruck der Erstinterviewsituation zu verstehen ist.

Unabhängig von seinen wahren Leiden wird der Patient die sprachlichen Muster verwenden, die ihm einerseits aus den frühen Beziehungen bekannt sind und die andererseits seiner Phantasie entsprechen, wie er um einen Therapeuten werben sollte, um erfolgreich zu sein. Um die Hilfsbereitschaft des Therapeuten zu erwecken, spielt die Hilfsbedürftigkeit des Patienten allein noch nicht die entscheidende Rolle. Es muß hinzukommen, daß der Patient eine Selbsthilfefähigkeit signalisiert, die auf eine Hilfefähigkeit beim Therapeuten trifft. Der Therapeut braucht das Gefühl: Hier ist Hilfe möglich, hier kann Hilfe verarbeitet werden - hier kann *ich* mit meinen Möglichkeiten und Fähigkeiten helfen.

So sucht der Patient die Bereitschaft des Therapeuten zu erreichen: „Sie können mir helfen. Ich habe zwar Probleme, aber ich bin nicht unheilbar krank". Völliges Unvermögen, Hilfe anzunehmen, würde die Zurückweisung auslösen: „Da ist nichts mehr zu machen, dem ist nicht mehr zu helfen - jedenfalls nicht von mir". Andererseits darf sich der Patient aber auch nicht zu sicher und zu fähig anbieten, sondern muß eine Störung mit Krankheitsgewicht verdeutlichen, um ernstgenommen zu werden. Er muß sich also mit seinen Beschwerden innerhalb einer bestimmten Bandbreite von Schwere und Ernsthaftigkeit darstellen, die von Therapeut zu Therapeut zwar verschieden, doch im Ganzen relativ begrenzt ist. Zwischen Überforderung und Unterforderung, die beide Ablehnung zur Folge hätten, muß er das Maß einhalten, das ihm Erfolg zu versprechen scheint.

Wie stark, wie schwach, wie gesund, wie krank, wie offen, wie kontrolliert darf er eigentlich sein? In jedem Fall wird er eine Darstellungsform wählen, die ebenso im Hinblick auf seine gewohnte Art, Beziehungen aufzunehmen, wie auf seinen aktuellen Zustand zu verstehen und zu bewerten ist.

Wie sind die Risiken des Erstinterviews verteilt? Ist eigentlich der Aufsuchende oder der Aufgesuchte der stärker bestimmende, freiere und mächtigere Teil in der Begegnung? Auch wenn es so aussieht, daß immer der Therapeut der Stärkere ist, um den geworben werden muß, weil er jemandem zur Therapie annehmen oder ablehnen kann, so ist es doch auch der Patient, der mit seiner Motivation die Situation bestimmt und mit seiner Entscheidung, wiederzukommen oder wegzubleiben, in den Arbeitstag des Therapeuten eingreift. Insofern hat auch der Therapeut um den Patienten zu werben. Denn es kann für ihn nicht gleichgültig sein, ob dieser Patient, mit dem er jetzt ernsthaft spricht, wiederkommt oder nicht, ob er seine Therapiebereitwilligkeit nur ankündigt, aber nicht einhält oder abbricht. Der Patient kann den Therapeuten warten lassen. Er gibt ihm mit seiner eigenen Beweglichkeit immer auch einen Hinweis darauf, wie abhängig der Therapeut ist.

Der Patient übt Macht über den Therapeuten aus, da er sich jederzeit der Therapie entziehen und den Therapeuten in seiner Therapiebereitschaft allein lassen, ihn in die Monotonie der, nicht vorher abgesagten, leeren Stunde stoßen kann.

Die Synonyme des Konflikts

Vor der Aufgabe, die verschiedenartigen Dimensionen dessen, was der Patient vorbringt, zu ordnen und zu verstehen, taucht die Überlegung auf, ob es nicht typische Darstellungsweisen von Patienten gibt, ein über das Persönliche hinausgehendes, kulturell geprägtes und mehr oder weniger häufig verwendetes Darstellungsschema. Der Patient, der seine wie verschieden auch immer empfundene Störung mitteilen will, ist gleichzeitig genötigt, diese in einen Sinnzusammenhang zu stellen. Er wird sich daran halten müssen, was je nach seiner Meinung normal, richtig oder nötig ist, wenn er sich an einen Psychotherapeuten wendet. Er wird zwischen Phantasie und Wirklichkeit einen Weg suchen, in dem er sich auf Psychotherapie zubewegen kann. In dieser Annäherung drückt sich auch die Bereitschaft aus, einmal das anzunehmen, was der Therapeut ihm anbietet bei dem Versuch, die gedankliche Zuordnung von Problemen, Schwierigkeiten, Störungen, Krankheiten, Schmerzen oder Symptomen zu finden.

Ein vertrauter Versuch der Ordnung findet sich in den leitenden Begriffen der analytischen Psychotherapie: Traum, Biographie, aktueller Konflikt.

Der *Traum* ist immer ein sinnvolles Gebilde. Er ist der Vermittler von Vergangenheit und Gegenwart und Zukunft, von Zeitlosigkeit und Zeitbegrenzung, von äußerer und innerer Wirklichkeit, von Schrecken und Wünschen, ihrer seltsam verstrickten Erfüllung. Er ist der Verteiler zwischen bewußten und unbewußten Anteilen und führt zu der Instanz, deren Verschlossenheit uns daran hindert, erworbene innere Konfliktsituationen zu erkennen. Nun beginnen Erstinterviews nicht mit dem Bericht über Träume. Es wäre allerdings für manche therapeutische Situation leichter, Patient und Therapeut könnten sich in einem frühen Stadium der Beziehung über Träume verständigen. Ihnen vorgelagert sind jedoch die gängigen Realitäten, die viel leichter erschließbar erscheinen und doch oft hartnäckiger sich der Entschlüsselung widersetzen.

Für die Erschließung von Lebensschwierigkeiten bietet die *Biographie* einen vielversprechenden und verläßlichen Ansatz. Die lebensgeschichtliche Beurteilung eines entstandenen Problems führt dazu, sich den Kräften innerhalb der Entwicklung zuwenden zu können und aus diesen Ursprüngen wie bleibenden Konfliktkonstellationen Schlüsse auf das gegenwärtige Leiden zu ziehen. Vielen Patienten jedoch fällt es, besonders am Anfang, schwer, eine solche, der Idee nach sinnträchtige Lebensgeschichte zu erzählen.

Jede Biographie hat jedoch ihren leicht sichtbaren Ausdruck im Gegenwartsgeschehen, die *Konflikt*schicksale aus Kindheit und Jugend bestehen fort, so daß psychisches Leiden unmittelbar im Alltagsgeschehen vorhanden und als Aktualkonflikt greifbar ist.

So sind drei, sich in der äußeren Form sehr verschieden darstellende Raster der Erfahrbarkeit des Leidens eines anderen entstanden. Sie können sogar als eigenständig und in sich ausreichend betrachtet werden, wenn der Patient durch Vorerfahrung oder Lebenseinstellung sich in einer dieser Darstellungsweisen gut auskennt *und* der Therapeut seine Wahrnehmung besonders darauf ausgerichtet hat.

So werden Therapeuten aus der Schule der Gesprächstherapie und der Verhaltenstherapie der Erkundung der Gegenwart und ihrer Konflikte den größten Wert beimessen, die Konfliktpotentiale im Hier und Jetzt suchen. Tiefenpsychologisch orientierte Therapeuten werden mehr einen dynamisch-biographischen Verstehensmaßstab anlegen. Die Traumspezialisten verschiedener therapeutischer Orientierungen werden sich vorwiegend dem Traum, dem Tagtraum und verwandten, imaginativ-projektiven Verfahren zur Erhellung des Leidens zuwenden.

In dieser definitorischen Verkürzung ist das alles anerkannt.

•

Die Praxis des Erstinterviews zeigt jedoch, daß nur ein geringer Bruchteil von Patienten insoweit therapiegebildet ist, daß er sich schwerpunktmäßig auf Biographie, Tageskonflikt oder Traum bezieht, sondern die drei Ebenen vermischt und von verschiedenen Aspekten zugleich spricht. Dies mag den Therapeuten irritieren, aber es gibt keine Möglichkeit, den Patienten für das Erstinterview zu schulen, ihm Anweisungen zu geben - und ihn erst nach dieser Schulung zu befragen. Für die Gestaltung einer Gesprächssituation im Erstinterview ist der Therapeut zunächst unvermeidlich darauf angewiesen, als Zweiter zu sprechen, der Selbstdarstellung des Patienten Vorrang zu geben. Alles, was der Patient dabei vorträgt, ist *richtig*, ist *sein* Ausdruck, auf den hin sich der Therapeut verstehend zuzubewegen hat.

Nun wurde hier nicht grundlos die Thematik Traum vorangestellt. Die Phänomene, die dort beobachtet werden, die Verdichtungen, Verschiebungen, Veränderungen der Wirklichkeit bieten nicht nur beim Traum die Möglichkeit zur Entschlüsselung. Bei genauerer Betrachtung enthält auch das scheinbar realistische Tagesproblem mit viel ungestaltetem Kleinkram und Wortmüll bereits durch seine Auswahl, aufgrund der Geschehnisabfolge, der Auslassungen und Überbetonungen in ihrer szenischen Verdichtung, viele Elemente, die ähnlich wie ein Traum zur Bedeutungssuche Anlaß geben. Dies gilt auch für die Auswahl der Erlebnisse und Fakten, die der Patient über seine Kindheit und die nach seiner Meinung bestehenden Zusammenhänge zwischen damals und heute angibt.

Insofern sind die gesprochenen Sätze des Patienten immer ausreichend, um an ihnen Deutungen zu entwickeln, in diesem Sinne gibt es keine wichtigen und unwichtigen Passagen, folglich ist der Ausspruch: „Aber kommen wir jetzt einmal zur Sache" sinnlos. Das heißt nicht, der Therapeut müsse ehrfürchtig und stumm vor dem verbal evozierten Gebilde des Patienten stehen, im Gegenteil, er hat sich sprachlich einzuschleusen, sich zu vermischen mit dem Sprechen des Patienten, damit im Ergebnis ein Dialog entsteht. Deshalb darf der Therapeut Fragen stellen, Anregungen geben, Einschränkungen empfehlen, ein Thema beschleunigen oder anhalten, die Interpretationsebene lockerer oder ernsthafter einstellen - wichtig ist hier, daß alle Wörter die gemeinsame Grundlage bilden, die zur Besprechung und zur Interpretation erforderlich ist. Der Therapeut ist keinem Anamneseschema verpflichtet, er braucht keine Krankengeschichte zu erheben, in der ein Element fehlen könnte oder ein anderes überbetont wird. Er kann dem Patienten interpretativ wachsam folgen, auch wenn es so aussieht, als springe der Patient, verbohre sich, sei flüchtig, unkonzentriert, abweisend, ungenau. Alle diese Beobachtungen sind Beobachtungen über die Wirklichkeit dieser Person und haben den Rang, festgehalten und später therapeutisch nutzbar gemacht zu werden. Solange der Therapeut versteht, braucht er nicht jeden Gedankengang des Patienten vollständig nachzuzeichnen, er wird ohnehin das meiste der protokollierbaren Sätze vergessen dürfen. Er wird jedoch dann in das Sprechen des Patienten eingreifen müssen, wenn er über längere Strecken nicht mehr versteht. Wenn sich in seinem Kopf Szenenstücke anhäufen, die unerklärt und unverstanden bleiben, wenn er mehrere Möglichkeiten des Verstehens erkennt und sich nicht für eine einzige entscheiden kann, muß er deutend eingreifen. Dies sind Wendepunkte in der dialogischen Struktur. Der monologisch sprechende Patient wird durch den sprechenden Therapeuten in die Beziehung aufgenommen.

Die Aufmerksamkeitsspannung und die Selbstkontrolle des Therapeuten richten sich auf die Ausdehnung seines Verstehens, auf die weitverzweigte und dann doch gestalthaft eindeutig erkennbare Bedeutungsfindung aus den sprachlich sehr verschiedenartigen Gebilden des Patienten. Dies schließt die Notwendigkeit nicht aus, spezielle Sprachprodukte wie Träume, Biographien und Alltagsberichte in ihren je besonderen szenischen Verschlüsselungen zu begreifen.

•

Der erzählte Traum, der sofort verständlich ist, die Problembiographie, in der sich leicht sinnfällige Zusammenhänge ergeben, das einleuchtende Tagesversagen verbergen die Konflikte, indem sie ein Stereotyp des Verständnisses aufdrängen, das die weitere Suche überflüssig zu machen scheint. Sobald psychische Probleme die Form des vernünftigen Konflikts annehmen, haben sie sich von ihrem Ursprung zurückgezogen, ihr Beziehungsschicksal verloren, ihre Triebkraft eingebüßt.

Der Konflikt besteht in Unverstandenem, Rätselhaftem, Bedrohlichem, Unerkanntem. Gerade dorthin hat sich die Aufmerksamkeit von Patient und Therapeut zu richten. Worüber der Patient schon vor dem ersten Gespräch Bescheid weiß, ist nicht mehr Aufgabe des Erkennens. Therapeutisches Bemühen, das diese Bemühung fortsetzt, greift ins Leere. Die Phänomene dagegen, die Hindernisse auf dem Weg zur Verständigung sind, haben die Qualität, Sinn preiszugeben.

In der Praxis werden im Erstinterview nicht selten Biographien geschildert, die entpersönlicht und wie vorfabriziert erscheinen, wobei die Vortragsweise wie geölt wirkt. Der Therapeut hat den Eindruck, das Vorgebrachte entspreche nicht der Wirklichkeit des Vortragenden. Er kann sich vorstellen, daß der Patient solche Krankheitsgeschichten schon öfter erzählt hat, unter Umständen lediglich in inneren Monologen, die jedoch so häufig durchgespielt wurden, daß im Ergebnis Abglättung, Einschmelzung, Trockenheit entstanden ist, ein Kunststoff, an dem Einfühlung abgleitet.

Einen anderen Typ von schwer verständlicher Biographie ist mit dem Begriff Vorführgeschichten zu bezeichnen. Der Therapeut spürt, daß damit ein Zweck verfolgt wird, der nicht unmittelbar zu dem psychotherapeutischen Kontakt gehört und anderen Zielen dient. Er erkennt dies an Überbetonungen oder Auslassungen, bei denen allmählich deutlich wird, wie der Patient es nötig hat, entweder die gute Kindheit oder den totalen Schrecken vorzuführen. Der Patient wird von Bedürfnissen getrieben, die präsentiert sein wollen, die sich zwanghaft durchsetzen, gleichgültig, ob der Therapeut sie hören will oder nicht. Die Vorführung findet jetzt vor dem Therapeuten, aber auch sonst im

Leben statt. Der Therapeut fühlt sich als ein Zuschauer, dessen Anwesenheit sich nur auf diese Rolle beschränken soll.

Das Unbegreifbare einer Biographie kann ein solches Ausmaß annehmen, daß der Therapeut spürt, er habe eine umgearbeitete, stilisierte, gefälschte Biographie vor sich. Der Patient hat bei der Auswahl und Wertung von Lebensereignissen Zusammenhänge geboten, die für den Therapeuten nicht einfühlbar sind. Dies heißt nicht, der Patient sage absichtlich falsche Dinge, also lüge, um sich einen Vorteil zu verschaffen, vielmehr gilt, daß er selbst an diese Biographie glaubt, um dadurch ein persönliches Gleichgewicht aufrechterhalten zu können.

Auch diejenigen Biographien erregen Zweifel, in denen den Ereignissen des Lebens kein Wert zugesprochen werden kann, in denen sie zu so belanglosen Einzelheiten herabgewürdigt werden, so daß den Therapeuten daraus Leere oder Nichtigkeit anweht. Der Eindruck entsteht, der Patient lasse keinen Einblick in sein Leben zu. Schließlich werden Biographien vorgebracht, in denen der Patient ausführlich und bewegt über sich selbst spricht, jedoch nicht in der Lage ist, aus dieser Biographie einen Bezug auf seine Alltagsproblematik zu finden. Die Vergangenheit erscheint völlig getrennt von der Gegenwart. Eine solche Biographie wird wie ein unabänderlicher Block dargestellt, den man als Medium der Verständigung nicht durchdringen zu können glaubt.

Bei allen diesen Überlegungen muß berücksichtigt werden, daß es eine absolut wahre Biographie nicht gibt, daß Lebensbeschreibungen immer Bedürfnissen und Einstellungen unterliegen, die mit Lebensbalancen zu tun haben, und von der Gegenwart des Therapeuten beeinflußt sind, dem zu Liebe oder dem zu Haß sie modifiziert werden. Erreicht die Unverständlichkeit für den Therapeuten einen Grad der Überflutung und Beängstigung, wird er die Schilderung unterbrechen und nach den Bedingungen dieser Unverständlichkeit suchen. Er wird die Atemlosigkeit des Patienten nutzen, um sich darüber klarzuwerden, worin die Verwirrung oder Blindheit des Erzählenden besteht.

In sehr ähnlicher Weise können die Tagesereignisse so extrem beurteilt, entstellt, verdreht, in ihren Abläufen unwahrscheinlich oder auch als bedeutungslos, leer, nichtgelebt vorgetragen werden, daß der Therapeut aufmerkt. Aus der Art wie aus der Häufigkeit bestimmter Berichte lassen sich typische Darstellungsweisen erkennen.

Nicht selten betont der Patient einen einzigen Konflikt, der scheinbar die gesamte psychische Thematik umfaßt und bestimmt. Oft faßt der Patient seinen Bericht in dem Satz zusammen: „Alles ist gut, nur dieses Eine nicht". Der Therapeut bekommt dadurch den Eindruck, daß die Verengung auf einen einzigen Konflikt kaum der Lebenswirklichkeit entspricht und daß der Patient Gründe hat, das eine Thema als Symbol für das Gesamtgeschehen einzusetzen. Dieses Eine ist dann nicht unmittelbar verständlich und es bedarf erst der assoziativen Anreicherung und anschließend der gemeinsamen Anstrengung, es zu entziffern.

Geradezu als Gegenstück wirkt ein Bericht, der den Therapeuten glauben machen soll, daß das gesamte akutelle Leben vom Konflikt überzogen sei, und in der Aussage gipfelt: „Bei mir ist alles kaputt". Der Therapeut spürt, daß die sonstige Präsentation des Patienten, sein äußeres Erscheinungbild und andere

Merkmale soviel Konflikt und Zerstörung unwahrscheinlich machen. Er kann sich in diese Totalität nicht verstehend einfühlen. Braucht er, um überzeugt werden zu können, auch die äußeren Zeichen der Verelendung und Verkommenheit?

Unmittelbares Verstehen wird oft durch Sondergewichtungen erschwert, die außerhalb der üblichen Bewertungen liegen. Schlimmes wird als zu leicht, Leichtes als zu schlimm empfunden. Der Therapeut hat den Eindruck, hier werde Verwirrung gesät, er werde in die Irre geschickt, die Wahrheit werde zurückgehalten. Der hingeworfene Satz: „Wer hat im Leben denn keine Probleme?" überzeugt nicht.

Wichtig sind auch die Angaben über die Befindlichkeit des Patienten. Wie fühlt er sich bei all dem, was er gerade vorträgt? Wie verändern sich seine Gefühle im Verlauf des Interviews? Auch hier gilt, daß spontane Einfühlung und Verständlichkeit der dargebotenen Affekte, Gefühle und Stimmungen es erlauben, im Interview fortzufahren, ohne daß der Therapeut unterbricht. Erst dann, wenn wieder Nichtverstehbares, Rätselhaftes, Mißverständliches auftaucht, wird vom Therapeuten spezielle Aufmerksamkeit gefordert. Es gibt Patienten, die zwar inhaltlich sehr viel aussprechen, über Wortreichtum verfügen; dem Therapeuten aber wird dennoch ein Fehlen der persönlichen, gefühlhaften Stellungnahme deutlich. Welche Darstellungen der Befindlichkeit werden als besonders störend und welche als weniger störend empfunden? Oft wird er die Vermutung nicht los, daß Gefühle, die der Patient als unproblematisch schildert, für ihn dennoch problematisch sind.

Andere Patienten sprechen von ihrem Befinden in einer unterschiedslosen, wie aufgereiht wirkenden Weise, so daß der Therapeut Schwierigkeiten hat, Wichtiges auszuwählen und zu erkennen. Er erfaßt in isolierten Lebensszenen durchaus einen Zusammenhang, es gelingt ihm jedoch nicht, sie in einer imaginierten Gesamtschau als verständlich zu begreifen.

Viele Patienten berichten im Erstinterview über ein Symptom, das dem medizinischen Bereich der funktionellen Störungen und der psychosomatischen Erkrankungen zugerechnet wird. Um Beschwerden wie Kopfschmerzen, Magenbeschwerden, Herzrasen, Verdauungsschwierigkeiten gruppieren sich wortreiche und vielschichtige Beschreibungen, die dennoch erkennen lassen, daß das genannte Symptom nicht eindeutig für die behaupteten Zusammenhänge als Erklärung ausreicht. Der Patient weist somit ein klassisches Symptom auf, bietet eine Zentrierung, Zusammenfassung und Symbolisierung für möglicherweise sehr verschiedenartigen Verursachungsreihen, welche das Symptom als Leidensstereotyp auf den ersten Blick nicht verständlich erscheinen lassen.

Diese Situation erfordert eine Stellungnahme des Therapeuten. Je verschlüsselter und unverständlicher die Beschwerden sind, je länger der Patient sich bisher schon in Behandlung befunden hat, um so sorgfältiger wird der Therapeut von Anfang an sich darum kümmern, dieses unverständliche Gesamt in Einzelthemen zu zerlegen. Die Vorphantasien des Therapeuten, so weit sie auch von denen des Patienten entfernt sein mögen, können diesen anregen, seine eigenen Phantasien in Gang zu bringen.

Diese Patientengruppe zeichnet sich dadurch aus, daß sie das Nichtverständliche in recht klarer Formulierung äußert, im Gegensatz zu den Patienten, die scheinbar Vernünftiges und leicht Einsehbares darstellen. Die Arbeit des Therapeuten gestaltet sich in beiden Fällen zwar verschieden, ist im Prinzip dieselbe: einen verstehenden Zugang zu dem Unverstandenen zu finden.

Instrumentarium der therapeutischen Wahrnehmung und Beurteilung ist der Therapeut selbst. Er setzt sich als Norm für die Beurteilung ein, bewegt sich in seiner Normalität. Daran entsteht Begrenzung und Kritik. Der Therapeut, dessen innere Weite des Verstehens mehr einschließt als die eines anderen Therapeuten, wird den Patienten in weitere und entlegenere Gegenden begleiten können, ohne ihn konfrontierend zurückhalten zu müssen. In der Toleranz des Therapeuten kann der Patient seine verhärteten Grenzen erweitern, wie der Therapeut durch die Grenzüberschreitungen des Patienten genötigt wird, seine Toleranzen neu zu überdenken. Erweiterungen wie Zurücknahmen sind Entscheidungen über die Therapie. Darin ist die Dyade Patient–Therapeut auf sich allein gestellt, kein Dritter kann ihre Risiken abnehmen, keine Methode gibt verläßliche Maßstäbe. Wer ist der Wächter der therapeutischen Grenzen?

•

Wenn beim Erstinterview dem Sprechen des Patienten leicht zu folgen ist, wird sich der Therapeut mit der nichtverbalen und kaum innerlich reflektierten Feststellung zufrieden geben: das Interview läuft. Es gibt jedoch Äußerungen von Patienten, die Beziehungsangebote darstellen, sich aber als Therapieverweigerungen entpuppen. Sie sind nicht mehr Signal aus der Biographie oder konflikthaften Aktualität, sondern unmittelbar aus dem gegenwärtigen Erstgespräch entstanden. Der Therapeut fühlt sich in der beginnenden Beziehung gehindert, eingeschränkt und gestört. Manche Therapeuten fühlen sich von diesen Vorkommnissen derart bedrängt, daß sie das Interview kaum mehr genügend frei, spontan, in dem von ihnen selbst gewünschten Stil durchstehen können, etwa wenn Beziehungsangebote gemacht werden, die dem Therapeuten als zu groß und zu umarmend erscheinen, oder wenn es zu aggressiven Äußerungen des Patienten kommt. Diese Erscheinungen beeinflussen durch vorwegnehmende Festschreibung, wie die Beziehung sein sollte, das Verhältnis negativ und schränken die Möglichkeit einer sich langsam öffnenden und entwikkelnden Beziehung ein. Die Einfühlung des Therapeuten in die Situation des Patienten wird zunehmend erschwert und verhindert.

Die beschwörende Formulierung: „Sie wissen ja, wie das ist ...“ kann als Floskel durchaus harmlos gemeint sein. Der Therapeut spürt jedoch, wenn die zugrundeliegende Verhaltensweise mit anderen Worten nachdrücklich wiederholt wird, daß er hier von vornherein in eine Rolle des Wissenden, ja Alleswissenden hineingedrängt wird. Dies kann er für den weiteren Verlauf des Gesprächs nicht akzeptieren, da er sein reales Unwissen durch Hören, Fragen, durch Denken mit dem Patienten zusammen erst ablegen und Wissen gewinnen muß. Der Patient verhindert die sprechende Auseinandersetzung, indem er festlegt: „Mein Vater weiß alles“.

Eine eher abweisende Formulierung lautet: „Können *Sie* das verstehen?" Hier wird sofort über die Bemühung des Therapeuten hinaus gesprochen und eine Stellungnahme auf der Ja-Nein-Entscheidungsebene verlangt. Der Therapeut wird erst die Phänomene betrachten wollen, der Patient ist aber an der Erarbeitung des gemeinsamen Gespräches wenig interessiert. Oft verbindet sich mit dieser Frage eine Einstellung zum Therapeuten, die eine Vorabentwertung seiner Bemühungen zeigt. Andeutungsweise taucht der Zweifel an der beruflichen Qualifikation auf, unverhüllt manchmal auch als Kritik am Alter, am Geschlecht oder an der Lebenserfahrung des Therapeuten.

Diese Thematik findet sich gesteigert dann, wenn der Patient sehr früh die Feststellung trifft: „Das kann niemand verstehen". Er teilt mit, daß er an einer Beziehungsaufnahme nicht interessiert ist oder sie nicht für möglich hält. Von einem übergeordneten Gesichtspunkt her wird das Gespräch als ganzes negiert. Es findet kein Interview statt - und dies trotz Lebensschilderung, Beschwerden, Gefühlsäußerungen und Konflikten.

Die umgekehrte Formulierung, die zu ebensolchen Schwierigkeiten führt, lautet etwa: „Sie *müssen* das ja verstehen, dafür sind Sie doch da". Hier versucht der Patient, den Therapeuten daran zu hindern, seine eigene Bereitschaft zu entwickeln. Der Therapeut soll sich so verhalten, wie es der Patient fordert. Damit wird ihm die Möglichkeit zur Hilfe, seine offene Wahrnehmungsfähigkeit und seine verstehende Einfühlung weggenommen. Das wörtlich eingeforderte Verstehen versperrt jede Entwicklung des Verstehens, da es unter die Kategorie der Macht subsumiert wurde.

Immer dort, wo die therapeutische Situation als solche vom Patienten verhindert und wo sein verstecktes oder offenes Mißtrauen in das Sprechen deutlich wird, wo er den Therapeuten durch Festlegung auf einen Alleswisser oder Nichtwisser in seiner Arbeitsfähigkeit einschränkt, muß diese Störung *vorrangig* - höflich und bestimmt - besprochen werden. Dabei wird dieses Sprechen versuchen, in den Verstehensbereich des Patienten hineinzukommen, und dort ist oft mit dem Verhalten „höflich und bestimmt" wenig zu erreichen. Die einzige Chance des Therapeuten ist, sich zurückzubesinnen, wo der Patient gerade noch verstanden hat oder Bereitschaft zeigte, daß er für einen verstehenden Zugang zu gewinnen ist.

Die schönste Biographie und der perfekteste Bericht über die Alltagsprobleme sind therapeutisch nutzlos, wenn die Schwierigkeiten, eine verstehende Beziehung aufzunehmen, nicht bereits an der Stelle besprochen werden, an der sie für den Therapeuten deutlich und bedenkenswert geworden sind.

Diese Blockierungen ereignen sich nicht selten nach wenigen Minuten des Erstinterviews und können kaum überwunden werden.

Die Berücksichtigung der Lebensgeschichte, die aktuelle Konfliktsituation, der Inhalt der Träume, die Befindlichkeiten, die Symptome und Beschwerden, die Entstehung der therapeutischen Beziehung - alles dies bürdet dem Therapeuten eine außerordentliche Aufgabe der Wahrnehmung und Beurteilung auf. Von dort erklärt sich, weshalb psychotherapeutische Erstgespräche in der Regel als besonders anstrengend erlebt werden und sich anschließend Ermüdung und Erschöpfung einstellen. Nun sieht die Praxis oft so aus, daß ein Patient in weiten Bereichen seines psychischen Gesamtbefindens gesund ist, so daß ihn der Therapeut mittels direkter Einfühlung leicht versteht und seine Reflexion sich nicht auf alle die genannten Punkte erstrecken muß. Wenn ein Patient sein Problem zunächst gut nachfühlbar in einen biographischen oder aktuellen Konfliktbezug bringen kann, können sich Patient und Therapeut unmittelbar auf das einstellen, was jetzt als das Nichtverstandene und Ungelöste der Erhellung bedarf. Auf diese Weise kann - unausgesprochen - die Grundlage für ein Arbeitsbündnis im Therapeuten bereits nach wenigen Minuten als Angebot für den Patienten vorhanden sein: Ich weiß, ich kann diesen Patienten behandeln und werde ihm das später mitteilen. Manche solcher Arbeitsbündnisse bleiben für eine längere Therapiedauer erhalten, haben sich, wie rückblickend festgestellt werden kann, bewährt, es gibt jedoch in einigen Therapieverläufen auch wechselseitig Mißgriffe und Mißdeutungen. Die Euphorie der ersten Verständigung kann Patient und Therapeut über eine Reihe von ungelösten Konflikten hinwegtäuschen. Insofern ist es ausnahmslos sinnvoll, eine bestimmte Gesprächsdauer im Erstinterview einzuhalten, auch wenn es so aussieht, als bestünde bereits nach 5 Minuten ein unausgesprochenes Arbeitsbündnis zwischen Patient und Therapeut.

Probedeutung

Ein Erstinterview, das über einige Zeit gelaufen ist, läßt im Therapeuten eine Fülle von Wahrnehmungen entstehen, die er zu einem Gesamteindruck zu ordnen versucht, in der Absicht, diesen zum gegebenen Zeitpunkt dem Patienten mitzuteilen. So wird der Therapeut, der zunächst zugehört hat, mit dem Sprechen beginnen - vielleicht mit einem überraschten oder zögernden „So?".

Dieses „So?", etwa nach einem langen Bericht über Partnerprobleme des Patienten, erscheint einfach und geradezu belanglos. Es ist jedoch begleitet - und nicht nur begleitet, sondern geradezu gehalten - von einem vielschichtigen Kontext. Ist jetzt der Patient an Fragen seines Therapeuten interessiert und hat er sich während des vorangegangenen Sprechens verstanden gefühlt, so wird ihn dieses überraschte oder zögernde „So?" beeindrucken, ihn festhalten, anregen, ebenfalls überraschen und sein Erzählen zu einem fragenden Stillstand bringen. Der Patient kann einhalten und den Therapeuten fragen: „Wie meinen Sie das?", um damit zu einem sprechenden Austausch über die vorgetragene und begonnene Szene zu kommen. Im günstigen Fall hat der Patient den gesamten vom Therapeuten gemeinten Kontext, der sich um dieses eine „So?" ergeben hat, verstanden und wird jetzt ausführlich, jedoch in einer neuen Richtung das berichten, was dem Therapeuten beim ersten Vortrag als unverständlich oder befremdlich erschien.

Natürlich kann ein Patient dieses „So?" auch ohne innere Erregung aufnehmen, es verschlucken und mit seinem Erzählen unbeeindruckt fortfahren. Daran sieht der Therapeut, wie sehr der Patient von Bedürfnissen des Ausdrucks getrieben wird, daß er sich selbst und unbeeinflußt vom Therapeuten darstellen will, ihn in diesem Augenblick kaum wahrnimmt und ihm zunächst kein eigenes Recht der Äußerung einräumen kann. Der Therapeut, der dieses wahrnimmt, wird sich fragen, wie das triebhafte Sprechbedürfnis des Patienten zu verstehen ist, er wird sich Vorstellungen machen, warum der Patient von diesem Rededrang erfüllt ist. Kommt er bei dieser Überlegung zu neuen Einsichten, wird er versuchen, diese dem Patienten mitzuteilen, sie in einer sprachlichen Form zu erproben. Der Therapeut beobachtet, wie diese Probe vom Patienten aufgenommen wird: „Auf meine Frage sind Sie nicht eingegangen. Mir kommt dabei der Gedanke, ob Sie niemanden haben, dem sie einmal alles erzählen können".

Dieser Versuch eines deutenden Fragens könnte wie folgt beantwortet werden: „Ja, ich bin völlig allein". Überzeugt dies den Therapeuten, wird er dem Patienten sogleich weitere Redezeit einräumen, da in der Antwort etwas Wichtiges steckt, das er verstanden hat: Wenn diesem Patienten die Erfahrung fehlt, wonach Sprechen ein wertvoller und notwendiger Beziehungsaspekt ist, kann er schwerlich annehmen, daß durch das Sprechen mit dem Therapeuten Heilung entsteht. Eine andere Antwort könnte lauten: „Nein, ich spreche mit allen Leuten über mich". Läßt dies den Therapeuten stutzig werden, so wird er einen neuen Verstehensansatz suchen müssen. Er könnte fragen: „Haben Sie den Eindruck, die anderen hören Ihnen wirklich zu?" So ergeben sich aus einem einzigen Fragekern sehr verschiedene therapeutische Dialoge.

Alle weiteren Gesprächspassagen sind die Folge von sprachlichen Interventionen des Therapeuten, die sowohl Proben auf das Verständnis wie auch Weiterführung ins Noch-nicht-Verstandene sind und den therapeutischen Prozeß einleiten. Probedeutung bedeutet zunächst die Benennung des Eingreifens in einen komplexen Zustand von Verstandenem und Nichtverstandenem.

•

Der Zeitpunkt der ersten Probedeutung kann nach wenigen Minuten gekommen sein, sogar in den ersten Sätzen, wenn der Therapeut sich durch Nichtverstehen bedrängt fühlt. Er kann sehr viel später eintreten, nachdem der Patient lange Passagen mit dem Therapeuten verstehend durchhalten konnte und das Gespräch nicht vorher abgebrochen hat. Auch die Anzahl der Eingriffe des Therapeuten kann schwanken, von einem einzigen in einer Stunde bis zu sehr vielen - ohne daß in einem Fall der Patient alleingelassen wird oder er im anderen ständig von einem zu verstehen suchenden Therapeuten unterbrochen wird. Die Häufigkeit der Deutungen richtet sich allein danach, wie häufig die Schwierigkeiten des Verstehens sind und wie sie jeweils überwunden werden müssen.

Sprachlich nimmt die Probedeutung sehr verschiedene Formen an. Eine vielschichtige Formulierung wird in einen aktuellen Konflikt ein zusätzliches, vom Patienten nicht oder noch nicht in dieser Form erkanntes Element einführen, das sich auf biographisches Material stützt, einen verstehbaren Zusammenhang angibt und damit einen Erkenntnis- und Handlungsschritt vorbereitet: „Das Herumtrödeln, über das Sie sich beklagen und das Sie von Ihren Examensvorbereitungen abhält, gibt Ihnen eine Schonfrist vor einem gefährlichen Ereignis. Früher hat Ihre Mutter unentwegt Anforderungen an Sie gestellt, und Sie haben mir erzählt, wie Sie auf dem Nachhauseweg trödelten. Wartet immer noch diese Mutter? Brauchen Sie vor ihr diese Schonfrist?" Diese Sätze klingen vernünftig, sind kausal aufgebaut und wären in einer bestimmten therapeutischen Situation nützlich. Ist die therapeutische Beziehung jedoch weit genug entwickelt, kennen sich die beiden Dialogpartner gut, so wäre eine kurze Frage wie „Wartet zu Hause immer noch Ihre Mutter von früher?" völlig ausreichend, weil im Kontext alle weiteren Elemente der Deutung bereits enthalten und als solche bewußt sind. Die Deutung kann eine lange szenische Zusammenfassung ebenso erfordern wie eine kurze Evokation oder einen scheinbar banalen Ausruf. Im Erstinterview hat die Probedeutung zunächst Vorarbeiten zu leisten: Oft stellt sie den ersten Versuch dar, zu erkennen, ob der Therapeut, ob der Hintergrund seines Sprechens verstanden worden ist, auch wenn die Übereinstimmung sehr vordergründig erschien. Dabei stellt sich heraus, ob der Patient den Therapeuten als jemanden wahrnehmen kann, der ein anderer ist, also auch etwas anderes sagt als das, was der Patient selbst weiß oder schon immer zu wissen glaubt. Die Probedeutung dient am Beginn auch der Feststellung, zu welcher Objektbeziehung im analytischen Sinn der Patient fähig ist. Mit der Probedeutung wird die vorläufige Tragfähigkeit der Beziehung Patient-Therapeut erkundet. In diesem Sinn steht Probe*deutung* auch als Synonym für Probe*beziehung*.

Die sprachliche Spannweite der Probedeutung reicht von einer szenisch geordneten längeren Darstellung über ein logisches, mehrgliedriges Satzgefüge, das Biographie und Aktualkonflikt einschließt, bis hin zu einem einzigen Wort oder einer Interjektion. Deutungen können sogar averbal aus einem mimischen oder gestischen Ausdruck bestehen, sofern der Patient dem Therapeuten gegenübersitzt, oder aus der Intonation, dem Atemrhythmus oder einem anderen Signal des Therapeuten, das akustisch wahrgenommen werden kann. Der Therapeut zum Beispiel, der sich an der richtigen Stelle des Dialogs deutlich am Hinterkopf kratzt, hat damit unter Umständen eine recht ausführliche Deutung gegeben, die den ganzen weiteren Prozeß des Interviews beeinflussen kann. Der Patient wird über dieses kratzende Vorkommnis vielleicht erschrecken, innehalten und äußern: „Jetzt halten Sie es mit mir aber nicht mehr aus!" Nach einem weiteren Schweigen des Therapeuten wird er fortfahren: „Mit mir ist es immer so, daß ich die anderen erst in Grund und Boden rede, und es erst spüre, wenn es zu spät ist!"

Würde man die Hauptaufmerksamkeit allein auf sprachliche Äußerungen richten, um diese genauer zu erfassen, und würde man dazu schriftliche Aufzeichnungen machen, so fielen die Unvollkommenheiten eines solchen Textes sofort auf. Die Sekretärin würde das Kratzen am Kopf nirgendwo auf dem Band finden, selbst wenn es Geräusche gemacht haben sollte, da sie nach Wörtern sucht. Sie wird sogar, wenn sie nicht eigens darauf geschult ist, die Interjektion „Hm" als unnütz und störend weglassen. Sie ist in keinem Fall in der Lage, die zeitlichen Abfolgen, also auch die Pausen zwischen den Sätzen, in ihrem Transkript wiederzugeben. Der Erkenntnisschritt aus dem notierten Satz des Patienten ergibt sich vielleicht erst dadurch, daß auf den ersten ein Schweigen folgte, eine Zeit, in der der Therapeut berechtigt annehmen konnte, der Patient mache sich weitere Vorstellungen, die solange heranreiften, bis ihn der Gedanke geradezu überfiel: „So mache ich das ja immer!" Der Therapeut hatte das Schweigen des Patienten verstanden und dies dadurch ausgedrückt, daß er selbst geschwiegen hat. In diesem Schweigen signalisierte er dem Patienten: „Bleiben Sie ruhig einmal bei sich und denken Sie weiter nach, das ist die richtige Spur". Dieses für den Patienten durchaus wahrnehmbare Signal hätte keinen Ausdruck in einem Text gefunden.

Es bestehen also gleichzeitig mehrere Reihen von wechselseitigen Wahrnehmungen, Denkabläufen und assoziativen Verknüpfungen, die sich im realen Geschehen vielfältig überschneiden, möglicherweise gleichzeitig vorliegen, für die Analyse hier jedoch als einzelne Elemente herausgegriffen und beurteilt werden.

•

Probedeutungen - wie Deutungen überhaupt - sind, wie aus den beiden Extremen einer sprachlich elaborierten und einer sprachlich stark verkürzten Formulierung gesehen wurde, Mitteilungen, die den Fortgang der therapeutischen Arbeit fördern. Zwischen diesen beiden Extremen kann die Deutung alle Formen sprechenden Geschehens annehmen, so daß aus der sprachlichen Gestalt allein kein sicherer Hinweis zu entnehmen ist, der es erlaubt, eine Deutung von einer Nichtdeutung abzugrenzen. In der Betrachtung einer Therapie mag es so aussehen, als ob beide Teilnehmer immerzu nur redeten. Der Laie könnte kaum erkennen, wieso die banal klingenden Wörter und die selbstverständliche Anwesenheit des Therapeuten eine heilende Kraft haben oder Kräfte der Heilung im Patienten auslösen könnten. Der Maßstab dafür, ob eine sprachliche Intervention des Therapeuten als eine Deutung angesehen werden kann oder ob sie in unglücklicher Weise nutzloses Hineinreden darstellt, kann nur aus dem aktuellen Stand der speziellen therapeutischen Situation gewonnen werden. Wo liegt die Grenze zwischen Noch-Verstehen und Nicht-mehr-Verstehen? Über welche Grenze hinweg ist der Bereich des Verstehens zu erweitern? Wann ist das Verstandene genug verstanden? Wo verlangt die Situation nach Neuem, Anderem, bis jetzt Unerkanntem?

Eine Patientin hat lange über die Erziehungsschwierigkeiten ihres Kindes gesprochen. Der Therapeut hat sie dank ihrer wohlbegründeten Darstellung verstanden und sich nicht ausdrücklich darüber geäußert. Als sie die beiläufige Bemerkung macht: „Am liebsten brächte ich den Matthias in ein Heim" und rasch darüber hinweggehen will, unterbricht sie der Therapeut und wiederholt diesen letzten Satz. Verbal ist damit, wie es scheint, überhaupt nichts Neues entstanden, es folgte nichts als die Wiederholung, aber diese fand an einer bestimmten Stelle statt. Der Therapeut betonte die Unterbrechung noch dadurch, daß er etwas laut sprach und damit zu erkennen gab: ‚An dieser Stelle greife ich ein, das kann ich so nicht stehenlassen'. Er hat gleichzeitig erklärt: ‚Mir ist diese Unterbrechung so wichtig, daß ich jetzt eingreife, obwohl Sie wahrscheinlich lieber weitergesprochen und von anderen Schwierigkeiten mit Ihrem Sohn berichtet hätten. Ich weiß, daß ich Sie damit in Ihrer Selbstdarstellung störe. Ich vermute auch, daß es Ihnen nicht unbedingt recht ist, daß ich Sie gerade an dieser Stelle nicht weitersprechen lasse. Ich habe mehrere Begründungen, mich jetzt so und nicht anders zu verhalten'.

Bereits der Zeitpunkt, an dem der Therapeut die Wiederholung ausspricht, ist professionell begründet, ist bewußt und methodisch gewählt. So gesehen, hat die bloße Wiederholung des Satzes die therapeutische Kraft, die Patientin aufhorchen zu lassen. Sie hat die Qualität einer Deutung. Vermutete der Therapeut hingegen, die Patientin könne diese reine Wiederholung nicht verstehen, so wird er dieselbe Aussage in eine andere Formulierung bringen: „Meinen Sie das wirklich, wenn Sie sagen, am liebsten würden Sie den Matthias in ein Heim geben?" In beiden Fällen wird der Patientin gezeigt, der Therapeut habe wohl gemerkt, daß er ihre Floskelhaftigkeit und den Versuch, rasch über den schlimmen Satz hinwegzugehen, nicht übersehen, sondern ernst genommen und für erklärungsbedürftig gehalten hat. Er gibt der Patientin die Chance, sich ernsthaft zu diesem heiklen Punkt auszusprechen. Sie kann den Versuch machen, sich zurückzuziehen, etwa mit der Behauptung: „Ich habe das ja nur so gesagt". Das eröffnet dem Therapeuten die Möglichkeit, mit der Patientin zu besprechen, wann sie selbst ihre Wörter ernstnimmt, wann sie sie etwa zur Überdeckung anderer Themen verwendet oder ob sie sich damit von ihren sie bedrängenden Gefühlen entlastet. Die Patientin kann sich jedoch auch dazu entschließen, zuzugeben, sie habe tatsächlich gemeint, es wäre das beste, Matthias in ein Heim zu geben, daß sie aber wegen der dabei entstehenden Schuldgefühle eben jenen Kompromiß machen mußte, diesen Satz sowohl auszusprechen als auch durch die Unterbetonung zur völligen Bedeutungslosigkeit abzuschwächen. Wenn sie dies anerkennt, wird der Therapeut auf dieser Ebene das Gesagte aufnehmen und eine weitergehende Deutung versuchen. Er fragt, ob die Patientin sich vorstellen kann, daß dieser Kompromiß von hastigem Aussprechen und schnellem Darüberhinweggehen, von Zeigen und Wegnehmen, diffuse Unlust nach sich zieht oder Angst und Kopfschmerzen bewirken kann. Möglicherweise sind dies sogar die Symptome, derentwegen die Patientin gekommen ist.

Selbst wenn die Patientin jetzt ihren Satz verneint: „Ich habe das mit dem Heim nicht so gemeint", ist in dieser Wendung der Weg zu einer neuen Eindeutigkeit vorbereitet, auf dem der Therapeut weiterarbeiten kann. Bei dem so flüchtig gesprochenen Satz: „Am liebsten brächte ich den Matthias in ein Heim" hatte der Therapeut auch einen gehetzten, verängstigten Unterton gehört, ein unrhythmisches, gepreßtes Atmen, dem er jetzt seine besondere Aufmerksamkeit zuwenden kann. Er teilt ihr mit, er habe die Angst gehört und verstehe den Satz jetzt so, als wolle sie sich nicht festlegen und einen Spielraum behalten, damit sie bei Kritik leicht den Rückzug antreten könne mit diesem unausgesprochenen: ‚So habe ich es nicht gemeint'. Wäre im Interview diese Verständigung erreicht, könnte der Therapeut von hieraus weiterfragen: Wie kommt die Patientin zu dieser Darstellungsweise, dem unangreifbaren Offenlassen? Welcher Kritik ist sie in ihrem Leben ausgesetzt gewesen; wovon fühlt sie sich auch jetzt ständig bedroht? Eine weitergehende Deutung wird möglich: „Es ist schwer für Sie, sich von dieser Verhaltensweise zu trennen, da dieses Pendeln zwischen ‚eigentlich ja' und ‚doch auch wieder nein' Ihnen einen gewissen Schutz gegen Kritik bietet."

Woher weiß der Therapeut, warum er gerade den hier ausgewählten Satz und nicht einen anderen wiederholt? Er weiß das nicht. Nicht umsonst handelt dieser Abschnitt von Probedeutung. Der Therapeut riskiert einen Versuch, der die Wahrnehmung einer Grenzsituation voraussetzt. Sie scheint ihm zum Sprechen geeignet, weil sie mit dem Leiden und der Veränderung dieses Leidens zu tun hat. Dies ist eine Entscheidung des Therapeuten, die, durch wiederholte Wahrnehmungen vorbereitet, schließlich diesen sprachlichen Ausdruck fand. Dem Therapeuten sind nicht alle einzelne Schritte bewußt, er reagiert im verstehenden Kontakt mit dem Patienten. Sein Ausdruck bleibt daher durchaus spontan.

Es ist nicht auszuschließen, daß psychische Arbeit, die als Ergebnis zu der Wiederholung dieses Satzes der Patientin geführt hat, umsonst war, von ihr nicht aufgenommen wurde, echolos versandete. Der Therapeut wird immer wieder seine Deutungen wagen müssen - auf das Risiko hin, daß er erst durch den nächsten und übernächsten Satz des Patienten eines Besseren belehrt wird. Wenn eine Deutung nicht anspricht, ist ihr nicht nachträglich die Qualität einer Deutung abzusprechen.

In diesem Sinne sind alle Deutungen Versuche von Deutungen, Probedeutungen.

•

Unmittelbar erfahrbar für den Therapeuten wird der Patient in der sich einstellenden Beziehung. Wenn der Patient im Erstinterview in hohem Maße mißtrauisch oder brav ist, hat es keinen Sinn, sofort seine Lebensprobleme zu besprechen und auf die Hintergründe seiner Beschwerden erklärend einzugehen. Der Folgsame sagt „Ja", der Mißtrauische „Nein" - und beide werden sich nicht ändern, weil sie sich in ihren wichtigen Empfindungen und Gedanken nicht berühren ließen.

Dies kann nicht überraschen. Der Patient wird, so sehr er auch leidet, seine Lebensansicht verteidigen, die in den Begründungen für die Symptome, die Mißbefindlichkeit, die Beschwerden zum Ausdruck kommt. Er kennt sich in seinen Kompromissen aus, er schätzt und liebt sie. Deshalb kann es keinen Erfolg haben, unmittelbar deutend gegen dieses so gestaltete Leiden vorzugehen. Es hat sich die Erfahrung durchgesetzt, die in die Formel gebracht wurde: Zuerst ansprechen, *daß* der Patient abwehrt, dann: *wie* er abwehrt, zuletzt: *was* er abwehrt. Dies gilt für das Erstinterview wie für die gesamte Therapie.

Psychotherapeutische Erfahrung belegt, daß es - entgegen der landläufigen Erwartung - unergiebig bleibt, die nahenliegenden, brennenden Probleme des Patienten sofort anzusprechen. Dadurch würden auf einer einseitig rationalen Ebene Lösungen gegeneinander abgewogen und vorwegnehmend Ergebnisse durchgesprochen, ohne daß Patient und Therapeut näher wissen, wieso der Patient zu den Lösungen, die sich jetzt als unzulänglich erwiesen haben, gekommen ist. Erst muß die Entstehung der alten Lösung, ihre vielfältige Bedingtheit erkannt werden, damit auch falsche Zuschreibungen und nicht haltbare Begründungen in den Blick der Therapie kommen; erst die Erhellung des sozialen Umfelds läßt die lebenssituative Wirklichkeit und die persönlichen Einstellungen erkennen, die auch heute noch Gültigkeit besitzen. Neue Lösungen betreffen folglich alte Situationen, die mit einbezogen werden müssen, bevor eine Änderung eintreten kann. Jede alte Mißbefindlichkeit oder als Leid empfundene Störung ist ein Teil des Selbst, gehört unamputierbar zur Person des Patienten und steht nicht zur freien Disposition. Nur der Patient, der im Kontakt mit dem Therapeuten auch den Preis der Veränderung ahnt oder kennt und ihn in sich abwägt, wird motiviert sein, in den therapeutischen Prozeß einzutreten und ihn durchszustehen.

Dazu gehört, auch von dem im Erstinterview unmittelbar Erlebten, von der Beziehung, die zwischen Patient und Therapeut entsteht, bewußt Gebrauch zu machen. Hierauf die Aufmerksamkeit zu richten, bedeutet: die Beziehung ansprechen. Dies ist ein kunstvoller Prozeß, dessen Mißlingen den Patienten kränkt oder blockiert, der aber deshalb nicht aufgegeben werden darf. Wenn ein Patient mit herzneurotischen Beschwerden über seinen Hausarzt schimpft, der ihm nicht genug vertrauenswürdig oder zu ungeduldig erscheint, und er gleichzeitig den Therapeuten, der ihn zum ersten Mal sieht, lobt und erklärt, er sei sicherlich ganz anders als dieser Hausarzt, wird der Therapeut sogleich aus dieser Schlinge des Lobs herauszukommen versuchen, da sie sich andernfalls mit Sicherheit zuzieht. Er wird erklären: „Sie kennen mich noch nicht. - Vielleicht bin ich ja wie ihr Hausarzt, und dann müssen wir herausfinden, wieso ihr Hausarzt und ich in ähnlicher Weise urteilen. - Sie verlangen von mir eine Zuwendung, von der ich nicht weiß, ob ich sie geben kann". Jeder dieser Sätze weist den Wunsch des Patienten deutlich zurück, so vorsichtig er auch formuliert sein mag. Die Zurückweisung aber ist unumgänglich, weil sonst mit falschen emotionalen Karten gespielt wird, Verstehen und Einigung vorgetäuscht werden. Für den Therapeuten ist es wichtig, bereits im Erstinterview zu erkennen, ob der Patient Neues und Fremdes im therapeutischen Prozeß aushält und es für sich verwenden kann. Wenn der Therapeut dies nicht prüft, wartet er vergeblich auf bessere Zeiten, auf ein glücklicheres Später in der Therapie.

Je stärker ein Einigungsdruck vom Patienten ausgeht, je mehr der Patient dem Therapeuten diesbezüglich zumutet, um so notwendiger ist der Ausdruck des Getrenntseins. Oft zögert der Therapaut, die bedrohte Beziehungsebene anzusprechen, meint, den Patienten davor schützen zu müssen, erinnert sich an das Gebot „nil nocere", verwendet höfliche Allgemeinplätze und hält sich zurück. Er verlangt von sich selbst die Disziplin, die Spannung auszuhalten und das Unausgesprochene unausgesprochen zu lassen. Die Frage bleibt, ob er aus dieser forcierten Zurückhaltung heraus nicht zu einem späteren Zeitpunkt des Interviews dem Patienten unerwartet aggressiv zusetzt, sich in unangemessener Weise an ihm rächt. Wer als Therapeut darauf hinweist, ihm mache eine starke Emotionalität des Patienten nichts aus, ob er nun angegriffen oder umarmt werde, wird jedoch kaum in der Lage sein, eben wegen dieser emotionalen Ausgeglichenheit, die eher einer Gleichgültigkeit entspricht, einen anderen einfühlend zu begleiten und mit ihm nach Mitteln der Heilung zu suchen.

Wenn der Patient gerade des uneingeschränkten Vorablobes gegenüber dem Therapeuten voll ist, und dieser sagt ihm offen: „Sie schimpfen auf Ihren Hausarzt, aber Sie schimpfen im Grunde auch bereits auf mich", so mag die kommunikative Situation als Übertragung richtig eingeschätzt sein, ist jedoch einem nichtsahnenden Patienten gegenüber unverständlich. Nur die Probedeutungen sind sinnvoll, die für Patienten potentiell verstehbar sind. In einer schon länger dauernden Therapie, in der der Patient seine eigene Aggressivität oder sein Liebesverlangen kennt, wird dies anders sein. In der vorgerückten therapeutischen Situation ist der Patient aufgeklärt und einverstanden, die Deutung liegt innerhalb seiner Verstehensgrenze. Er wird durchaus betroffen und belastet sein, laut und deutlich „Nein" sagen, aber nicht gekränkt reagieren.

Oft haben Probedeutungen im Erstinterview die Belastungsfähigkeit des Patienten zu berücksichtigen, die außerordentlich gering und schwankend sein kann. Der enttäuschte Patient, für den die Beziehung keinen Halt bedeutet, sagt: „Was nützt es mir, daß Sie mich verstehen?" Er ist weder suggestiv auf ein vertrauensvolles Später zu verweisen, noch ist diese seelische Wirklichkeit des Patienten einfach zu übergehen. Es bleibt nicht anderes übrig, als das eingeschliffene Enttäuschtsein anzusprechen. Dies macht es nötig, die erlebte und jetzt sich wieder einstellende Enttäuschung zu deuten.

Nicht selten ist jedoch jede Thematisierung der Beziehung für Patienten unerträglich. Sie wollen von dem, was sich jetzt zwischen ihnen und dem anderen, dem Therapeuten, ereignet, nichts erfahren. Will er ihnen nichts gewaltsam aufdrängen, bleibt nur das Schweigen. Am Ende des Interviews hat sich erwiesen, daß der Weg, über eine neue Beziehung und deren Besprechung zu heilen, versperrt ist.

In den letzten Minuten des Interviews kann durch eine gemeinsame Betrachtung des Verlaufs Aufklärung darüber gewonnen werden, ob es Einstellungen gibt, die sich im Rahmen der Beziehung modellieren lassen, oder ob die vorgebrachten Themen in sich starr, unveränderlich, verkapselt empfunden wurden. Wer als Therapeut lange zugehört, viele Eindrücke gesammelt hat, wird das Bedürfnis spüren, eine ordnende und zusammenfassende Idee der Stunde zu entwickeln. Im Unterschied zum Anfang, wo aus einem Satz zielgerichtet auf die Fülle der möglichen Bedeutungen hingearbeitet wurde, kommt es nun darauf an, aus der Vielfalt zugehöriger und gegensätzlicher Einzelheiten eine vorläufige Eindeutigkeit zu erschließen: eine psychodynamische Hypothese aufzustellen. Als Deutung teilt der Therapeut sie dem Patienten mit. Dieser hat die Chance, seinerseits mitzuteilen, ob er sich darin erkennt und sich bereiterklärt, auf dieser Linie in die Therapie einzutreten. Erklärt ein Patient nach Abschluß eines Interviews, das nach Meinung des Therapeuten sehr vielschichtig geführt wurde, lapidar: „Das habe ich auch schon gewußt", ist weder eine Näherung zu sich selbst noch ein Näherkommen in der Beziehung gelungen.

Erwartungen

Während des Erstinterviews werden Patient und Therapeut Vorstellungen darüber haben, wie ihre Therapie aussehen könnte. Es ist nicht sicher, wer die klareren Hoffnungen, Perspektiven, Ziele, Erwartungen hat.

Die Einstellungen sind kontrovers: Viele Therapeuten glauben nicht, daß mit frühem Festlegen von Therapiezielen ein Nutzen zu erreichen ist. Sie befürchten, daß damit der therapeutische Prozeß in eine Richtung gedrängt wird, die keine Offenheit für Entwicklungen zuläßt. Die erste Zielvorstellung eines Patienten mag lauten, er wolle seine Beziehungen zu anderen klären. Eine solche Festschreibung würde aber verhindern, daß die Therapie einen anderen Schwerpunkt mit aufnimmt, etwa die Beziehung des Patienten zu seinem Selbst. Die Isolierung *eines* Lebensbereichs kann leicht zu einer Verzerrung und Verkürzung in der Therapie führen. Die Umformulierung einer vagen Hoffnung in ein handfestes Therapieziel ist kein therapeutischer Dienst.

So erklären die gegen eine Festlegung votierenden Therapeuten am Ende des Erstinterviews: „Ich nehme Sie in Therapie", ohne daß inhaltlich das Arbeitsbündnis näher bezeichnet wird. Dies bedeutet zugleich, daß die Therapie selbst zeigen soll, was sie kann.

Andere Therapeuten, welche die Orientierung an dem Schema: Diagnose, Indikation, Prognose, Therapie bejahen, können diese Begriffe als Argumentationsstrang benutzen und behaupten, sich vorab genauere Überlegungen über den Patienten und den möglichen Therapieverlauf zu machen. Sicherlich ist es Sinn solcher Überlegungen, zu einer rationaleren Handhabung des therapeutischen Geschehens zu kommen. Der Komplexität psychischen Leidens erscheinen Schematisierungen jedoch wenig angemessen. Es ist zu befürchten, daß die Anforderungen, die von den Anträgen zur Übernahme einer Kassenleistung ausgehen, Berichte hervorbringen, die zwar gut gemeint sind, aber Zeile für Zeile Kunstprodukte und Festlegungen darstellen, lediglich ein formales Gerippe erfüllen und schließlich zum Therapiegeschehen nur in einem sehr lockeren Zusammenhang stehen.

Die abstrakte Einführung von Therapiezielen entfernt sich von den Aufgaben der konkreten Therapie. In ihr kann es durchaus notwendig sein, einem Patienten, der in völlig verschwimmenden Erwartungen lebt, mit festeren Absprachen beizustehen, während es für einen anderen, der in zwanghaften Plänen seine Gegenwart vermeidet, nützlich ist, solche festen Zielvorstellungen aufzulösen.

Zielgerichtete Vereinbarungen werden für Patient und Therapeut immer dann als Orientierung notwendig, wenn das Terrain ihrer therapeutischen Arbeit unübersehbar wird und von entscheidenden Mißverständnissen bestimmt zu werden droht. Es ist wohltuend, einen Konflikt herausgearbeitet zu haben und an ihm festzuhalten, sofern er nicht als bequemes Versatzstück Wichtigeres verdeckt oder nicht aufkommen läßt. Es gibt in der Therapie jedoch Phasen der wechselseitigen Verunsicherung, in denen es sinnvoll wird, eine Abfolge von Arbeitsschritten festzulegen – um sie später, wenn mehr Sicherheit erreicht ist, zugunsten anderer Überlegungen wieder aufzugeben.

Abstraktionen können sehr leicht von Patient und Therapeut zur Abwehr verwendet werden. Wenn kritische Therapiesituationen anstehen, in denen Themen wie Verführung, Vernichtung oder Fallenlassen drohen, können beide dieser Bedrohung entgehen, wenn sie von *der* Sexualität oder *der* Destruktivität sprechen. Viele dieser Rationalisierungen erwecken den Anschein, man könne unbeschadet über alles sprechen, wenn nur die richtigen Wörter verwendet würden. Darin spiegelt sich die Hoffnung, vielschichtige seelische Phänomene wie Peinlichkeit, seelischer Schmerz, das Gefühl des Ungenügens, die Wahrnehmung von Sinnleere würden begreiflicher, wenn sie zu den Symptomen Depressivität, Impotenz, Frigidität, Isolierung herabstilisiert werden.

Wenn zwischen Therapeut und Patient ein Zustand erreicht ist, in dem sie sich voreinander schützen und abgrenzen müssen, indem sie ein verdinglichtes Vokabular benutzen, erscheint die Therapie bedroht. Rationalistische Begriffsbildungen sind vorübergehende Hilfskonstruktionen.

Patienten, die dazu aufgefordert werden, ihre Erwartungen auszusprechen, ohne daß der Therapeut seine Phantasien über die mögliche Therapie entwikkelt und mitteilt, wird es schwergemacht, in eine gemeinsame therapeutische Situation Eingang zu finden. Damit entläßt sich der Therapeut aus der Verpflichtung, eigene Anregungen für den Patienten vorzubringen. Er erklärt sich für frei und nicht für den Patienten zuständig, als ob er selbst den Therapieraum noch nicht betreten hätte. Mancher erschreckte und dennoch mutige Patient stellt, wenn er die Erwartungen und das Wissen des Therapeuten zu ergründen sucht, auch die Frage: „Was meinen *Sie* denn? Was ist für *Sie* wichtig? Wo sind *Sie?*" Er wird sich nicht abgewiesen fühlen, wenn die Antwort lautet: „Mir ist es zuerst wichtig zu hören, was *Sie* fühlen und denken". Sehr leicht kann aus dieser Einstellung, die darauf abzielt, den Patienten als Subjekt in seiner Eigenverantwortlichkeit zu stärken, eine Haltung werden, die wirklich Abweisung bedeutet, die den Therapeuten antworten läßt: „Das ist Ihr Problem". Hinter der äußerlichen Absicht, Selbstverwirklichung zu gewähren, verbirgt sich die Verweigerung, mitzuleiden.

Auch der Patient ringt um die Klärung der Therapieziele. Therapeuten erfahren häufig, daß Patienten selbst therapeutische Perspektiven haben, die nicht eigens ausgedrückt werden, aber eben deshalb um so hartnäckiger bestehen. Ihre heimlichen Therapiepläne verhindern, solange sie unentdeckt bleiben, den Fortgang der Therapie: Wenn der Wunsch nach Kontakt befriedigt ist, bedarf es keiner weiteren Arbeit. Über das Kontaktproblem wird nicht mehr gesprochen. Es muß vermieden werden, daß das Thema wieder auf den Plan kommt. Spricht der Therapeut dennoch davon, muß die Verbalisierung als solche entschärft und verharmlost werden: Man spricht über Probleme, ohne sie ernstzunehmen.

Die Erwartungen vieler Patienten sind auf therapeutischen Schutz gerichtet. Nicht um selbständiger mit einem größeren Erlebens- und Handlungsspielraum zu leben, sondern um vom Therapeuten mit einem magischen Elternauge begleitet zu werden, um ständige Anwesenheit und Wiedergutmachung zu erlangen, hat man den Schritt zum Erstinterview gewagt. Solche Therapien werden endlos dauern, da die Begleitung selbst schon die Erfüllung ist. Dann müssen Probleme wiederum in genügender Zahl bereitgestellt und auf Abruf bereitliegen, damit diese Begleitung nie unterbrochen wird.

Wie die einen freundliche Umhüllung suchen, verlangen die anderen starke Führung. Sie erwarten einen strengen Richter, der ihnen durch Bestrafung erlaubt, ihre Schuldgefühle zu mindern.

Dies alles wird nicht in böser Absicht verheimlicht. Es sind tragende Phantasien, die die Patienten in die Therapie einbringen. Ihre Erwähnung an dieser Stelle soll deutlich machen, daß es in einem Erstinterview kaum gelingen kann, solche zentralen Phantasien zu erfassen. Sollte dies dennoch erreicht werden, hat der Therapeut einen Vorsprung, den er günstigerweise nicht sofort durch Tiefendeutungen verbraucht.

Arbeitsbündnis

Gegen Ende des Erstinterviews sammeln sich Erfahrungen im Therapeuten an, die von ihm in eine Zusammenschau gebracht werden, die rationale Beurteilung wie antizipierende Vorstellungen über die Therapie umfaßt. Der Therapeut läßt sich nicht vom Zeitpunkt des Endes überraschen, sondern er achtet auf die ablaufende Zeit. Er bedenkt mögliche Abschlußfragen: „Was fehlt mir? Was ist noch wichtig? Wo bin ich unsicher?" Es formen sich Entscheidungselemente, die dann zu seiner formalen Abschlußerklärung, Annahme oder Ablehnung, führen.

•

Wer sich nach dem Erstinterview kraft Dienstauftrag schriftlich äußern muß, wird sich der klassischen Diagnosen der Neurosenlehre bedienen. Gleichzeitig kann er nicht umhin, seine aus der Beziehung gewonnenen Eindrücke in eine Erklärung zu bringen, die mit seinem Selbstverständnis übereinstimmt. Diese eigenen Entwürfe haben durch die persönlichen Verbindlichkeit für den Therapeuten und ihrer Erprobung in der Praxis Wirksamkeit für das therapeutische Vorgehen. Sie erreichen im Monolog des Therapeuten allerdings nicht die Präzision von Begriffen, ohne deswegen weniger genau zu sein. Der scheinbar sehr einfache Satz: „Kann ich diesen Patienten behandeln oder kann ich es nicht?" wird problematisch vor dem Hintergrund der erlebten Beziehung: „Können wir miteinander arbeiten?" Für den Therapeuten kann ein sehr problematischer Patient gerade richtig, ein anderer dagegen zu leicht sein. Denn der Therapeut trifft schließlich eine sehr subjektive Feststellung. Es kann sein, daß er sich durch den Patienten unter einen Leistungsdruck gestellt sieht, der ihn zu überfordern droht, weshalb er die bevorstehende Arbeit als zu schwer bezeichnen muß. Ebenso kann es geschehen, daß er sich nicht genügend angesprochen fühlt, daß die vorgebrachte Thematik sein berufliches Interesse nicht erweckt, daß er zu dem Schluß kommt, unterfordert zu sein. Der Therapeut sucht eine Übereinstimmung zwischen den Erwartungen des Patienten und der Einschätzung seines therapeutischen Vermögens.

Häufig werden diese verschiedenen Ebenen der Beurteilung verwechselt und führen zu erheblichen Mißverständnissen in der Kommunikation unter Therapeuten.

•

Der Therapeut, der innerhalb des Erstinterviews leicht und mühelos den Patienten zur Therapie annehmen konnte, wird, wenn der Patient gegangen ist, manchmal diese schnelle Entscheidung überprüfen wollen. Er zweifelt an seiner Arbeit, weil er zunächst die Selbstverständlichkeit seiner Kunst gespürt hat. Zu seiner Überraschung wird deutlich, wieviele Denk- und Erkenntnisschritte er geleistet hat, deren Ablauf beinahe automatisch erschien. Die Arbeit des Therapeuten vollzog sich intrapsychisch, erreichte nicht die Bewußtheit innerer Sätze und wurde dementsprechend nicht durch Sprechen dokumentiert. Dennoch hat er überprüft, ob ihn der Patient durch seine Affektivität im Übermaß belastet oder eher gelangweilt hat. Er hat nachgefühlt, ob der Patient über die objektive Therapieaufgabe hinaus in ihm etwas angeregt hat, das ihn interessiert und auch für *sein* Leben bedeutungsvoll ist. Eine solche Überlegung ist gegen die Konvention, der Therapeut sollte nur ein fachliches Interesse am Patienten haben. Aber diese Ansicht - objektive Therapiegabe gegen Geldeinnahme - widerspricht allen psychologischen Grundlagen einer bedeutungsvollen zweiseitigen Beziehung. Unabhängig von der neurosenpsychologischen Bewertung des Mißbefindens des Patienten hat der Therapeut eine Einschätzung vorgenommen, wie er selbst darauf reagieren wird: Er hat im Erstinterview, ohne dies eigens sprachlich zu äußern, durchgespielt, ob ihm Phantasien der Vergeblichkeit kommen, ob er in Versagensängste gerät, ob er deutlich einen Zusammenbruch seines therapeutischen Selbst voraussieht - oder ob er sich aktiviert fühlt, bereit, ob er in seinen notwendigen Heilerphantasien angeregt wird und sie vorwegnehmend an den bescheideneren Möglichkeiten der realen Therapie mißt. Diese Überprüfung verbleibt bei aller Rationalität in einem pathischen Bereich, in dem existentiell Bedeutung erfahren wird.

Auf andere Weise ließe sich die Konsequenz des Erstinterviews wie folgt beschreiben: Der Therapeut bemüht sich, die innere Differenz zwischen dem, wie der Patient sich gibt und wie er nach der Therapie sein könnte, zu erfassen. Er benötigt dazu eine positive Phantasie des Neuen, wobei diese neue Gestalt sicher nicht in szenischer Klarheit aufzutreten braucht, es müssen darin jedoch Elemente des Veränderten und damit des Veränderbaren aufblitzen. Für einen Augenblick sieht der Therapeut die abgewehrte Seite des Patienten und sein ungelebtes Leben. Wenn dies nicht gelingt, keine vorweggenommene Phantasie möglich ist, dann befindet sich der Therapeut in einer einfallslosen Eingeschränktheit. Er ist entfernt von seinen eigenen tieferen Schichten; seine Therapiebereitschaft mag bestehen, von seiner Therapiefähigkeit ist er abgeschnitten. Er wird zum stummen und hilflosen Therapeuten, selbst wenn er sich veranlaßt sieht, zu helfen und es seinem Gefühl nach gute Gründe für die Therapie gäbe. Aber das Mitschwingen der Existenz läßt sich auch durch die Selbstverpflichtung des Therapeuten nicht erzwingen.

Was bleibt, sind Bemühungen, aber ohne Kraft, ohne erkennbare Richtung. Was bleibt, ist Gerede.

Trotzdem werden viele Therapien auf dieser Basis begonnen.

•

Nach schwierigen Interviews erklären Therapeuten nicht selten: „Dieser Patient geht mir nach". Was ist dies anderes als die Fortsetzung des inneren Dialogs, der in der Stunde des Interviews begonnen und sich mit der Wucht eines Schwungrades fortgesetzt, sogar verstärkt hat, wenn dabei sehr persönliche

Bereiche des Therapeuten angesprochen wurden? Für die Entwicklung der Therapie wäre es gut, der Therapeut könnte solche Beunruhigungen nutzen. Der Gewinn wäre, daß Hinweise aus dem eigenen Selbst nicht übergangen, ernstgenommen, Reflexionen und Phantasien zugelassen und mit Einfällen angereichert würden. Diesem wichtigen Nachgehen müßte eine Nach(denk)zeit entsprechen, die als wertvoller Bestandteil zur Therapie gehörte. Im Routinebetrieb der Rund-um-die-Uhr-Therapie wird diese Wahrnehmung vergeudet, wenn nicht vernichtet. Unter der Prämisse, daß es solches Wegschieben und Vergessen nicht gibt, sondern diese Wahrnehmungen untergründig bestehen bleiben, werden sie verzerrt, ungeordnet und zusammenhanglos in der nächsten Therapiestunde wieder auftreten – und zwar an einer Stelle, wo sie der Therapeut nicht erwartet, wo sie sich zuungunsten eines anderen Patienten auswirken, weil beide nicht überblicken, woher die Impulse stammen. Behauptungen müssen dann revidiert oder zurückgenommen, Mißverständnisse lange erklärt und notdürftig überbrückt werden. Unlust, Überdruß, Reizbarkeit, Beharren auf logischen und rationalen Elementen haben sich als Verwandlungsergebnisse in die Therapie eingeschlichen und drängen sie damit in eine schiefe Entwicklung. Wer als Therapeut die Entdeckung macht, nur noch zu geben, hat das Gleichgewicht verloren und auf die Chance, Vorstellungen und Phantasien zu haben, aus denen er für sich Befriedigung zieht, verzichtet.

Mancher Therapeut spürt dies als Krise auf dem Weg nach Hause: Er hat sich angestrengt, war vernünftig und beteiligt, aber in ihm entsteht jetzt ein Zustand der Leere, des Zweifels, der Unechtheit. Er spürt ein doppeltes Versagen: ein Gefühl der Vergeblichkeit, das ihn beschädigt, und eine Aktivität, in der er sich selbst ausbeutet; beides ist nicht Ausdruck der schlichten Ermüdung.

In der beruflichen Praxis ist es nicht schwer, in Selbstausbeutung zu geraten. Sie könnte zur Besinnung auffordern: Wie groß ist der Mangel an Anteilnahme und Zeitzuwendung, Beteiligung und Phantasie, dem zum Trotz Arbeitsbündnisse eingegangen werden?

•

Während es aussah, als sei alles geklärt, werden an den realen Absprachen über Ort, Dauer, Zeit und Bezahlung Unvereinbarkeiten überraschend sichtbar. Nicht selten brechen verdeckte innere Vorbehalte des Patienten wie des Therapeuten in der letzten Phase des Erstinterviews noch einmal offen aus. Vom Licht verläßlicher Klarheit werfen die Wenns und Abers des Nachgangs jetzt Schatten des Zweifels. Es ging mehr verloren als aus der Uneinigkeit über einen Termin geschlossen werden konnte.

Da es sich um den Abschluß der Stunde handelt, ist der Therapeut versucht, über diese Schwierigkeiten mit Suggestion oder Entscheidungsfreude hinwegzugehen – und ist dabei schlecht beraten. Diese angeblichen Kleinigkeiten der äußeren Rahmenbedingungen verlangen eher einen neuen Termin.

Der Therapeut mag übersehen haben, daß sich der Patient überfordert fühlte, daß er nicht ganz folgen konnte und erst bei den realen und scheinbar einfachen Abmachungen nein sagte. Wird dieses späte Zürückweichen oder Anhalten des Patienten übergangen und bleibt damit ein großer Ausschnitt aus der Problematik des Patienten unberücksichtigt, könnten doch darin typische Verhaltensweisen offenbar geworden sein: etwa sein Stil, Beziehungen locker einzugehen, wichtige Fragen hinauszuzögern, Entscheidungen zu vermeiden oder das Nein nicht in der Verhandlung, sondern erst beim Abschluß herauszubringen. Er könnte den Therapeuten als so übermächtig phantasiert haben, daß er ihn weder zu unterbrechen, ihm nicht zu widersprechen, noch zur rechten Zeit Fragen zu stellen sich getraute. Der Therapeut, der am Ende des Erstinterviews sagt, er werde ihn, diesen Patienten, gern behandeln, habe aber keine Zeit, hat in ähnlicher Weise den Zeitpunkt verpaßt, mit dem Patienten ernsthaft über seine zeitlichen Schwierigkeiten zu sprechen. Keine Zeit zu haben wird als eine kaschierte Form der Beziehungsablehnung gebraucht und erlebt. Auch Patienten benutzen dieses Muster des Rückzugs: „Ich leide, ich brauche dringend Therapie - aber ich habe keine Zeit". Darauf könnte ein Therapeut sagen: „Sie scheinen mit aller Mühe einverstanden zu sein, aber es darf nichts kosten".

Sollte, was den inhaltlichen wie den formalen Teil des Arbeitsbündnisses angeht, trotz des auf mehrere Sitzungen ausgedehnten Erstinterviews der Zweifel weiterbestehen, ob Therapeut und Patient miteinander arbeiten können, und sprechen zugleich gewichtige Gründe für eine solche Arbeitsbeziehung, ist es sinnvoll, ausdrücklich eine Therapie auf Probe anzubieten. Die Länge dieser Probezeit sollte von Anfang an zeitlich fixiert sein (Stundenzahl und -frequenz). Dieser logisch so überzeugende Ausweg ist jedoch kommunikativ überaus schwierig. Der Patient kann während der Probe - ähnlich wie in Arbeitsverhältnissen - um den Therapeuten werben und Einsichten künstlich produzieren, um sich auf diese Weise einen Therapieplatz zu sichern. Zweifelt hingegen der Patient stark an dem therapeutischen Verfahren und ist der Therapeut überzeugt, der Patient brauche eine Therapie, wird sich dieser in einer ihn überfordernden Weise anstrengen, um den Patienten zu gewinnen. Dabei können unechte, quälende, manipulative Beziehungskonstellationen entstehen. Ein weiteres Element, nämlich die Entscheidung nach Ende der Probezeit, ist in jeder Stunde anwesend, immer im Spiel. Andererseits geben Probetherapien oft die einzige Möglichkeit zu überprüfen, ob die Vorstellungen eines ersten Interviews tragfähig oder brüchig sind.

•

Ein geklärtes und gutes Arbeitsbündnis ist mehr als ein Blankoscheck für eine risikoreiche Therapie. Das geglückte Erstinterview ist in sich eine Stunde Therapie, eine Mikrokosmostherapie. Wenn Patient und Therapeut in einem der ersten Gespräche bereits die wesentlichen Elemente von Therapie erfahren haben, ist die Wahrscheinlichkeit groß, daß der Erfolg auch über einen längeren Zeitraum nicht ausbleibt. Mit der Ausdehnung der wechselseitigen Erfahrung werden Belastungssituationen, wie sie im Erstinterview noch nicht sichtbar wurden, ohne Gefahr des Abbruchs ausgehalten und durchgestanden.

Erstinterviews kommt eine besondere therapeutische Bedeutung zu, weil Patienten durch die Ungewöhnlichkeit der Situation Belastungen ausgesetzt sind, in denen sie sich sowohl offener als auch verstärkt mißtrauisch verhalten. Sie behalten zwar die geübten Ausdrucksformen ihres Charakters bei, sind aber zusätzlich alarmiert durch die Bewertung eines Fremden, der in ihr Inneres vordringt. Das erste Sprechen gibt die Chance, mehr aus sich herauszugehen und gerade dem Fremden mehr zu sagen, weil es noch keine ausgestaltete Beziehung und damit keine Verbindlichkeiten gibt. Wer auf diese Weise im Erstinterview besonders offen und intensiv sprechen kann, erweckt den Eindruck, er könne auch mit seinen problematischeren Seiten in vergleichbarer Weise umgehen, sei daher gut für die Therapie geeignet. Wenn dieser Patient dann zu der vereinbarten Therapie nicht kommt, taucht der Verdacht auf, daß er im Erstinterview über seine psychischen Verhältnisse gelebt hat und das Versprochene nicht einlösen kann.

In den berühmten „first five minutes" (Pittenger et al.) wie in den letzten 5 Minuten des Interviews - sofern der Beendigungspunkt für den Patienten einigermaßen vorherbestimmbar ist - kommen charakteristische Züge des Patienten häufig am ehesten zum Vorschein. Die Eingangs- wie die Abschiedsworte sind wertvolle, für Deutungen ergiebige Szenen. Der eine Patient geht nicht weg, obwohl ihn der Therapeut mit Händedruck verabschiedet hat, der andere reagiert auf die erste und leiseste Geste des Beendens und versucht, sofort den Raum zu verlassen. Zwischen diesen Extremen gibt es eine Fülle von deutungsträchtigen Sequenzen.

Objektives Unglück löst im Therapeuten das Bedürfnis aus zu helfen: Vorhersehbare familiäre Zusammenbrüche, sich zuspitzende Konfliktsituationen zwischen Eltern und Kindern, krasse Mißentscheidungen in der Berufs- und in der privaten Welt rühren den Therapeuten. Im Erstinterview drängen sich unabweisbar Zusammenhänge auf, deren Ursachen einschichtig-verständlich sind und hinsichtlich derer sich der Therapeut für kompetent hält und glaubt, Veränderungen herbeiführen zu können. Sympathie, Mitleid, Berufserfahrung, fachliches Interesse motivieren den Therapeuten, und er macht ein Therapieangebot, dessen Anforderungen und dessen Reichweite er nicht überblickt. Der Patient, der sich auf dramatische Weise als hilfsbedürftig dargestellt hat und auf ebensolche dramatische Weise vom Therapeuten empfangen wurde, wird dieses Angebot sofort annehmen. Er wird erleichtert sein, von Glück reden und sich auf eine Hilfe einrichten, die er als verheißungsvoll begreifen muß. Machen die nachfolgenden Therapiestunden die Wirklichkeit des Patienten genauer sichtbar, auch die Einzelbestandteile des Unglücks, entsteht jedoch eine therapeutische Arbeitswirklichkeit, der oft der Patient, manchmal aber auch der Therapeut nicht gewachsen ist. Beide sind enttäuscht und sie müssen versuchen, ihr Arbeitsbündnis neu zu definieren, um nicht gemeinsam an ihrer psychischen Realität vorbeizuleben.

•

Jeder Therapeut trägt in sich unverstandene therapeutische Erfahrungen mit sich. In derselben Form wiederholen sie sich nicht. Sie sind eng mit der eigenen Person verknüpft. Er hütet sich, davon zu sprechen. Er fürchtet, mit dieser privaten Unerklärlichkeit zu leicht auf die Besser- und Alleswisser zu treffen, die Schwerverständlichkeiten nicht ertragen. Seine Erfahrungen eignen sich nicht für einen wissenschaftlichen Austausch. Briefe, die manche Therapeuten schreiben, bleiben unbeantwortet. Der Patient, der nach dem Erstinterview seine Zusage, zur Therapie zu kommen, nicht einhält, kann nicht gefragt werden. Es gibt keine Forschung, auf die der Therapeut sich beziehen könnte. Er bleibt auf seinen undeklarierten Schätzen sitzen.

Der Blick hinter die Kulisse könnte die Neugierde befriedigen. Dem in Schweigen verharrenden, abwesenden Patienten kann man nur durch Phantasien näherkommen. Vielleicht hat sich bei ihm durch ein äußerlich unscheinbares Ereignis, das nach dem Erstinterview eintrat, die Einstellung gebildet: „Ich brauche Therapie, aber nicht jetzt". Wendet sich dieser Patient später an einen anderen Therapeuten, so hat ihm das zunächst ergebnislose Erstinterview den Weg dazu geebnet. Derselbe Patient hätte auch Befürchtungen entwickeln können, eine Angst, von der er in der Stunde nichts gespürt hatte: „Das brauche ich, aber das schaffe ich nicht". Er hat jetzt einen Konflikt erkannt und lebt mit ihm bewußt weiter.

Der imaginär befragte Patient kann sich nach dem Interview bestärkt, entlastet, sichergemacht fühlen. Er hat dies überhaupt nicht zum Thema der Stunde gemacht, der Therapeut hatte keinen magischen Blick. Der Patient weiß aber jetzt, was er will: keine Therapie. Ob er sich in dieser Sicherheit täuscht?

Ein Patient kann sich nach der Therapiestunde des Erstinterviews sogar geheilt fühlen wie nach einer langen Therapie. Er war auf diese einzige Stunde vorbereitet, hat das erfahren, woran ihm lag. Indem er „woran ihm lag" nicht als direkte Frage in die Stunde einbrachte, konnte er sich heimlich die Antwort beschaffen.

Vielleicht ist dieser Patient auch mit mehr Zweifeln zu Hause angekommen, als der Therapeut ahnt. Im Patienten ist der Eindruck entstanden, der Therapeut habe die Grenze seiner Verstehensfähigkeit erreicht, und es sei ihm keine Entwicklung zuzutrauen. Zu einem zweiten Interview wird er deshalb nicht kommen; er bleibt behandlungsinteressiert, lehnt für sich jedoch diesen Therapeuten ab.

Es gibt andere Patienten, die sich den offensichtlichen Erfolg, das Therapieangebot, nicht leisten dürfen. Sie geraten in Panik, wenn es ernst wird. Das Erstinterview war die Probe, das Spiel mit dem Feuer, es muß unverbindliches Spiel bleiben. Für wieder andere ist das Leben ein schlafwandlerischer Akt, er darf nicht gestört werden durch trockene Therapie.

Manche Patienten entdecken im Vorfeld der Therapie, wie sehr sie eine wichtige Phantasie befriedigen, indem sie jetzt den Therapeuten als Ersatzfigur wählen, um sich scheinbar an ihm, in Wirklichkeit an den Eltern zu rächen, da sie es während ihrer Kindheit einem Elternteil immer rechtmachen mußten, ohne es zu wollen. Sie erkennen nicht, daß sie sich selbst zu Fall bringen. Sie haben erreicht, unverändert zu bleiben.

Der Therapeut wird reagieren: Er ärgert sich über diesen einen, wegen der Mühe, die er aufgewendet hat, er vergißt den anderen, der ihm lästig war, er macht sich ausweglose Gedanken bei dem Dritten, was er falsch gemacht habe. Kein Gedanke führt weiter. Auch der Therapeut, der sich glatt darüber hinweggesetzt und mit glücklicher Hand das Ungelöste beiseite schiebt, weiß im Grunde, daß er für das Vergessen mit Resignation und Gleichgültigkeit bezahlt. Keine Technik des Erstinterviews schützt davor.

•

Der formale Abschluß des Erstinterviews, der in die Absprachen für die Therapie einmündet, bedarf nur geringer sprachlicher Präzisierung: Wann, was, wie lange? Aber was ist dabei mitgedacht?

Stellt man eine Analogie Arbeitsbündnis-Vertrag her, so besteht das Arbeitsbündnis aus einem Vertragswerk mit einem offiziellen Vertrag und dem Nebenprotokoll, in dem oft die wichtigsten Ausführungsbestimmungen und Interpretationen des formalen Textes zu finden sind. Man könnte sich eine Präambel zur Therapievereinbarung vorstellen, die hochoffiziell die Grundsätze der Therapie enthält: „Die Würde des Menschen ist unantastbar. Wir achten uns als unabhängige Individuen. Wir gehen eine Arbeitsbeziehung ein. Wir sind Gleichberechtigte in dieser gemeinsamen Arbeit".

Der Vertrag ließe sich in 3 Teile gliedern: Die *Rahmenbedingungen* der Therapie, die oft nur die vom Therapeuten offerierten Gegebenheiten betreffen, also nicht vom Patienten zu erarbeiten sind oder mit ihm ausgehandelt werden können: Ort, Raum, Zeit und Dauer, Bezahlung - auch bei Ausfall der Stunden - Absagen, Schweigepflicht, theoretischer Hintergrund, berufsständische Usancen, kassenrechtliche Regelungen, Rechtsaufsicht. Es folgen die *inhaltlichen* Bestimmungen der Therapie: die Themen, die Schwerpunkte der Arbeit, das Ziel der Therapie. Diese müssen von Patient und Therapeut gemeinsam erarbeitet werden und sind im Sprechen und Verstehen zu entwickeln. Schließlich wird die *Vorgehensweise* festgelegt: der Arbeitsablauf in der Therapie, die Regeln der therapeutischen Situation, zu denen Dyade, Sprechen und Phantasieren, nicht dagegen Gruppe, Körperberührung und Agieren gehören.

Über diese Absprachen hinaus ist ein Nebenprotokoll entstanden, in dem sich Versprechungen und Ansprüche, Einschränkungen und Bedingungen, Hoffnungen und Phantasien sammeln, oft eher vermutet, gewünscht oder befürchtet als klar benannt: „Wenn Sie den Vertrag genau einhalten - aber nur dann - kann Ihnen geholfen werden". - „Ich arbeite solange mit, wie Sie mir nicht wehtun". - „Auch wenn es Ihnen besser geht, die Symptome nachlassen, müssen Sie zur Therapie kommen". - „Kündigung des Vertrages, das Ende der Therapie muß eigens besprochen werden". - „Einfaches unerklärtes, unentschuldigtes Wegbleiben ist nicht erlaubt". - „Wir sind Verbündete im Kampf gegen die Krankheit, die Schwierigkeiten, die Störungen". - „Agieren schadet der Therapie". - „Sprechen Sie nicht über die Therapie mit Anderen". - „Es dürfen nicht zwei Therapien gleichzeitig gemacht werden". - „Es handelt sich um eine Zweipersonenbeziehung, Dritte, wie Partner, Eltern, Beobachter können nicht mitgebracht werden". - „Die Zuwendung zum Therapeuten ist Voraussetzung der Heilung. Sie darf nicht überzogen werden".

Hier werden Heilungsversprechungen, Schmerzgrenzen, Formalia, Verbote, Solidaritäten, wird das Ausmaß der Liebe verhandelt, ohne daß angemessen darüber gesprochen würde.

Kann in der therapeutischen Praxis von einem frei geschlossenen Vertrag gesprochen werden, wenn vom Therapeuten die entscheidenden Grundbedingungen vorgegeben werden, wenn in der Notlage des Patienten Forderungen aufgestellt werden, die er erfüllen muß, um einen Therapieplatz zu erhalten? Der Vertrag ist nur scheinbar ein Abschluß unter gleichberechtigten Vertragspartnern, die ihre unterschiedlichen Interessen miteinander aushandeln wie bei einem Geschäftsabschluß. Der Vertrag regelt den Austausch festgelegter Leistungen. Ein Arbeitsbündnis ist jedoch eine Beziehung mit der besonderen Betonung einer gemeinsamen Entwicklung, die ständig in Bewegung und Veränderung begriffen ist. Wird das Arbeitsbündnis verletzt, so liegen dem Beziehungsstörungen zugrunde, die therapeutisch wahrzunehmen und zu bedenken sind. Unpünktlichkeiten und Wegbleiben sind auch arbeitsrechtliche Vergehen, während das Maß der Zuwendung nicht justiziabel ist. Als Beispiel für einen Beziehungsvertrag kann an den Ehevertrag gedacht werden. Auch dieser Zweipersonenvertrag regelt nicht allein materielle Fragen (z. B. Gütertrennung), sondern gibt indirekt auch Hinweise auf die Beziehungsgestaltung.

Es erscheint sinnvoller, den *Bündnis*charakter als den *Vertrags*charakter zu betonen, da beim Bündnis die Frage der Gleichheit der Bündnispartner nicht von so grundlegender Bedeutung ist, werden doch im Gegenteil oft Bündnisse von ungleichen Partnern eingegangen. Im Bündnis wird auch das gemeinsame Sichverbünden gegen einen Dritten, gegen einen Feind spürbar - hier: gegen Krankheit, Probleme, Not. Die Bedingungen des Therapeuten, die oft schmerzlich einseitig bestehen, werden durch die Gemeinsamkeit bei der Erfüllung der Aufgabe gemildert. Ohne ein gut gestaltetes, motiviertes und sicher vorgebrachtes Bündnisangebot kommt keine Therapie zustande. Der hilfesuchende Patient hat erlebt, daß er sich selbst keine tragfähigen Lebensangebote mehr machen konnte.

Der Kampf um die Erhaltung des Arbeitsbündnisses bedeutet ein ständiges Zurückgreifen auf den Vertrag, die Regeln, und macht es notwendig, die Störungen, Verstöße und Abweichungen konsequent durchzuarbeiten. Dies ist bereits Therapie: Verläßlichkeit macht Unverläßlichkeit erst sichtbar.

Die ständige Präsenz des Arbeitsbündnisses muß vom Therapeuten für den Patienten geleistet und gezeigt werden - der Therapeut ist dafür primär verantwortlich. Keine Unterschrift unter einen detaillierten Therapievertrag kann jedoch seelische Leistungen erzwingen, die innere Lebendigkeit der therapeutischen Beziehung vorwegnehmen oder ersetzen.

Hinweise zur Literatur

Mit dem Erstinterview befassen sich indirekt die Lehrbücher, die im weitesten Sinne psychotherapeutisch-psychiatrischer Ausbildung dienen; als Beispiele seien genannt: Redlich u. Freedman (1970) *Theorie und Praxis der Psychiatrie*, Schraml u. Baumann (Hrsg) (^{3}1975) *Klinische Psychologie I und II*, Balint u. Balint (^{3}1980) *Psychotherapeutische Techniken in der Medizin*.

Das Erstinterview als Thema haben Gill et al. (1954) *The initial interview in psychiatric practice*, Pittenger et al. (1960) *The first five minutes*, Argelander (1970) *Das Erstinterview in der Psychotherapie*, Sullivan (1976) *Das psychotherapeutische Gespräch* und Lai (1978) *Die Worte des ersten Gesprächs* bearbeitet.

Auf der Suche nach dem normalen Therapieverlauf: Die Arbeit an symbolischen Sätzen der Therapie

Mit dem Versuch, einen Therapieverlauf über mehrere Jahre zu beschreiben, wird einer Denkgewohnheit gefolgt, diesen Zeitraum in überschaubare Einheiten bringen zu wollen. Dazu sollten therapeutische Kriterien dienen, nicht die Aufzählung nach Wochen und Monaten. Traditionell geht man von einer Dreiteilung aus: Anfang, Mittelstück und Beendigung, wobei der zentralen Mitte besonderes Interesse und inhaltliche Untergliederung zukommen müßte. Bei einer solchen Dreiteilung wäre zunächst die Begegnung unter Fremden und die Aufnahme einer Beziehung darzustellen. Die zentralen Bereiche der Therapie könnten mit dem Begriff des Durcharbeitens benannt werden. Die Endphase ließe sich als ein Zeitraum der vorbereiteten Trennung ansehen, in der eine Einschätzung der erreichten und nicht erreichbaren Ziele getroffen wird.

Der therapeutische Begriff des Durcharbeitens ist für den Hauptteil insoweit bestimmend, als im Durcharbeiten auf die Fixierungen der bestimmten Entwicklungsstufen des Patienten eingewirkt wird, Wiederholungsthemen und neue Erkenntnisse sichtbar gemacht sowie Rückfälle verstanden werden können. Das Durcharbeiten kann als die lange Mitte der Therapie betrachtet werden.

So sehr dies üblich ist, hat es aus der Sicht langer therapeutischer Erfahrung dennoch nur begrenzte methodische Überzeugungskraft. Es gibt Therapien, die in der ersten Stunde im Feuer der Übertragung und einer präzisen Beziehungskonstellation beginnen. Der Patient äußert: „Sie sind wie mein Vater" oder: „Auf Sie habe ich gewartet". Am anderen Ende dieses Spektrums stehen, wie jeder Therapeut weiß, Therapien, die über lange Strecken, bis in die Endphase hinein, Anfangssituationen darstellen. Sie sind über den Beginn einer Beziehungsfindung kaum hinausgekommen, wobei für den Patienten dieser so dürftig erscheinende Beziehungsbeginn jedoch nachträglich das für ihn Erreichbare gewesen ist. Der lange Therapiezeitraum erweist sich dann als notwendig für das, was man von einem hohen Anspruch aus nur als Beginn gewertet hätte.

Sicher gibt es Therapien, die nach ihrer Intensität auf der Zeitachse tatsächlich einer Normalverteilungskurve entsprechen. Kaum ein Therapeut wird jedoch zustimmen, wenn man einer Therapie die Qualität einer Norm zusprechen wollte. Jeder Ablauf ist möglich und muß zu Beginn einer Therapie mitbedacht werden. Die lineare Dimension der Zeit ist für die Struktur eines Therapieverlaufs unzureichend.

•

Die Diskussion kann das Lebensgebilde Therapie an anderen Lebensgebilden messen, um zu Analogien zu kommen. Eine Reihe von einfachen Lebensmodellen bietet sich an, etwa das des Kreises, der von Kindheit über Jugend, Erwachsensein bis zum Alter führt, wobei Beginn und Ende des Lebens den Kreis schließen. Es gibt das populäre Bild einer doppelten Treppe, auf der, jeweils in Zehnjahresstufen unterteilt, ein Lebensanstieg aus der Kindheit zum Erwachsensein und ein gleichmäßiger Lebensniedergang bis zum Tod dargestellt ist. Neuzeitlich erscheint die Kurve der beinahe ewigen Erwachsenheit, die, aus der Kindheit steil auf die Höhe der Ich-Kräfte ansteigend, dann auf hohem Plateau gleichmäßig sich über einen langen Zeitraum erstreckt, um unmittelbar vor dem Tod abzubrechen. Daneben findet sich das komplizierte Bild einer dreidimensionalen Spirale, die bei gleichbleibendem Durchmesser zur Wiederholung auf einem höheren oder niederen Niveau führt. Es gibt andere Modelle, biologisch-molekularen Strukturen nachempfunden, aber ohne besonderen Erklärungswert.

Wie wichtig bildhafte Entsprechungen sind, zeigt der lange Gebrauch von Allegorien als Modelle zur Beschreibung von Beziehungen: etwa die Jahreszeiten Frühjahr, Sommer, Herbst und Winter oder die Tageszeiten morgens, mittags, abends, nachts. Auch die Entwicklungsstadien jung-alt, Knospe-Frucht spielen als Naturanalogien auf biologische Lebensbedingungen an. Benutzt man für den Therapieverlauf Parallelen aus freigewählten Beziehungen, etwa Freundschaften oder Liebesbeziehungen zwischen zwei Personen, wird deutlich, wie verschieden Beziehungen gelebt werden: Liebe kann überfallen oder sie kann sich langsam entwickeln. Freundschaften können auf niederer Flamme lebenslang dauern oder können, graphisch dargestellt, einen oder mehrere Höhepunkte haben. Es ist schwer vorauszusehen, ob die bedeutungsvolle Begegnung eher am Anfang, in der Mitte oder am Ende liegt.

Als Lernmodell ist die Beziehung zwischen Lehrer und Schüler leicht greifbar, da die einzelnen Therapiestunden, ihre Wiederholungen über einen längeren Zeitraum, äußerlich stark an die Geregeltheit von Schulstunden erinnern. Der Therapeut als Lehrer gibt, der Patient als Schüler nimmt. Legt man diesem Bild gegenwärtige Verhältnisse zugrunde - Lehrpläne und Lehrinhalte, Didaktik, Zielsetzung und Evaluierung - so kommt man jedoch zu einer Denkweise, die den Eigentümlichkeiten tiefenpsychologischer Therapie wenig entspricht. Eher ist noch an hergebrachte Meister-Schüler-Verhältnisse zu denken, oder an religiöse Bereiche, wo das Lehren und Lernen sich im Rahmen festgelegter Beziehungsformen abspielte.

Erfahrungen unserer Zeit sind anderer Art: Erziehungsschicksale verlaufen in gesellschaftlich ritualisierten Kanälen und sind an ihrer Wiederholung erkennbar. Religiöse Gruppen besitzen einen je einheitlichen Kanon von Wertvorstellungen. Demgegenüber vermittelt Psychotherapie emanzipierte Wissenschaft. Auch wenn praktische Psychotherapie eine Kunst sein kann, bleibt ihre Basis die Ausübung beruflicher Fähigkeiten, die durch Ausbildung erlernt wurden.

•

Offensichtlich hat sich keine eindeutige Normgestalt des Ablaufs von Psychotherapie herausgebildet. Komplexe Begriffe sollen sie beschreiben, erklären, organisieren. Es gibt mehrere solcher Organisatoren. Hinderlich ist, daß Widersprüche bestehen.

Der klassische Organisator der Therapie ist die *Diagnose* des Patienten. Es wird eine Struktureigentümlichkeit im psychischen Bereich behauptet, dem eine entsprechende therapeutische Technik genügen könne. Da es ein ausgefeiltes System von Diagnosen gibt, müßten dazu passende Techniken vorhanden sein, beschreibbar und erlernbar. Es überrascht, daß in der ausführlichen Literatur über Psychotherapie solche Techniken so gut wie nicht erwähnt werden. Ist aber nicht die Nosologie der allgemeinen und speziellen Neurosenlehre das Grundraster für die differenzierte Betrachtung psychischer Krankheitsbilder und damit auch Matrix für die Therapie?

Im Verlauf von Therapien wird sichtbar, wie bei verschiedenen Neurosen dieselben Abwehrmechanismen auftreten. Die Praxisarbeit gewinnt kaum Hilfe durch den Rückbezug auf eine bestimmte Neurosenform. Sehr viele psychodynamische Gesetze und Abläufe sind nicht neurosenspezifisch, sondern neurosenübergreifend. Außerdem hat die Psychotherapieforschung der letzten 20 Jahre ihren Denk- und Sprachbereich erheblich erweitert, so daß die klassischen Neurosen einer Neudefinition unterzogen wurden. Allein die überschwemmende Thematik, die mit den Begriffen Narzißmus und Borderline apostrophiert wird, belastet das bestehende System der Neurosenlehre schwer. Daneben hat sich die Thematik der frühen Störung entwickelt und verlangt Einlaß. Auch Konzepte der Psychosomatik und der akuten Psychosen wurden in die Psychotherapie eingeführt, so daß das gemeinsame Dach der psychotherapeutisch behandelbaren Störungen weit über den engeren Bereich der Neurosen hinausreicht. Auch die klassischen Formulierungen wurden immanenten Forschungen unterzogen. So konnten die außerordentlich frühen und unreifen psychischen Anteile der Hysterie erkannt und anerkannt werden, obwohl Hysterie früher als die reifste Neurosenform im Sinne der Phasenentwicklung galt.

Als Systematik gibt es für die Neurosenlehre bis jetzt keinen Ersatz. Weist der Versuch, eine neue Theorie zu entwickeln, über die Idee einer besseren Neurosenlehre, einer erweiterten Kommunikationstheorie, einer klareren Vorstellung von den Beziehungskonstellationen hinaus?

In der Kommunikation zwischen Therapeuten wird ein diagnostisches Vokabular benutzt, das sich in der Arbeitspraxis einen festen Platz gesichert hat. Die Diagnosen lauten: „Es handelt sich um eine depressive Neurose mit phobischen Zügen, ... um eine Neurose mit zwanghaften und depressiven Anteilen, ... um eine orale Abhängigkeitsthematik bei infantiler Charakterstruktur, ... um ein unspezifisches psychosomatisches Erkrankungsbild mit hysteriformen Beschwerden, ... um eine dekompensierte zwangsneurotische Struktur mit akuten psychotischen Episoden, ... um ein diffuses Zustandsbild vegetativer Beschwerden bei erheblichen lebenssituativen Schwierigkeiten und einer narzißtischen Problematik ...“. Entgegen aller Erwartung liegen in diesem Vokabular Verstehensmöglichkeiten, welche die Behauptung widerlegen, aus Ungenauigkeiten könne keine Verständigung entstehen.

Jeder Sprachwissenschaftler jedoch wird erschrecken: Wortwahl, Thematisierung, Verbildlichung, die Kombination in passenden und konträren Farben verweisen jeweils auf einen anderen logischen Bezugspunkt und ein anderes praktisches Denkfeld. So mag zwar Verständigung zwischen Therapeuten erreicht werden, für eine vermittelnde Funktion einer Neurosenlehre ist aber bedenklich, daß ihre Begriffe keine sichere, fachsprachlich lexikalisch festgelegte Bedeutung mehr haben. Sie höhlen sich gegenseitig aus, gelten nicht ohne die Begleitumstände des Persönlichen: Kongreß, Telefonate, Berufsverband, Ausbildung im gleichen Institut, informelle Kontakte. Obwohl auch noch formelhaft geschrieben wird, wird das Verstehen durch Mündlichkeit erreicht. Mündliche Kommunikation erzeugt eine weitere Abwertung der Begriffe der Theorie und der Schriftlichkeit überhaupt, leiten eine neue Analphabetisierung ein.

Der Strukturbeschreibung, die immer ein unpersönliches, verwaltendes Element enthält, steht keine Beschreibung des therapeutischen Vorgehens gegenüber. Auch für tradierte Neurosenformen, etwa die Depression, zeichen sich keine Behandlungspläne und Anweisungen ab, die einen hohen Grad von Erlernbarkeit bieten. An diesem Ungenügen entwickelten sich Überlegungen, ob die wahre Diagnose eine Diagnose der Beziehung zwischen Patient und Therapeut sein müßte. Je nach Ausprägung der Beziehung verlangte sie eine veränderte Einstellung des Therapeuten. Von daher ließen sich Konstellationen von Beziehungen abstrahieren, für die jeweils andere Vorgehensweisen gültig wären. Sie ließen sich nach vorrangig beobachteten Gestaltungen von Beziehungen ordnen, etwa: Symbiose, Kampf, Abhängigkeit, Polarisierung, Nähe-Distanz-Wechsel, Neutralisierung, „folie à deux“ ... – jedoch taucht als nächste Konsequenz die Frage auf: Welche Bewertung kommt diesen sozialen Entscheidungen, die das Leben prägen, zu?

Zu dem Denken in Diagnosen gehört die Vorstellung, das, was der Patient sagt, habe die Qualität von *Material*. Der Therapeut bearbeitet das verbal abgesonderte, mit der Person nicht mehr zusammenhängende Material mit der Deutung. Es wird dabei von der Prämisse ausgegangen, das vom Patienten Gebotene, Hergezeigte, Abgelieferte sei allein das Produkt seiner Individualität. Es sei zweifellos das Wahre, was nun in der therapeutischen Situation sine ira et studio wie ein Rohstoff oder als Rohdaten betrachtet werden könne. Wenn der Patient zum Material wird, wird der Therapeut zum Deuter. Da aber beide ihre Identität als Personen behalten und als Individuen sprechen, wird die Therapie immer der Ausdruck ihrer Beziehung sein. Die Interpretation wurde als das Werkzeug angesehen, das den Stoff formt. Die Differenzierung ergab eine Dreiteilung: Widerstandsdeutungen, Übertragungsdeutungen, Inhaltsdeutungen. In der Praxis gelang es jedoch nicht, das Gesamt des heilenden Sprechens des Therapeuten in diese drei Formen der Interpretation zu bringen, wiewohl jede dieser Formen in einzelnen Therapien nachweisbar und überlegt verwendet wird. Wie es Handwerkszeug, gibt es auch Handwerksregeln der Therapie, die tradiert und befolgt werden: Von der Oberfläche zur Tiefe, von der Aktualität zur Biographie, von der Realität zur Übertragung, vom Sekundär- zum Primärprozeß, von der Sublimation zum Trieb – und jeweils zurück auf die Ausgangsstufe, nunmehr jedoch in einer veränderten, reflektierten Weise. Allen diesen Überlegungen fehlt jedoch ein Merkmal, das die Stellen des therapeutischen Prozesses angibt, an welchen die Interpretation in ihren verschiedenen gedanklichen Ebenen ansetzen soll, um hilfreich zu sein. Denn der psychische

Ort kennt nicht die Unbeweglichkeit und Konstanz von Material und ist für die Regelgriffe eines Handwerks nicht verfügbar.

Eine andere Konzeption beruht auf der Vorstellung, Therapie sei wiederholte Kindheit. Therapie folge der Biographie. Sie belebe die wichtigsten Konfliktsituationen, das Erziehungs- und Entwicklungsschicksal, vertreten in den Bezugspersonen Mutter, Vater, Geschwister, nahe Verwandte und andere Menschen persönlicher Nähe, beurteile dies und versuche, den traumatischen Charakter aufzulösen und die Chance der Nachreifung und neuen Entwicklung zu geben. Die Maxime hieße: Wiederholung fördern, ungeschieden nach Glück und Trauer. Die Praxis zeigt, daß die unmittelbare Umsetzung dieses Bildes der wiederholten Kindheit ins Realgeschehen nicht möglich ist. Der Erwachsene bleibt Erwachsener mit allen Modalitäten seines Selbst, auch wenn er in der Therapie regrediert. Die Aufspaltung in ein Kind, das wiedererlebt, *und* einen Erwachsenen, der dieses Kind beobachtet, ist ein Kunstgriff der Therapie, durch den ein Spannungsfeld des Erlebens und Beurteilens entsteht. Sowohl der Erlebende wie der Beobachter sind jedoch ein und derselbe Mensch. Niemand kann zurück in die Kindheit - diese banale Realität ist zu mächtig, als daß man sich ihr bewußt entziehen könnte. Wird die Therapie konsequent nach diesem Modell gestaltet, müßte vom Patienten verlangt werden, bei seiner Geburt anzufangen. Er hätte jeweils eine Reihe von Therapiestunden für einen bestimmten Lebensabschnitt zur Verfügung. Die Biographie würde bis zum heutigen Zeitpunkt durchschritten werden, schwebend wie in einem Traum oder mühevoll wie durch eine undurchdringliche Landschaft. Auch der lineare Weg rückwärts, vom Hier und Jetzt zum Dort und Damals wird nicht begangen. Das Therapiegeschehen wechselt vom Heute in die Vergangenheit, bleibt in der Vergangenheit, kehrt zurück ins Jetzt und weist zeitlich über das Jetzt hinaus in die Zukunft.

Dieses Springen in der Zeit, die Verknüpfung von in dieser Weise nicht Verknüpftem in den Zeiten macht die Idee, eine Analyse der Kindheit durch Wiederholung der Kindheit zu leisten, als Modell einer Therapie ungeeignet.

•

Verführender ist der Umgang mit Szenen in der Therapie, sind sie doch auch das Produkt des Therapeuten. Seine Therapiebereitschaft und seine Existenz haben sie mit hervorgebracht: stimulierend, einschränkend, verzerrend, vergrößernd, erhellend. Die Szene verbindet Inhaltliches, Affektives und Aspekte der Beziehung. Wer seinen Therapeuten bewundert, wird es schwer haben, seine Versagensängste zu äußern, weil er fürchtet, vor dem so erhöhten Therapeuten ohnmächtig dazustehen. Wer sich seinem Therapeuten immer nur überlegen fühlt, wird nie dessen wirkliche Fähigkeiten erreichen.

Immer dort, wo Szenen entstehen, ist Therapie. Wenn der Patient - um den kürzesten Ansatz einer Szene zu entwickeln - sagt: „Ich bin eine Rumpelkammer", ist der Therapeut angeregt, dies anzunehmen und sich damit zu verbinden. Eine Vielfalt an Interpretationsmöglichkeiten eröffnet sich:

Der Therapeut erinnert sich, was der Patient bereits zu dem Thema gesagt hat und welche Gedanken mit dem Wort Rumpelkammer verbunden sind. Der Therapeut fragt den Patienten in einer Weise, daß der Patient den Gehalt seiner Rumpelkammer inhaltlich besser benennen und schließlich verstehen kann. Die Frage lautet nicht: „Was fällt Ihnen zu Rumpelkammer ein?“, die Frage ist vielmehr sein sprechend oder schweigend gezeigtes Interesse. Es ist eine „Situation Rumpelkammer“ entstanden und alle Einfälle, die der Patient jetzt bringt, gehören in diese Situation, auch wenn sie in eine ganz andere Richtung gehen. „Was fällt Ihnen zu Rumpelkammer ein?“, ist immer eine Verkürzung, die sich an das Wort festklammert und trotz der Aufforderung zur freien Assoziation nicht selten gerade die gedankliche Öffnung verhindert. Wenn der Therapeut spürt, der Patient kommt mit seiner Rumpelkammer nicht mehr zurecht, produziert Wörter, die sich kaum in einer szenischen Richtung erschließen, kann er sich aus diesen Wörtern, die nur Sinntrümmer sind, sofort zurückziehen. Er wird auch versuchen, das Wort traumartig herauszulösen, um zu sehen, ob und wie der Patient sich tagträumerisch in dem Begriffsfeld bewegen kann.

Der Therapeut kann schweigen und damit versuchen, dem psychischen Geschehen näherzukommen, welches den Patienten bewegt, auch wenn dieser selbst schweigt. Es ist beiden unbekannt, ob sich in der Rumpelkammer Gerümpel oder Monster aufhalten, ob diese Rumpelkammer nicht gar ein Deckwort ist oder ein Ablenkungsmanöver darstellt, um anderes nicht ans Licht kommen zu lassen. Art und Ausmaß des Schweigens und die gemeinsame Bemühung, dieses dunkle oder bedrohliche oder befriedigende Schweigen zu ergründen, führen weiter. Der Therapeut kann auch seine eigenen Phantasien mitteilen, die ihm in der „Situation Rumpelkammer“ des Patienten eingefallen sind. Er riskiert dabei, auf einer falschen Fährte zu sein und in eigene Bereiche überzuwechseln, wohin ihm der Patient nicht folgen kann. Dann stehen sich jedoch Einfälle des Patienten und Einfälle des Therapeuten gegenüber. Wenn sie dem anderen jeweils unverständlich sind, können sie gegeneinander gehalten und betrachtet werden - und hier kann die Verständigungsarbeit ansetzen.

Der Therapeut kann auch auf die Falschheit der Rumpelkammer hinweisen, indem er aus anderen szenischen Elementen herleitet, daß es sich doch um die wohlgeordneten Schubladen handelte, um den aufgeräumten und unbedeutenden Inhalt, der das Leben des Patienten verengte. Er kann die Szene abweisen und durch eine andere ersetzen, die aus seiner Sicht stärkere Gültigkeit hat. Letztlich, in einer überraschenden Wendung, kann der Therapeut fragen: „Bin ich für Sie eine Rumpelkammer?“ Er weist so auf die Möglichkeit hin, daß er selbst in der Phantasie des Patienten längst zu einer Rumpelkammer geworden ist, in der sich der Patient weder ein noch auskennt. Damit gibt er dem Patienten die Chance, die Rumpelkammer zunächst fern von sich zu betrachten, in einem anderen, von dem er mit Sicherheit annehmen kann: „Der ist nicht wie ich“.

Wenn schon die einfache bildhafte Vorstellung „Ich bin eine Rumpelkammer“ im therapeutischen Kontext die Kraft einer Szene gewinnen kann, wird deutlich, daß dort, wo der szenische Charakter klarer zutage tritt, wenn in einer Szene also mehrere lebendige Personen, Ideen, Geschehnisse, ja Geschichten in verschiedenen Zeitabläufen auftreten, die Therapie an Vielfalt, Intensität und Deutungsbedürftigkeit gewinnt. Auch der Patient befindet sich in einer besonderen Aktivität: Er warnt den Therapeuten vor seiner Rumpelkammer, die

Gefährliches bergen könnte und spürt den nur unterdrückten Wunsch, gerade dorthin möge ihn der Therapeut begleiten. In diesem Sinne erzählt der Patient nicht nur von einem Raum, bietet nicht nur etwas Gegenständliches an, sondern setzt sich seinen Wünschen nach einer Beziehung mit dem Therapeuten aus. Dies ist das Risiko des Patienten. Er hat nämlich keinen trivialen Bericht gegeben, da er sich unter das Licht der gemeinsamen Interpretation gestellt hat, in der anderes als das Erwartete auftauchen kann. Mitunter sagt der Patient dem Therapeuten indirekt: „Sie sind eine Rumpelkammer". Damit eröffnet der Patient das Thema, er sei sich nicht sicher, ob im Raum des Therapeuten sich Schätze oder Monster aufhielten. Dann ist der Therapeut an der Reihe, mit dem Patienten zu untersuchen, welche Bedeutung die Rumpelkammer des Therapeuten für den Patienten hat. In der Therapie können beide Szenen miteinander verschmelzen: Patient und Therapeut müssen sich in einer Rumpelkammer zurechtfinden, in der sie beide eingeschlossen sind.

In dieser Darstellung wird deutlich, wie die Szene den laut gewordenen Monolog des Patienten überschreitet und ebenso die vielleicht kargen, einzelnen Beiträge des Therapeuten. In der Szene hat sich das Berichten des Patienten bildlich bereits der Deutung des Therapeuten zugeneigt. Bericht und Deutung sind als Anteile eines Ganzen aufeinander bezogen: Die Rumpelkammer des Patienten ist nur deshalb entstanden, weil vom Therapeuten etwas ausgegangen war, das dem Patienten erlaubte, diese Symbolisierung Rumpelkammer zu entwickeln. Es mußte ein Vorverständnis bestehen, sich über den Begriff Rumpelkammer besprechen zu können, sonst hätte der Patient für die gleichen Inhalte eine andere Symbolisierung wählen müssen. Insofern ist Rumpelkammer der Bedeutungsträger für etwas, was in dieser konkreten Therapie zwischen diesem Patienten und diesem Therapeuten ausgesprochen werden konnte.

Die Szene, die sich zwischen Patient und Therapeut entfaltet, zeigt die Therapie in ihrer Bewegung. Wenn sie fehlt und auch nicht in Gang gesetzt werden kann, gleitet die Therapie trotz aller Anstrengung ins bildlose Gerede ab, in Konversation und gute Ratschläge. Der Sinn der Therapie schwindet in dem Maße wie die Phantasien ausbleiben und nur als vorübergehende Impulse beeindrucken. Die Szene ist erst eine Szene, wenn der volle Sinngehalt einer Phantasie in sie eingedrungen ist: „Mein Leben ist im Augenblick so düster und abgelegt wie eine Rumpelkammer".

So definiert ist Szenenlosigkeit ein Synonym für Störung der Therapie, Beschädigung der Phantasie des Patienten, Leiden. Gelänge es, die Therapie in dichte Abfolgen von Szenen zu bringen, wäre dies ein idealer Therapieverlauf. Die Alltäglichkeit der Therapie setzt aber gerade an der unentdeckten Szene an. Der normale Therapieverlauf wäre dann erreicht, wenn gerade die Lücken im Sprechen und das Unausgesprochene des Patienten zu einer gemeinsam interpretierbaren Szene gebracht werden.

•

Der Therapeut, der nicht den Leidensdruck des Patienten hat, sollte als erster die Szenenlosigkeit erkennen und daraus eine übergreifende Arbeitsaufgabe ableiten. Durch diese Einstellung, die Szenenlosigkeit als Störung der therapeutischen Situation zu betrachten, wird die Störung im Sinne einer individualistisch zugeschriebenen Patienteneigenschaft, als ein Problem des „Materials", überwunden. Die Person des Therapeuten steht jetzt ebensowenig als individuelle und isolierbare Person da wie der Patient. Beobachtungsort ist die gemeinsame therapeutische Situation zweier in Beziehung stehender Individuen.

Nicht gelöst ist das Zeitproblem: Der objektiv meßbare Zeitablauf bleibt für jede Therapie bedeutsam. Es macht für die Interpretation einen Unterschied, ob die Szene „Ich bin eine Rumpelkammer" sehr am Anfang einer Therapie steht oder an einer anderen, allerdings durchaus nicht beliebigen zeitlichen Stelle.

Der Zeitpunkt einer Deutung, in der angelsächsischen Literatur im Begriff des timing gefaßt, ist wichtig, aber unangebbar. Man behilft sich mit Allegorien, etwa: Wenn die Sache reif, eben die Zeit gekommen ist oder mit kaum weniger vieldeutigen Überlegungen: Der Zeitpunkt ist da, wenn die Szene ihre einzelnen Determinanten erreicht hat, wenn sie alles hergegeben hat, was in ihr steckt, wenn sie an der Grenze ist, hinter der sie ohne eine Deutung ihre Dynamik verlöre und sich in Banalität und Sinnleere wiederholend verflüchtigte. Wahrscheinlich tauschen Patient und Therapeut Botschaften über diese Reife des Geschehens aus, verständigen sich mit Wörtern, in denen der Austausch über den Zeitpunkt bestimmbar, indirekt und vermittelt besprochen wird, nicht explizit, in einem verbalen Vorgang mit gleichsam paraverbaler Verständigung. Nicht selten jedoch glaubt der Therapeut, er bestimme allein, sogar gegen den Willen des Patienten, wann er deutend eingreife. Er kann sich nicht in jedem Augenblick vergegenwärtigen, was er mit dem Patienten in allen Kontexten bereits verhandelt hat. Es ist sogar nicht ausgeschlossen, daß eine Verständigung vorlag. Der Patient selbst überrascht den Therapeuten, der annahm, seine Deutung sei für den Patienten überraschend, während dieser ruhig reagiert, als wäre er vorbereitet gewesen, als hätte er diese Deutung erwartet.

Der Zeitwert einer Szene kann offensichtlich nicht objektiviert werden. Beschreibbar sind jedoch einige Phänomene der therapeutischen Zeit. Sie ist eine künstliche Zeit. Sie kann Ereignisse aus menschlichem Leben anhalten, sie zu einem lebendig-erstarrten Bild werden lassen, einer Momentaufnahme, die sich mehrfach betrachten läßt. Sie kann Lebenssituationen beschleunigen zu einem rasenden Lauf über die Jahrzehnte oder sie zeitlupenartig verlangsamen. In beiden Verzerrungen können Elemente betrachtet werden, die sonst der Beobachtung unzugänglich waren: Zusammenhänge über einen langen Zeitraum, Mikroanalysen einer winzigen, festgeschriebenen Szene.

Zeit, die aller Willkürlichkeit entzogen zu sein scheint, ist in der Therapie frei verfügbar: Sie kann andere Zeiten wiederholbar machen, aus starren Bildern neue Abläufe bilden. Sie ist sogar befähigt, Zeiten übereinander zu schichten und dabei der Interpretation eine neue Dimension zu eröffnen.

Der therapeutischen Zeit ist, bildlich gesprochen, das therapeutische Licht zuzuordnen: Szenen werden überbelichtet oder unterbelichtet, um an diesen so veränderten Bildern Entdeckungen zu machen. Auch dadurch, daß der Vorgang mittels optischer Vergleiche zu beschreiben ist (durch therapeutische Linsensysteme), lassen sich die Szenen künstlich vergrößern oder verkleinern, um in der Auflösung ihrer gewohnten Dimensionen oder im Überblickscharakter des gerafften Bildes Neues erfahrbar zu machen. Auch dies beruht auf der Eigenart des therapeutischen Kommunizierens, die sich gut metaphorisch mit den Erscheinungen des Lichts beschreiben läßt, obwohl sie von menschlicher Wahrnehmung und Beurteilung gespeist und in Gang gehalten wird. Es ist, als ob das Auge des Therapeuten eine eigene Lichtquelle besitze, die es ihm ermöglicht, therapeutisch zu sehen.

Was aber bleibt, ist das Unbewußte, die kurze Botschaft des einzelnen, die vom Patienten und vom Therapeuten ausgeht und empfangen wird oder unempfangen verhallt. Für das Erkennen und Aushalten, Bearbeiten und Verwandeln der Botschaft brauchen Patient und Therapeut Zeit, je verschiedene Zeiten: Der Patient mag über eine Szene rasch hinweggehen, doch der Therapeut hält die Zeit an: „Lassen Sie uns das einmal genau betrachten". Der Patient hat seine Zeit angenagelt und bleibt in einer Szene hängen, während der Therapeut sich in der Zeit wegbewegt: „Wie sieht das heute aus?"

Der Therapeut braucht auch eigene Zeit. Der Patient hat ihn erschüttert, geängstigt, verwirrt. Jetzt verwendet der Therapeut seine Zeit für sich selbst, stabilisiert sich, ehe er sich wieder dem Patienten zuwendet. Dies muß der Patient akzeptieren.

Therapeutische Kommunikation nähert sich dem Unbewußten. Häufig gestalthaft erfahrbar als Phantasien, gehört das Unbewußte immer zum Arbeitsfeld der Therapie. Nicht immer gelingt es jedoch therapeutischem Bemühen, Unbewußtes zu erreichen. Von vielen Szenen und dem ihnen geltenden therapeutischen Austausch kann nicht eindeutig geklärt werden, ob sie nach der theoretischen Unterscheidung unbewußte oder vorbewußte Inhalte trafen. Mit größerer Sicherheit kann gesagt werden, daß die Arbeitsweise des Therapeuten als Entdeckungs- und Verstehensarbeit am Unbekannten zu bezeichnen ist. Die Grenze zwischen Unbekanntem und Unbewußtem bleibt in der Praxis kaum sichtbar. Manche Therapien verharren im rationalen, vernünftigen Austausch, erreichen die Widersprüche und Paradoxien nicht. Sie erhellen dennoch Unerkanntes. Kommt dies jedoch nicht nur dadurch zustande, daß auch das Unbewußte angestoßen, gereizt, zur Abgabe einer Erklärung gezwungen wurde?

Wenn es die unmittelbare und unverhüllte Botschaft von Unbewußt zu Unbewußt, also die direkte Erkenntnis gäbe und keine Vermeidungsflächen, an denen die Bearbeitung ansetzt, entstünde Auflösung, kommunikative Verschmelzung, Zerstörung. Erhellungen sind nur in ihren Abstufungen von Dunkelheit zu ertragen.

Der Blitz des Unbewußten tötet. In seiner Nähe gibt es keine Gerechtigkeit. In Therapien erkanntes Unbewußte verleiht keine Macht über Menschen.

•

Die nichtbenutzten Modelle der Neurosenlehre, die Nosologien der Psychosomatik bis zur dynamischen Psychiatrie, die sozialen Lehren über Krankheit und der historische Ort der Psychotherapie stehen im Kreis um Patienten und Therapeuten herum. Auch wenn sie nicht unmittelbar in der Praxis der Therapie Anwendung finden, sind sie zur Abstützung, als Widerlager, Kontrast und Hintergrund anwesend, beteiligt, wirksam und nützlich. Sie sind die stummen

Helfer des Wissens – und sie zu kennen ist unabdingbar. Mit dem Satz: „Ich hätte das alles am liebsten nicht gelernt, weil es meine Wahrnehmung verstellt, wenn nicht gar zerstört" wird versucht, Geschichte zu verdrängen und in einem selbstgefälligen „ab ovo" zu leben, als ob es eine unmittelbare Naivität des Schauens gäbe, der sich die verschleierten Bilder von Sais[1] schreckenlos zeigten.

Antworten auf das Sprechen des Therapeuten

Der Patient sagt „Ja"

Der Patient, der Ja sagt, ist ein Patient, der kommt, Absprachen einhält, den Therapeuten respektiert und die Therapie nachdrücklich will. Er ist ein angenehmer Patient, der dem Therapeuten erlaubt, sich in seiner Arbeit uneingeschränkt zu entwickeln. Die kritische Therapiesituation stellt sich spät ein. Patient und Therapeut stehen ihr oft überrascht und hilflos gegenüber.

Zunächst geht in einer solchen Therapie alles gut. Verstehen, Einsicht, Erleben sind in ihr nachweislich und verbal deutlich enthalten. Der therapeutische Dialog, das Finden und Besprechen einer Problematik ist gewährleistet. Auch die professionelle Handhabung durch Deutungen ist lege artis anzutreffen.

Dennoch bleiben die Wünsche des Patienten unbefriedigt: Wünsche nach Besserung des Lebensgefühls, Erhöhung der Arbeitsfähigkeit, Lösung eines realen Konflikts in der Partnerschaft oder Veränderung eines medizinisch definierten Symptoms. Auch ein freundlicherer Umgang mit sich selbst und die Entlastung von der Bedrückung haben sich nicht eingestellt. Die therapeutischen Bemühungen versickern in einem psychischen Gelände, dessen Topographie unbekannt bleibt.

•

Es mag eine bestimmte Stunde sein, in der dies entdeckt wird. Häufiger steigert sich ein Gefühl der Unbefriedigtheit im Therapeuten, das sich allmählich in der Frage konkretisiert: „Was ist los? Was stimmt nicht? Was fehlt?"

Der Therapeut ist in dieser Situation allein. Der Patient ist nicht fähig, die Lösung seines Problems voranzutreiben. Er erreicht weder sich, noch kann er das Gefühl des Therapeuten nachempfinden. Der Patient redet weiter wie zuvor. Es gelingt ihm nicht, sich dem Therapeuten gegenüber zu stellen, sich abzutrennen, er gibt ihm keinen Ansatzpunkt, ein Gegenüber zu sein. Der Patient versteckt seine Botschaften in eine Reihe von anderen zwar mitteilenswerten, aber so wenig affektbetonten Ereignissen, daß sie für ihn selbst untergehen und auch der Therapeut für einige Zeit keinen Anstoß nehmen kann, da die Formulierungen richtig sind. Symbolisch verkürzt: der Patient sagt „Ja".

Erst wenn der Therapeut sich erlaubt, abzuschweifen, sich nicht voll dem Sprechen des Patienten auszusetzen, erst wenn er auf Abwege geht, wird er die

---

[1] Vgl. *Der Jüngling von Sais*, Ballade von Schiller.

Ahnung bekommen, der Patient unterlaufe mit den vorgebrachten Themen ein anderes, wichtigeres Thema, ohne daß es der Therapeut genau erfassen kann. Zunächst wird sich der Therapeut berechtigterweise zurückhalten, sich auf den Nebenwegen nur tastend bewegen, weil er verschiedene solcher Wege ausprobieren muß und sich leicht verliefe, wenn er dem ersten besten vertraute.

Daraus ergeben sich typische therapeutische Haltungen: Der Patient müsse zunächst sein Problem umfassend schildern können, die Übertragung müsse anwachsen, der Widerstand sich entwickeln. Die Gefahr dabei ist, daß der Patient sich bei dieser Einstellung des Therapeuten zu wohl fühlt und folgerichtig in diesem Zustand verharren möchte – vergleichbar der Haltung des Therapeuten, der seine Wahrnehmung nicht verändern will. Beide verstehen sich so: alles ist gut, wie es scheint – und man harrt der weiteren Entwicklung. Aber es entwickelt sich nichts. Erkennt der Therapeut eine solche Gefahr zu spät, vielleicht nach einem Jahr erst, dann sind die Muster bereits so festgefahren, daß jedes Rütteln des Therapeuten daran mit dem Ziel einer Veränderung vom Patienten als feindselig und sogar beleidigend erlebt wird. Therapeut und Patient hätten dann die Neurose geteilt. Um Schmerz und Enttäuschung nicht sehen zu müssen, werden Patient und Therapeut Abwehrbewegungen machen, etwa die Lähmung der Therapie unangesprochen lassen, um sich nicht trennen zu müssen. Die Erkenntis wird vermieden, es könnte notwendig werden, zu einem späteren Zeitpunkt noch einmal von vorne anzufangen. Die Gefahr wechselseitiger Kränkung und das Eingeständnis, lange Zeit auf einer falschen Spur gewesen zu sein, kann so empfindlich treffen, daß die Therapie beendet wird. Der Patient bricht ab, der Therapeut erklärt die Therapie für abgeschlossen, oder beide einigen sich gütlich. Alle drei Beendigungen sind Ausdruck derselben Veränderungsfurcht.

•

Der andere Verlauf: Der Therapeut hat erkannt, in welchen Zustand die Therapie geraten ist. Der Patient jedoch erschwert dieses, er berichtet im Gegenteil seine Problematik gerade so, wie er glaubt, dadurch bedrohliche Veränderungen im Bewußtsein des Therapeuten vermeiden zu können. Das geschieht nicht in voller Absicht; der Patient würde entrüstet sein, wenn ihm der Therapeut das unterstellte. Für den Therapeuten jedoch wächst der Verdacht, einzelne Ereignisse des Patienten stünden zueinander im Widerspruch, seien falsch verknüpft oder von Auslassungen durchsetzt, die nötig wären, um einen Zusammenhang zu erkennen. Je nach persönlicher Ausprägung seiner Affektivität wird der Therapeut spüren, wie er gelangweilt, angespannt, verspannt, unangemessen, unzufrieden, resignierend, stereotyp oder einfallslos reagiert. Er kann alle diese und andere Wahrnehmungen der Unbefriedigtheit erleben als ein Signal dafür, daß eine Störung im therapeutischen Prozeß vorliegt. Der Therapeut beißt nun nicht die Zähne zusammen, schiebt diese Empfindungen nicht als unwichtig beiseite, sondern drängt sie ins Licht: „Ich verstehe nicht“.

Der Therapeut gibt dem Ereignis der Störung Gewicht, er hält es fest und teilt es dem Patienten mit, ohne sich mit ihm in den nicht enden wollenden detaillierten, vernünftigen Schilderungen zu verlieren. Dabei lassen die Empfindungen des Therapeuten nicht unmittelbar auf ein bestimmtes Thema im Patienten schließen. Es gilt, nach der Störung des therapeutischen Verstehens zu suchen. Die Verbundenheit der Gefühle ebenso wie ihre Eigenständigkeit zu erkennen, ist die therapeutische Leistung. Denn nicht jede Gereiztheit des Therapeuten entspricht einer Aggressivität des Patienten, nicht jede Ermüdung einer Vermeidung, nicht jede Zuneigung einer Verliebtheit.

•

In vielen Fällen übergeht der Patient die Bemerkung des Therapeuten: „Ich verstehe nicht" und sagt in vertrauter Weise: „Ja". Oder er fragt zurück: „Wie meinen Sie das?" Der Therapeut kann, wenn er sich nicht auf lange Gegenerklärungen einlassen will, nur wiederholen: „Ich verstehe nicht".

In der gemeinsamen Situation des Nichtverstehens wird auch der Patient unter Druck kommen. Oft wird er in forcierter Weise in seiner Erzählung fortschreiten. Dies gibt dem Therapeuten die Möglichkeit, darauf hinzuweisen, daß das Weitererzählen mit seiner Äußerung zusammenhänge, er habe etwas bezweifelt und wolle diesen Zweifel mit dem Patienten besprechen. Unter Umständen ist der Patient ärgerlich, fühlt sich ertappt und versucht, es durch besonders betontes Jasagen zu überdecken. In anderen Fällen jedoch schweigt der Patient, verliert seinen Faden – und wartet, bis er Gelegenheit findet, sein Jasagen einfach fortzusetzen.

Wer im Furor therapeuticus versucht, den Patienten besonders klar darauf hinzuweisen und Formulierungen benutzt wie: „Sie haben Ja gesagt, aber mein Eindruck ist, Sie meinen Nein", wird auf ein Unverständnis stoßen, das nicht weiterführt. Diese Konfrontation mag objektiv richtig sein, es wurde dabei jedoch nicht berücksichtigt, daß der Patient aufrichtig an seine Begründungen glaubt. Die isoliert richtige Deutung hat zur Folge, daß sich der Patient bedrückt oder rechthaberisch zurückzieht. Jetzt kann sich der Patient allerdings gegen den Therapeuten wehren, ihn zu widerlegen versuchen: „So ist es nicht". Diese Verneinung ist jedoch nicht das Nein, welches der Therapeut anstrebt. Die Absicht des Therapeuten war, den Patienten etwas in Frage stellen zu lassen, was er bislang mit Ja bezeichnet hatte. Er wird neuerlich versuchen, die falschen Verknüpfungen, Auslassungen – das Unausgesprochene zu benennen. Aus dem alten Ja oder einem bloß übernommenen Nein soll der Patient die Fähigkeit erhalten, Neues zu entwickeln, ein anderes Ja, ein selbständiges Nein – oder die eigene Frage.

Denn der therapeutische Prozeß ist nicht eine Abfolge von Ja und Nein, von Rechthaben und Widerlegen, sondern er verlangt ein Einschmuggeln von Fragestellungen, Zweifeln, von neuem Denken, das sich an früherem Leben stößt und das nirgends sonst entsteht als in dieser Therapie. Gelingt es, dies dem Patienten zu vermitteln, kann er sein stereotypes Jasagen verlassen und ist damit in eine Zone der psychischen Unsicherheit gekommen, die für ihn nützlicher ist als die alte Klarheit.

•

Wenn der Therapeut vorschnell auf Erfolg setzt, irrt er gewöhnlich. Kein Mensch ist frei von Suggestibilität, und für das aufrichtige Bemühen eines anderen ist so gut wie jeder Patient empfänglich. Wer als Therapeut in einer Klinik nur über 6–8 Wochen Behandlungszeit verfügt, nach der er Erfolg zu signalisieren hat, wird notgedrungen seinen Patienten zu Aussagen bringen, die dann in Evaluierungsbögen deutlich als Besserung in Erscheinung treten. Der Legitimation des Therapeuten steht eine Art Legitimationsverpflichtung des Patienten gegenüber: Er hat sich zu bessern. Beide befinden sich in der Falle, sich wechselseitig Erfolg bescheinigen zu müssen.

Dies gilt auch, wenn der Zeitdruck der Fachklinik nicht besteht. Die Erfolgsbestätigung kann ebenso in der ambulanten längerfristigen Therapie zum Bedürfnis werden.

Die Gefahr besteht, daß die Therapie endlos so weitergehen müßte. Der Therapeut sucht die Nebenwege, der Patient sucht mit ihm, und es gelingen wenige Schritte. Der Therapeut hütet sich vor den Scheinlösungen, den Erfolgsmeldungen ohne Gewicht. Er überrascht den Patienten durch paradoxe Lösungen, die dieser betrachtet, interessant findet, neutralisiert und auflöst. Der Therapeut achtet auf das Nichtsprachliche, weil er darin Bedeutung wittert und verachtet das Sprachliche nicht, weil es ein Ausdruck des Patienten ist, der zu dessen Selbstachtung gehört. Wenn die Aktualität als endloses Band des Berichtens begriffen wird, wenn die Biographie festgelegte Daten wiederholt, die nicht angezweifelt werden dürfen, wenn die Träume fehlen, gibt es keine Veränderung.

In einer Stunde wird der Therapeut die Frage wagen: „Wollen Sie zu einem anderen Therapeuten gehen?" Hundert Möglichkeiten der Reaktion sind denkbar: erleichtertes Ja, Zweifel, Mißtrauen, unbeeindrucktes Nein oder endlich die Frage an den Therapeuten: „Was ist an mir, daß Sie mich nicht ertragen?" Oder aber der Patient antwortet: „Wenn Sie es meinen ...". Es ist nicht erfahrbar, ob der Patient dies mit einem Fragezeichen, einem Ausrufezeichen oder ohne jeden Betonungswert aufschreiben würde.

Langsam geht der Therapeut unter. Er langweilt sich, bleibt uninteressiert, hat keine Vorstellungen und Ideen für den Patienten, kann nichts innerlich anbieten, was der Patient aufzunehmen in der Lage wäre.

Die einzige Rettung ist, Phantasien zu erreichen: das Gesprochene aufzubrechen, die vernünftigen Bedeutungen zu verlassen, entschieden die Gefahr zu suchen.

Das Bedrohende, das im Patienten eingeschlossen ist und verdeckt bleiben muß, die unenthüllten Abschnitte seiner Biographie und seine nicht erkannte Gegenwart sind nicht unentdeckbar. Das Verdeckte bietet szenische Entsprechungen, auch wenn sie blaß, nur in Spuren, im Nebenbei auftauchen. Auf dieser Suche nach Spuren kommt dem Therapeuten das Recht zu, Probedeutungen zu machen, die dem Patienten zunächst unverständlich sind. Er wird mehreren und verschiedenartigen Spuren in verschiedenem Gelände nachgehen – und zum Ausgangspunkt zurückkehren dürfen. Der Patient möchte das im Sinne seiner Neurose lieber verhindern und stellt seinerseits die Rückfrage: „Wie meinen Sie das?"

Diese Frage kann nicht beantwortet werden. Der Therapeut meint, was er sagt. Gleichzeitig meint er es so, wie er es sagt. Er weiß nichts mehr und nichts anderes, er folgt keinem festen Plan, der über die Tatsache hinausgeht, daß er auf der Suche ist und sich von ihr nicht abbringen lassen will.

Die Beschränkung des Rechts des Therapeuten auf Unverständlichkeit besteht darin, daß er den Patienten nicht so belastet, daß dieser die Orientierung verliert. Der Patient, der überhaupt nicht mehr versteht, nimmt nicht mehr an der Therapie teil. Dennoch ist er in manchen Situationen in der Therapie, sofern das Arbeitsbündnis hält, ein besserer Mitarbeiter, *weil* er sich abgrenzt, dagegendenkt - als der Patient, der mit dem Scheinverständnis in der Therapie aufwartet und seine Vorbehalte außerhalb der Therapie wirksam bleiben läßt.

Aus dem verbalen Ausdruck einer Deutung kann nicht von vornherein geschlossen werden, ob sie ein Vorverständnis erzielt, Anregungen gibt und eine Depotwirkung entfaltet, ob sie unbemerkt bleibt oder verletzt.

Die Fähigkeit, sich dieser Deutung vorübergehend auszusetzen, gibt die Möglichkeit zu sehen, welche Virulenz solche ichfremden, vom Selbst nicht frei beobachtbaren psychischen Inhalte haben und welche Anstrengungen gemacht werden, sich ihrer zu entledigen. Gelingt dies dem Patienten nicht, so sagt er immer Ja zu seiner unbegriffenen Wirklichkeit und Nein zu einer Phantasie, die eine begreifbare Wirklichkeit repräsentiert.

•

Folgerichtig wäre, nun einen Katalog dieser bedingenden Phantasien aufzustellen, die Zuordnungen erlaubten und der Therapie Orientierung böten. Nach dieser Denkrichtung gäbe es dann für jeden bestimmten Ausdruck von Leiden eine zugehörige Phantasie, die dieses Leiden auslöst und die also bekämpft werden kann. Nirgends liegen jedoch Phantasielisten - und dennoch befassen sich Therapeuten immer wieder mit deren Auffindung und sind mit Bruchstücken schon zufrieden.

Aus den Szenen der Kindheit und frühen Entwicklung, die gelegentlich sehr einseitig von bestimmten und faßbaren Erziehungsstilen, Verhaltensweisen und Lebensumständen durchsetzt sind, lassen sich leitende oder zentrale Phantasien abstrahieren. So kann ein Kind in die Märchenrolle des Prinzen hineingekommen sein, in der es Zuwendung und Gratifikation ohne Grenzen gegeben hat, großzügige Eltern - bis hin an eine plötzliche und dann unüberschreitbare Mauer, an der es hieß: Ende der Welt, Ort der absoluten Gefahr, Unmöglichkeit des Überschreitens. Innerhalb der Umgrenzung gab es Überfluß und Angebot. Das Kind brauchte nur „Ja" zu sagen. Es gewann keine anderen Erfahrungen, hat keine anderen Menschen gesehen. Die Eltern sind die Mauer. Sie sind freigiebig in dem von ihnen freigegebenen Feld des Inneren, sie sind abweisend und tötend an den Grenzen, die sie selbst gesetzt haben. Sie haben ein Berührungsverbot aufgestellt, die Welt dahinter zu betrachten, oft ihre eigene verborgene, konflikthafte, nicht akzeptierte Welt. Leuchtet es ein, daß ein solches Kind zu einem Jasager werden kann und bei diesem Jasagen in der Welt der Erwachsenen in erhebliche Konflikte gerät?

Dieser Patient wird in der Therapie aus seiner Biographie entdecken, wie er Prinz wurde. Ein Prinz arbeitet nicht. Er beglückt andere durch seine Existenz. Seine Aktivitäten stellen nur gnadenweise gewährte Emanationen dieser Existenz dar, sie haben mit Bemühungen, aber auch mit erwünschten Zielen kaum etwas zu tun. Stellt sich der Patient dieser inneren Figur, wird er entdecken, wie schwach er ist, hilflos und abhängig. Er wird, wenn ihm diese Phantasie auf einmal klargemacht würde, möglicherweise nicht erschrecken und von ihr zerstört werden, weil sie, herausgegriffen aus den vielfältigen Verknüpfungen, die zu ihr hinführen und von ihr wegführen, gar nicht begriffen werden könnte. Der Patient würde sie abweisen als Spinnerei, als einen seltsamen Einfall, als Therapeutenphantasie, die nichts mit ihm zu tun hat. Damit die Phantasie als seine eigene begriffen werden kann, damit sie ihm schmerzlich bewußt wird, müssen alle Zwischenschritte der Verstehbarkeit der Entwicklung sowohl in der Biographie als auch in der Gegenwart, geprüft werden. Es sind dies die wiederholten, kleinen, unbedeutend erscheinenden sprachlichen Ausdrücke, die als Anzeichen dafür gelten können, daß der Patient beginnt, sich aus einer prinzlichen Rolle, die ihn gefangen hält, herauszubewegen.

Psychotherapie erreicht nur im Fall idealer Vereinfachung, daß eine einzige Phantasie die gesamte psychische Problematik beeinflußt und beherrscht. Auf Eindeutigkeit und Ausschließlichkeit gebrachte Phantasien, wie sie sich in einzelnen Märchentexten und häufig in der Literatur gestalten, sind in der individuellen Biographie immer als deformierte, von anderen Elementen überlagerte und verzerrte Phantasien anzutreffen.

Auch der Patient, der unter der Gegenphantasie Aschenputtel aufwachsen mußte, fand nur im Jasagen einen Freiraum für eigene Entwicklung und Nichtgeängstigtheit. Er entwickelte ein erzwungenes, aber schließlich völlig abgeschliffenes und sozial eingeübtes Ja, das ihm als die Wahrheit erschien.

In seiner Familie könnten handfeste Umgangsformen geherrscht haben; vielleicht waren dort allein *Handlungen* von Bedeutung; Machtansprüche wurden deutlich durchgesetzt, und Sprache galt nie als etwas Wichtiges. Dort könnte eine Entwicklung begonnen haben, über die sich der Patient später nur so äußern kann, daß er überall die Machtverhältnisse wittert und aufzuspüren sucht. Er wird sich sprachlich so gut wie gar nicht zeigen, allenfalls mit einem blassen Ja die Szene überdecken. Dieser Patient könnte im Konflikt eine außersprachliche Lösung finden, die körperliche Krankheit hervorruft.

Aus diesen Beispielen lassen sich neurosenpsychologische Zusammenhänge konstruieren: Die Phantasie des Prinzen führt zu einer narzißtischen Problematik, die des Aschenputtels zu Depression, der Zustand der Entwertung von Sprache und sprechendem Austausch zu einer psychosomatischen Reaktion. Diese drei diagnostischen Bewertungen können im Einzelfall richtig sein, aber reichen als einzige Interpretation für ein mehrschichtiges Bedingungsgefüge nicht aus. Eine strikte Zuordnung von Phantasie und psychischer Struktur eines Patienten im Sinne einer Gesetzmäßigkeit ist irreführend. Es ist notwendig, die Phänomene des Jasagens weiter zu erforschen, um zu erkennen, was das Stehenbleiben des therapeutischen Prozesses ausgelöst hat.

Die Therapie hat aus den sehr verschiedenen Bildern das Gemeinsame wie das Trennende erst zu entwickeln. In den traurigen Prinzen wird häufig Beziehungsangst, Depressivität erkannt: Den Prinzen werden alle Wünsche erfüllt, sie brauchen sie nur auszusprechen, es mangelt ihnen aber an persönlichem Glück, das erst erreicht werden kann, wenn Eigenes, Fremdes und ihre Verbindung erlebt werden und die Wünsche zunächst versagt bleiben. Andernfalls sind alle Menschen nur bedeutungslose Diener - Herren nur über Bedeutungslosigkeit. In den Aschenputteln wird die drohende Einsamkeit nicht in den

Vordergrund der Szene gestellt. Die dem Prinzen vergleichbaren Größenphantasien sind immer sichtbar. Die Aschenputtel werden zu den Prinzessinnen, die sie schon einmal waren und wovon ihnen die Ahnung blieb. Nur wenn die schönen Phantasien nicht Ausschließlichkeit und Alleinherrschaft verlangen, tragen sie das Leben.

•

Der Therapeut deutet die unbewußte Figur. Ob sich der Patient geschmeichelt oder beleidigt fühlt - sie löst in jedem Fall Affekte aus: Sie bleibt unverstanden, wenn sie einem Überfall gleichkam; sie wird verstehbar, wenn es gelingt, die Phantasie in die therapeutische Beziehung einzubringen mit der Feststellung: „Sie wünschen mich als Diener". Damit wird die soziale Bedeutung für den Alltag des Patienten deutlich, für seine typischen Versuche, mit anderen Menschen zu leben, wobei die Enttäuschung, daß keiner diese Rolle einnehmen möchte, immer neu erfahren wird.

Die therapeutische Aufgabe ist stets eine doppelte: Der Patient soll an seine Phantasie herangeführt werden - und der Therapeut muß versuchen, diese Phantasie aus der stereotypen Rolle zu befreien, mit ihr zu spielen, sie in das soziale Feld zu bringen und sie dort sich erproben zu lassen. Als Hindernis kann sich ergeben, daß der Therapeut die Phantasie deutlich vor Augen, sie weiter ausgebildet hat, sie aber dem Patienten nicht gleich nahebringen kann. Umgekehrt kann der Patient seiner Phantasierolle dicht auf den Fersen sein, während der Therapeut mehreren, noch konturlosen Gestalten folgt. Diese Ungleichzeitigkeit aufzuheben, in Einklang zu bringen, ist eine innere Notwendigkeit, über die sich Patient und Therapeut immer wieder verständigen.

Das Versiegen der Therapie wurde vom Therapeuten daran erkannt, daß trotz des zunächst angenehmen Jasagens der Patient nicht weiterkommt und dementsprechend Langeweile, Verärgerung und andere affektive Reaktionen in ihm, dem Therapeuten, entstanden sind. Gelingt es jedoch im gemeinsamen Erfassen einer Phantasie des Patienten die Therapie voranzubringen, kann er dies an seiner veränderten Befindlichkeit spüren: Er hat das Gefühl eines vertieften Arbeitsbündnisses, einer anderen Qualität der Beziehung. Die Therapie ist dichter und ergiebiger geworden.

Jede neue Phase des Nicht-Jasagens ist für den Patienten von großer Labilität, Angst und Hemmung gekennzeichnet. Sein Schweigen oder Verneinen, seine Zweifel („Ich kann nicht") sind sowohl Zeichen der Enttäuschung über sich selbst als auch Kritik und Angriffe gegen den Therapeuten, der etwa die Verschiebung oder Vernebelung einer zentralen Phantasie des Patienten erkannt hat. Werden solche Reaktionen im Patienten sehr stark, wird es notwendig, ihn nicht zu drängen, ihm seine eigene Zeitbestimmung zu lassen und darauf zu bauen, daß er selbst sein Zeichen zum Fortschreiten gibt. Manchmal wird sich der Therapeut verpflichtet fühlen, den Finger auf der Wunde zu halten, um zu erreichen, daß sie sich nicht zu schnell schließt. Dies ist nur dann nützlich, wenn dem Patienten nicht zusätzliche Schmerzen auferlegt werden, die ihn überfordern. Dann müßte er den Therapeuten für grausam halten - und dies zunächst besprechen müssen. Diese Arbeit bände starke psychische Kräfte, die der Weiterentwicklung fehlen und das gerade aufgetauchte Bild verschwimmen lassen.

Der Therapeut, an einer Phantasie fündig geworden, ist angeregt und bewegt. Er ist versucht, diesen beunruhigenden Fund loszuwerden und dem Patienten so rasch und direkt wie möglich mitzuteilen. Er muß sich jedoch vorstellen, daß gerade diese Phantasie von dem Patienten abgewiesen werden muß, da sie lebenslang im Dunkeln bleiben *sollte* und er ein Arrangement getroffen hatte, wie er mit diesem dunklen Hintergrund leben konnte. Jede Konfrontation ist nur insoweit sinnvoll, als der Patient therapeutisch arbeitsfähig bleibt und nicht von Angst und Mißtrauen überschwemmt wird. Die Fähigkeit des Patienten, Einsichten auszuhalten, bestimmt, inwieweit direkte Gegenüberstellungen und symbolisch gestaltete Deutungen für das dynamische innere Gleichgewicht des Patienten angemessen sind. Es ist bei Beginn der Therapie trotz aller subtilen Schritte der Einfühlung in den Konfliktbereich kaum möglich vorherzusagen, welche Kräfte dem Patienten nach der Deutung zufließen werden, welche Kräfte dadurch entbunden und zur Gestaltung frei geworden sind.

Der Therapeut wird sich von dem Vorsatz leiten lassen, den Patienten weder vor entblößende Bilder zu stellen, noch aus falscher Vorsicht diese Bilder untergehen zu lassen: Er hält sie fest, bis sie für den Patienten erkennbar sind.

•

Der angenehme, leichte Patient, der den Therapeuten schätzt, zu Einsicht und Verstehen entschlossen in die Therapie gekommen ist, erweist sich häufig als ein schwerer Patient. Gerade weil die Grundbedingungen der Therapie so günstig erscheinen, ist es um so schwieriger, neue Wege zu finden: Der Patient ist kaum in der Lage, sich aus sich herauszubewegen. Alles, was wirklich zu einer neuen Sicht führen könnte, muß zunächst gegen das Jasagen ankommen, gegen einen Teil des Ichs des Patienten, der für das Ganze spricht: „Ich bin normal".

Diesem Patienten muß eine Anormalität aufgezeigt werden und ihm selbst gegen seine vernünftigen Absichten deutlich gemacht werden, was ihm an dieser Anormalität nützlich und hilfreich sein könnte. Einen Patienten dorthin zu führen, etwas zu finden, was er zunächst nicht einsehen, nicht verstehen, nicht erleben kann, verlangt vom Therapeuten Unabhängigkeit und Mut. Er wird einen Teil im Ich des Patienten suchen, der bereits außerhalb dieser Normalität steht, um dort Fuß zu fassen, dort die Therapie anzusiedeln. Wie sollte das gelingen, wenn die Abwehr des Patienten bereits soviel seines Ichs erfaßt hat, daß für die therapeutische Aufgabe kaum Raum bleibt; wenn die Einsicht in einer Mischung aus Höflichkeit und Selbstbetrug besteht, das Verstehen durch gesellschaftliche Wertungen vorfabriziert, automatisiert ist; wenn diese Voraussetzungen so in den Dialog hineinwirken, daß man nicht merken kann, ob an der falschen Stelle „Ja" gesagt wird? Wie kann Therapie ihren Weg finden, wenn die Beziehung fad bleibt, formalisiert ist und jede Dynamik, die nicht ohne Risiko sein kann, vermissen läßt?

Von all diesem, was hier mehr dem Patienten zugeordnet erscheint, wird auch der Therapeut erfaßt: Seine Deutungen werden stereotyp, sie gleichen sich unmerklich der vom Patienten angegebenen Richtigkeit an.

Zwei typische Ausgänge des Mißlingens von Therapien mit dem jasagenden Patienten sind häufig: Es bleibt beim Jasagen, die Therapie verbraucht sich in halbwegs vernünftigen und scheinbar rationalen Erörterungen. Der Patient wird vielleicht darin bestätigt, was er ohnehin wußte, wie er bereits leben wollte und worüber er noch einige Zweifel gehabt hatte. Es wird dies als stabilisierende, ichstärkende Therapie gerechtfertigt.

Nicht selten wird aber vom Patienten wie vom Therapeuten die Unlust gespürt, der Unmut darüber, daß diese Therapie nicht weiterkam, daß sie bisher falsch gewesen ist. Gelingt es nicht, sich über dieses Falsche zu verständigen, wird die Therapie leicht in Mißverständnissen, in Kampf und Flucht, in Auftrumpfen oder Unterwerfung enden. In einem auf Endlosigkeit angelegten Wechselspiel hat der Therapeut recht und der Patient kann es nicht sehen, oder der Patient ist überlegen und kann mit einem nichtwissenden Therapeuten nichts anfangen.

Beides führt häufig zur Beendigung der Therapie. Beim bleibenden Jasagen hören die Sitzungen einfach auf, nach einem zufälligen Einschnitt wie einem Urlaub oder Umzug, wodurch beiden die Gelegenheit gegeben wird, sich mit einer äußerlichen Begründung, die die Vergeblichkeit der Therapie überdeckt, zu trennen. Die Neurose des Patienten hat gemeinsam mit der Neurose des Therapeuten in der schmerzlosen Verabschiedung gesiegt. Der böse Abbruch hingegen ist das Ergebnis von Phantasien des Patienten wie des Therapeuten, die nicht in einem gemeinsamen Kontext und Arbeitsbündnis aufgefangen werden konnten. Als völlig unverstandene Phantasien geht ihnen die Qualität besprechbarer Phantasien ab, und sie werden real ausgetragen: Patient und Therapeut klammern sich in Machtansprüchen und Unterwerfung aneinander, können sich nicht trennen, weil keiner den anderen erlösen kann.

So ist zu verstehen, warum manche Therapeuten vor dem angeblich leichten Patienten mehr Ängste entwickeln als vor dem angeblich schwergestörten. Dort, wo *alles nicht geht,* läßt sich leichter etwas ausgrenzen und einbringen, gibt es mehr offenes, ungenutztes Beziehungsgelände, welches zu entdecken ist. Entscheidend hat dies mit der Persönlichkeit des Therapeuten zu tun, ob er sich eher wohlfühlt in einem Austausch wechselseitiger Anerkennung und kanalisierter Zustimmung oder ob er eher Interesse daran hat, sich einem Menschen zuzuwenden, dessen Probleme Mißtrauen und Gegnerschaft sind.

In der Abschlußphase oder nach der Therapie mit jasagenden Patienten hat der Therapeut nicht selten den Eindruck, daß der Patient die Therapie nicht eigentlich wollte. Das weist darauf hin, daß etwas unentdeckt geblieben ist. Der Patient hatte offenbar eine andere Therapie gewollt, und es stellte sich die Frage der Überweisung an einen anderen Therapeuten oder einer anderen Therapieform. Der Therapeut spürt, daß er diesen Patienten zur Therapie hätte zwingen müssen - und das ist ein deutliches Indiz dafür, daß von diesem Patienten ein Druck ausgegangen war, durch den der Therapeut sich gezwungen fühlen sollte, in einer Weise zu reagieren, wie er nicht wollte. Manchmal läßt sich erkennen, daß der Patient auf Druck dritter Personen oder eines als Unglück stilisierten Lebensumstands in die Therapie kam. Er nutzt das Angebot, nimmt Therapie mit, fügt sie seinem Lebensplan hinzu, um Bescheid zu wissen, um *auch das* versucht zu haben – vielleicht auch in einer geheimen Hoffnung, tatsächlich anderes zu erfahren.

Solche Vorstellungen des Patienten können kaum besprochen werden. Der Patient besteht auf seinen Erwartungen und lügt nicht. Ihm die entgegengesetzte Auffassung mitzuteilen, würde bereits das eintreten lassen, was zu vermeiden ist: Ihn zu einer Haltung oder einer Überzeugung oder auch nur zu Gedankenexperimenten zu zwingen, die er von sich aus vermeidet. Die Therapie dient der Vermeidung einer Bedrohung. Der Patient setzt alle Ich-Kräfte ein, um sie wirkungslos vergehen zu lassen. Der Therapeut wäre fähig, solche Bedrohung zu bezwingen. Dies hieße jedoch, den Patienten mit Therapie zu *bedrohen,* damit er die andere Bedrohung erkennen könnte, hieße, ihn in ein Gebiet von unabsehbaren Risiken zu führen, zu denen er seine Einwilligung versagt hat.

Wahrscheinlich bevölkern viele jasagenden Patienten die psychotherapeutischen Praxen. Sie leiden, sie erfüllen die Begutachtungskriterien der Krankenkassen, sie beteiligen sich an der Suche nach Konfliktlösungen und passen sich den Regeln der Therapie ebenso an wie einer unbestimmten Vorstellung davon, wie sie sich in ihrem Leben besser anpassen sollten. Die so verdoppelte falsche Einstellung schließt sie noch enger ein als zuvor. Die befreiende Phantasie hätte zuvor eine zweifelnde Einstellung zum eigenen Selbst gebraucht, um die unangepaßten, ungeeigneten, gefährlichen Aspekte zu begreifen.

Manche buchen keine Therapie mehr, sondern befreien sich durch die Tat. Sie leben ihre unbewußten Phantasien, aber ohne die alten Rücksichten. Ob die Befreiung mit Hilfe einer Therapie, nur in der sprechenden Arbeit an den Phantasien hätte erreicht werden können?

Der Patient sagt „Nein“

Dem ersten Anschein nach ist der Patient, der „Nein“ sagt, leicht von dem jasagenden zu unterscheiden. Dieser Patient grenzt sich vom Therapeuten ab und gibt ihm dafür bald eine relativ vernünftige Begründung, seinen Konfliktstoff. Er ist für eine dynamische Auseinandersetzung mit dem Therapeuten geeigneter als der Patient, der in geübter Nachgiebigkeit sein „Ja“ anbringt.

Allerdings bedeutet das Beharren auf einem plumpen und bewegungslosen Nein gleichzeitig die Unmöglichkeit, in einer Kommunikation zu bleiben. Von daher sind auch die vielfältigen Begründungen und Rationalisierungen zu verstehen, die notwendigen Scheinbewegungen, damit ein gemeinsames Sprechen über einen längeren Zeitraum überhaupt bestehen kann. Jedes Nein verringert das soziale Umfeld. Nur ein einziges würde weiterhin bestehen: Es wäre die Welt des Schuldigen, der nichts als „Nein“ sagt und in dieser Phantasie leben will.

Ein Patient kann „Nein“ sagen und dennoch versuchen, sich im Anderen Platz zu verschaffen. Im Monolog spricht der Patient rasch, pausenlos, der Therapeut bleibt draußen und kann nicht eingreifen. Er wird niedergeredet. Der Patient setzt alles daran, daß sein überwältigendes Nein nicht abbricht, sondern in vielfältigen Wiederholungen sich weiter ausbreitet, bis es durch äußere Begrenzung oder den rigiden Eingriff anderer beendet wird. Sein Nein ruft ein anderes Nein hervor: Gewalt steht gegen Gewalt.

Der monologisierende Patient wird jedoch kaum die Erstinterviews überstehen, sofern der Therapeut nicht das Abreagieren, ein Sprechenkönnen hilfreicher Art erkennt und spürt, daß der Patient in absehbarer Zeit mit seinem Monolog zu Ende sein wird und dann das Sprechen des Therapeuten zuläßt.

Das Nein nimmt auch die Form des Schweigens an. Der Patient kommt, zeigt sich dann aber unfähig, mit dem Therapeuten zu sprechen. Es ist ein anfängliches Schweigen gemeint, das nicht verstanden werden kann, weil noch kein Austausch von verstehbarer Thematik stattgefunden hat. Im Schweigen wurde jedoch ein starker Gefühlsausdruck gefunden, der den Therapeuten unmittelbar treffen sollte und auch wirklich getroffen hat.

•

Der Therapeut wird von Patienten, die sich durch lange Begründungen rechtfertigen, oft überrascht. Es entwickelt sich in den ersten Minuten des Interviews ein Zustand, in dem sich der Therapeut bedrängt, angegriffen und herausgefordert fühlt. Wenn er frei und ohne professionelle Bindung wäre, würde er diesen Patienten ohne Zögern auffordern, auch ihn, den anderen, anzuhören oder schroff zurückweisen. Der entsprechende Ton ist in der allgemeinen ärztliche Praxis oft genug zu hören. Die Vorstellung eines wohlwollenden und geduldigen Therapeuten, er müsse nur genügend Zeit für den Patienten haben, bis dieser sich in seinem eigenen Reden erschöpft fühle und dann käme auch die Stunde des Therapeuten, ist jedoch irrig: Der Patient erscheint unerschöpflich. Träte ihm der Therapeut nicht entgegen, so würde er über die gesamte verbrauchte therapeutische Zeit nichts dazu beitragen, diese Art des Redens zu verstehen und den gefundenen Zusammenhang dem Patienten mitzuteilen. Im Totredenlassen hätte er das neurotische Sprechmuster des Patienten unangetastet übernommen. Der Therapeut wird folglich entscheiden müssen, wann er unterbricht, wann er den Patienten aus dem Takt und sich in den Takt bringt.

Solange der Patient fortfährt und inhaltlich seine Schwierigkeiten oder Beschwerden ausführt, wird sich der Therapeut bereits zu diesem Zeitpunkt Gedanken machen, wann und wie er diese Begründungen über Zusammenhänge bejahen, verneinen, verändern will. Gleichzeitig hat der Therapeut während des Sprechens des Patienten die Möglichkeit, sich darüber zu orientieren, was der Patient ihm über das Gesprochene hinaus mitteilen will. Welche verborgenen Botschaften drückt der Patient in seinem individuellen Muster der Begründungen aus? Als wen phantasiert er mich, daß er sich so verhält?

Viele Patienten sprechen langatmig und dunkel, uferlos und überfrachtet. Der Therapeut gewinnt den Eindruck, sie müßten sich gegen jemandem oder gegen eine Bedrohung zur Wehr setzen. Solange sie begründen, wie sie selbst die Zusammenhänge sehen, die von anderen nicht erkannt werden können, solange sie mit einer Tendenz des nach außen gerichteten Vorwurfs sprechen, bewahren sie ihr Selbst. Solange sie sprechen, sind sie sich selbst verläßlich und erleben sich stark. Der Therapeut hört jedoch die Angst, die der Patient fernhalten will, und er wird diese Angst ansprechen, sobald sie ihm deutlich genug ist und sie sich erkennbar auf ihn bezieht.

Diese Patienten brauchen also ihr „Nein“ dafür, den für gefährlich gehaltenen Gegenüber auf diese Weise fern zu halten. Das Nein ist auch ein Testnein, das ausdrücken soll, der Abstand sollte so groß gehalten werden, bis sich andeutend Vertrauen und Sicherheit eingestellt haben. Spürt der Therapeut im Verlauf der ersten Gespräche, daß der Angstdruck des Patienten und sein dadurch ausgelöster Begründungs- und Verneinungszwang nachläßt, so kann er abwarten und darauf setzen, daß das monologisch und angsthaft gesteigerte Sprechen bald einem dialogischen Sprechen weicht. In dem kathartischen Bild, sich eine Sache von der Leber zu reden, etwas aus einem im Inneren verborgenen Organ an die Außenwelt zu bringen, ist von einem Gegenüber, der die Last aufnimmt und mitträgt, noch nicht die Rede. Es enthält jedoch die Vorstellung einer Befreiung.

Die Selbstregulierungen im Leben des Patienten haben insoweit versagt, als er mit diesem Stil der Rechtfertigung nicht zurechtkommt, sich von der Klagemauer weg und nun doch zu einem anderen, dem Therapeuten, hingewendet hat. Aus dem Sprechen des Patienten ist das Angebot zur Verständigung herauszuhören. Diese Hinwendung beruht auf symbiotischen Wünschen: Der Patient verlangt vom Therapeuten, er möge sich seines Begründungssystems annehmen, sich mit ihm auf dieser Ebene vereinigen. Das ist eine nicht beabsichtigte, aber deshalb um so wirkungsvollere Schwierigkeit. Indem der Therapeut sich auf die Begründung einließe, warum etwa der Berufswunsch oder die Partnerschaft nicht geglückt seien, und die Darstellung des Patienten gelten ließe, könnte dieser den Schluß ziehen, der Therapeut stimme völlig mit ihm überein. Dies mag ihm gut tun – aber gerade weil die Suche nach solcher Zustimmung zuvor ergebnislos geblieben war, ist der Patient in die Therapie gekommen. Will ihm der Therapeut eine neue Enttäuschung ersparen und macht voreilig die erwarteten Zugeständnisse, so findet er sich in ein Einverständnis gezogen und an einen Ort gebracht, wo seine Aufgabe nicht enden darf. Sonst hätte er dem Patienten keinen Dienst erwiesen und dieser bliebe im wörtlichen Sinne so klug wie zuvor.

•

Die doppelte therapeutische Aufgabe wird wieder sichtbar: Mit dem Patienten den Kontakt aufrechtzuerhalten, eine Strecke Wegs in den Begründungszusammenhang einzutauchen und gleichzeitig zu versuchen, die symbiotische Umklammerung zurückzuweisen. Aus dem scheinbar widersprüchlichen Mitgehen *und* Abstandhalten entsteht Bewegung, die Raum schafft für neue Sichtweisen. Das Jasagen des Therapeuten ist nutzlos, da sich damit seine Bereitschaft, dem Patienten etwas Neues mitzuteilen, auflösen würde. Das Neinsagen des Therapeuten bedeutete das Aufnehmen eines Begründungskampfes mit dem Ziel, daß er, der Therapeut, recht behielte. Dies mag ihm gelingen, aber dann ist der Patient verschwunden, und der Therapeut begründet ins Leere. In beiden Fällen ist eine Beziehungsfindung nicht geglückt. Bleibt der Weg, am affektiv Lebendigen des Patienten anzuknüpfen, Regression zu Kindhaftem zuzulassen und von dort einen Neuansatz zu versuchen.

Alles das verlangt längere Zeiträume und läßt sich nur schwer in gegenübergestellten Dialogabschnitten mitteilen. Wenn der Therapeut spürt, sein Angebot werde aufgegriffen, führt das zu Interesse und Resonanz und sagt mehr über das Fortschreiten der Therapie aus als eine Reihe von scheinbar gelösten oder durchschauten Konflikten, die sich lediglich als Wortaufwand ohne innere Begründungskraft erweisen.

•

Begründungen, die notwendig sind, Zusammenhänge zu erkennen, können ein einseitiges Gewicht erhalten, indem sie als rationalisierende Rechtfertigungen und Erklärungen auftauchen. Sie enthalten Absolutes, Unangreifbares, das in sich geschlossen wirkt und abweist: „Mein Kind muß doch essen". Der Patient hat auf diese Weise immer recht, ist nicht zu widerlegen. Der Therapeut kann dazu nur „Ja" sagen, er bleibt in der Wiederholung des Patienten befangen, die Beziehung ist abgelehnt. Das Nein des Patienten hat im Ja des Therapeuten nur seine Verstärkung gefunden.

Die Begründungen, die in der sprachlichen Form auch kein Gegenüber mehr zulassen, wechseln bei ähnlich strukturierten Patienten mit dem Typ der Begründung, der unmittelbar den Therapeuten anspricht: „Können Sie verstehen, was eine Frau bei der Menstruation erlebt?" Hier ist ein männlicher Therapeut sowohl angesprochen als auch gleichzeitig in seiner Unfähigkeit bloßgestellt und als nutzlos erklärt. Deutlich verstärken sich diese Behauptungen in die Richtung von Vorwürfen, so, als ob der Therapeut als der reale Lebenspartner eingesetzt wird, der in magischer Weise nun stellvertretend beschuldigt werden darf: „Seien Sie einmal 20 Jahre lang mit einem dänischen Ingenieur auf Grönland verheiratet!" Die unangemessene Aufforderung zur Identifizierung, die zugleich zurückstößt, weil sie unannehmbar ist, ruft eine tragische Spannung hervor. Die Patientin sagt hier tatsächlich eine Wahrheit, die sie bedrückt. Sie scheint keine andere Wahl zu haben, als gerade diese Formulierung zu verwenden. Dies ist ihr Leidensangebot, das der Therapeut hören und aufnehmen kann.

Hält er sich an die konkrete Darstellung, muß er „Ja" sagen, mit der Folge, nichts Eigenes beitragen zu können: Jedes Kind muß essen. Er muß sein naturnotwendiges Unverstehen zugeben: Er erlebt keine Menstruation. Er muß darauf hinweisen, daß er an einem Schicksal nicht beteiligt war: Er lebte nicht 20 Jahre auf Grönland. Er kann dieses Schicksal weder rückgängig machen, noch verändern. Dreimal wird so die Hilflosigkeit des Therapeuten provoziert. Seine Empfindungen sind vielfältig: Er nimmt einen Angriff gegen sich selbst wahr; er spürt, wie der Patient ihn drängt, er möge diesen Angriff ungeschehen machen, sich ihm dennoch zuwenden; er hat die Aufgabe, den Affekt- und Bedeutungsgehalt dieses Anklagens festzuhalten, darf sich dessen jedoch insofern erwehren, als er nicht in magischer Schuldübernahme etwas annimmt, was der Patient ihm als unlösbares Problem aufzwingen will. Therapeuten, die über diese Zumutung erschrecken und aus ihrer Verärgerung nicht herauskommen, nehmen den manifesten Ausdruck des Patienten für das Ganze und sagen ihm, daß das Kind tatsächlich essen müsse, die Menstruation für einen Mann nicht erlebbar und das grönländische Leben von ihm nicht zu verantworten seien.

Dann aber läßt er sich zugleich auf die Verweigerung der Beziehung ein und erklärt nun seinerseits, daß er damit nichts zu schaffen habe. Konsequenterweise muß er wegen der Nutzlosigkeit des Gesprächs den Patienten zur Tür bitten. Tut er dies, kann der Patient empört entgegnen: „Aber so habe ich das nicht gemeint!“ Sichtbar wird daran, daß der Patient mit dieser Konsequenz nicht gerechnet hat. Er hoffte, daß seine latenten, unausgesprochenen, gegenläufigen Wünsche unmittelbar hätten verstanden werden können. Fehlt aber darüber die klare Verbalisierung, entsteht die Gefahr, daß der Patient den Therapeuten von einer Ebene zur anderen schickt: Geht er auf die latente Ebene ein, verweist der Patient auf die manifeste. Hält er sich dort auf, entstehen Enttäuschungen auf der anderen. Es folgt ein ewiges Sichverpassen, eine quälende Vergeblichkeit. Wahrscheinlich hat der Patient in seinem gesamten Leben die Erfahrung gemacht, daß er in engen persönlichen Situationen auf diese Weise Vorwürfe machen und Macht ausüben konnte, neurotischen Gewinn erzielte, der ihm jedoch zum Schaden gereichte. Der Therapeut soll bleiben, damit er wiederlegt werden kann. Dies zu durchschauen und dem Patienten mitzuteilen, ist der erste Ausweg aus der Umklammerung.

•

Die Versuchungen sind groß, den Ärger voll zu äußern oder sich in die Flucht schlagen zu lassen. Die Beziehungsfähigkeit des Patienten ist so gestört, daß er in einer einzigen, stereotypen Weise mit anderen Menschen lebt und jedes davon abweichende Angebot fürchtet und zurückweist. Vielfach gelingt es im Erstinterview nicht, ein tragfähiges Arbeitsbündnis einzugehen, da der Therapeut keinen Weg zwischen Abweisung und Vereinnahmung gefunden hat. Bei diesem Patienten wird oft ein von beiden Seiten gerade noch respektierter Ansatz gefunden, häufiger ist jedoch die Rücküberweisung an einen somatisch orientierten Arzt oder einen anderen Therapeuten, der zu Recht oder Unrecht als befähigt angesehen wird, mit diesem Patienten zurechtzukommen.

Beide Teilnehmer haben so eine Lösung gefunden, sind jedoch gemeinsam einer Täuschung erlegen. Der Therapeut weiß, daß die Rücküberweisung und eine neue organische Untersuchungsrunde kaum etwas zur Besserung beitragen wird und daß der andere Therapeut mit ähnlichen Mitteln arbeiten wird wie er. Der Patient seinerseits fühlt sich in einer Erwartung bestätigt, von der er ahnen müßte, daß sie ihn nicht weiterbringt.

Wahrscheinlich will der Therapeut der Gewalttätigkeit dieses Patienten aus dem Wege gehen, die immer noch konventionell verdeckt und nicht klar ausgesprochen wurde. Der Therapeut hat das Bedürfnis des Patienten gespürt, ihn empfindlich zu treffen und zu verletzen. Die Gegenreaktion des Therapeuten auf der gleichen Ebene ist die Zurückweisung des Patienten: „Mit mir nicht“.

Der Versuch, diese Trennung durch direkte Besprechung zu vermeiden, etwa schonungslose Offenheit gegenüber dem Patienten im Dienste der psychischen Wahrheit zu zeigen, führt jedoch zu nutzlosen Kampfsituationen, zu einer Realität von Anklagen, Prozessen und Gerichtsentscheidungen, gegen die vorbeugend das Tonband als Beweismaterial mitläuft, um später sagen zu können, man habe sich therapeutisch korrekt verhalten. Der professionell geübte und innerlich standhaltende Therapeut kann ertragen, daß er verwundet wird, flüchten möchte und dennoch bleibt: Er wird dadurch in die Ausgangslage versetzt, weder zurückzuweisen noch zu bejahen und einen Modus des Sprechens zu finden, durch den Entwicklung und Verständigung in Gang gesetzt werden.

•

Oft sind es allein das schwere Leiden des Patienten, die quälenden Wiederholungszwänge, die offensichtlich in die Irre führende Lebenseinstellung, das greifbare Elend, Kindheit und Jugend, die den Therapeuten in einer Weise rühren und mitleidend machen, daß er überhaupt die Kraft aufbringt, sich den Angriffen und Verletzungen zu stellen und aktiv zu bleiben. Hilfreich ist, wenn es dem Therapeuten gelingt, eine Szene zu finden, die nicht voll von der Begründungs- und Kampfthematik durchsetzt ist. Er wird danach suchen, wo für sein Erleben das Leid des Patienten nicht in erstarrter, sondern in beweglicher Sprache sichtbar wird, so daß er dort mitsprechen kann, ohne verletzt zu werden. Gelingt es nicht, solche Grundlagen der Verständigung im Anfang zu sichern, wird auch das Danach nicht kommen. Ob eine Therapie greift und hilfreich ist, zeigt sich in den ersten Monaten, nicht nach Jahren.

Gelingt eine Grundverständigung, wird der Therapeut den Patienten soweit zu führen versuchen, daß er sich in den Patienten einfühlen darf, wozu dieser selbst nicht in der Lage ist. Er kann nicht verstehen, warum er die Klagesätze so unpersönlich, verzweifelt und haßerfüllt vorgetragen hat. Der Therapeut wird Phantasien entwickeln, die vom Patienten nicht erkannt oder früher abgewiesen und verboten wurden - wovon jedoch zumindest eine Spur geblieben ist. Welche Lebensszenen sind zwischen Mutter und Kind abgelaufen, daß sie jetzt sagt: „Es ißt einfach nicht mehr"? Was ist in der Ehe der Patientin geschehen, daß sie, um die Unfähigkeit der Einfühlung ihres Mannes zu demonstrieren, soweit gehen mußte, die Menstruation so darzustellen, daß sie in diesem Zusammenhang als Symbol für das Uneinfühlbare gewählt wurde? Kann man sich darin einfühlen, mit dänischen Ingenieuren 20 Jahre auf Grönland zu leben?

Dieses Auffüllen von Leerräumen der Biographie, das Bebildern der übertünchten, bildlos gemachten Wände, die Wiederherstellung der Vielfältigkeit gibt Hoffnung, dem Tod zu entkommen.

•

Die Rationalisierungen des Patienten auf ihren hintergründigen Gehalt und ihre beherrschenden psychischen Determinanten hin zu untersuchen, ist leichter zu fordern als zu leisten. Der Patient will mit hoher Motivation, daß sich der Therapeut auf seine Begründungen einläßt. Er ist in seinen Machtansprüchen, seiner Verschmelzungsangst, seinem ausgeprägten Verlangen nach einem stumm oder redend applaudierenden Zuschauer und nach Vertreibung alles Unliebsamen so befangen und befriedigt, daß er immer wieder versucht, den Therapeuten in seine Begründungen zu verwickeln. Der Patient ist innerhalb seiner Neurose immer der Geübtere, der ihre Formen gut trainiert hat und darin dem Therapeuten weit überlegen ist. Nimmt der Therapeut diese Herausforderung an, ist er von vornherein verloren. Er kann dann allenfalls über einige Zeit versuchen, den Kopf über Wasser zu halten, wird aber bald spüren, wie das Sprechen im Sprechen versinkt.

Schweigt der Therapeut, läßt er sich von allem Anfang an und ausdrücklich nicht darauf ein, muß ihn der Patient mißverstehen und wird ihn zum Sprechen bringen wollen. Formulierungen wie: „Sie sind der Fachmann ... Sie müssen doch dazu Stellung nehmen ... Sie müssen doch zugeben ..." markieren ein zunehmendes Gefühl der Bedrohung, das zu der Schlußbemerkung führt: „In aller Bescheidenheit will ich Ihnen sagen, daß ich von Fachleuten nichts mehr halte." Häufig sind die Folgen dieses Schweigens aber erneute Vorwürfe von seiten des Patienten. Der Therapeut wird also nicht einfach schweigen und die Thematik des Patienten, wenn auch nur scheinbar, ignorieren können.

Nachgehendes, bewegliches Sprechen ist notwendig: Es fragt, stellt in Zweifel, schlägt vor, hat Einfälle, betrachtet die Szenerie. Es hebt hervor, schwächt ab, erläutert, trägt bei, es erzeugt eine andere Wirklichkeit, den Kontext einer neuen Deutung.

Wenn es dem Patienten gelingt, diese andere Welt überhaupt wahrzunehmen, nicht um sie vorschnell zu akzeptieren oder durch Jasagen zu assimilieren, kann etwas in Bewegung geraten, was den Begründungszwang des Patienten verringert. Die Sätze des Patienten mögen wörtlich dieselben sein, dennoch hat sich der Begleitton verändert: Aus der vorgeschobenen Frage ist eine zugewandte Frage geworden.

Manche Patienten kleiden ihre ersten Zweifel in eine Formulierung, die so gewählt ist, daß sie vom Therapeuten verneint werden soll: „Meinen Sie denn wirklich, daß ...?". Der Therapeut kann darauf mit einem unerschütterlichen „Ja" anworten, dies mag den Patienten betroffen oder nachdenklich machen und ihn zu einer anderen Frage führen. Oft ist es aber notwendig, diesen Frage- und Zweifelcharakter im Patienten überhaupt zu sehen und damit anzuerkennen. Der Therapeut unterstützt eher die Unsicherheit, hilft ihr weiter zu unbekannten Fragen, als daß er sich auf ein Ja und Nein einläßt.

Ein wichtiges therapeutisches Hilfsmittel besteht darin, abstrakt gewordene Gedankengänge, oft untermischt mit sozialstereotypen Allgemeinplätzen, in szenische Gestaltung zurückzubringen. Dies geschieht dann, wenn der Therapeut selbst zur Szene für den Patienten wird. An diese kann der Patient seine Szenen anschließen, etwa die ausgesparte Kindheit, den bedrohlichen Lebensweg, die aktuelle Situation. In jeder Szene wird ein Begründungszwang überwunden, es bildet sich die Erlaubnis aus, sich Unentschiedenerem, Kindlichem oder Neuerem zuzuwenden. Es ist nicht untherapeutisch, wenn in einer solchen Szenensequenz der Therapeut einmal zum Erzähler wird, dem Patienten *seine* Szene zum Geschenk macht. Gelingt es dem Therapeuten, als Person Wichtigkeit im Leben des Patienten zu erlangen, verblassen die Systeme starrer Lebensformeln. Der Patient befaßt sich jetzt mit seinem Gegenüber: Er begibt sich in die Nähe seiner frühen Beziehungspersonen. Er läßt zu, daß sich in ihm die Figuren Eltern und Therapeut treffen.

Sehr leicht kann das Mißverständnis entstehen, daß mit der Auflösung der Rationalisierung die Ratio abgesetzt wird. Die Bewegung zum Kindlichen ist keine Infantilisierung. Die Sprache, die sich in die kindliche Bildwelt vorwagt, macht die eigene Sprache nicht undeutlich und verschwommen, sondern sie gewinnt an Schärfe, Klarheit und Intelligenz.

Das Nein des Patienten hielt die Figuren getrennt. Wenn diese Figuren sich treffen und der Patient dem Therapeuten gestattet, mitzuhören und mitzusprechen, hat das beziehungsverbietende Nein seine ausschließende Kraft verloren.

•

Der neinsagende Patient ist oft der verlorene und einsame Patient, der diese Tatsache aber nicht anerkennen kann. In krankhafter Vervielfältigung seines Selbst hat er sich mit der Macht der Begründungen umgeben. Paradox dazu erscheint er vor dem Therapeuten arm und unwissend.

Der Patient leidet daran, daß ihm die Außenwelt nicht den Platz einräumt, der seinem Allwissen entspräche. Nicht die Suche nach Erkenntnis über sich selbst, sondern ein scheinbar fest umrissener sozialer Konflikt treibt ihn in die Therapie. Lösbar ist dieser Konflikt jedoch nicht im Rahmen einer sozialen Thematik. Entscheidend wird sein, inwieweit der Patient den Schmerz erkennen und aushalten kann, der aus seiner Verlassenheit und Einsamkeit herrührt und dem er nun im Schutz eines Therapeuten ausgesetzt ist. Kann dies am Anfang der Therapie andeutungsweise wahrnehmbar gemacht werden, so ist das ein großer Gewinn.

Für Patienten, die sich psychologischer und angelernter psychotherapeutischer Sprache bereits im Alltagsleben bedienen, greift Therapie nur dann, wenn sie diese Sprache vermeidet und auf ihren eigenen sprachlichen Regeln und Sequenzen beharrt. Wer Therapie nur „mitnimmt", wie das nicht selten zu hören ist, wird sie als kümmerliche Ware erkennen müssen. Wer dem Therapeuten die dialogischen Regeln aus der Arbeitswelt, aus einer Konferenz- oder einer anderen allgemein üblichen Verständigungssituation aufzwingen will, kann kaum erwarten, mehr als diesen Erfolg zu erzielen. Vom Arbeitsbündnis wird ein solcher Patient weit entfernt sein. Ihm hilft nur der Therapeut, der ihn im Vorfeld der Therapie davon überzeugt, daß das geplante Unternehmen seltsam, oft schwer verständlich ist, daß es vom Lächerlichen über das Komische bis zum Unheimlichen reicht und daß zunächst ungewiß bleiben muß, wohin der Patient schließlich gelangen wird.

Der Patient sagt „Ich weiß nicht"

Der Patient, der sein „Ich weiß nicht" vorbringt, ist häufig in den Anfangsphasen von Therapien zu finden, aber selten in langdauernden Psychotherapien. Er ist zwar gekommen, läßt aber den anderen weder an sich herankommen, noch weist er ihn zunächst zurück. Er erklärt: „Ich bin unbedeutend, bitte vergessen Sie mich". Dieser Wunsch wird ihm ungewollt gewährt.

In einer Welt, in der viele vorgeben, alles zu wissen, kann der Patient, der nicht weiß, sich schwer behaupten. Ist er bei einem Therapeuten angelangt, so ergeben sich zwei Möglichkeiten: Er trifft auf einen wissenden Therapeuten, der nur zu gern sein Wissen über diesen scheinbar empfänglichen Patienten auszugießen beginnt. Bald spürt dieser Therapeut, daß sein Wissen abgleitet wie an einer Regenhaut. Der Patient erklärt nun, daß er wiederum nicht wisse, ob und was er mit diesem Wissen anfangen soll. Die andere Möglichkeit ist die, daß der Patient auf einen nichtwissenden Therapeuten trifft. Nach wenigen dialogischen Versuchen spürt der Therapeut, daß er, abgesehen von rasch herausgekramten Ratschlägen, auch nicht weiß, wie das Leben ist, was man tun sollte, was die Zukunft bringt und ob man alles so ernst nehmen soll.

In beiden Situationen ist der therapeutische Dialog von Anfang an verarmt. Beide Therapeuten erkennen gleichermaßen, obwohl sie sich in ihrem Wissensstand so sehr unterscheiden, daß der Patient Außersprachlichkeit vermittelt. Im Gesprochenen mag es zwar Ursachen und Zusammenhänge geben, die auch mit dem Mißbefinden des Patienten zu tun haben, sie erscheinen jedoch so, als ob im Sprechen sich die Bedeutungen entleeren. Die Sprache hat Entscheidungslosigkeit angenommen, vermeidet die Konkretion.

•

Es ist außerordentlich schwer, eine kommunikative Situation aufrechtzuerhalten, wenn nicht gesprochen wird. Einer Sprache, selbst wenn sie zögernd und unsicher ist, kann entsprochen werden. Sprechen selbst ist vorrangig gegenüber den Botschaften, die mitgeteilt werden könnten. Übernimmt der Patient diese notwendige Rolle, wird er irgend etwas anbieten und je nach persönlicher Struktur wird er es entweder mehr dem seelischen Bereich entnehmen („Ich fühle mich nicht wohl, es geht mir nicht gut") oder Beschwerden aus dem körperlich-vegetativen Bereich anführen („Ich bin müde, ich habe Kopfschmerzen"). Auffallend ist, daß die einzelnen Beschwerden rasch abwechseln können und daß ihre Beschreibung von sehr präzisen Angaben wie Gelenkschmerzen bis zu ganz diffusen Unlustgefühlen reicht. Die Symptome vertreten einander, sie sind alle verwaschen, rund, ohne scharfe Kanten und Widersprüche, sie bestehen neben- und miteinander. Vielfach dient das Wort Angst als Legierungsmittel für die Zusammenfassung des verschiedenartigen Befindens. Deutlich wird auch ein Ton der Klage, eine Betroffenheit, die tatsächlich nicht weiß, wie sie sich ausdrücken soll und lediglich dazu fähig ist, die Klagsamkeit als solche zu zeigen. Das ist natürlich nicht Nichts: Der klagende Patient versucht, die Situation durchzustehen, nicht hinausgeschickt zu werden, er will dableiben, in welcher hilflosen Form auch immer. Daran wird das therapeutische Handeln anknüpfen.

Die andere Möglichkeit des Therapiebeginns ist, daß der Therapeut spricht. Er ist als Allwissender stimuliert und produziert die schnellen Antworten. Er wird die Fragen des organischen Leidens abklären. Er wird anregen, die Biographie zu betrachten, Konflikte zu lokalisieren, er wird die Logik der Zusammenhänge darzustellen versuchen, Beschwerden und Ängste abgrenzen. Er hofft, auf diese Weise fündig zu werden, das Kernproblem zu finden, welches aufgearbeitet werden muß. Er wird in der Gegenwart und Vergangenheit des Patienten fahnden, was ihm als relativ pathogen auffällt und versuchen, dies mit dem Patienten zu besprechen. Er spürt jedoch nach relativ kurzer Zeit, daß er auf diese Weise nichts festmachen, nichts beweisen kann, daß der Horizont sich weiterwegbewegt, je mehr er sich bemüht, ihn zu erreichen. Nach diesen

Stunden fühlt sich der Therapeut angestrengt und erschöpft. Er hat die Empfindung, die Probleme verästeln sich ins Unendliche, so daß er bei aller Bemühung nicht nachkommen kann.

In beiden Fällen ist die Störung des Patienten Sieger: sie bleibt unangreifbar. Damit entfällt jedoch die Möglichkeit zur Therapie. Der Patient, der dies spürt, wird versuchen, sich den Therapeuten auf einem anderen Wege zu erhalten. Er wird dann erwägen, ob er sich dem Therapeuten eher als einer suggestiven Figur, die ihn leitet, vorläufig anvertrauen soll, wobei er sich in einen Jasager verwandelt, oder ob er sich vom Therapeuten durch ein Nein relativ schadlos abgrenzen kann, weil er eine ihm widersprechende Kraft ahnt. Offen bleibt, ob nicht in beiden Fällen der Patient durch den Druck, sich entscheiden zu müssen, um therapiefähig zu sein, einen Ausweg findet, der seinem Selbst nicht zugehörig ist, zu dem er nicht stehen kann und der deshalb nur für wenige Therapiesitzungen trägt.

•

Geblieben ist die Klage des Patienten. Jenseits der Begründungen wie des Nichtwissens spürt der Therapeut, daß der Patient die therapeutische Situation aufrechterhalten will. Die Klage ist an den Therapeuten gerichtet. Er fühlt den Druck der belastenden Menschen der Lebensgeschichte. Dort ist die Anknüpfung gegeben, in der die Person des Therapeuten sich rückwendend mit dem Patienten verbindet. Es ist unmöglich, dies in nichtsprechender Weise zu tun, und dennoch ist das Sprechen nur ein vorläufiges Hilfsmittel, ein Medium.

Die Klage verlangt Beistand. Sie löst Gefühle des Beistehenwollens aus, wenn es als Beziehungswunsch überzeugt, nicht als Aggression, Ausbeutung, Verpflichtung oder Zwang erlebt wird. Beistehen hieße in diesem Falle, am Leben des Patienten so intensiv wie möglich teilzunehmen. Beschreibendes, erzählendes Sprechen würde die Sequenz „Warum ist es so? – Ich weiß nicht" nicht nur umgehen, sondern für eine Weile gegenstandslos machen. Der Therapeut ist dazu nur in der Lage, wenn er sich von einem unvermittelten Konfliktlösungsdenken freimachen kann, es erträgt, verpflichtungslos zuzuhören und sich ohne Anspruch mit dem Patienten zu verbinden. Wenn kausalbezogenes oder deutungsbezogenes Denken überwiegt, bleibt für diese andere Form des Beistands keine Zeit.

Ohne diese Zeit ist aber Beistand nicht möglich: Der Patient hält sich selbst für unbedeutend, kläglich, nicht erwähnenswert. Seinem Wunsch: „Bitte vergessen Sie mich!" stellt der Therapeut sein: „Ich vergesse Sie nicht" gegenüber. Wird dieses durchgehalten, so entsteht im Patienten eine Spannung, die ihn zu der Frage führen kann: „Warum vergißt mich der Therapeut nicht? Was ist an mir, daß er mich nicht vergißt?" Er kommt aus einer Unabgrenzbarkeit seines Selbst heraus zu der Frage: „Wer bin ich?"

Es wird hier die Bereitschaft des Therapeuten verlangt, an einem unbewegten und in der Wiederholung belastenden Patienten interessiert zu sein und zu bleiben. Diesem nützt die Phantasiefähigkeit des Therapeuten, mit deren Hilfe eine Akzentuierung des biographischen und aktuellen Umfelds des Patienten erzielt wird. So kann der Therapeut Szenen, die der Patient nur andeutet, vervollständigen. Er kann Behauptungen anzweifeln. Er kann die Antworten des

„Ich weiß nicht“ ausdehnen und so radikal fragen, daß der Patient Angst erlebt und sich plötzlich auf festes Terrain zurückziehen muß, von dem er gar nicht glaubte, daß er es besitzt. Er kann sich erlauben, in der Biographie fahrlässige und falsche Bilder zu entwickeln, die ihm der Patient verbietet, indem er sagt: „So ist es nicht“. Unter diesen Gegebenheiten wird der Therapeut in der Kindheitsgeschichte des Patienten nach den Kräften suchen, die dieses „Ich weiß nicht“ geformt haben. Er wird oft die Übermächtigkeit und die Bedrohung suchen, denen der Patient ausgesetzt war und die ihn zu genau diesem Verhalten gezwungen haben. Eindringende, klammernde Mütter, hart zuschlagende Väter oder andere Mächte werden bekannt; es kommt zu einer Wiederbelebung der übermächtigen Szenen. Sie werden durch Einsicht zurückgelassen, neu bewertet, wieder eingesetzt in einen anderen Zusammenhang der Kräfte.

Der Therapeut ist dann weniger belastet, in seiner suchenden Phantasie frei, wenn er sich das Recht gibt, nicht jeder Abzweigung zu folgen. Das bringt auch dem Patienten die Erfahrung, daß er durch seine Diffusität den Therapeuten nicht erschöpfen und lähmen kann.

•

Oft haben die Wörter des Therapeuten, so vorsichtig, unvollendet, interpretationsoffen sie auch dem Patienten mitgeteilt wurden, diesen suggestiv so beeindruckt, daß er zu einem Jasager wird. Der Therapeut gerät dabei in Gefahr, dem Patienten eine gefälschte Biographie zu unterschieben, eine Legende, eine Leseanweisung, die dem Patienten fremd bleibt. Mangels einer Lebensgeschichte, mit der er sich identifizieren kann, nimmt er sie vorübergehend an und versucht sie, seinem Ich einzuverleiben. Aber die grundlegende Furcht dieses Patienten ist, daß es ja schon immer andere Menschen gegeben hat, die ihm ihre Wörter angeboten haben, und daß er erst nach vielen Niederschlägen durch diese fremden Wörter gelernt hat, sein „Ich weiß nicht“ zu entwickeln. Also werden die neuen Wörter des Therapeuten kaum anders als die übermächtigen, furchteinflößenden Gebilde der Kindheit empfunden werden und den Patienten in die Traumen seiner Kindheit zurückstoßen. Er wird von neuem anfangen müssen, sein neues „Ich weiß nicht“ zu entwickeln, jetzt gegen den Therapeuten: „Sie sagen mir viel, aber ich weiß nicht recht, was ich damit soll“.

Wenn Sprechen in dieser Weise die Sprache zurückläßt, das manifeste Sprechen die sprachlichen Inhalte nicht mehr zum Vorschein bringt, ist es sinnvoll, sich dorthin zu wenden, wo Sprache und Person des Patienten noch vereinigt sind. Es werden psychotherapeutische Methoden gesucht, die Verbalität gleichsam unterschreiten, ohne sie prinzipiell aufzugeben. Hier kommen alle Methoden in Betracht, die mit imaginativen Vorstellungen arbeiten, mit den an einem Objekt oder an einer Aufgabe entstehenden inneren Monologen, die einen Ausdruck finden und dann in der Besprechung mit dem Therapeuten in eine dialogische Gestalt überführt werden können. Es sind dies Tagtraumtechniken, katathymes Bilderleben, alle kreativen Gestaltungen, wie sie in der Maltherapie, Musiktherapie und in der Bearbeitung von Werkstoffen anzutreffen sind. Sie sind alle dem gleichen Zweck zugeordnet, nämlich das Auftauchen und Erkennen von sich wiederholenden Äußerungen des Selbst, die dem Patienten verborgen und in einer direkten sprachlichen Konfrontation nicht erreichbar sind, zu fördern.

Wie in den Methoden der Psychotherapie mit Kindern, die zur Anregung und vitalen Belebung einer humanen Konfliktszene mit figürlichen Menschen, Kühen, Häusern und Bäumen arbeiten, sollte auch in der Therapie mit Erwachsenen der mit diesen Gestaltungen arbeitende Therapeut und der sprechende Therapeut diesselbe Person sein. Denn nur der Therapeut, der entdeckt hat, wie vom Bleistiftstrich oder Farbklecks sich eine verbalisierbare Bedeutung abhob, wegführte, kennt den Übergang, sowohl den trieberfüllenden Federzug wie den sich vor der Bedrohung einkrümmenden Strich. Andernfalls steht sich der Patient oft mit seinen angeleiteten Bäumen, Landschaften, seinen Kinderbildern oder seinem „Wie sehe ich mich als Tier?" zwar angeregt, aber unerlöst gegenüber. Der Mangel an Interpretation läßt das so farbig Gestaltete in einen undefinierbaren Farbbrei zurücksinken, der Patient ist enttäuscht und bezieht es nicht selten auf seine nun wieder einmal „erwiesene" Unfähigkeit, nicht zu wissen, was er da ausgedrückt hat. Die in therapeutischen Kliniken entstandene Trennung zwischen mitgestaltenden Therapeuten und nur sprechenden Therapeuten, bisweilen ausdrücklich als Sekundär- und Primärtherapeuten benannt, führt zum Unkenntlichmachen des für den Patienten entscheidenen Umschlags von bildhafter Form zum Wort. Die Besprechung im Team kann diesen Punkt nur noch benennen, erneut anzielen, die Qualität des dort entstandenen Affekts, die Bewegung des Patienten jedoch nicht mehr unmittelbar erleben.

Umwege führen ans Ziel. So können klinisch verwendete imaginative Methoden den Patienten in die Lage versetzen, sich anschließend eine verbale Psychotherapie zu suchen. Es kann der behandelnde Therapeut den Patienten auch zu einem achtwöchigen Aufenthalt in einer therapeutischen Klinik veranlassen und anschließend mit ihm weitersprechen. Das Plädoyer ist auf die unteilbare Einheit des psychotherapeutischen Prozesses gemünzt: Ein und derselbe Therapeut möge sich neben den im engeren Sinn sprechenden Verfahren auch in den imaginativen Verfahren ausbilden und dann innerhalb des verbalen Kontextes benachbarte Therapieformen einbeziehen, sie anwenden, auch ohne über ein besonderes Instrumentarium zu verfügen. Zwar ist Musiktherapie nicht ohne schallisolierte Wände und eine Ausstattung mit verschiedenen klangerzeugenden Instrumenten zu denken, es reicht jedoch ein Bogen Papier und einige Farbstifte, um den Patienten innerhalb einer normalen, beliebigen Therapiestunde jederzeit die Möglichkeit zu geben, sich auf eine nichtverbale Weise auszudrücken. Hat der Therapeut seinen Baukasten projektiver Spiele einmal bis auf Papier und Stifte reduziert, sind sogar diese Mittel entbehrlich: Kann man über einen Baum nicht auch ebensogut sprechen? Kann der Patient nicht sagen: „Ich habe keine Äste, meine Wurzeln liegen bloß, ich kriege keine Blätter an meine Zweige, es bleibt alles dunkel, obwohl ich mir sage, jetzt ist es Frühling?" Aus der Sicht eines Gestaltungstherapeuten erscheint dieser Mangel an Medium als ein Mangel an Aussagemöglichkeit. Aber in der therapeutischen Situation gibt es bereits ein außerordentlich variables Medium, eben die Sprache, die Szenenhaftes, Bildliches, sogar Musikalisches zum Ausdruck bringen kann: „Ich höre, wie Ihre Wörter den Sinn verloren haben, ausgelaufen sind, flach, nur noch Konturen". Warum nicht diese Chance ausschöpfen, wenn sie innerhalb einer einzigen psychotherapeutischen Beziehung verfügbar ist?

•

Die deutenden Fragen kehren zurück. Der Therapeut erwägt, welche Kräfte den Patienten so bedroht haben, daß er nichts anderes entwickeln konnte als: Ich weiß nicht? Welche Bedrohungen konnte er damit umgehen? Welchen Gewinn erreichte er dadurch?

Der Therapeut hat diese Fragen implizit jedoch immer gestellt, er hat versucht, sie szenisch aufleben zu lassen, sie nicht in sprachlicher Unverständlichkeit zu einem „Das weiß ich auch nicht" entwerten zu lassen. Es gibt aber Situationen mit diesem Patienten, die ebenfalls eine eindeutige sprachliche Gegenüberstellung verlangen, und zwar dann, wenn der Therapeut ein heimliches Selbst erkannt hat, in dem der Patient sein „Ich weiß nicht" beibehalten will und mit ihm leben kann. In der Therapie wird zunächst deutlich, daß der Patient anderes tut, als er gesagt hat. Es entsteht ein Widerspruch, der den Therapeuten aufhorchen läßt. Dieses Gegensätzliche besteht nicht zwischen Wissen und Nichtwissen, wie es die Logik verlangt. Der Therapeut spürt, daß der Patient sehr wohl weiß, was er will, er nicht das Nichtwissen voranstellt, um dahinter Festlegungen zu vermeiden, Forderungen zu entgehen, Aufschub vor einer Entscheidung zu erreichen. Das ist keine Absicht des Patienten, eher eine unbewußte Notwendigkeit, die sich in der Formel „Ich weiß nicht" preisgibt. Wer wirklich nicht weiß, ist hilflos, gequält, abhängig und wird nie die klare Formel „Ich weiß nicht" benutzen.

Wenn dieser Patient nicht wüßte, würde er dafür bedeutungsanaloge Begriffe verwenden wie „vielleicht, kann schon sein, egal wie". Dieser Unsicherheit jedoch kann er sich nicht aussetzen. Er beharrt auf seiner Waffe: „Ich weiß nicht".

Der Blick hinter die ungenaue und unfaßbare Befindlichkeit von Mißstimmung und Orientierungslosigkeit zeigt nicht einen unehrlichen Patienten, sondern einen, der sich in seine Vermeidungen verstrickt hat. Das allzu sorgfältige und umständliche Schützen der Person führte dazu, sie nicht mehr zu erkennen. Das Nichtwissen zu erklären erscheint immer als die harmlosere Formel der Bedrängnis, die einfacher ist als zuzugeben, daß man hilflos ist.

Der Patient sagt „Nicht Ich, sondern ..."

In den dargestellten therapeutischen Situationen sprach der Patient aus seinem Ich: „Ich - Ja, Ich - Nein, Ich - weiß nicht". Wie immer er bedroht war, in seiner Ausdrucksform Ich hatte sich der Patient so vollständig wie möglich der Therapie gezeigt. Jetzt spricht der Patient: „Nicht Ich, sondern ...". Damit äußert er: es sei die Angst, der Körper, der andere, das Leben. Dort liege die Schuld und die Verantwortung. Der Patient ist nicht anwesend - eine für die Therapie grundlegend neue Situation. In einer unnachsichtigen Logik, wie sie viele Analytiker zur Diagnostik verwenden, erscheint dadurch Therapie von vornherein ausgeschlossen. *Die anderen* und *das Leben* haben sich nicht zur Therapie gedrängt.

Der Patient aber ist gekommen und bleibt. Er ahnt, daß ein Ausdruck seiner selbst in der Therapie sichtbar werden muß, er braucht Behauptungen, Gründe, Themen, Unglück, um sich überhaupt bei dem Therapeuten aufhalten zu können. Gleichzeitig jedoch versucht er, einen größtmöglichen Abstand zum Therapeuten einzunehmen. Die Phantasien dieser Patienten sind erfolgreich in Muster gebracht, die gesellschaftlich angeboten werden und anerkannt sind. Da ist zunächst die Abstraktion: „Nicht mein Ich, sondern die Angst".

Die Angst kann kommen und gehen wie ein Vertrauter, sie kann vernichtend eindringen wie ein Feind, der unerklärlich und unbezwingbar ist, sie kann sich ohne Angabe von Gründen auflösen. Einmal erscheint sie wie eine Person, eine Gestalt, aber sie ist auch ein unpersönlicher Vermittler. Angst reguliert, hemmt, hindert, macht jedoch auch möglich, was ohne Angst unmöglich ist. Die Angst peitscht den einen, lähmt den anderen. Die wichtigen Personen der Kindheit, mit denen Angst entstand, sind verloren. Geblieben ist die Angst als unpersönliche Kraft. Als dauerhafter Begleiter ist sie wieder zu einer Person geworden, mit der man sprechen und verhandeln kann. Die Repersonalisierung macht unverwundbar, weist bereits auf den anderen hin, schiebt ihn ins Blickfeld. Alle Aufmerksamkeit wird vom Ich abgelenkt und bindet sich an diese Angstperson: Ihr läßt sie den Vortritt, verwendet sie als ihren bereitwilligen Sprecher.

Der Therapeut, der die Angst widerlegt, sieht sich mit den Ängsten konfrontiert.

Ebenso sozial anerkannt, von unverwechselbarer und begrenzter Gestalt, sind jene verursachenden und schädigenden Kräfte, die sich auf den Körper und seine Organe beziehen: „Nicht Ich, sondern das Herz. Nicht Ich, sondern die Nerven". Wenn von eigenen Organen gesprochen wird, liegt es nahe, sie als persönlichen Besitz einzuführen: „mein Herz". Dieser Hinweis auf das Ich würde jedoch eine allzu große Nähe zwischen dem Ich des Therapeuten und dem eigenen Ich herstellen. Deshalb wird der Artikel und nicht das Possessivpronomen eingesetzt. Unter dem Vorwand der Umgangssprachlichkeit wird *das Herz* aus dem Kontext des Organischen verdrängt und taucht als Maschinenteil auf: *die Pumpe*. Wenn nicht die Pumpe, so ist auch das Herz als Abstraktion und gleichzeitig verdeckte Konkretion nichts anderes als ein aus dem medizinischen Sprachbestand übernommener Terminus, den Patient und Therapeut gut kennen und der zunächst nicht weiter auffällt. Die körperliche Untersuchung erreicht einen so hohen Grad von Intimität und Entblößung bei gleichzeitiger Anonymität, daß für dieses Arbeitsfeld sprachliche Wendungen gefunden werden, die Psychisches neutralisieren, ja verleugnen. Therapeutisches Denken wird in dieser Sprache abgewiesen – und muß für die Therapie neu gewonnen werden.

Ein bestimmtes Organ kann als Ausdrucksort gewählt werden, in das die Ängste projiziert werden. Organe können soweit entmaterialisiert werden, daß sie *als Ängste* schmerzen: die Ängste *sind* der Magen. Der Magen *ist* die Angst.

Die Organe und die Ängste zum Ich des Patienten zurückzuführen, setzt voraus, daß sie einen Ort finden, sich zu treffen. Dafür bietet sich der Therapeut an.

•

Im Erstinterview fühlt sich der Therapeut einem Sprechen ausgesetzt, das wenige, stark typisierte Wendungen gebraucht und diese wiederholt. Alles, was ausgedrückt wird, wird im Sinne eines unverstehbaren Ereignisses vorgebracht. Auch dieses Ereignis scheint nicht im Zentrum des Interesses zu stehen, sondern die aus ihm entstandenen Folgen. Die Patienten berichten über schweres Mißempfinden, Angst, Schwäche, Zwang, organbezogenen Schmerz. Sie sind darauf bedacht, sich immer an diese Folgen zu halten, und kaum in der Lage, ihnen nachzugehen oder sie zurückzuverfolgen bis zu den Erlebnissen, die möglicherweise ihre bedingenden Kräfte darstellen.

Die Patienten kommen häufig aus der medizinischen Versorgung, sind die überwiesenen Patienten, bei denen keine organische Läsion vorgefunden wurde - und die nur deshalb zur Psychotherapie geschickt wurden, weil in der Organmedizin kein Schaden nachweisbar ist. Diese Patienten haben erfahren, daß ihre Beschwerden mit dem Etikett „Sie haben nichts!“ versehen wurden, oder daß der Arzt die für *ihn* ausreichende Diagnose „multiforme vegetative Beschwerden“ stellte. Da für den Patienten alles beim alten geblieben ist, hat er ein Recht, sich weiter organisch krank zu fühlen - und er trifft nun zu seiner Überraschung auf einen Psychotherapeuten, der nach seinen eigenen Regeln vorgeht, also ganz anders und nicht körperbezogen ansetzt und somit die Grundeinstellung des Patienten außer acht läßt. Dies ist die erste therapeutische Hürde: Weist der Psychotherapeut alle somatisch bezogenen Beschwerden und Begründungen des Patienten als für ihn unangebracht zurück, verletzt er den Patienten, dessen Besorgnisse sich gerade darauf richten, und macht ihn dadurch therapieunfähig. Nimmt der Therapeut diese Beschwerden kritiklos an, setzt er nur das bereits als erfolglos erwiesene organmedizinische Denken fort und treibt damit indirekt den Patienten in einen Zustand der fortgesetzten Enttäuschung, die ihn nicht dazu motiviert, sich einem anderen Heilverfahren anzuvertrauen.

Viele Psychotherapeuten fürchten diese an sie überwiesenen, anscheinend nicht selbst motivierten Patienten, noch bevor sie sie kennen. Aus Arztbriefen oder aus den ersten Formulierungen des Patienten bereits glauben sie mit großer Sicherheit erkannt zu haben, wie sich das Interview entwickeln wird. Sie sehen voraus, daß sie gegen die stereotypen Vorgehensweisen des Patienten bald ihre eigenen stereotypen Antworten setzen werden, die kaum oder wenig nützen. Die Therapeuten sind entmutigt, bevor sie angefangen haben. Manche sprechen offen vom unergiebigen Patienten, von Ich-Schwäche, schichtspezifischer Nichtverbalität oder infantiler Charakterstruktur, andere versuchen jedoch von vornherein modifizierte Therapieangebote zu machen, sei es vorbereitende Gruppentherapie, Gestaltungstherapie oder das Weiterüberweisen an therapeutische Kliniken, um so die Patienten dazu zu befähigen, anschließend in eine ambulante, nur sprechende Psychotherapie einzutreten.

Patienten, die in Kliniken überwiesen werden, dienen auch der Aufrechterhaltung des psychischen Gleichgewichts von Therapeuten. Diese Klinikaufenthalte sind die Folge einer weitergehenden Diagnose: die berüchtigte chronifizierte vegetative Neurose. Müssen Therapeuten solche Patienten mit Naturnotwendigkeit als unergiebig, stereotyp, verbalisationsunfähig, erschöpfend-langweilig betrachten, oder gibt es Möglichkeiten, sich auf sie so einzulassen, daß ein therapeutischer Diaglog entsteht?

Dafür ist es wichtig, daß dies der Therapeut überhaupt anstrebt, daß er sich von einer Praxis löst, die bereits ein Verdikt der Therapieunfähigkeit ausgesprochen hat. In der Regel wird so vor dem Beginn der Therapie bereits ein Zusammenspiel sichtbar: Der Patient sagt: „Nicht Ich, sondern ...", und der Therapeut antwortet: „Nicht Ich, sondern ein anderer".

Erst wenn der Therapeut sich auf diesen anderen - die Rücküberweisung an einen organisch orientierten Arzt oder eine therapeutische Klinik - nicht einläßt, sondern von sich selbst aus motiviert ist, mit diesem Patienten zu sprechen, wird das stereotype Zusammen-Spiel unterbrochen. Das setzt freilich die Befähigung und den Willen des Therapeuten voraus, eine ungewohnte Belastung einzugehen. Auch dieser Therapeut ist wie jeder andere davon abhängig, daß im Sprechen etwas zu erfahren ist, das ihn interessiert, fesselt, belebt. Aber er weiß, daß sich mit diesem Patienten ein angestrengtes Unverstehen ereignen wird, zu dem viele sagen werden: „Damit kann ich nichts anfangen". Das trifft auch für ihn zu, aber er setzt auf eine Karte, die im therapeutischen Prozeß ihre Wirkung entfaltet. Der Therapeut kann nicht anfangen, er muß erst einmal aushalten. Dieses Aushalten aber ist der Anfang.

•

Der Patient stellt die lange Reihe seiner Beschwerden vor, sorgfältig und reich an Details. Er kennt sich in der Symptomatologie fachmännisch aus und hält dieses Wissen nicht zurück. Er vergißt, ohne daß es sehr auffällt, daß er seine Kenntnisse oft wiederholt hat. Die Beschäftigung mit seinem Körper ist ihm wesentlich, auch im Gespräch mit anderen. Der Therapeut spürt, daß hier etwas anderes zum Ausdruck kommt als die bekannte Wiederholung, die Langatmigkeit, das unsichere Sprechen. Er könnte es nur langweilig finden, aber die Belastung bleibt weiterhin deutlich wahrnehmbar. Alle Begründungen des Patienten sind für sich genommen richtig; er legt Wert darauf, isolierte Behauptungen aufzustellen: „Ist die Welt nicht voller Aggression? Wer kann heutzutage noch froh sein? Wer hilft einem schon?" Langsam stellt sich im Therapeuten ein Gefühl der Vergeblichkeit ein, Hilflosigkeit, Ärger. Er hört nicht mehr zu, läßt das Reden über sich ergehen, gibt sich persönlichen Phantasien hin oder überlegt, wie er sich die Arbeit erleichtert, indem er etwa dem Patienten für das nächste Gespräch Fragebogen, Denk- und Schreibaufgaben setzt, um sich und dem Patienten zu helfen, rascher zur Sache zu kommen. Alles dies nützt dem Patienten kaum. Obwohl er die Anregungen erleichtert empfangen hat und zustimmt, kommt er zum nächsten Gespräch, ohne die Aufgaben erledigt zu haben. Der Patient will offenbar doch sprechen - weiter sprechen, jedoch nur in der ihm eigenen, vertrauten, dem Therapeuten längst bekannten Art über seine Beschwerden, Er fühlt sich in diesem klagenden und vorwerfenden Sprechen zu Hause. Sein Ich hat sich dorthin zurückgezogen. Diese Klagen und Vorwürfe *sind* das Ich des Patienten.

Es gehört zur Fähigkeit des Therapeuten, dieses Klagen und Vorwerfen nicht zu übergehen, in es hineinzuhören, es zielbewußt aufzusuchen. Den affektiven und vitalen Gehalt dieses Ausdrucks des Patienten zu erfassen, bedeutet: der Therapeut bleibt aktiv und dem Patienten zugewendet. Wohl gibt es wenig Neues, die Reihe der unangemessenen Begründungen ist bekannt, er wechselt in der sprachlichen Form vom Ich zu Es, gibt beide sprachlichen Formulierungen auf, weint, verstummt oder äußert sich trotzig - dennoch kommen, so erzwungen und fremd sie am Anfang erschienen, doch die realen Gegebenheiten und biographischen Geschehnissen zum Vorschein. Das spricht den Therapeuten an, hält ihn fest.

Der erste Gewinn einer solchen Hinwendung wird sichtbar, wenn das Klagen und die Vorwürfe des Patienten sich im Verlauf des Erstinterviews oder einer anderen therapeutischen Stunde verändern. Dann ist ein Rapport - wenn auch noch keine definierte therapeutische Beziehung - zwischen Patient und Therapeut entstanden. Im Klagen und Vorwerfen hat sich der Ton, der immer die Inhalte modulierte, sie sowohl unausgesprochen ließ als auch sie konstituierte, verändert - und es gibt nun für den Therapeuten die Möglichkeit, den übertönenden, aufdringlichen Ton von der in ihn eingebrachten Not zu trennen und dem Patienten zu sagen: „Sie reden von Medikamenten, die Ihnen nicht helfen, und ich höre daraus, Sie fühlen sich krank".

Dieser vorsichtige Versuch, den Patienten auf sein Krankheitsgefühl zu bringen, hat jeweils eine geringe Reichweite und muß neu angesetzt werden. Eine zu frühe und logische Scheidung in Wichtiges und Unwichtiges kann vom Patienten nicht miterlebt werden. Er braucht seinen Klage- und Vorwurfston, der ihm als einziger zu Gebote steht. Würde ihn der Therapeut auf Wichtiges festnageln, könnte der Patient sich rasch darauf einstellen, dies unbewußt unterlaufen und nur noch Gewünschtes produzieren. Wenn also die Klage und Vorwurfshaltung des Patienten nicht abgewiesen wird, sich sogar ausbreiten kann, verringert das den Zwang des Patienten, sein Nicht-Ich zu betonen.

•

Diese Therapien sind mehr als andere vom Abbruch bedroht. Da Klage und Vorwurf die einzige Ausdrucksform des Patienten für das Andere ist, kann es dem Therapeuten geschehen, daß er in dieses sprechende Muster eintritt und damit zu dem Anderen wird: Der Patient beklagt sich über den Therapeuten, der Therapeut über den Patienten. Dann kann es sein, daß sich der Therapeut auferlegt, geduldiger, einfühlender, wohlwollender zu werden, ohne damit aus diesem Muster herauszutreten. Aus dem Gefühl der Vergeblichkeit entsteht jetzt Gereiztheit und Verärgerung. Der Therpeut fühlt sich hilflos und unfähig gemacht. Das Andere, das den Patienten überwältigt, überwältigt auch ihn. Er fühlt sich gegen seinen erklärten Willen in die Position gebracht, diesen Patienten abschieben zu wollen - oder aber ihn zu ertragen, wie man eine lästige, ungeliebte, nicht selbst gewählte Aufgabe hinnimmt. Er hat der Mißachtung des Patienten stattgegeben und beantwortet sie in derselben Weise. Seine Bemühungen helfen ihm nicht, hinter den Klagen und Vorwürfen den Patienten zu erreichen und im Ansatz zu verstehen. Beide bleiben im Nicht-Ich befangen.

Losgelöst vom Patienten werden sich Therapeuten relativ leicht verständigen können, woran es dem Patienten mangelt. Er äußert sich unlogisch, er scheint unwillig, wenn nicht gar unmotiviert. Indem er den Körper, die anderen und das Leben verantwortlich macht, stellt er dem Therapeut Bedingungen und Aufgaben, die dieser unmöglich erfüllen kann. Die vielen Verwandlungen der Angst und das stereotype Wiederholen einer Symptomatik, die keinen Sinnzusammenhang und kein Verstehen zuzulassen scheint, werden als Feindlichkeit betrachtet, als Malignität, die der Patient auf den Therapeuten abstrahlt und deren Auswirkungen er sich aus guten Gründen entziehen möchte.

Der Patient, der über Herzbeschwerden klagte, ohne daß er organisch krank ist, hat nach langer therapeutischer Mühe herausgelassen, daß diese Beschwerden besonders häufig morgens früh aufträten, im Bett, wo ihn die Ängste erreichten und Phantasien quälten. Jetzt verkoppelt der Therapeut diese Ereignisse, vermischt sie mit dem Ich des Patienten und seinem eigenen Ich: „Wir erkennen, daß ..." – und der Patient antwortet noch in die Formulierung des Therapeuten hinein: „Das stimmt nicht. Die Herzschmerzen sind immer da, den ganzen Tag".

Wahrscheinlich geht dem Patient plötzlich durch den Kopf, er habe sich vom Therapeuten verführen lassen, sei achtlos mitgegangen, spüre jetzt, daß er zu weit gefolgt sei und sagt „Nein". Der Patient fühlt sich an einer Stelle ertappt, bloßgestellt, wo er es nicht ertragen kann. Er widerruft die Entdeckung, den Weg, der zu ihr führte und verneint den Therapeuten, der für das Ganze verantwortlich ist.

Die Schnelligkeit und Unerbittlichkeit, mit der der Patient die Tür zugeschlagen hat, mag den Therapeuten verletzen. Wenn er jedoch versteht, warum der Patient so handelte, daß er in panische Angst geriet, die für den Therapeuten banale Alltagsangst ist, lindert diese Einsicht die Verletzung. Es muß also mehr angestoßen sein, ehe Feindlichkeit aufspringt: Wenn der Patient, in angestrengter Kleinarbeit bemüht, irgend einen Zusammenhang zwischen Herzschmerzen und besprechbaren realen Ängsten zu finden, schließlich die Genauigkeit der Zeitangabe zurückerinnert von einem erarbeiteten „morgens" zu „immer", empfindet der Therapeut zunächst eine hartnäckige Verweigerung. Seine zweite Empfindung ist ein bitterer Verdacht: Er läßt mich allein arbeiten und ich denke, dieser Weg ist auch der Weg des Patienten. Dann, wenn es ernst wird, schlägt er mir die Tür zu. Er hält mich für dumm. Mit mir kann er es machen. So erlebt, wird der Patient zum mächtigen Gegner, der den Therapeuten als unfähig ansieht. Der Therapeut rächt sich, indem er mit gleicher Münze heimzahlt: Mit mir läßt sich das nicht machen. Soll er doch weiter seine Symptome lieben!

Wenn beide die Therapie fortsetzen und kein zentraler Schlüssel für die Aufklärung des Mißverständnisses, der doppelten Ebenen gefunden wird, die schließlich zu dem Machtkampf führten, kann es nur Beschimpfungen, Reue, gute Vorsätze, weiteres Mißlingen und neue Beschimpfungen geben. Beide durchschauen dann einander. Der Patient bleibt wie er ist, der Therapeut resigniert, er hat seine Zeit zu Geld verwandelt, aber davon allein kann er nicht leben. Die neurotischen Kräfte behalten die Führung.

Die Feindlichkeit, die Therapeuten spüren, ist ein Ausdruck des psychischen Befindens der Patienten, die in ihrem Leben enttäuscht und gekränkt sind, sich sehr schwach fühlen und jede Krücke verwenden, um im Leben als stark zu erscheinen. Ihre Feindseligkeit ist eine Waffe, die die Schwäche verdeckt und eine notdürftige und unglückliche Balance aufrecht erhält. Der Therapeut, der sich einem solchen Patienten nähert, wird folgerichtig als Feind betrachtet. Der Patient hat sich des Therapeuten zu erwehren, hat ihn ungefährlich zu halten. Von daher versteht sich, mit welchem sprachlichen und vitalen Aufwand der Patient versucht, der Therapie Sand ins Getriebe zu streuen. Verlangte nun der Therapeut, der Patient müsse diese Feindseligkeit und diese Abwehrhaltung aufgeben, bevor er mit ihm sprechen kann, würde er ihn damit auffordern, alle Waffen abzulegen, bevor die Therapie beginnen könne. Manche Therapeuten verlangen dies ausdrücklich – „Sie müssen sich mir anvertrauen" –, sagen dies jedoch weniger aus Herrschsucht als aufgrund der Annahme, daß nichts gewonnen werden könne, wenn der Patient nicht grundsätzlich zur Kooperation bereit sei. An dieser Grenze entsteht Therapieunfähigkeit für beide, ein Arbeitsbündnis ist unmöglich.

Aber der Patient klagt, und der Therapeut fühlt sich verpflichtet. Beide bedrohen einander. Die Chance der Therapie besteht nur, wenn das Unglück und das Leiden des Patienten stärker sind als seine Feindseligkeit und wenn der Therapeut sein Verstehen über die Feindseligkeit hinweg dem Unglück und dem Leiden zuwendet.

Nicht der Ausschluß des Unlösbaren: „Lassen wir alles andere einmal beiseite", sondern die Übernahme des Ungelösten: „Nehmen wir das alles an, was ergibt sich jetzt dennoch?" kann helfen.

•

Für diese Patienten gilt, daß die Orientierungen – Angst, Schmerz und Organ – sich wechselseitig vertreten und synonym verwendet werden. Was sichtbar bleibt, ist ein unklar verursachendes Böses, das in einer Dinghaftigkeit erlebt wird, die außerhalb des zurückgezogenen Ichs des Patienten steht. Angst wie Schmerz kommen und überwältigen das Selbst, etwas geht in den Organen vor, als ob sich dort ein Fremdkörper eingenistet habe. Der gesamte Lebensablauf, bis in seine Einzelheiten hinein, ist davon bestimmt. Der Therapeut wird von einer entsprechend großen Lebensbehinderung betroffen und spürt in sich das Bedürfnis, sie durch Erklärung und Rat – in der Therapie – einzugrenzen, Themenaspekte abzuweisen, Bedrohliches auszuklammern, Unverstehbares zu entschärfen. Es ist schwierig, in der Symptombildung auch die Einladung an den Therapeuten wahrzunehmen, er möge ins Beschwerdefeld kommen, sich dort aufhalten, nicht erschreckt weggehen und nicht sofort zu angeblich Wichtigerem, zum Medikament oder zur Deutung übergehen. Der Therapeut wird aufgefordert, die Schmerzen nachzufühlen, sich der Ängste anzunehmen. Der Patient ist durch seine Vorerfahrungen ausgebildet, die Schmerzen zu lokalisieren und eine Darstellung des Körperbereichs zu geben, in dem er betroffen ist. Der Körperschmerz als Ausdruck der ganzen Person wird nicht anerkannt, eine Formulierung: „Ich schmerze ..." wird nicht gebildet. Der Patient sagt: „Es tut mir weh" – und weist damit auf die Trennung von Selbst und verursachendem

Anderen hin. Manchmal äußern Patienten: „Mir tut alles weh". Sie können damit jedoch von Ärzten nicht ernst genommen werden, da diese traditions- und pflichtgemäß nach dem organbedingten Schmerz suchen. Doch die Angst ist ein Ausdruck von umfassender Bedrohung und ein sozial anerkannter Hinweis auf eingedrungene bösartige Mächte, die das gesamte Körper-Selbst-Gefüge beeinträchtigen. Erklärt ein Patient, er sei voller Angst, so braucht der Therapeut dies nicht nach Wahrheitskriterien zu beurteilen, er wird versuchen, zuzuhören, Angst aufzunehmen und nicht in ihr aufzugehen. Nicht ihre schnelle Zerstückelung in definierte Angstportionen ist primäre Aufgabe des Therapeuten, sondern sie in ihrer ganzen Ausdehnung und Bedrohung zu erkennen und die dann aus der totalen Unverstehbarkeit in begrenzte Verstehensbereiche zu bringen. Totale Panik kreist in sich selbst, verlangt festgehalten, umarmt zu werden und sucht kein therapeutisches Gespräch. Anstelle der Schmerzen, die weiterhin an die Medizin abgegeben werden, welche die Schmerzkontrolle monopolistisch verwaltet, hat die Angst in der psychotherapeutischen Praxis ihren zugewiesenen festen Platz.

Psychotherapeuten erleben mit hier geschilderten Patienten einen starken Spannungszustand, eine große persönliche Distanz, Schwierigkeiten in der Einfühlungsfähigkeit, sogar eine Einfühlungssperre, die ihnen der Patient aktiv entgegensetzt. Diese den Therapeuten behindernden Erfahrungen wird er zulassen müssen, um sich zu vergewissern, in welcher Befindlichkeit der Patient lebt. Verkürzt der Therapeut die Darstellung der Beschwerden zu stark, spürt dies der Patient und fühlt sich zurückgewiesen. Stattdessen muß der Therapeut anstreben, Zusammenhänge von Einzelaspekten her (Wann? Wie? Wo? Mit wem?) zu sehen.

Der Patient spricht, klagt – klagt an. Der Therapeut hört zu, solange er es aushält. Dann schlägt er vor, das Vorgebrachte zu besprechen. Er steht unter Druck, auch etwas beitragen zu wollen, seine Einfälle zu äußern, die auf Ordnung, Abgrenzung, Überschaubarkeit angelegt sind. Der Druck wird an den Patienten zurückgegeben, wenn der Therapeut seine Regeln durchzusetzen versucht, die er allgemein für günstig hält: die wechselnde Abfolge des Beschreibens von Schwierigkeiten und deren Beurteilung. Dagegen jedoch verstärkt der Patient seine Klagen, gerät in monologisches Reden, weist also die vom Therapeuten genannten Regeln über das Sprechen zurück, erklärt seine offene Hilflosigkeit. Das Symptom hat Macht über den Patienten, der Patient mit seinen Symptomen ist aber ebenfalls mächtig. Er hat soziale Zuwendung erzwungen, auch wenn sie im äußeren Ergebnis negativ erscheint: „Ich habe alle Urologen durch". Gegenüber dem Psychotherapeuten taucht die Warnung auf, er könne ebenfalls in die Reihe der erfolglosen Hilfspersonen geraten. Ahnt der Patient, welch ein zweifelhafter Triumph es sein würde, auch die Therapeuten „durch" zu haben?

Je mehr der Therapeut die Beschwerden beiseite läßt, um so häufiger verwendet der Patient irrationale Formulierungen: „Wenn *es* kommt, kann man nichts machen. Die Schmerzen sind einfach da. So war es immer". Der Therapeut weiß wohl, daß es nutzlos ist, sich auf Begründungskämpfe einzulassen. Dennoch sollte er es tun und den Patienten nicht leerlaufen lassen. Es ist ihm Widerstand entgegenzusetzen, an dem sich seine unbedachten Mitteilungen brechen, nicht unbefragt und bejaht weitergehen können. Die Hinweise des Therapeuten auf Fehlentwicklungen und ungelöste seelische Konflikte, die zu der Krankheit beigetragen haben, sollen benannt bleiben. Das „Nein" des Patienten oder sein ungläubiges „Wie meinen Sie das?" sind keine endgültige Verneinung dieser Hinweise. Sie behalten ihr Gewicht, auch wenn der Patient sie nicht anerkennen kann.

Damit aber gerät der Therapeut oft in ein Dilemma: Hält er an seiner Idee und seinem Bild über die bedingenden Kräfte der Krankheit fest, so ist er ein Ärgernis für den Patienten oder stößt, was das kleinere Übel ist, auf Unverständnis. Zieht er seine Mutmaßungen jedoch zurück, so gerät er selbst in allgemeine, stereotype Beruhigungsformeln, die dem Patienten wenig nützen. Da nun der Patient Gesundheit verlangt, läßt sich der Therapeut unter diesem Druck auf die Art der vom Patienten gewünschten Äußerungen ein, gibt Ratschläge und spricht allgemeine Lebensweisheiten aus. Er ermahnt den Patienten, sich nicht gehenzulassen und erklärt mit Autorität, die Sorgen des Patienten seien unbegründet. Er läßt sich bis zu suggestiven Vorschlägen verleiten, die Angst sei ohne Grund, sie sei unsinnig, sie bedeute nichts; er warne sogar davor, sich ihr hinzugeben.

Es wird deutlich, wie der Therapeut jetzt selbst in dieser Sprache spricht, in der es die Angst als Person gibt. Er hat nicht den Mut gefunden, mit dem Patienten eine Sprache zu entwickeln, in der sich Konflikte benennen lassen. Mit dem Nicht-Ich läßt sich nicht reden, nicht mit Zuständen und Substantivierungen, die ein Gerede herbeiführen, das über die Probleme hinwegtäuscht. Was in einem solchen Kontext Auseinandersetzung genannt wird, hat keine Heilkraft. Allenfalls spürt der Patient das Bemühen des Therapeuten, die Zuwendung, die Höflichkeit, den Trost und den fachmännischen Rat. Häufiger jedoch überwiegt die schwere Enttäuschung. Der Patient nähert sich dem Therapeuten, indem er über seinen letzten Arzt sagt: „Er hat ja wirklich alles versucht". Die Schweigepause ist zu ergänzen: „... aber es hat alles nichts genützt". Und dies wiederum ist zu ergänzen: „... und nun bin ich hier, was blieb mir übrig?" Nach der Therapiesitzung, oft bereits in ihr, fühlt sich der Therapeut gehemmt. Er ist auf seinem Angebot, seinen Einfällen, seiner Bereitschaft sitzengeblieben. Das Warten hat ihn angestrengt. Er fühlt sich in seinen Fähigkeiten unterfordert und dennoch strapaziert. Spürt der Patient bereits in der Therapiestunde das Floskelhafte und Unpersönliche, reagiert er darauf empfindlich. Ermahnende und entlastende Sätze des Therapeuten: „Ich habe Ihnen immer wieder gesagt, ... Sie müssen doch einsehen, daß ..." wirken ebenso niederschmetternd wie der Satz des Patienten, der zu einem bemühten Therapeuten am Ende der Sitzung sagt: „Heute ist wieder gar nichts herausgekommen".

•

Die Fähigkeiten des Therapeuten sind zu erweitern. Um eine therapeutische Beziehung zu gewinnen und zu erhalten, ist es erforderlich, Warten auszuhalten. Die Warteposition muß für den Therapeuten selbst mit Interesse gefüllt sein. Das sprachliche Alltagsangebot des Patienten ist nicht zu verschmähen, sondern als Einladung zu begreifen, auch wenn es einfach und kindisch erscheint. Der Patient weiß sehr wohl, wann er sich in infantiler Verstrickung befindet und nimmt dem Therapeuten dieses Benennen nur dann übel, wenn es außerhalb eines verstehenden Kontextes geschieht, wenn er den Eindruck hat, der Therapeut verwende seine Mitteilung als Waffe. Infantilität wird zum Schimpfwort erst durch den Mißbrauch. Der Patient fühlt sich andererseits nicht erreicht und verstanden, wenn das, was er selbst für zänkisches Gerede hält, vom Therapeuten in sublimierender Weise als Gespräch bezeichnet wird, sich dieser nicht der Wahrheit der Interpretation genähert, ihr standgehalten hat, sondern ihr auf eine bequeme Art ausgewichen ist, die sich mit dem Deckmantel der Freundlichkeit geschützt hat. Gelingt es dem Therapeuten jedoch, auch die Infantilität des Patienten in das Gespräch einzubeziehen, in Kontakt mit den Symptomen zu kommen, Regressionen zu erlauben, führt dies auch auf der nichtregressiven Ebene zu Vertrauen, neuen Einfällen und Veränderung des Patienten. Es entsteht Zeit, sie bereitet sich in Zukunft und Vergangenheit aus. Darin brauchen die Probleme nicht in Minutenschnelle gelöst zu werden, sie treten in einen Hintergrund, aus dem sie verändert hervorgehen, ohne durch rationalisierende Kritik durchschaut und vernichtet worden zu sein.

Mit psychodynamisch konfliktorientierten Patienten kann der Therapeut unmittelbar und gemeinsam die Problemszenen aufsuchen und die Bedingungen des wechselseitigen Verstehens und Nichtverstehens erforschen. Dagegen fühlt er sich bei den ausweichenden Patienten von deren Problematik eher getrennt und fern. Zwar weiß der Therapeut bald, welche Grundkonflikte der Patient hat, ohne daß der Patient sich jedoch diese Frage stellt, also den Therapeuten in seiner Suche nicht begleitet und seine Erforschungen kaum hören will. In der Folge erlebt der Therapeut den Patienten als passiv, mutlos, aber auch anspruchsvoll; ihm diesen Eindruck jedoch mitzuteilen, wie vorsichtig auch immer, greift ins Leere. Der Patient wird das Bemühen um Wahrheit nicht schätzen. Dies wirkt auf den Therapeuten zurück, er fühlt sich wenig geachtet, arbeitet umsonst. Als Ergebnis dieser nicht geglückten Beziehung hat sich ein Sprachgebrauch herausgebildet, der dem Patienten einseitig die Last einer Diagnose aufbürdet: infantile Neurose. Auch in ihrer Abschwächung – schwere Reifestörung – behält sie die wertende Bedeutung und betont die Differenz zwischen reif und unreif. Der Therapeut steht dann in der Entwicklungsreihe unter reif, der Patient unter unreif. Dadurch verstärkt sich innerhalb der therapeutischen Beziehung das Ungleichgewicht. Es steht ein Wissender einem Unwissenden gegenüber, wobei der Unwissende dies nicht weiß und beide aneinander vorbeisprechen: jeder in seiner Sprache.

Da der Patient auf sich beharrt, ist die Konsequenz zu ziehen, der Therapeut möge eine andere Einstellung entwickeln. Ärgernisse und Mißverständnisse stören die Therapie. Der Therapeut muß auch während der Anstrengung sein Wohlbefinden erhalten, um sich dem Patienten zuwenden zu können.

•

Ohne Interesse für den Patienten kann der Therapeut keine Voraussetzungen entwickeln, unter denen Entdeckungsarbeit zu leisten ist, an der beide beteiligt sind. Dieses Grundinteresse des Therapeuten erscheint als unabdingbare Motivation, sich mit dem psychischen Geschehen eines anderen Menschen so zu befassen, daß es ihn selbst bewegt, berührt und ihm Anregungen gibt. Die Entdeckungsreise ist daher so zu definieren, daß sie beide Teilnehmer dieser Therapie fähig macht, sich zu finden - so verschieden das Ergebnis, der Gewinn für jeden von ihnen auch aussehen mag. Auf den Patienten bezogen gilt es, die Ereignisse und Personen seines Lebens aus dem Schattendasein herauszuholen, zu beleben, Szenen zu suchen, in denen er sich lebendig fühlt, in die er eintreten kann. Den Therapeuten mag seine Leistung des Forschens befriedigen, womit er oft mehrere Schritte voraus ist, schwierigeres Gelände durchstreifend, und wodurch er zum Hintergrundsberater seines Patienten wird, der dessen Bewegungen sorgfältig notiert, verwaltet, Empfehlungen gibt.

Erreichen Patient und Therapeut innerhalb der Therapiestunde eine solche Belebung ihrer beiden Szenerien, wird darin auch das Ich des Patienten und damit bereits ein Ziel der Therapie erreicht: kein phantasiertes Allverstehen des Therapeuten, sondern eine bewußte Verständigung über ein Ereignis oder eine Vorstellung. Damit ist das Prinzip des Verstehens eingeführt und am Werk. Von dort können sich Patient und Therapeut weiterhangeln. Das sprachliche Niveau wird beschränkt und einschichtig bleiben. Die Hoffnung auf eine schnelle Entwicklung des Patienten ist kaum realistisch: er erzählt keine spannenden Geschichten; er ist nicht animiert, nicht von neuem Leben erfüllt. Der Therapeut wird sich hüten, als Animateur aufzutreten, der Wiederbelebungstechniken suggestiv und fremdbestimmend einsetzt. Die Szenen werden nicht dem Unbewußten oder der Hemmung in reifer Form entrissen, sondern mühsam, doch eigenständig zum Nutzen des Patienten ans Licht gefördert.

Weiterhin belastend bleibt die Frage, wie zentrale Erfahrungen des Patienten, lebenslange Kränkungen und schwere nachweisbare Beeinträchtigungen so in der Therapie aufleben können, daß sie sich nicht feindlich gegen den Therapeuten richten. Andererseits nützte es nichts, sie völlig auszuklammern und durch Freundlichkeit wegzureden. Totalitätsansprüche und Größenphantasien des Patienten können zwar nicht vollständig ausgelebt, aber in ihren Wünschen berücksichtigt werden. Das Verlangen des Patienten, den Therapeuten ständig zur Verfügung zu haben, würde eine offene Sprechstunde erfordern. Wer mit diesen Patienten arbeiten will, wird dazu Wege finden.

Therapeuten müßten unterscheiden können, wann Feindseligkeit und Vorwürfe als ein Krankheitssymptom anzusehen sind, das aus der Biographie des Patienten verstehbar ist, nicht unmittelbar den Therapeuten meint und dadurch abgemildert wird, und wann es nötig ist, den Patienten als Angreifer zu ertragen und sich seinen Aggressionen zu stellen. Der Therapeut weiß, daß die Vorwürfe nicht ihm allein gelten, daß er zunächst der Repräsentant einer Welt sein muß, die dem Patienten gegenüber feindlich war, und daß es erst durch einen therapeutischen Prozeß gelingen kann, dem Patienten zu zeigen, daß nicht die gesamte Welt - und damit auch nicht der Therapeut - ihm durchweg feindlich gesinnt ist. Therapeuten sind jedoch gewohnt, in ihrer Eigenschaft als Helfer generell respektiert zu werden und weisen offene wie verdeckte Feindseligkeit oft zu rasch zurück, verkürzen damit die Entwicklungsfähigkeit des Patienten.

Wie also sollten die Fähigkeiten eines Therapeuten aussehen, der mit diesen Patienten ein Arbeitsbündnis eingehen und durchhalten kann? Er muß wenig kränkbar sein, wenig konkurrierend, besonders geduldig und auch dann eine vertrauenserweckende Person bleiben, wenn der Patient nichtverstehbar ist und nicht das gewünschte Vertrauen mitbringt. Ein solcher Therapeut braucht Züge eines allesverstehenden und allesverzeihenden Vaters oder einer solchen Mutter. Der Vergleich mit Eltern hält jedoch auch die Begrenzung fest und die Versagung, die begrifflich zum Wohlwollen gehört. Nur in der Bewegung zwischen Gewähren und Versagen entsteht ein Lebensklima, das psychische Entwicklung fördert. Patienten kommen jedoch aus einem Ungleichgewicht, sind mit Versagungen belastet und erwarten immer Gewährungen. In der Vorstellung *Eltern* nähert man sich einer Phantasie der Patienten, die oft grundlegend ihr ganzes Leben durchzieht: der Wunsch und die intensive Suche nach einer übermächtigen, aber guten Elternfigur, nach Geborgenheit und Abhängigkeit. Diese Phantasie, die einem Kinderwunsch entspricht, zu führen, sie aber nicht sofort durch autoritäres Gehabe und Vorspiegelung einer Stärke, über die der Therapeut nicht verfügt, zu mißbrauchen - und im Laufe des therapeutischen Prozesses den erbarmungslosen Zwang dieser Phantasie im Patienten zu lösen und sein Ich daraus frei zu setzen, wäre die ideale Form dieser Therapie.

Therapeuten sind sich einig, daß diese Arbeit, die keine Bereiche der Persönlichkeit ausläßt, besonders schwer, anstrengend und erschöpfend ist, „It's hard work", wie angloamerikanische Analytiker sagen. Nicht alle sind dieser Arbeit gewachsen. Sicherlich ist sie nicht mit knapp bemessenen, abkürzenden Methoden zu leisten.

•

Auch Therapeuten haben keinen Immunschutz vor Verletzlichkeit und Rückzug. Wünsche des Patienten, lieber organisch als psychisch krank zu sein, greifen sie in ihrer beruflichen Identität unmittelbar an. Der Patient, der weiter auf der Suche nach der Organschädigung bleibt, als ob von dort das Glück käme, teilt dem Therapeuten mit, daß er bei ihm nur notgedrungen sei, nur gezwungenermaßen, nicht aus eigenem Antrieb. Der Therapeut spürt den Zwang aus allen Verästelungen der Darstellung des Patienten. Er entscheidet, ob er diesen Zwang, unter dem der Patient sein Kommen sieht, in den Vordergrund stellt und diese grundsätzlichen Zweifel und das Mißtrauen zum Thema macht, sie zu erklären und zu verstehen versucht, oder ob er der rationalistischen Suche nach dem erkrankten Organ folgt und den Patienten überweist.

Von den handgreiflichen Schwierigkeiten gebannt, übersehen Therapeuten oft dieses grundlegende Mißtrauen der Patienten in eine Therapie. Sie achten nicht auf die Wörter, versuchen sie zu übergehen oder klug zu entkräften. Wer aber verpflichtet den Therapeuten, so gebannt auf die manifesten Probleme zu schauen? Ist nicht das Mißtrauen, das der Patient einbringt, sein größeres, aktuelles Thema, um dessentwillen es sich lohnt, nach Entlastung und Verständnis zu suchen? Ist nicht das Mißtrauen die *Not,* aus der der Patient gesprochen hat, und sind dagegen seine Tageskonflikte nicht fälschlich in den Vordergrund gerückt? Liegt die Schwerpunktverlagerung nicht lediglich an dem sozialen Umstand, daß die therapeutische Situation den Patienten dazu veranlaßt, zunächst mit sozial anerkannten Problemen und Lebensschwierigkeiten aufzuwarten? Wie würde er dastehen, wenn er dem Therapeuten im ersten Gespräch erklärte: „Ich komme wegen meines Mißtrauens?"

Manche Therapeuten werden von dem drückenden Elend des Patienten, das sich in der Angst, im Körper, in den anderen, im Leben aufhält, so überwältigt, daß sie mit einer Art Kriegstechnik dagegen vorgehen. Sie wollen dem Patienten die Augen öffnen, hart aber gerecht sein, ihm seine Lebenslügen zeigen und die Wahrheit vorhalten. Dabei können sie sich jedoch auf keine Wahrheit berufen. Sie gehen gewaltsam gegen etwas vor, was sich für den Patienten im Rahmen einer Lebensgeschichte unaufhaltsam und in jedem Einzelschritt allmählich entwickelt hat, bis es sich jetzt in erdrückender Umfassung zeigt. Andererseits braucht der Therapeut jedoch nicht die Gestalt des Schmerzensmannes anzunehmen, dem die Gebrechen angehängt werden, dem die Verantwortung für die Leiden und für die Heilung angelastet wird. Der Therapeut ist für Unglück nicht verantwortlich zu machen. Trotz aller Ungleichheit steht er aber mit dem Patienten insofern auf einer Stufe, als beide vor Übermacht ohnmächtig sind. Darüber gibt es nichts zu argumentieren. Den Versuch des Patienten jedoch, den Therapeuten zum Allesheiler zu machen, weil es *ihm* besser, in der Phantasie des Patienten sogar hervorragend geht, braucht der Therapeut nicht zu akzeptieren. Selbst der Patient weiß jenseits seiner Heilungsphantasien, daß der Therapeut als Allesheiler scheitern wird. Mit dieser Befriedigung könnte der Patient nur kurzzeitig leben, die Enttäuschung müßte zurückkehren.

Unglücklich und getrieben versucht der Patient trotzdem, den Allesheiler zu testen. Er erklärt: „Die Welt ist böse". Antwortet der Therapeut hierauf - indem er sich von ihr absetzt - „Ich nicht", so kann er dieses Gutsein nicht durchhalten. Sagt er: „Ja, die Welt ist böse", gibt er damit keine neue Antwort. Jenseits der Logik dieses Kampfes spürt der Therapeut die magischen Wünsche des Patienten, er möge sich von dieser falschen Alternative nicht einfangen lassen, sondern unversehrt darüber hinausschreiten zu des Patienten allumfassender Rettung.

Im Alltagsgeschäft der Therapie ist der Pendelschlag des Hin- und Hergeschobenwerdens zwischen Rationalität und Magie schwer zu ertragen. Der Patient, der vom Leben verlangt hat, es möge ihm das Glück bescheren, das er für seine Selbstverwirklichung braucht, und dieses Geschenk jetzt stellvertretend vom Therapeuten erwartet, wird unter dieser Bedingung keinen Therapeuten finden. Das Ich, das in grenzenlosen Wünschen untergegangen ist, gibt dem „Nicht Ich, sondern ..." sein ewiges Leben.

Der Patient sagt „Alles geht nicht"

In der symbolischen Äußerung „Alles geht nicht" ist das Subjekt, der Patient, verschwunden. Es sitzt zwar eine Person dem Therapeuten gegenüber, die spricht, die oft sogar sehr eindringlich und verlangend redet, aber sie trägt nicht den Namen Ich. Sie ist nur der Sprecher seines früheren Ichs, ein Überbleibsel. Es entsteht eine Dynamik, eine Bewegung zwischen zwei Wörtern. Diese Bewegung, wenn sie als solche erkannt wird, vollzieht sich zwischen Unmöglichkeiten: Das Alles erdrückt in seiner Totalität, das Nicht ist der Abgrund, in den das Alles stürzt.

Vielleicht ist das Schwanken dazwischen der einzige Ausdruck, in dem das Ich des Patienten lebt. Denn im Alles und im Nicht gibt es keine Auftrennung in einzelne, übersehbare Szenen. Für sie sind Nicht und Alles zu groß, um sich einzupassen.

Diese Verdoppelung in Alles und Nicht ist eine sprachlich extreme Darstellung des Mißbefindens des Patienten. Früh spürt der Therapeut, daß dieser Patient nicht nur einer ist, der vom Elend erstickt wird oder im Alles schwebt, sondern sich im Zwischenfeld eingerichtet hat, dort umhergeht, aktiv ist, lebt. Ein aus den Bindungen geratenes Ich spricht in unglücklicher Großartigkeit sein eigenes Alles aus, dem die Welt als ein Nicht gegenübergestellt wird. Der Patient hat sein Ich versteckt, um es aus dem Verborgenen als ein übermächtiges Alles verwenden zu können.

In dem Augenblick, in dem der Therapeut diese Großartigkeit entdeckt, die Heimlichkeit und den Hinterhalt, der durch das Pendeln erzeugt wird, spürt er sich allein gelassen und immer am falschen Platz. Diesen Ort zu verlassen, ist ein naheliegender, aber falscher Entschluß. Stattdessen sind therapeutisch beide Plätze einzunehmen und zu behaupten, damit das Zwischenfeld eingegrenzt wird und in den Blick gerät.

Die Therapie beginnt damit, diesem Patienten standzuhalten. Da aber Stillstand keine Beziehung einleiten kann, müssen bei dieser Standfestigkeit auch Momente von Beweglichkeit sein: Mitgehen, Mitfühlen, von dem unverstandenen Alles und Nicht etwas aufgreifen und betrachten. Gleichzeitig hat der Therapeut auszuhalten, was der Patient ihm wie einer nahen Person an Schmerz zufügen will. Es wird vom Therapeuten die doppelte Fähigkeit verlangt, die Schläge herankommen zu lassen, für den Patienten sichtbar zu schwanken – und zu bleiben. Der Therapeut, dem Alles nichts ausmacht, hat sich dem Patienten nicht gestellt, hält sich aus der Beziehung heraus. Dem hilfreichen Therapeuten hingegen helfen die Notrufe, die der Patient unbemerkt aussendet und auf deren Wellenlänge der Therapeut seine Wahrnehmungsfähigkeit einstellen kann. Er wird sie auf das Alles und Nicht, auf den Zwischenbereich, das Umhergehen darin und auch auf den Leidensdruck richten. Dadurch entsteht mühsam das Wechselspiel der Therapie.

•

Solange der Patient spricht, braucht der Therapeut nicht allzu genau auf Präzision und Konkretheit zu drängen, er darf zuhören und schweigen, wenn es ihm dabei gelingt, den Patienten zu erreichen. Die frühe Rückfrage des Therapeuten: „Können Sie genauer sagen, was Sie bedrückt?“ ist für die sachliche Orientierung des Therapeuten sicher gut und wichtig, aber der Situation unangemessen. Der Therapeut drängt sich dann nämlich als zu deutlich abgegrenzter Frager in das undurchsichtige, weitgehend konturlose Berichten. Wenn er so reagiert, tut er es in aller Regel aus Bedrängnis, fühlt sich in der Gefahr, von den Gefühlen und Meinungen des Patienten überschwemmt zu werden und versucht, dagegen einen Damm von Sachlichkeit aufzubauen. Zuwendende Geduld aber entscheidet, wieweit der Therapeut sich auf Überwältigungen einlassen und gleichzeitig den Kontakt mit dem Patienten aufrechterhalten kann.

Alle vorzeitige Sachlichkeit mag dem Therapeuten gelingen und zweckdienlich gewesen sein. Der Patient wird das akzeptieren, jedoch kaum sagen, er habe sich verstanden gefühlt.

Während der Kampf um die Begründungen und das Rechthaben die intellektuellen Fähigkeiten des Therapeuten nachdrücklich beansprucht und in falsche Antworten zu zwingen sucht, fordert die Thematik „Alles geht nicht" in extremer Weise die einfühlende Begleitung des Therapeuten, die nicht unmittelbar in Begriffen, Themen, Konflikten mit ins Spiel kommen muß. Sofern der Therapeut dem Patienten erlaubt, die Schleusen seiner verbalen Aktivität zu öffnen, wird er mit unlösbaren Schwierigkeiten überflutet, so daß ihm angst und bange würde, wenn er nicht über die Sicherheit der therapeutischen Methode verfügte. Der Patient hat das Recht zu einer wenig gehinderten Selbstdarstellung, der Therapeut wird von seiner beweglichen Rettungsinsel aus beobachten, ob er diese Flut erträgt oder ob er abschweift, sich langweilt, den Patienten kaum ertragen kann, ihn verläßt und sich eigenen Phantasien hingibt. Als Merkmal dient auch, daß der Therapeut spürt, sich unlustvoll aufzulösen, die Übersicht und die Konzentration zu verlieren. Wenn ein solcher Zustand erreicht ist, wird der Therapeut den Patient zurückweisen müssen und ihm dies mitteilen: „Ich denke, das wird mir heute zu viel, Sie könnten daran in der nächsten Stunde anknüpfen". Diese Haltung schränkt den Patienten ein, und er kann sie seinerseits ablehnen. Sie wirkt jedoch günstiger und führt weiter als jede Verschleierung, die sich ergibt, wenn der gebeutelte Therapeut kaum glaubhaft erklärt: „Ja bitte, sprechen Sie nur ...". Vorrangig ist, daß der Therapeut am Leiden des Patienten beteiligt ist, er die Störungen in dessen Befinden erfaßt, sie sich ihrer Qualität nach auf ihn übertragen. Reißt dieses dünne Band des Verstehens, ist die Situation blockiert. Der Therapeut hat alles zu tun, die Therapie wieder in Gang zu bringen.

Was nützte auch die lange Rede des Patienten, wenn der Therapeut gegen die Schläfrigkeit ankämpft? Er schläft auch dann, wenn er den Patienten ernsthaft ansieht, nickt - und weit entfernt in eigenen Gefilden lebt.

Es ist für die Therapie günstig, wenn der Patient durch seine wenig vom Therapeuten beeinflußte Darstellung Selbstorientierung erlebt. Dann läßt sich von einer hilfreichen Katharsis sprechen. Der Therapeut kann einfühlend und zurückhaltend bleiben, solange dieser Zustand anhält. Im Ideal entwickelt sich der Patient selbst aus seinem Alles und Nicht heraus und bringt dann eingegrenztere Probleme seines Lebens, die gemeinsam untersucht werden können. Mancher Patient braucht eine solche grandiose Inszenierung, da sie einen lebensgeschichtlichen Hintergrund hat: Er durfte sich den Eltern nur nähern, wenn Probleme lichterloh brannten. Ist der Patient durch seine Einfälle darauf gekommen, wird ihm der Therapeut den Wiederholungszusammenhang deuten. Die Therapie ist auf dem Weg.

•

Nicht selten ist nach einer anfänglichen Erleichterung des Patienten zu beobachten, wie er sich in sein Alles und Nicht mehr und mehr verstrickt, die Leidensäußerung sich erheblich verstärkt und den Schluß zuläßt, dem Patienten gehe es schlechter. Er äußert sich jetzt monoton und gehetzt. Sein Versagen überwältigt ihn; er meint, die gegenwärtige Situation sei unlösbar, verworren, die Vergangenheit bedrückend, die Befindlichkeit sowohl seelisch wie körperlich in allen 24 Stunden des Tages unerträglich – und eine Zukunft gäbe es nicht. Auch der geduldige Therapeut stößt hier an die Grenze seiner Einfühlungsfähigkeit. Außerdem hat er gespürt, daß er sich nicht mehr weiter einfühlen will, er im Gegenteil Empfindungen hat, die eine Trennung herbeiwünschen. Er zweifelt, ob es dem Patienten wirklich schlechter geht, obwohl sich dieser eindeutig so äußert. Ausgangspunkt für sein Erleben ist oft das Mißtrauen in die vorgebrachte Logik: „Wenn dies *alles* wörtlich wahr ist, wie kann der Patient damit leben? Ich kann es mir nicht vorstellen“.

Hier ist es hilfreich, eine leitende Phantasie zu entwickeln, die die Phänomene bis zu ihrem biographischen Hintergrund beleuchtet; darin erscheint etwa das ungesättigte Kind, die hilflose und gleichzeitig gierige Aufforderung nach Liebe und die Erfahrung, daß die Zuwendung versagt blieb und sich jetzt ein Zustand der lauten Verzweiflung ausgebildet hat. Gleichzeitig erkennt der Therapeut dabei, daß der Patient nicht ausdruckslos ist, denn er spricht, weint, schreit, stöhnt. Der Therapeut spürt durchaus die Kraft in dem sich anklammernden Patienten, Hilfe zu fordern und in der Therapie zu bleiben. Die oft gefürchteten Affekte sind eher Helfer als Gegner.

Dies wird der Therapeut dem Patienten zu vermitteln suchen: „Sie teilen mir mit, daß alles niederschmetternd und unerträglich ist. Aber Sie haben die Kraft, mir das mitzuteilen. Ich frage mich, wie wollen Sie leben und was kann ich dazu tun?“ Eine so formulierte Deutung, die in der therapeutischen Wirklichkeit sich auch aus dem Zusammenspiel getrennter Sätze und Bemerkungen ergibt, zielt eine psychische Komplexität an. Mit dem Respekt und dem Nichtentwerten des offenen Unglücks wird auch auf die Kraft der Präsentation und sein Durchhalten verwiesen. Gleichzeitig wird der Eindruck mitgeteilt, daß darin Wünsche nach einem anderen Lebensstil eingeschlossen sind und sich diese auch auf den Therapeuten beziehen.

Im Patienten können sich bislang nicht bewußte Phantasien gestalten. Unter heftigen Affekten wie Wut und Trauer, beim Weinen wie auch in langanhaltendem leerem Schweigen kann der Patient aussprechen: „Wenn ich nur andere Eltern gehabt hätte, würde ich heute allen beweisen, wie groß ich bin“. Das Erkennen dieser unbewußten Größenphantasie, der Kränkung und des Rückzugs, gibt jetzt einen Weg frei für ein Verstehen und eine neue Bewertung dieses Alles und Nicht. „Wenn ich alles bin, schaffe ich die Welt wie nichts. Wenn die Welt aber alles ist, bin ich nichts“. Gleichbedeutend kann dafür eingesetzt werden: „Wenn die Eltern alles sind, wie sie es waren, bin ich nichts“. Diese Formulierungen symbolisieren, daß es dem Patienten nicht gelungen ist, sich zwischen diesen logischen Abgründen einen realistischen Ort zu schaffen und erkennbar zu machen, daß seine einzige Lebenstechnik ist: das Gehen im Zwischenraum zu entwickeln.

•

Das Sichaufhalten in den Gegensatzpaaren *Groß/Klein, Alles/Nichts, Übermächtig/Nichtig* führt zu beliebigen Beurteilungen. Groß kann Klein, Nichts kann Alles sein. Diese Identitätslosigkeit, sein Bestreben, sich nur in Zwischenräumen aufzuhalten, zu erkennen, bedeutet für jeden Patienten eine angreifende Erschütterung. In allen Ausprägungen wird Haß freigesetzt, einmal auf die überwältigende Welt, die auch die Eltern sind, wie auf das Versagen der auf die eigene Person bezogenen, als real und übermächtig erlebten Phantasien. Werden solche Therapieerfahrungen rasch und dramatisch erlebt, fühlt sich der Patient akut bedroht.

Wer lebensgeschichtlich und aktuell einer sehr strengen Selbstkontrolle der Lebensführung unterliegt, wird in extremen Selbstzweifel und Schulddruck geraten, in seinem Selbstwertgefühl weiter absinken und akute Krisen erleben. Diese Freisetzung von Schuldgefühlen kann sich steigern bis zu einem krankhaft euphorischen Zustand, endlich zu sehen, daß man alles falsch gemacht habe, um nun gerechtfertigt Schluß machen zu können. Die offene Suizidgefahr entsteht jedoch in Therapien nicht nach der einen und übermächtigen Deutung des Therapeuten, sondern verstärkt sich während der Bearbeitung der bereits verdeckt vorliegenden Suizidthemen, so daß sie dem Therapeuten früh zugänglich sind. Er kann sie also mit besprechen, bevor sie den Patienten wie aus dem Nichts überkommen. Der Schutz des Patienten vor überwältigenden Impulsen der Selbsttötung bleibt so im Vordergrund der Therapie. Wenn anstelle des ersten Themas „Alles geht nicht" jetzt ein vorübergehendes Verweilen im Alles *oder* im Nicht entsteht, verstärkt sich das Risiko, kündigt sich dennoch auch ein Voranschreiten der Therapie an, da das Aushalten und Ansehen der nach beiden Richtungen überdimensionierten Impulse ihre irrationale Zerstörungskraft verringert. Vernünftige Selbsteinschätzung des Patienten reicht hier nicht aus, um die Gefahren allein zu bestehen. Die Tatsache, daß der Therapeut am Patienten festhält, verhindert, daß der Patient in einem Schub von Scheinsicherheit oder von Selbstzweifel sich wegwirft. Da der Therapeut die Therapie für einen Wert hält und fortsetzt, tritt er gegen die Wertlosigkeit an, in der sich der Patient fühlt.

Der Patient muß sich darauf verlassen können, daß der Therapeut in Situationen, in denen er die Therapie und das Leben abbrechen möchte, ihm auch in diesen Gefühlen der Nichtigkeit beisteht. Therapie heißt, die ihn zu vernichten drohenden Kräfte aus der Lebensgeschichte zu erkennen, ihnen standzuhalten und sich dann von ihnen zu entfernen. Daher erscheint die therapeutische Zielsetzung des Sichentfernens, Abschwächens, der Bedeutungsverringerung als angemessen. Unter nachlassendem Druck von Allmachtsgefühlen und Selbstentwertung, dem Verschwinden allmächtiger Anforderungen gegenüber sich selbst, entwickelt der Patient eigene Einschätzungen. Das Alles zersplittert in Teile. Diese Teile jedoch können real begriffen und verwendet werden. Sie sind groß genug, um Größenphantasien in sich aufzunehmen. Wenn eines aus dem Vielen scheitert, bleiben andere Teile erhalten. In dem Maße, wie sie wahrgenommen werden, wird ihre zwanghafte Gegenübersetzung in Alles oder Nichts aufgegeben. Wo Euphorie und Panik herrschte, besteht nun die Fähigkeit, sich mit Interesse hinzuwenden oder wegzugehen, ohne sich dabei zu zerstören.

Eine gefährliche Hoffnung tritt auf. Es kommt zu durchbruchartigen Versuchen, das Leben von heute auf morgen anders zu gestalten, nahe Beziehungen aufzugeben oder überstürzt einzugehen, zu Berufs- und Interessenwechseln, zu einschneidenden Veränderungen der Lebenssituation insgesamt. Es kann - ähnlich wie bei der falschen Euphorie in Richtung Suizid - zu einem plötzlichen Abbruch der Therapie kommen. Der Patient teilt mit: „Jetzt ist mir alles klar geworden" - und es ist schwer, ihn festzuhalten.

Es fehlt dem Patienten offensichtlich die Fähigkeit des Durcharbeitens, das Vertrauen, die kleinen und größeren Schritte leisten zu können - oder das Gefühl für die Notwendigkeit, die kleinen Schritte lernen zu müssen. In manchen Fällen kommt ein solcher Patient erst nach einer Unterbrechung wieder in die Therapie, unter Umständen auch zu einem anderen Therapeuten. Es ist ihm ausdrücklich ein Rückweg offen zu halten. Versperrt wird dieser durch nachdrückliche Warnungen, womit der Therapeut beim Scheitern immer recht behält; doch wem nützt das? Die Aufrechterhaltung der therapeutischen Beziehung, eine dehnbare Sicherheitszone für alte Wiederholungen und gescheiterte Probehandlungen ist wichtig. Der Patient sollte sich in der Beziehung so sicher fühlen, daß er sich zu ihr zurückbewegen kann, wenn er in chaotische oder peinliche Situationen gerät.

Versagungen, die in jeder Therapie wichtig sind, enthalten hier verschärfte Bedeutung. Der Patient, der entdeckt hat, welche Entbehrungen er in seiner Kindheit erlitten hat, versucht jetzt vom Therapeuten eine reale Wiedergutmachung zu erlangen. Er verlangt Vergünstigungen und Zeichen der Bevorzugung, nicht deutlich und direkt, aber sie zeigen sich klar genug an verschiedenen Randphänomenen des therapeutischen Arbeitsbündnisses: Der Patient wünscht andere Termine, häufigere oder zu anderen Tageszeiten, er teilt mit, daß ihm die Stunden zu kurz seien, daß es ihm nicht ausreiche, was der Therapeut sagt, daß er ihm zu kritisch sei oder zu fordernd oder nicht warm genug. Oft übersieht der Therapeut die Härte solcher Wünsche, betrachtet sie lediglich als Mäkeln an der Realität und erkennt nicht ihre tiefe unbewußte Besetzung. Bleibt der Therapeut unnachgiebig, so gerät er in die Gefahr, daß der Patient die alten Muster im Sinne des Wiederholungszwanges einsetzt, er in das „Alles geht nicht" zurückfällt. Ist der Therapeut nachgiebig, wird er bald spüren, daß diese Nachgiebigkeit weder den Patienten noch die gesamte Therapiesituation erleichtert. Eher verlangt der Patient mehr und anderes - und da der Therapeut am Ende seiner Nachgiebigkeit ist, stauen sich in ihm Gefühle der Abwertung des Patienten an, welche die Therapie bedrohen.

Da beide extremen Haltungen zum Scheitern der Therapie führen, wird oft empfohlen, ein Gleichgewicht zwischen Gewährung und Versagung zu finden. Das kann nicht als Ausdruck einer gleichen Menge auf jeder Waagschale verstanden werden. An einem solchen Gleichgewicht könnte sich kein Patient weiterentwickeln. Die angestrebte Balance hingegen erfordert eine ständige Bewegung, sie folgt einer individuellen Eichung, die der Therapeut als die Grenze der individuellen Zumutbarkeit einzuschätzen hat.

•

Das Leiden, das zu den genannten therapeutischen Schwierigkeiten führt, drückt sich in einem besonders ausgeprägten Klagen, einer uneingrenzbaren

Klagsamkeit aus. Im Vordergrund steht nicht ein verstehbarer konkreter Verlust, welcher der logische Grund der Klage wäre, sondern eine verselbständigte Einstellung; diese impliziert Vorwürfe und Haß, Affekte, die dem Patienten in dieser Deutlichkeit nicht bewußt sind: „Heute geht es mir wieder schlecht!" Inhaltlich steht im Zentrum dieses Satzes das Heute. Nach den Regeln der Syntax und des Sprachgebrauchs soll das heißen, das Heute setze sich deutlich vom Gestern und Morgen ab. Aber niemand beginnt seine Therapiestunde so, wenn es ihm gestern gut ging und er erwarten kann, daß morgen die Krise überstanden ist. Das Heute ist eine Deckformulierung für ein behauptetes Immer. Damit dies der Therapeut auch sicher merkt und nicht mißversteht, ist das Wieder angehängt, also deutlich: immer wieder. Das ist eine Darlegung in Richtung des bekannten Alles. Leicht verdeutlicht sich der Sinn durch eine syntaktische Umstellung: „Heute so wie immer ...". Der Therapeut hört das erbarmungslose Echo der Wiederholung.

Das Vorbringen der Mißbefindlichkeit ist nicht an eine Frage oder an einen Zweifel gebunden, sondern stellt eine selbst gegebene Antwort dar. Ihr geht die Phantasie voraus, jemand habe den Patienten nach seiner Befindlichkeit befragt, den Versuch eines Dialogs unternommen. Der Therapeut begann demnach mit der unausgesprochenen Frage: „Wie geht es Ihnen heute?" Der Patient schneidet diesen Ansatz mit seiner Antwort ab: „Heute geht es mir wie immer schlecht".

Jeder Therapeut kennt diese Abfolge. Er kann sie leicht zurückrufen in ihrer gedehnten, langsamen, alle Silben als wichtig intonierten, bitteren Art. Vorwurfsvoll, weiterhin unausgesprochen, unterstellt der Patient: „Wie können Sie überhaupt fragen?" Wenn der Therapeut offen und somit ungeschützt ist, ärgert er sich über den schweigenden Vorwurf. Er muß versuchen, die stumme Klage aus der bekannten Stereotypie herauszuhören, als lebendig zu spüren und den Vorwurf als Ausdruck des Leidens des Patienten zu begreifen. Während er damit befaßt ist, dehnt sich die Klagsamkeit des Patienten weiter aus: „Sehen Sie, wie schlecht es mir geht. Sie haben mir nicht geholfen".

Nach einer Schweigepause, in der der Therapeut dem Patienten wie gefesselt gegenübersteht, betont und verstärkt dieser seine Anschuldigungen: „Sie geben sich keine Mühe. Sie sind einfach zu wenig für mich da. Das reicht nicht aus, was Sie für mich tun"; explizit erklärt er den Therapeuten für einen unzureichenden Versorger, latent für einen Versager. Während das Leid Alles wird, verringert sich der Wert des Therapeuten zum Nicht. Gemildert wird dieser Ton, der, behielte er isolierte Geltung, zum Bruch der Therapie führen würde, durch eine ebenfalls nicht ausgesprochene, aber vom Therapeuten wahrgenommene Selbstbeschimpfung des Patienten: „Ich habe ja *alles* versucht, was Sie mir geraten haben, aber es geht *nicht*". Diese Darstellung geht über in den eindeutigen Selbstvorwurf: „Mit mir ist nichts anzufangen". Das Selbst des Patienten ist zum Nicht geworden. Es gibt dann auch kein Bedürfnis mehr, den Therapeuten anzugreifen. Er kann sogar zu einer großen Figur idealisiert werden, als großer Helfer, jedoch nur für andere – gegenüber dem eigenen Nicht hat er keine therapeutische Macht.

Über die Selbstanklage des Patienten wird der Therapeut jedoch erschrekken, Mitleid empfinden und sich dadurch weiter motiviert fühlen, zu helfen.

Der Patient beweist durch sein den Therapeuten einschließendes Klagen, wie sehr er in seinem Monolog allein ist. Der Therapeut hingegen erkennt die verdeckten Beziehungswünsche, weil er als Adressat des Vorwurfs figuriert. Aufgabe gegenüber diesem Patienten ist es, diese phantasierte Beziehung zu erkennen und zu versuchen, sie zur Sprache zu bringen: aus der Wut auch den Hilferuf zu hören, nicht das eine gegen das andere zu unterdrücken, sondern beides zu benennen. Die Selbstentwertungen wie die Fremdbeschuldigungen müssen erkannt und angesprochen werden.

Der Versuch der Dialogisierung ist ständig in der Gefahr zu scheitern. Der Therapeut wird sich durch die Frage: „Haben Sie mich verstanden?" vergewissern, ob der Patient noch mit dabei ist und Schritt hält. Wenn die Fragen des Therapeuten so gestellt werden, daß der Patient nicht nur mit „Ja" oder „Nein" antworten kann, setzt sich sprechende therapeutische Arbeit durch.

Für das Alles und das Nicht gibt es keine sprachliche Begegnung. Jeder sprechende Kontakt hat diese Extrempositionen, aus der die Beziehungslosigkeit stammt, überwunden. Der Therapeut entzaubert keinen märchenhaften Reichtum. Auch das arme Gespräch hat die Einsamkeit abgelöst.

•

Nicht selten ist innerhalb der therapeutischen Arbeit nach einiger Zeit ein Ton des Therapeuten zu vernehmen, der, klagend und bitter, dem ursprünglichen Ton des Patienten ähnelt: „In der Therapie bewegt sich nichts, auch gar nichts". Diese Übernahme der Einschätzung beruht auf dem Phänomen, daß der Therapeut durch andauernde Einfühlung sich soviel von dem Patienten angeeignet hat, daß er selbst in die klagsame Position kommt. Er wird sich von ihr befreien, wenn er entdeckt, daß sie nicht seinem Wollen entspricht. Sich von ihr jedoch zu trennen, heißt nicht, in therapeutische Ungeduld zu verfallen und sich und dem Patienten Dynamik zu „verordnen". Der Patient sollte die Stagnation selbst erfahren und sich in dieser Wahrnehmung mit dem Therapeuten verständigen. Ob sie ein Ende der Therapie markiert oder den Übergang zu einer vertieften Phase, ist nur aus dem Stand der Beziehung zu entscheiden. Sie kann erschöpft oder ausgereizt, in die Angst und in das Desinteresse geraten sein. Ebensogut kann sich daraus eine neuer Ansatz zur Therapie ergeben.

Der Patient des „Alles geht nicht" ist ein anstrengender Patient. Auch wenn Therapieerfolge sichtbar werden, bleiben sie zunächst karg, bedroht, unsicher. Für den Therapeuten verlangt die lange Bearbeitung der Entwertung, das mühsame Erkennen positiver Gefühle, das Aushalten der Vergeblichkeit und Nutzlosigkeit eine Entschädigung, die nicht aufrechenbar ist: gute gegen schlechte Stunden, Geld gegen Mühe, Ärger gegen Dank. Der Therapeut, der Schmerz und Erschöpfung als Warnsignale überhört und die genannten Belastungen wegrationalisiert mit der Formulierung: „Mir macht das alles nichts aus", gerät in die Gefahr, diese Fehleinstellung, die zur Überbelastung führt, in anderen sozialen Bereichen, zumeist privaten, ausleben zu müssen. Er wird seine Arbeit so zu gestalten haben, daß sie ihn überzeugt, und daraus Bestätigungen entwikkeln, die nicht nur zu seinem Wohlbefinden beitragen, sondern auch die Therapie weiterführen. Befriedigungen können auch in der Organisation des Arbeitstages gefunden werden, etwa darin, daß die Zahl für ihn schwerer Patienten gering gehalten wird, daß Zwischenräume durch Supervision, Besprechung in Kollegenkreisen, Phasen wissenschaftlicher Forschung eingeschaltet und Terminabsprachen nur entsprechend den eigenen Kraftreserven getroffen werden.

Die Rückkehr von den imaginierten Patienten

Den hilfreichen Figuren des therapeutischen Denkens stehen die leiderzeugenden Figuren der Symbolsätze gegenüber. In diesen werden die Verhinderungsmuster der Patienten sichtbar, die zu den eingeschränkten Antwortformen geführt haben: Ja, Nein, Ich weiß nicht, Nicht ich, sondern ... und Alles geht nicht. Darin gewannen die Einsamkeitssätze der Patienten Gestalt, die starren Phantasien, die noch nicht in Beziehung zum Therapeuten stehen. Wenn eine Beziehung erreicht ist, sind die Phantasien beweglich geworden, haben sie sich mit denen des Therapeuten vermischt. Auf diese Weise entsteht Therapie.

Wann entwickelte sich aus den isolierten, monologisch zwanghaften Sätzen des Patienten, die traditionell als Material bezeichnet werden, das gemeinsame Sprechen? Oft ist die Dialogisierung bereits eingetreten, bevor der Patient den Therapeuten gesehen hat. Ab diesem Zeitpunkt gibt es kein Material mehr: Der Patient wird nur die Phantasien entwickeln, die ihm im Gespräch mit dem Therapeuten einfallen, möglich werden, erlaubt sind. Der Therapeut ist Mitproduzent der Phantasien. Im Augenblick, da das Unbewußte des Patienten mit dem Unbewußten des Therapeuten in eine Verbindung gerät, haben beide ihr Material der Einsamkeit zurückgelassen.

Das gehörte Sprechen des Patienten neigt sich zum gehörten Sprechen des Therapeuten und verbindet sich zum sprachlichen Produkt der Therapie. Darin werden Patient und Therapeut voneinander abhängig. Sie haben sich zusammengetan zu einer gemeinsamen Geschichte ihrer Therapie.

Wenn diese Gemeinsamkeit *nur* unter dem Aspekt der Abhängigkeit gesehen und gefürchtet wird, hat sich eine Phantasie durchgesetzt, die die Erwartung enthält, daß sich enttäuschende Erfahrungen wiederholen, die nicht noch einmal ertragen werden können. Sie bleibt stehen bei: „Ich will nicht verstanden werden - ich will unverstanden bleiben. Ich leide, aber darin bin ich. Wenn ich verstanden würde, müßte ich mich auflösen". Diese Furcht läßt vor Therapie zurückschrecken. Das muß nicht Verweigerung sein, zeigt eher das Schutzbedürfnis und kann die Ahnung enthalten, daß auch der Therapeut eine solche Abhängigkeit nicht eingehen möchte. An dieser Selbstregulation des Patienten kann sich auch der Therapeut orientieren und dabei Entlastung finden.

•

Die mit den symbolischen Sätzen imaginierten Patienten bleiben nicht voneinander unabhängig, sind nicht getrennt durch feste Persönlichkeitsgrenzen oder nosologische Einheiten, Krankheiten. Jede kann aufgrund der persönlichen Struktur und Entwicklung des Patienten und den Verlauf der Therapie in eine andere übergehen. Es kann die Alles-geht-nicht-Figur sich so verändern, daß der Patient, etwa durch Idealisierung des Therapeuten, überraschend in eine Jasagerposition umkippt. Ein anderer wird das „Alles geht nicht" aufgeben, innere Bewegungen entdecken, sein Ich jedoch so sehr schützen müssen, daß er in das „Nicht Ich, sondern ..." gerät. Der körperbezogene Patient kann sich zu einem symptomfreien Neinsager entwickeln. Alle Patienten können mit einem „Ich weiß nicht" die Therapie anhalten. Wenn auch die Abfolge der unterschiedlichen Symbolisierungen daher rührt, daß das Ich des Patienten vom Jasager bis zu dessen fiktivem Verschwinden im „Alles geht nicht" zunehmend bedrängter, schwieriger und verstörter geworden ist, sollte diese Reihung nicht dogmatisch verstanden werden. Alle einzelnen Phänomene können sich im Verlauf der Therapie und der Erarbeitung anders zeigen. Es kann jemand mit der bedrohlichen Haltung „Alles geht nicht" auftauchen, weil er die Phantasie hatte, nur so dürfe er sich präsentieren, um zu einer Therapie zugelassen zu werden. Es kann im Gegenteil jemand zu Beginn als harmlos erscheinen und sich nach kurzer Therapiedauer öffnen und sich als sehr krank begreifen müssen. Es gibt alle Übergänge.

Die Bilder der Therapien mit den geschilderten fünf Reaktionen der Patienten auf den Therapeuten müßten daher nicht zeitlich und räumlich nacheinander, sondern gleichzeitig gezeigt werden, fünf Bilder übereinander. So ließe sich mühelos durch eine Gestalt zur anderen hindurchsehen, von Bildschicht zu Bildschicht. Das Ergebnis wäre ein mehrdimensionales Bild, welches der therapeutischen Realität erheblich näher käme.

•

Die imaginierten Figuren sind als Arbeitshilfen Angebote zu therapeutischem Denken. Demnach ist nicht von der Feststellung auszugehen: So sind die Patienten, sondern es ist zu fragen: Was geschieht, wenn in der Therapie diese Sätze des Patienten nicht ins Licht der Bedeutung vorrücken? Sie fangen ein, was einer Person als wahr zugehört. Die typischen Patientensätze sind Widerlager für typische Deutungen. Dabei bleibt offen, wieviele andere Formulierungen es gibt. Das Mißverständnis, daß hier eine neue Typenlehre geboten würde, analog zu den anderen Lehren, die Phänomene des Körpers betreffend, die Temperamente oder die in Gruppen zusammengefaßten Beschwerden, hätte Tradition. Hier hat die Aufzählung jedoch die Funktion einer auf die Deutung gerichteten Wahrnehmungshilfe.

•

Wer in seinem Leben nicht am Mangel an Verständigung gelitten hat, sondern immer nur der Linie des Durchsetzens folgen mußte, wird das Verstehensangebot nicht nutzen können, weil er es nicht versteht. Eine Weltsicht, die der Verständigung hohen Wert beimißt, liegt für einen solchen Menschen so sehr außerhalb seiner Lebenserfahrung, daß er Psychotherapie wie ein fremdes und furchterregendes Territorium betritt. In seinem Denken herrschen Interessen, die konkurrierend verfolgt werden. Solange der Patient davon beherrscht ist, entsteht kein Raum für Fragen, sich einfühlend mit dem Wohlbefinden eines anderen zu befassen.

Die direkten Wortäußerungen des Patienten, die gewöhnlich die interessenorientierte Denkweise widerspiegeln, enthalten eine Ablehnung psychotherapeutischer Verfahren. Es bleibt jedoch die Tatsache bestehen, daß der Patient behandelt werden will, weil er sich krank fühlt. Mit der Ablehnung haben sich die Erwartungen nicht verringert, er versucht nun, andere Heilverfahren zu entdecken und für sich nutzbar zu machen. Je mehr er Klarheit und Beweise sucht, je dringender er sich einer Behandlung, einer richtigen Medikation unterziehen will, um so mehr gerät er zurück zu seinem Ausgangspunkt. Da die Organmedizin jedoch bereits ihre Unzuständigkeit für den psychischen und psychosomatischen Symptomkomplex erklärt hat, bleibt dem Patienten oft nichts anderes übrig, als sich einer Therapie zuzuwenden, obwohl er sie innerlich nicht wertschätzen kann. Auch gegenüber einem Psychotherapeuten sind die Wünsche unverändert: „Ich verlange von Ihnen, daß Sie mir zeigen, was ich tun soll. Ich will alles tun, was Sie sagen, wenn es nur hilft". Hier schwingt mit, daß der Patient selbst einschätzen muß, was hilft, der Therapeut soll es nur besorgen. Er ist beauftragt, die Kräfte zurückzugeben, die Restitutio ad integrum zu leisten. Der Therapeut, der sich in dieses Auftragsdenken des Patienten hineinziehen läßt, hat sich seine therapeutische Fähigkeit nehmen lassen, Entwicklungen zu fördern. Solange im Denken des Patienten das Modell des Unfalls vorherrscht, sucht er eine Versorgung, in der das Verstehen zur Heilung nicht gebraucht wird. Ein Großteil der Bevölkerung lebt nicht nach Kriterien der wechselseitigen Verständigung. Treffen von dieser Denkweise geprägte Patienten mit Therapeuten zusammen, so fehlt letztlich die Grundlage für Therapie.

•

Die Formulierung „der unbehandelbare Patient" drückt die Auffassung eines Therapeuten aus, der mit dieser Diagnose sagt, daß er diesen Patienten nicht behandeln will, eine Beziehung zu diesem Patienten ablehnt. Damit wird die Bezogenheit von Patient und Therapeut deutlich, welche die einseitige Zuschreibung mittels der Diagnose überschreitet. Das Etikett „schwere Störung" enthält bereits die persönliche Ablehnung des Patienten durch einen Therapeuten, der sich entschieden hat: „Für mich ist dieser Patient zu schwer". Der Therapeut unterliegt bei der Einschätzung der Störung mehreren Einschränkungen: seiner Persönlichkeit, seiner Ausbildung, seinen beruflichen Grundsätzen und Erfahrungen sowie institutionellen Gegebenheiten. Ein Therapeut könnte vor der *ambulanten* Behandlung eines schwierigen Patienten zurückschrecken, die Aufgabe aber keineswegs ablehnen, wenn er diesen Fall in einer analytisch geführten *Klinik* mit der Diagnose psychotische Störung zu übernehmen hätte. Der Therapeut, der eine eng begrenzte Neurosenlehre vertritt, wird narzißtische wie psychosomatische Patienten zurückweisen, ein anderer wird sie behandeln.

Die Tragfähigkeit eines Therapeuten für einen Patienten, der als schwer gestört gilt, könnte als eine Tugend angesehen werden, die nahelegt, sie habe sich durch Lernen und Erfahrung herausgebildet. Was aber ist das Gewicht, das er zu tragen bereit ist, und worauf legt er Gewicht? Ein gewährender Therapeut wird angesichts eines unzusammenhängenden, widersprüchlichen Berichts des Patienten keine Anspannung spüren, er kann diesen Patienten aushalten, ohne von sich behaupten zu müssen, dazu gehöre eine besondere Kraftanstrengung. Für ihn ist seine Leistung keine Tugend - und der Patient nicht „schwer". Der Versuch, eine Beziehung zu einem verschlossenen und mißtrauischen Patienten aufzunehmen, ist dann keine besonders schwere Leistung, wenn die Fähigkeit des Therapeuten dazu ausreicht. „Schwierig" wird der Patient dort, wo die Grenzen der eigenen Fähigkeiten überschritten werden. Dies macht verständlich, daß auch die für leicht gehaltenen Patienten manchen Therapeuten aus der Haut fahren lassen, weil der von einem solchen Therapeuten ausgehende, von ihm nicht variierbare hohe therapeutische Anspruch vom Patienten nicht befriedigt wurde. Dem leicht erscheinenden Patienten wird vom Therapeuten zuviel abverlangt. Wenn er dies nicht leistet, wird er für diesen Therapeuten ein schwieriger und unangenehmer Patient sein.

Dem ersten Anschein nach ist es einleuchtend, daß die Bereitschaft zu einer komplexen und weitreichenden Beziehung mehr Unbewußtes freisetzt und folglich größere Schwierigkeiten zu erwarten sind als bei einer oberflächlichen Beziehung. Für manche Therapeuten bietet die schwere Beziehung jedoch gerade das Arbeitsklima, in dem sie sich gefordert und wohl fühlen. Sie brauchen unter diesen Bedingungen nicht mehr von schwer gestörten Patienten zu sprechen, sondern nur von solchen, die nach ihren Kräften behandelbar sind. Dennoch hält sich unter Therapeuten der Satz: Der schwer gestörte Patient erfordert eine schwere therapeutische Leistung, aber ihre Grundeinstellung lautet: schwer ist gut.

Unbehandelbarkeit und Schwergestörtheit ist darüberhinaus ein gesellschaftliches und historisches Kriterium, welches von Krankheitskonzepten, der Stellung der Familie in der Gesellschaft und dem Kostenrahmen der Krankenkassen abhängig ist. Der Stellenwert von Krankheit und Leiden wird von jeder Generation, von jeder politischen Richtung neu definiert.

Das Leiden an den unbehandelten Patienten

Aus der therapeutischen Hilflosigkeit gegenüber dem Leiden, an der unberechneten Zahl nicht behandelter Patienten, hat sich eine Fragestellung herausgebildet, die durch eine gewohnte Polarisierung Erleichterung verspricht: Sollen sich Patienten der Therapie anpassen, sich auf sie hin bewegen und sich so entwickeln, daß sie für ein normiertes Therapieverfahren geeignet sind? Oder sollen die Therapieverfahren soweit dem Patienten entgegenkommen, bis sie seinen Bedürfnissen und Fähigkeiten angepaßt sind? Beide Überlegungen entstammen dem therapeutischen Mißlingen, durch das sich zeigte, wie die Spannung und Entfernung zwischen klassischen Verfahren und Patient zu groß wurden, um überbrückt werden zu können. Eine Verbindung von Beziehung, Erleben und Einsicht, die dem Patienten nützt, konnte nicht gefunden werden. Beide in Aussicht gestellten Ideallösungen, die Anpassung des Therapieverfahrens oder die des Patienten, würden jedoch gerade das Spannungsfeld auflösen, das für wirksame therapeutische Arbeit gebraucht wird. Wohlwollensveranstaltungen, die zur ersten Befriedigung der Bedürfnisse der Patienten durchgeführt werden, heilen nicht. Ebensowenig Kraft haben hochstilisierte Denk- und Deutungsoperationen, die auf einen gutwilligen, aber nur notdürftig oder unzureichend intellektuell vorbereiteten Patienten treffen. Die alte Streitfrage mag die Therapeuten beleben, aber diese Tatsache bringt dem Patienten keine Therapie und kann daher die Therapeuten auch nicht entlasten.

Unverändert blieb der Leidensdruck der Therapeuten an den nicht geglückten Therapien und an der Struktur ihrer Praxis. Bedrückend war die Erfahrung, daß die Therapeuten eine große Zahl von Patienten nach dem Indikationenkatalog ihrer Methode nicht behandeln konnten und sie sie zurückweisen mußten. Die Ausübung der Praxis wurde daher zunehmend als belastend und veränderungsbedürftig erlebt. Als Mißbehagen, das sich nicht auflösen ließ, blieb: Die therapeutische Zeit reichte nicht aus.

Das bedeutete zunächst, daß viele für geeignet gehaltene Patienten nicht sofort behandelt werden konnten. Die Empfehlung, zu einem anderen Therapeuten zu gehen, konnte kaum eine überzeugende Entlastung bedeuten. Alle angenommenen, jedoch aus Zeitgründen zurückgestellten Patienten, gerieten so auf Wartelisten. Bald wurde klar, daß diese nie ganz abgearbeitet werden konnten, wenn nicht viele Wartende sich innerhalb dieses Zeitraums, der bis zu 5 Jahren betragen konnte, selbst aus dieser Liste strichen. Aber auch die zurückgewiesenen Patienten trugen sich in eine andere, innere Warteliste ein, einem Sollkonto des Therapeuten vergleichbar, wo sie ebenfalls gezählt wurden und damit dazu beitrugen, daß der Katalog des Unerledigten das Gewissen des Therapeuten zusätzlich belastete. Wenn sein Beruf der eines Helfers ist, kann er nicht ruhigen Mutes arbeiten, wenn er den überwiegenden Anteil der auf ihn entfallenden Hilfsbedürftigen abweist. Diese beiden Wartelisten der Therapeuten, gleichbedeutend mit der Liste der Ansprüche der Patienten, erschütterten das Grundgefüge der Therapie. Aus dem bedrängenden Bedürfnis, sich aus der Umklammerung durch die Wartenden und die Abgewiesenen zu befreien, entstand ein Kampf um die bis dahin als unabdingbar geltenden Voraussetzungen wirksamer Therapie: Zeitdauer und Häufigkeit der Therapiestunde, das exklusive Zweipersonenmodell, die private, ambulante Praxis des Therapeuten. Die zwangsläufige Änderung dieser Voraussetzungen führte zu neuen Methoden, anderen Zeiten und Häufigkeiten, Patientenzahlen und Orten: Kurztherapien, Gruppentherapien, klinische Psychotherapie. Therapeutisches Denken bewegte sich auf neuen Wegen - Notwegen, Auswegen oder Erkenntniswegen?

•

Hat ein Therapeut sich erst einmal erlaubt, die Begrenzungen in Zeit, Zahl, Methode und äußeren Gegebenheiten aufzuheben, drängen sich ihm die Einfälle geradezu auf, lang ersehnte Lösungen bahnen sich an.

Die Zeit des Therapeuten war auf die Zeit des Patienten getroffen, und eine Begegnung konnte nicht stattfinden. Wer eine 50-Minuten-Stunde der Reflexion, diese selbstverständliche Minderung der regulären Zeitstunde, nicht durchhält, der Verbalisierung des Therapeuten nicht nachkommt und sich nicht angemessen darauf einlassen kann, wird kürzere Stunden brauchen. Es erfolgt eine Abstimmung der Zeiten von Patient und Therapeut. Wenn es einem Patienten jedoch gelingt, in einer 50-Minuten-Stunde mehr Problemarbeit zu leisten, als es dem fiktiven Normalpatienten möglich ist, könnte dieser mit weniger Stunden sein angestrebtes Ziel erreichen. Er würde sich mit dem Therapeuten ein Zentrum der therapeutischen Auseinandersetzung schaffen, einen Fokus, an dem rascher und intensiver gearbeitet werden könnte. In beiden Fällen würde therapeutische Zeit eingespart, die den Wartenden und Abgewiesenen zugute käme.

Alle Fokal- und Kurztherapien setzen auf die Fähigkeit des Patienten, willentlich und zielgerichtet eine Verdichtung und Ausgrenzung der prinzipiell unabgrenzbaren seelischen Phänomene zu leisten, ein klar umrissenes Problem zu beschreiben, das dann Gegenstand der Therapie wird. Diese Problemdarstellung ist bereits eine Vorleistung des Patienten im Hinblick auf die therapeutische Zeit, ein Zeitgeschenk an den Therapeuten. Einem solchen Patienten wird soziales Verhalten gegenüber anderen Patienten zugeschrieben, denn er handelt im Sinne der Solidargemeinschaft der Kranken, einer Zwangsgemeinschaft, die es begrüßt, wenn er seine eigene Zeit beschleunigt, dadurch weniger Zeit des Therapeuten verbraucht, also therapeutische Zeit für die anderen läßt.

Fokal- und Kurztherapien sind zwei Seiten derselben Idee der Verkürzung, wobei sich einmal der Zeit-, einmal der Problemausdruck verändert. Der Patient der klassischen Fokal- und Kurztherapien soll so beschaffen sein, daß er bereit ist, Gefühle zu erforschen, fähig in einer therapeutischen Beziehung mitzuarbeiten und Deutungen in ihrem Sinngefüge zu verstehen. Der Therapeut soll seinerseits den Patienten in seinen psychodynamischen Zusammenhängen verstehen. Mit der daraus ableitbaren neuen Technik werde der Therapeut in der Lage sein, einen detaillierten Therapieplan aufzustellen.

Dieser so charakterisierte Patient ist jedoch prinzipiell auch für ein Langzeitverfahren geeignet. Hätte der Therapeut mehr Zeit, könnten die beiden Zeiten von Patient und Therapeut in gleicher Geschwindigkeit und Ausdehnung in die Therapie eingebracht werden. Der Patient opfert also einseitig einen Teil seiner Zeit. So gesehen, ist Fokal- und Kurztherapie keine methodische Entwicklung oder ein Neuerwerb, eher ein Notprodukt für eine vorübergehende Situation des Mangels. Ein therapeutisches Problem entsteht erst dann, wenn die Zeit an eine Untergrenze gerät, wenn sie nicht mehr ausreicht, um das Leiden des Patienten szenisch zur Entfaltung zu bringen. Die Untergrenze kann in zwei verschiedenen Weisen erreicht werden: in der Zeiteinheit der einzelnen Sitzung oder in der Gesamtdauer der Therapie.

Gemeinsam ist den Fokaltherapien verschiedener Konzeptionen, daß die 50-Minuten-Stunde beibehalten wird, aber eine feste Begrenzung der Therapiedauer, wie bei Mann, *Psychotherapie in 12 Stunden,* mit dem Patienten vereinbart wird. Jede Stunde hat dann eine besondere Stellung im Ablauf der Therapie: Fokussuche, Fokusbestätigung oder Neubestimmung des Fokus, Durcharbeiten, Reflexion über das Durcharbeiten, Erkennen und Festlegen der Beendigungsphase, der Umgang mit Rückfällen, der Blick auf die Beendigung, Orientierung über das Nichtgeleistete, Bearbeitung der Trennung, Trennung. Für den Therapeuten sind die Stunden der Kurztherapie kaum weniger anstrengend als Erstinterviews. Jede Stunde ist zu konzeptualisieren, durchzuführen und zu evaluieren im Hinblick auf die nächste. Anstatt eine gleichschwebende Aufmerksamkeit beizubehalten, gerät der Therapeut in eine intellektuelle Dauerspannung. Die therapeutische Beziehung ist streng auf ein Ziel gerichtet, das nach der 3. Stunde vereinbart wurde. Es gibt, wohl auch für den Patienten, kein Ausruhen, keine Entspannung. Die Verkürzung der Zeit, die Zeiteinsparung, ist auch eine Verkürzung der Beziehung, Beziehungseinsparung. Therapeuten im klinischen Milieu berichten oft, eine Stunde Kurztherapie belaste sie mehr als drei Stunden in einer Langzeittherapie. Offensichtlich muß die eingesparte Zeit mit Erschöpfung bezahlt werden.

Ausgehend von der üblichen therapeutischen Zeit und selbst unter der Voraussetzung, daß kein Mangel an Therapeutenzeit besteht, hat man den psychischen Zustand bestimmter Patienten so eingeschätzt, daß für sie verkürzte Therapiestunden genügen müßten. Die Prämisse ist, daß diese Zeiteinheiten geeignet sind, Patienten- und Therapeutenzeit günstig zu verbinden. Die Dauer der einzelnen Sitzungen ist nach den verschiedenen Konzeptionen festgelegt zwischen 10 und 50 Minuten. Unbestimmt und weiteren Variationen unterworfen ist die Frequenz pro Woche oder Monat, die Dauer der gesamten Therapie und von open-end-Sitzungen. Alle Therapien, deren Gesamtdauer sich über mehrere Jahre erstrecken, sind nicht als Kurztherapie zu bezeichnen, obwohl die Einzelsitzungen mitunter nicht länger als 10 Minuten dauern und die Frequenz zunächst vom Patienten selbst bestimmt wird, oft nur eine Sitzung pro Monat oder noch seltener.

Es haben sich psychotherapeutische Verfahren entwickelt, die zunächst das Modell der Sprechstunde beibehalten. Bekannt sind solche Therapien im Bereich psychosomatischer und anderer chronischer Erkrankungen. Es kommt zu einer vorübergehenden Doppelgleisigkeit der Behandlung durch einen Facharzt und einen Psychotherapeuten oder einen Therapeuten, der beide Funktionen erfüllt. Die Absicht ist, dem Patienten Zeit zu lassen, sich seiner Krankheit auch als psychischem Problem zu nähern, solange er sich unter dem Schutz der medizinischen Behandlung befindet. Wenn dabei jedoch die Vorstellungen des Übergangs zu einem Psychotherapeuten fehlen, dafür wiederum keine Zeit und kein Entwicklungsspielraum vorhanden sind, werden diese Patienten oft in der Organmedizin festgehalten. Mit ausreichender Zeit können mangelnde Verbalität, unentwickeltes Konfliktbewußtsein, das Fehlen einer biographischen Sicht und die Unfähigkeit, Einsicht in Neuerleben und neue Handlungsfähigkeit umzumünzen, sich jedoch langsam verändern, so daß eine neue Dimension der Beurteilung entsteht. Die Äußerungsweisen des Patienten werden ihm dann nicht mehr als ein Mangel zugeschrieben, dessentwegen er als unergiebiger, den Anforderungen des Therapeuten nicht gerecht werdender Patient galt; sondern seine Darstellung gewinnt die Neutralität einer Präsentation zurück, die nicht als Einschränkung abgewertet wird; man wird diesen Patienten nicht mehr mit der Diagnose „einfach strukturiert" und „unergiebig" einstufen können.

•

Diagnosen, die sich um Therapie nicht zu kümmern brauchen, kennen das Problem der Zeit nicht; sie sind rasch zu erstellen. Eine darüber hinausgehende Aufgabe ist es jedoch, den Patienten an seine Krankheit heranzuführen, sie mit ihm zu betrachten und auch zu erkennen, wie und wo die Krankheit die Person als ganze ist und nicht ein getrennt beobachtbares Organ. Diese Aufgabe führt direkt hinein in das Thema Zeit, verlangt reichlich Zeit – was die Dauer der Therapie angeht, wenngleich die einzelnen Sitzungen kurz und die Abstände dazwischen auch groß sein können. Der unergiebige Patient war ein Ergebnis des dogmatischen Festhaltens an der 50-Minuten-Stunde. Ihm ist weder in der Erarbeitung eines zentralen Konflikts, noch mit dem Druck der kurzen Zeiten zu helfen.

Gegen die Hoffnung, ein sich einschleichendes, förderndes, erziehendes psychotherapeutisches Verfahren sei auch für den Therapeuten eine leichtere, weniger anspruchsvolle Therapie, sprechen die Erfahrungen der Praxis. Der Therapeut braucht eine beachtliche Konzentration für diese zeitlich weit auseinanderliegenden kurzen Gespräche, ein großes Erinnerungsvermögen und eine bleibende Vorausschau über psychodynamische Prozesse, um einen solchen Patienten über lange Zeit zu begleiten. Das kann in der Anfangsphase heißen, unendliche Geduld zum Zuhören zu haben oder sich aktiv dem stummen Patienten zuzuwenden. Dabei ist der Erfolg dieser Ansätze zunächst überhaupt nicht sicher. Später wird der Therapeut den richtigen Zeitpunkt finden müssen, wann und wie er zu einer konfliktorientierten Besprechung übergehen kann, ohne daß der Patient zurückschreckt und mit seinem „Ich kann nicht" antwortet.

Für diese Psychotherapie gibt es keinen ausgearbeiteten Kanon von Theorie und Praxis. Die Ausbildungsinstitutionen können daher viel leichter „große

Psychotherapie“ und Psychoanalyse vermitteln. Notgedrungen verwendet beweglich-stützende Therapie einzelne Elemente aus der „großen Therapie“ – und sie muß erst erlernt sein, damit man auswählen kann und weiß, welche Formen der Deutung möglich und welche nicht angemessen sind. Nicht jede Übertragung oder jeder Widerstand ist sofort zu deuten.

In den letzten 20 Jahren tauchen Themen innerhalb von Forschungsvorhaben auf, die häufig soziologisch definiert sind mit Titeln wie „Psychotherapie mit Angehörigen der unteren Mittelschicht oder Unterschicht“. Innerhalb der psychosomatischen Medizin, ambulant und stationär, haben diese Ideen ebenfalls Bedeutung gewonnen. Eine Schwierigkeit liegt jedoch in der Anerkennung als eigenständige Therapieleistung. Die Abrechnung solcher begleitenden Psychotherapien ist nicht eigens vorgesehen, sie muß versteckt erzielt werden. Das ist im Rahmen klinischer Aktivitäten, die mit einem Pauschalsatz an die Klinik abgegolten werden, leichter als in der ambulanten Praxis. Die Nichtanerkennung verhindert auch die Entstehung eines Selbstwertgefühls des Therapeuten für diese Methode der Psychotherapie. Außerhalb der Mauern des legalen Systems gibt es für sie keine Überprüfungsmöglichkeit, wurden keine fachlichen Kriterien entwickelt, und es gibt keine Berufsgruppen, die Normen für diese Therapie entwickeln und damit Mißbräuchen entgegenwirken.

Eine ähnliche Schwierigkeit gibt es bei der Psychotherapie von Patienten, die organmedizinisch versorgt werden, aber chronisch krank bleiben. Die klare Trennung in vorangehende medizinische Behandlung und nachfolgende Selbsthilfegruppen ist unzureichend. Die tiefliegende Aggression und die Wut gegenüber Chirurgen, die Brustamputationen durchführen mußten, können in einer Selbsthilfegruppe nicht genügend durchgearbeitet werden, weil kein Repräsentant der Schuldigen für die Übertragung vorhanden ist. Die Solidarisierung in schwerem Schicksal, die sinnvollen Überlegungen, wie das Überleben einzurichten ist, sowie der Austausch gemeinsamer Erfahrung in Familie und Umwelt tragen zur Bearbeitung jenes Traumas nichts bei. Es besteht die Gefahr der völligen Zurückweisung medizinischer Hilfe, ein falsches Bewußtsein von den Selbstheilungskräften und die Illusion von einer kollektiven Gesundheit, die angeblich keiner Bedrohung ausgesetzt ist. Psychotherapeuten wissen um die gefährliche Kraft der verdrängten Aggression, der Verschiebung auf vermeintliche Feinde, um die Isolierung infolge der Ablehnung der vorhandenen Möglichkeiten der medizinischen Versorgung. Hier ist der Platz für Psychotherapie. Er bleibt kassenrechtlich, medizinalpolitisch und von der Ausbildung her unbesetzt. So wird die Zahl der unbehandelten Patienten vergrößert, und der Leidensdruck der Therapeuten bleibt unvermindert bestehen.

•

Parallel zu den Eingriffen in die therapeutische Zeit wurde angestrebt, die Zahl der behandelten Patienten durch die Bildung von Therapiegruppen zu vergrößern. Über die Idee der Neuverteilung von Zeit sind Gruppentherapien in ihrer Entstehung und geistigen Konzeption mit den Kurztherapien verwandt. Diesem Vorgehen liegen zwei Gedanken zugrunde: einmal, einer größeren Zahl von auch ursprünglich für geeignet gehaltenen Patienten zu helfen, für die sonst nicht genügend therapeutische Zeit vorhanden war; zum anderen, auch solche Patienten in die Therapie zu bringen, für die, wegen ihrer persönlichen Zeitstruktur - langsame Verbalisierung, schwieriger Gewinn eines Konfliktbewußtseins und einer psychosomatischen Einstellung -, die klassische Einzeltherapie nicht indiziert zu sein schien.

Das grundsätzlich Neue der Gruppentherapien ist die Einführung des Mitpatienten als helfende Kraft. Außerdem kommen hier Überlegungen zum Zuge, die darauf abzielen, therapeutische Zeit fachlich ausgefeilter, konzentrierter, wirkungsvoller zu verwenden. Die Leistung, sich gleichzeitig in 8 Patienten einfühlen zu können, wird als höhere geistige Leistung angesehen und daher zwar nicht mit dem 8fachen, aber in den Gebührenordnungen immerhin mit etwa dem doppelten Honorar pro Stunde anerkannt. Auf diese Weise mehr Patienten zu helfen und gleichzeitig mehr Einkommen zu haben, ist für den Therapeuten eine doppelte Entlastung, die ihm möglicherweise auch zu größerer Befriedigung verhilft. Die Konzepte der Gruppentherapie sind vielfältig. Sie reichen von Vorstellungen, die Gruppe als einen einheitlichen Organismus zu betrachten, wobei jede Äußerung eines einzelnen *einem* Gruppenprozeß unterliegt und die Reife der Gruppe als ganze den Heilungsstand angibt, über viele Zwischenvorstellungen bis zur Methode „der einzelne in der Gruppe". Hierbei läßt sich der Einfluß des einzelnen auf die Gruppe, der Einfluß der Gruppe auf den einzelnen und das im Gemeinsamen Entstehende der Gruppenprozeß beobachten.

Alle einführenden, motivierenden, Problembewußtsein anstrebenden Gruppentherapien sind von großem Wert. In ihnen ist die Unbehandelbarkeit überwunden und der persönliche Hintergrund des Patienten, der von Ratschlägen, Beschimpfungen, Besserwissen anderer und Demütigung gekennzeichnet ist, durch eine neue Form des Sprechens anerkannt. Die Einsamkeit, mit Scham und als Last empfunden, ist durch die Gegenwart anderer Menschen, die sich seelisch in ähnlicher Verfassung befinden, sowie durch die Anwesenheit des Therapeuten gemildert. Das Zusammensein mit Patienten, die ebenfalls chronische Leiden haben, bedeutet für die Teilnehmer, daß sie sich nicht isoliert und stigmatisiert, sondern durch die Möglichkeit, mit anderen offen über ähnliche Symptome und Konflikte sprechen zu können, erleichtert fühlen. Die Beziehungen der Patienten untereinander vergrößern die Bereitschaft, wieder mehr Lebendigkeit und Neues zu erfahren.

Problematisch ist, daß in Kliniken und Institutionen Gruppentherapie als Aufgabe der minderen Brüder, der Anfänger, gesehen wird; sie erhalten gelegentlich weiterbildende Vorträge, Gruppen und Supervision, jedoch keine fachlich systematische Ausbildung und können sich nur schwer eigenständig entwickeln. Die strenge Schule der Gruppentherapie setzt ihre Verfahren, methodenrein über 4-5 Jahre durchgeführt, dem Rang und der Wirkung nach der Einzeltherapie gleich.

Es entstehen jedoch auch bei dieser Therapieform wieder die Geeignetheitskategorien, nach denen die Patienten klassifiziert werden. Die Indikation zur Gruppentherapie muß jetzt wieder bei jedem einzelnen Patienten geprüft werden. Im Ergebnis sind die Kriterien für die analytische Einzeltherapie dann kaum verschieden von denen der analytischen Gruppentherapie, so daß die Behandlungschance für die Patienten, für die die Einzeltherapie nicht indiziert war, ebenfalls reduziert oder wieder zurückgenommen wird. Der Patient trägt allein die Last dieser Klassifizierung.

Die Tendenz, wonach für Fokaltherapien wie Gruppentherapien gleichermaßen ein hoher Ausbildungsstandard notwendig ist, bringt daher für die sonst unbehandelbaren Patienten kaum mehr Behandlungsplätze und kaum neue Möglichkeiten zu einer therapeutischen Beziehung. Hohe Standards psychotherapeutischer Verfahren fordern einseitig entwickelte Ich-Fähigkeiten der Therapeuten und verlangen vergleichbare Ich-Fähigkeiten auf seiten des Patienten, die zu erwerben er gerade in die Therapie kommt. So gesehen ist bei den Gruppentherapien lediglich eine höhere Patientenziffer bemerkenswert. Bei dem Mangel an ausgebildeten Therapeuten war dies für eine lange Zeit eine beträchtliche Schuldentlastung - und im Nebeneffekt, der freilich nicht als gering zu veranschlagen ist, eine Abwechslung für die Praxis, die dadurch variabler und dynamischer wurde.

Die Vorzüge der Fokal-, Kurz- und Gruppentherapien werden begrenzt durch die Verluste, die bei allen abkürzenden Verfahren unvermeidlich sind. Um sich entfalten zu können, braucht jeder Patient eine Beziehung, die sich erst im Laufe einer gewissen Zeit realisieren kann, nach einem Zeitraum, der eine Untergrenze, so verschieden sie im Einzelfall sein mag, nicht unterschreiten darf. Jeder Therapiegewinn hängt davon ab, ob eine solche innere Dauer entsteht, ob Patient wie Therapeut für eine Zeitlang einander zugehören. Es können tägliche therapeutische Kontakte ebenso notwendig sein, wie halbjährliche ausreichen können.

Kinder und Eltern haben lange miteinander gelebt. Die Zeitraffung in der Kurzbeziehung hat nicht die Kraft, gegen sie anzukommen, sie aufzuwiegen.

•

Zweifellos ist es eine Erleichterung für die Praxis, wenn Patienten, die schwer eine Behandlung finden, also solche, die als „schwer behandelbar" gelten, überhaupt Hilfe erlangen. Ihnen stand bislang nur der Weg in die Psychiatrie offen. Sie können jetzt zur stationären Psychotherapie überwiesen werden. Weil in diesen Kliniken eine neue Art von Psychotherapie entstanden ist und ausgeübt wird, besteht die Hoffnung, daß diese Patienten nicht nur an eine medizinische Institution zurückzugeben werden, sondern daß ihnen wirklich geholfen und der aufreibende Gang von Arzt zu Arzt beendet wird. Tatsächlich finden sich dort die klassischen Verfahren wieder: Einzeltherapien, Gruppentherapien, Gestaltungstherapien, erweitert durch einen therapeutischen Rahmen, den die ambulante Praxis nicht bieten kann. Stationäre Psychotherapie kann als eine Einrichtung, als ein heilklimatischer Ort gelten, wo ständig ein Therapeut zur Verfügung steht und die Versorgung der Patienten rund um die Uhr gewährleistet ist.

Auch im klinischen Raum, in der Polypragmasie von Warmbaden, Massagen, Entwöhnung von Psychopharmaka, Basteln und Gestalten muß der Psychotherapie ein so hoher Stellenwert eingeräumt werden, daß die Patienten einen ausgesprochenen wie auch einen inneren Dialog mit einem einzigen Therapeuten führen und aufrechterhalten können. Mit der raschen Einteilung der Patienten in Gruppen, die oft weniger als 6 Wochen zusammenbleiben, mit

Versorgung durch Verteilung kann dieser Anspruch selten erfüllt werden. Die kärglichen Einzeltherapien, die oft nach einer Anamneseerhebung durch die Teamschwester wieder mit der typischen Frage eingeleitet werden: „Bitte sagen Sie mir *kurz,* was Sie *alles* drückt?", sind kaum als Therapie zu bezeichnen, sind eher Besprechungen, in den therapeutischen Raum verlegte Visitengespräche, bemühte Unterhaltungen, therapeutische Vorgespräche, denen oft – während des Zeitraums zwischen Anreise, Diagnose, Einleben, Evaluierung und Abreise – keine Therapie folgte.

Bei den neuen Tendenzen zur Gruppentherapie in der Klinik fällt auf, daß schwere psychische Störungen, depressive Erkrankungen und ausgeprägte Zwänge immer seltener psychotherapeutisch behandelt werden. Therapeuten haben diese Patienten in die Klinik gegeben, die Therapeuten dort haben sich der schweren Leiden nicht angenommen. Der Weg in die Klinik hat die Hoffnungen nicht erfüllt. Der Leidensdruck läßt sich nicht anderen Therapeuten auferlegen, deren persönliche und berufliche Grenzen nicht berücksichtigt wurden und denen das klinische Setting nicht immer einen Teil der Therapie abnimmt.

Die typische klinische Gesprächsgruppe wird von Patienten als Ort sozialer Behauptung verwendet. Dort ist ihnen jedoch zugleich das heilsame Element der Regression entzogen. Allein im Kurangebot wird Regression gewährt, aber nicht therapeutisch genutzt. Es bleibt die Trennung von Realität und Regression bestehen, die der Patient in seiner alltäglichen Umwelt gewohnt ist. Seine Bedürftigkeit als Patient findet keinen Halt. Im Gegensatz zur Einzeltherapie hat er in der klinischen Gruppe kaum die Gelegenheit, sich ohne oder mit weniger Angst dem Therapeuten anzuvertrauen und innere Schutzlosigkeit zuzulassen. Die Aufgabe der Gruppentherapeuten wäre es eigentlich, den einzelnen Patienten in der Gruppe regredieren zu lassen und ihn je nach individuellem Vermögen in den Zustand erhöhter Sensibilität – mit freigesetzter Triebenergie und Wiederbelebung kindlicher Wünsche – zu begleiten. Stattdessen drängen die Therapeuten den Leidensdruck der Patienten zurück, um nicht von dessen Last und dem dadurch verstärkten eigenen Leidensdruck erdrückt zu werden. Der Ausweg mit dem Kunstgriff, den einzelnen in eine Gruppe zu integrieren, die dann vom Therapeuten als Einheit überblickt und als ganze therapiert wird, stößt an Grenzen: Eine sorgfältige Auswahl der Patienten ist nötig, damit die Spannungen und Unverträglichkeiten so ausgewogen sind, daß auch jedes Mitglied von dieser Verwandlung zur Gruppe profitieren kann. Die andere Hoffnung, die Gruppe aus sich selbst könne, wenn sie nur willens sei, per Abmachung und Dekret verfügen: „Wir alle nehmen unsere guten und hilfreichen Anteile heraus, verwenden nur sie, lassen nur die jeweils heilenden Kräfte des einen für den anderen wirken", erscheint nur in Ansätzen realisierbar. Guter Wille allein genügt nicht, er ist auch im außertherapeutischen Bereich vorhanden gewesen und hat nicht zu einer Besserung der Lebenssituation geführt.

Manche therapeutischen Kurzkontakte, sei es in der Klinik oder in der ambulanten Praxis, erzeugen den Eindruck, sie seien geradezu darauf angelegt, Beziehung zu vermeiden. Das Auge des Fachmanns ruht für einige Augenblicke auf dem Betroffenen, der Experte versteht, erklärt, gibt Anweisung – und zieht sich in die Unberührbarkeit zurück. Mit der Palette der vielfältigen

Veranstaltungen, von Eutonie, katathymem Bilderleben, konzentrativer Bewegungstherapie, Musiktherapie bis Jazzgymnastik, wird davon abgelenkt, daß viele Patienten auf der Suche waren, von einem, einem einzigen Menschen verstanden zu werden.

Der klinische Therapeut gibt den so behandelten Patienten zurück – in eine ambulante Psychotherapie.

•

Die Erweiterung der Theorie um neue Bewertungen, die sich in Diagnosen wie Narzißmus und Borderline, in Ideen wie dem Double bind und den daraus entstandenen familientherapeutischen Verfahren widerspiegeln, hat Unbehandelbarkeit im Prinzip verringert und Zwischenglieder in dem ehemals strikt zweigeteilten Neurosen-Psychosen-Bereich geschaffen. Es bietet sich nun ein psychotherapeutisches Spektrum, das das gesamte breite Feld psychischer Störungen umfaßt. Der klinische Raum hat jedoch keine eigenen therapeutischen Entwicklungen hervorgebracht, die der ständigen Anwesenheit von Patient und Therapeut am gleichen Ort zur gleichen Zeit entsprechen; Elemente aus anderen Therapiebereichen wurden übernommen, der Institution angepaßt, aber nicht den neuen Bedingungen gemäß fortentwickelt. Psychiatrien, Therapeutenmangel, schwere Forschungsdefizite, gesellschaftliche Abwertungen bestehen weiter. Die wechselseitige Erklärung zum Stellvertreter und Beauftragten, sei es von Patient zu Therapeut, sei es von Therapeuten untereinander, führt aus dem Teufelskreis der Unbehandelbarkeit nicht heraus.

Der Leidensdruck des Therapeuten ist unvermeidlich. Er markiert einen Zustand, in dem sich die unerledigten Probleme unvermindert wiederholen. Die Entwicklung, die eine Erweiterung der Behandelbarkeit bewirken sollte, stellt sich als eine Scheinbewegung heraus, in der die Probleme nicht verändert, sondern nur verschoben werden: Wer ins klinische Gruppenzeremoniell eingebunden ist, wird erneut um das Recht der Einzeltherapie kämpfen müssen. Die Methode der Gruppentherapie hat nie ausgeschlossen, daß es nicht auch eine uneingeschränkte Beziehung zwischen *einem* Patienten und *einem* Therapeuten gibt. Die Dominanz nur einer Methode, einer bestimmten Beziehungskonstellation führt zurück zur Einseitigkeit, zum Rechthabenwollen, zum Ausschließlichkeitsdenken, aus dem sich die Therapeuten befreien wollten.

Um aus diesem Ungenügen herauszukommen, bliebe nur die Möglichkeit, daß die hilfesuchenden Menschen sich mehr dem Bild eines den Therapeuten entlastenden „neuen Patienten" anpaßten. Ob Bio- oder Thanatotherapie, ob Realitäts- oder Imaginationstherapie, einem solchen beweglichen, modernen Patienten wird abverlangt, sich offen und vorurteilslos in rasch wechselnde Szenerien einzubringen, um dort Erfahrungen zu machen. Mißbrauchende und Mißbrauchte treffen sich in farbigem Durcheinander. Nur eines finden sie nicht: den festen Ort, die feste Zeit, einen festen Therapeuten. Auf dieser Reise begleitet der Patient nur sich selbst. Er ist so flexibel und mobil geworden, wie es den Anforderungen der Gesellschaft an jeden Bürger entspricht, unter diesem Aspekt befindet er sich auf der Höhe der Zeit.

Der Begriff Therapie aber schließt ideell *die Therapien* aus. Eine einzige, wenn sie ihren selbstgesteckten Anforderungen entspricht, genügt fürs Leben.

Hinweise zur Literatur

Zur Entwicklung der Kurz- und Fokaltherapien vgl. Balint, Ornstein u. Balint E (1973) *Fokaltherapie;* Beck (1974) *Die Kurzpsychotherapie;* Bellak u. Small (1972) *Kurzpsychotherapie und Notfall-Psychotherapie;* Malan (1962) *Psychoanalytische Kurztherapie* und Mann (1978) *Psychotherapie in 12 Stunden.*

Zur Entwicklung der Gruppentherapien vgl. Sager u. Singer-Kaplan (Hrsg) (1973) *Handbuch der Ehe- Familien- und Gruppen-Therapie;* Yalom (1974) *Gruppenpsychotherapie* sowie Foulkes (1974) *Gruppenanalytische Psychotherapie.*

Zur Einführung in besondere Settings vgl. Haesler (1979) *Zur Technik des Interviews bei „unergiebigen" Patienten* und Schöttler (1981) *Zur Behandlungstechnik bei psychosomatisch schwer gestörten Patienten.*

Der Wert der Wörter: Dialog und Gerede

Unmißverständlich scheint: Psychotherapie als sprechendes Verfahren betont Verbalität, die virtuelle Fähigkeit, durch Sprechen Unbewußtes auszudrücken und zu verstehen. Mag da manches an Beiwerk zu berücksichtigen sein, der Ausdruck des Verhaltens und das Averbale, so wird der Sinn fest umrissen nur dann erfahrbar, wenn er in Sprache gefaßt und in sprachlicher Form entwickelt wird. Aus der Sprachlosigkeit soll Sprache werden, genauer: aus der ungesprochenen Sprache soll Sprechen werden.

Woran aber glaubt der Patient, wenn er meint, diese Umsetzung sei heilend? Ist es die Nähe zum Therapeuten, die ihn fühlen läßt: „Dort werde ich geschützt und geachtet?" Ist es sein Denken, die ununterbrochene Selbstreflexion? Geschieht auch dort Heilung, wohin die Sprache des Therapeuten nicht gedrungen ist, und wo der Patient sich mit sich selbst in eigener Sprache verständigt? Oder sind es die unausgesprochenen Phantasien des Patienten, welche der Therapeut anspricht und umschreibt, die ohne sein Sprechen nicht korrigierbar, nicht überprüfbar, immer aber befragbar sind? Oder hilft die Begegnung mit dem Therapeuten, die Wiederholung der therapeutischen Stunde, die Arbeit, die Befriedigung, das Gefühl des Wohlbefindens, das sich langsam einstellt?

Entweder-oder-Fragen greifen zu kurz: Sprache ist nicht nur Artikulation von etwas, das ohne sie besteht, nicht nur ein Transportmittel, der Käfig für Inhalte. In ihr und durch sie entsteht der Sinn. Auch Lippensprache ist keine Form des Lügens, eher macht sie unsichtbar, vernebelt.

Sprechen ist immer Persönlichkeitsmerkmal und zugleich Ausdruck der überindividuellen Konvention der Sprache. Die Person ergänzt das Sprechen, vergrößert ihren Ausdruck; das Sprechen bezeichnet die Person, läßt sie Struktur und Raum gewinnen. Sprechen ist so wenig neutral wie ein Individuum. Deshalb erscheint mit der bedrängten Person auch ihr bedrängtes Sprechen in der Therapie: Der Patient mag sachlich und ruhig berichten, dennoch hört der Therapeut die Obertöne der Wörter: sie klagt, sie greift an, sie bittet.

Unvermeidlich treffen in jeder Therapiestunde verschiedene Sprachen aufeinander. Der Patient spricht die Privatsprache, seine Umgangssprache, die er aus der allgemeinen Sprache zu seiner persönlichen Sprache entwickelt hat; in ihr spricht sich sein Unbewußtes, das Unbewußte aus. In der Therapie wird sie noch einmal verändert, da sie sich jetzt auf den Therapeuten bezieht und von Absichten und Wünschen, Ängsten und Bedingungen des sozialen Feldes der Therapie beeinflußt wird. Ähnliches gilt für den Therapeuten. Er hat zur Ausübung seiner Therapie eine Fachsprache erworben, seine Theorie und seine

Praxiserfahrungen so zusammengebracht, daß er unabhängig vom konkreten Patienten über eine Sprache verfügt, in der er Zerstörung, Linderung und Heilung begreift. Die Fachsprache zu „vergessen", hat nur den Sinn, sie so zu entwickeln und so zu gebrauchen, daß sie für den Patienten nützlich und verständlich ist. Therapeuten, die mit Fachvokabular arbeiten, provozieren damit Mißverständnisse, benutzen es, um - durch Verschleierung - Macht auszuüben, sprechen an den Menschen vorbei und behaupten Absolutes, um ihre Therapie aufzupolieren. Überraschenderweise verwenden auch die Patienten häufig Wörter, die aus dem therapeutischen Fachvokabular und aus der Begriffswelt der Therapie stammen. Wollen sie damit Ängste abwehren, stark sein wie der Therapeut? Sie passen sich einer phantasierten Therapeutensprache an und sind enttäuscht, wenn ihr Therapeut nicht so gehoben spricht, sondern mit einfachen Wörtern auskommt. Es gibt wechselseitige Verführungen, sich durch sprachliche Nähe in Fachausdrücken darüber zu täuschen, daß eine Beziehung noch nicht besteht.

Durch Vorerfahrungen oder innerhalb der Therapie erlernen manche Patienten eine vermeintliche Therapiesprache und setzen sie in einer Weise ein, die als mißbräuchlich anzusehen ist. Der Patient imitiert den Therapeuten, spielt ihn, so daß es im Gespräch zwei Therapeuten und dann natürlich keinen Patienten mehr gibt. Das ist eine Art, sich scheinbar ordnungsgemäß mit therapeutischen Vokabeln auszudrücken und die Therapie zu umgehen. Der Therapeut könnte seinerseits humorvoll oder ironisch reagieren, den Patienten spielen, damit dieser erfährt, was er anzurichten auf dem Weg ist, aber diese Verdrehungen, dieser Mißbrauch therapeutischer Fachsprache von seiten des Patienten hat selten einen komischen oder ironischen Charakter. Vorschnelle Verbindung in sprachlichen Symbiosen verbaut die Möglichkeit, eigene und fremde Sprachgrenzen zu erkennen, zu respektieren und an ihnen zu arbeiten.

Der Therapeut wartet im Behandlungszimmer und hat sich mit seiner Sprache in ihm eingerichtet. Wird auch dem Patienten auferlegt, eine für ihn angemessene Therapiesprache zu entwickeln? Oder soll er reden, wie ihm der Schnabel gewachsen ist?

Therapeuten berichten, daß langdauernde Therapie ihr eigenes Sprechen entwickelt. Dieses neue Sprechen, das Erlernen einer gemeinsamen Sprache führt dazu, daß dem Denken neue Inhalte und Sichtweisen vermittelt werden. Wie sollte eine solche Therapiesprache aussehen?

•

Patienten überraschen mit spitzen oder stumpfen Zungen. Manche sprechen Dialekt, höchst eigenwillig verformt, andere benutzen hochgestochene Universitätssprache; einige bevorzugen modische oder altertümelnde Wendungen, wieder andere geben sich durch Slang oder Jargon als Mitglieder soziologisch definierbarer Gruppen zu erkennen. Der Therapeut wird in jedem Falle emotional reagieren, ob er will oder nicht. Er muß mit dem jeweiligen Sprachgebrauch zurechtkommen, ihn akzeptieren, ihm seinen eigenen entgegensetzen.

Er hört die Muttersprachen der Patienten, die ihm fern oder nah sind, infantile Sprachen, die ihn anlocken oder abstoßen. Dagegen verfügt er, aufgrund kultureller Prägung und professioneller Erziehung, in der Regel über eine Hochsprache, die wenig gefärbt ist und die bewußt grobe Abweichungen von der konventionellen Sprache vermeidet. Von dieser Sprache des Therapeuten aus werden Unterschiede und Abweichungen erkannt und als mehr oder weniger befremdlich empfunden. Der Therapeut wird das Bedürfnis spüren, den Ausdruck des Patienten seinem Sprachniveau anzugleichen, um das Vorgebrachte ernstnehmen und seinen Sinn erkennen zu können. Fremde Sprache vermindert die Verstehensmöglichkeiten des Therapeuten. Sie kann zum ernsten Therapiehindernis werden.

Wie soll der Therapeut den Patienten begreifen, wenn ihm der Tod eines Kindes als „Problemchen" dargestellt wird? Wie, wenn der Patient lieber mit einem „duften Typ" Therapie machen will? Ist der Therapeut voll dabei, wenn sich jemand bei ihm „ausquatschen" will? Ist er therapiebereit für einen Patienten, der sagt, „Die Pumpe funktioniert nicht", und auch für den, der erklärt, er müsse einmal „total auseinandergenommen und wieder richtig zusammengesetzt" werden? Nicht selten wird zu Beginn verlangt: „Man müßte mir einmal richtig in den Arsch treten, dann spure ich wieder". Ein anderer hat es mit dem „Bumsen", ein Dritter fragt an, ob er „die Sau rauslassen" darf.

Soll der Therapeut nun vom Bumsen und den Säuen reden, vom Geschlechtsverkehr und dem inneren Schweinehund oder von Liebe und dem Wunsch des Patienten, sich als „negatives Selbst" darzustellen?

Arsch oder Gesäß - führt die Verwandlung in Po zu Kindlichkeit, zu Prügelstrafe oder zu Erotik? Ein Therapeut wird dem Bumser von Liebe sprechen, ein anderer dem Pedanten vom Bumsen - und zwischen Bumsen und Liebe gibt es viele Arten der Vögelei.

•

Sprechen ist ein seelen- und körpernaher Ausdruck. Welches Sprechen von Patienten hält der Therapeut aus, ohne daß sein Bemühen um Verstehen erheblich gestört wird? Seine Bereitschaft und Geübtheit, Fremdes und Unverstandenes abzutasten, über den Wortlaut hinweg in die Bedeutung hineinzuhören, erstreckt sich auch auf die Wortwahl des Sprechenden. Dann kann der Therapeut die Problemchen als Probleme erkennen und gelassen bleiben. Im Wahrnehmen und Aushalten der Differenz zur eigenen Sprache gewinnt der Therapeut seine Freiheit wieder, die durch die anfängliche Ablehnung verloren war.

Oft kann der Therapeut jedoch bei aller rationalen Disziplin seine emotionale Ruhe nicht bewahren, weil in seine Intimität grob, mißtönend und falsch eingegriffen wurde. Seine Sprache, die von der Kindheit an bis zu diesem Augenblick eine Geschichte hat und ein Sprachkleid darstellt, das ihn umfaßt, kann nicht beliebig abgelegt werden. Und so wird es unvermeidlich, daß Widerwillen und allergische Reaktionen über den geistigen Zusammenhang hinausgehen und nach langem unbewußtem Weg körperlich sichtbar werden.

Eine Möglichkeit, sprachliche Blockierungen zu überwinden, bestünde darin, den eigenen Sprachstil aufzugeben und die Sprache des Patienten zu sprechen. Man begründet diesen Vorschlag damit, es komme darauf an, den Patienten anzunehmen, durch Übernahme seiner Wörter leichter Vertrauen zu erwecken und sich besser in ihn einfühlen zu können. Es wirkt indes grotesk, wenn ein Therapeut sagt: „Sind sie heute gut drauf?" Dieses Beispiel macht sofort deutlich, daß solche Imitation keine Echtheit erzeugen kann. Der Patient durchschaut sie leicht als Anbiederung und Mißachtung seiner Person. Wer dieses Vorgehen empfiehlt, unterstellt zugleich, daß der Patient, dessen Sprache man sprechen müsse, ein gefährlicher Mensch sei, dem sich der Therapeut nur mit Demut und Selbstaufgabe nähern kann.

Einem anderen Vorschlag zufolge soll der Patient dazu gebracht werden, den Sprechstil des Therapeuten anzunehmen. Die zugehörigen Begründungen lauten: Der Therapeut solle nicht im Jargon befangen bleiben, und es sei eine erzieherische, entwicklungsfördernde Maßnahme, den Stil des Patienten anzuheben, auf Therapiehöhe zu bringen – eine Akkulturation an den Therapeuten. Beispielsweise kann der Patient darauf hingewiesen werden, nicht von seinem „Fahrgestell" zu sprechen, da dies der leib-seelischen Einheit des Menschen zuwider laufe. Der Therapeut kann in abgemilderter Form von Extremitäten sprechen oder direkt von den Beinen und dies solange, bis es dem Patienten auffällt und er sich, wenn er den Therapeuten mag, auf ihn einstellt. Zweifellos entspricht eine differenziertere, den Leib-Seele-Zusammenhang zugrundelegende Ausdrucksweise einem höheren Kulturniveau, und eine solche Spracherziehung könnte dem Patienten nicht schaden. Aber ist dies das Ziel, weswegen der Patient kommt?

Die in ihrer Bedingtheit nicht erkannte Absicht, den Patienten zur Angleichung an die eigenen sprachlichen Konventionen zu bewegen, verkennt den Zweck der Therapie. Wer die Kindheitssprache des Patienten abschneidet, für ungültig erklärt, nimmt sich als Therapeut jede Möglichkeit, sie zu erkennen und zu verstehen. Damit Sprechen bis zur frühen Sprache des Patienten führt, muß jede aufgezwungene Kunstsprache vermieden werden.

Der Patient spricht vom Unterhalten, der Therapeut vom Sprechen. Wenn sich beide suchen, werden sie Zwischenformulierungen entwickeln und probieren. Nach einiger Zeit sprechen sie vielleicht von „Probleme ansehen". Dies ist eine Kompromißformel, die, solange sie beweglich bleibt, nützlich ist, wenn sie erstarrt, jedoch zum Therapiejargon wird.

Deutlich zeigt sich die schöpferische Sprachkraft der Dyade, wenn in längerdauernden Therapien Wörter auftauchen, deren Bedeutung keine anderen verstehen als dieser Patient und dieser Therapeut, die somit neue Bedeutungen schaffen.

Intensive Therapien haben eigene Begriffe herausgebildet, die Patient und Therapeut durchaus wie eine Geheimsprache verwenden. Da gibt es die Plastiktüte, die einmal real, für den Fall des Erbrechens, zur Verfügung stand und zu einem Symbol von Sicherheitssystemen wurde, in das Menschen und Situationen eingeschlossen sind. Es kam der unsichtbare, vielseitig verwendbare Papierkorb ins Spiel, in den der Patient die zum papierenen Ratschlag verwandelten Deutungen des Therapeuten – eher beiläufig – hineinfallen ließ, sobald er die Tür des Sprechzimmers hinter sich schloß. Das Fettnäpfchen, das Höhlenauge, die Schublade, das Fallschirmspringen, der Teufelskreis sind als bewegte Gestalten, Objekte, Vorgänge und Abstrakta geeignet, zentrale Themen zu benennen, die in der Therapie als gemeinsame Kürzel entstehen. Sie können dabei einen Bedeutungswandel erfahren bis hin zur Umkehrung des lexikalischen

Sinngehalts. Auch Sätze können in entsprechender Weise verändert werden: „Mir macht niemand Geschenke", „Ich komme nicht über die Grenze". Bald treten an ihre Stelle die Wörter Geschenke und Grenze, deren Sinn von keinem Protokoll erfaßt wird und von keinem Dritten zu erkennen ist.

Solche Wörter enthalten verborgene Szenen, die zu entdecken sind. Als Symbole für psychische Szenen oder biographisch sinnvolle Zusammenhänge können sie in ihrer äußersten sprachlichen Verkürzung bereits als Phantasien angesprochen werden. Isoliert betrachtet haben diese Wörter wenig Sinngehalt, sie bedeuten nichts ohne ihr Beziehungsfeld, in dem sie entstanden sind. Sie haben an lexikalischer Bedeutung verloren, aber persönliche Mitteilungskraft hinzugewonnen. In ihnen sind mehrschichtig rätselhafte, paradoxe Bedeutungen gespeichert, die im einzelnen zu entziffern sind. Zwischen Patient und Therapeut herrscht Übereinstimmung darüber, daß sie wichtig sind, daß sie mit Sinn angereichert werden und daß Sinn von ihnen abstrahlt.

Das Entstehen einer Therapiesprache, die über Wörter und Sätze mit spezifischem Sinngehalt hinausgeht und in der Sätze, Sequenzen, Passagen, Sprechstile entwickelt werden, ist ein Zeichen für eine geglückte Beziehung, für einen Zuwachs an Sprache, welche die Unverständlichkeit, Peinlichkeit des Fremden in den je eigenen Sprachen partiell überwindet. Wer mit seinem Problemchen kam und seine panische Angst, die Kiste aufzumachen, entdeckte, wird kaum noch vom Problemchen sprechen. Auf diesem Weg ist auch das Unausgesprochene und zunächst Unaussprechbare in Sprache und damit in Beziehung gesetzt worden. Das verborgene Leiden hat einen sprachlichen Ausdruck gefunden.

Mit dem Bedeutungswandel von Wörtern wurde auch ein anderes Therapiehindernis überwunden: Als gemeinsames Produkt der Therapie, als Ergebnis der Bemühungen um Sinn in der Therapie hat die Sprache die Selbstentwertung verlassen, die so oft Kennzeichen des bedrückten, hilflosen, übermäßig angespannten Patienten ist. Ein altes, überlebtes Vokabular wird aufgegeben.

Bis sich die Therapie soweit entwickelt hat, sind sprachliche Umwege zuweilen nötig. Den Patienten kränkt es, wenn der Therapeut „das Bumsen" wörtlich wiederholt, weil er die implizite Abwertung nicht noch einmal vom Therapeuten bestätigt haben möchte, sich aber auch nicht verstanden fühlt, wenn der Therapeut von „Ihre Liebesbeziehung" spricht. Das Minimum an Verständigung kann aber erreicht sein, wenn der Therapeut formuliert: „Was Sie jetzt einmal ‚bumsen' genannt haben ...". Diese Formulierung schließt Vorläufigkeit, Respekt und Suche nach dem Sinn ein, den der Patient ausdrücken will, und signalisiert die Bereitschaft des Therapeuten, sich auf die Arbeit an der Verständigung einzulassen.

•

Das individuelle Sprechen des Patienten hat einen Zusammenhang mit der Sprache seiner Gruppe und Kultur, in der sich Lebenssichten ausdrücken. Selbst kurze verbale Erscheinungen stehen für komplexe Wertsysteme, deren Ausdruck sie sind. Mit den Wörtern des Patienten kommt daher eine Metaphorik in die Therapie, die sie belastet, wenn sie auf eine Metaphorik des Therapeuten trifft, die mit ihr unvereinbar ist. Es sieht so leicht aus: Jeder Arzt weiß, was gemeint ist, wenn der Patient von der Pumpe spricht. Mancher findet es haarspalterisch übertrieben, auf solche Unterschiede zu achten. In der scheinbar harmlosen Differenz zwischen Wörtern, die beide unzweifelhaft dasselbe Organ bezeichnen, liegt der Unterschied zwischen Bewertungen, die Anspruch auf weitreichende Geltung erheben. Der Verweis auf einen verschiedenen und wechselseitig nicht verstandenen Sinn kann unbewußt einen Kampf der Wörter entfesseln, dem beide, Patient und Therapeut, erliegen.

Unbeabsichtigt werden Haltungen in die Therapie gebracht, die nicht als Formel präsentiert werden, dennoch tragende Vorstellungen sind, und die erst erkennbar werden, wenn sie sich wiederholt in ihren verschiedenartigen Aspekten zeigen. Wen die Vorstellung verpflichtet, sich selber finden zu sollen, geht davon aus, daß es dieses Selbst bereits gibt; vielleicht hat man es nur verloren oder nie richtig besessen. Es besteht ein gutes Etwas, das es wiederzufinden gilt. Ein Patient, der diese Vorstellung hat, verlangt vom Therapeuten, ihn auf der Suche zu begleiten. Wer mit dem Wunsch kommt, Beziehungen zu klären, tut das aus der Überzeugung, sein Leben bewege sich diffus zwischen Trübem und Klarem, und er äußert das eindeutige Bedürfnis, sich gemeinsam um Klärung zu bemühen. Wer glaubt, im Leben nicht weiterzukommen, sich zurückgeblieben fühlt, will Entwicklungen, Fortschritt. Er lebt in der Vorstellung, er müsse als biologisches Wesen stetig wachsen und reifen. Ihm stellt sich keine weitere Frage: wachsen wozu, wohin? Wer in sich einen Motor trägt, wer einmal richtig abschalten möchte, wird seine Schwierigkeiten in Begriffen der Reparatur vorbringen. Wer sich der Metapher Sport verschrieben hat, wird einen Therapeuten suchen, der ihm die Angst abtrainiert. Manch einer sucht eine Klagemauer, ein anderer einen Begleiter im Martyrium.

Was dem therapeutischen Sprachgefühl als falsche Benennung erscheint, ist hintergründig der wahre Ausdruck, mit dem der Patient sein Leiden beschreibt. Ob er Schmerz, Unlust, Bedrückung, Störung oder Symptom sagt, immer zeigt er sich selbst, nicht nur beliebige Wörter, die er unpersönlich verwendet und austauschen kann. Der Patient, der von der „Schlafstörung" spricht, ist ein anderer als der Patient, der sagt: „Ich schlafe sehr schlecht". Der Therapeut, der von Schwierigkeiten spricht, deutet eine unklare Bewertung von Ereignissen an, die er durch die Benennung des sozialen Orts ihres Auftretens zu fassen versucht: berufliche Schwierigkeiten, familiäre Schwierigkeiten, Schwierigkeiten überhaupt, die er dann als „Lebensschwierigkeiten" festzumachen sucht. Wer sich für Krankheit, Diagnose, Maßnahme entscheidet, ob Patient oder Therapeut, hat seine geheimen Orientierungen und Bewertungen preisgegeben. Wem klingt richtiger: „Ich bin krank" oder „Ich fühle mich krank"? Alle sprachlichen Bildungen erhellen deutlich das Bedeutungsumfeld, in welchem der Patient lebt. Je länger er sich ihrer bedient hat, um so mehr prägen sie ihn. Ausgeprägt kommen sie in die Therapie.

In diesen Äußerungen bietet sich der Patient an, wie er denkt, Menschen sieht, was ihn interessiert, was er meidet. Er erwartet, daß der Therapeut die ihm gewohnte Weltsicht teilt. Sind beide, Patient und Therapeut gleichgesinnt, so tritt in der Sprache kein Hindernis auf. Wie aber, wenn die Überzeugungen kontrovers sind? Viele Therapien gelingen nicht, wenn die Gegensätze in der

Sprache zwischen Patient und Therapeut zu groß sind, unerkannt und, geheimer Absicht gemäß, bestehen bleiben sollen. Die großen Unverträglichkeiten führen im Beginn der Therapie dazu, daß die Trennung nicht überwunden wird und vom Patienten auch kein Versuch zu ihrer Überwindung ausgeht. Wer Erlösung sucht, wird den Zweifel scheuen. Wer der Erstarrung entkommen will, wird den Zweifel begrüßen. Wer auf Sieg ausgerichtet ist, braucht keinen Seelenheiler. Wer sich auf die Kalium-Natrium-Balance festgelegt hat, muß sich den Spezialisten dieses Quotienten suchen - und er wird ihn finden. Nicht die großen grundsätzlichen Trennungen beherrschen daher die Praxis. Es sind die Feinbenennungen, die unbemerkt bleiben und dennoch ihre Wirkung entfalten: Ist es derselbe Sinn, wenn ein Patient erklärt, er gehe in Therapie, ein anderer, er unterziehe sich einer Therapie, er führe Therapie durch, er absolviere Therapie, er ließe sich therapieren, gar: er wolle Therapie mitnehmen, jetzt, da sie auf Kasse erhältlich sei? Von der Schule, von schmerzlicher Pflichterfüllung, vom Konsumwunsch wird hier gesprochen - diese Wendungen sind harte Prägungen und wollen die Therapie beherrschen. Der Therapeut wird von Anfang an versuchen, in den Grundbegriffen des Sprechens vorübergehende Einigung, wechselseitiges Anerkennen, Gemeinsames zu erzielen, oder er wird, wenn dies nicht möglich ist, mit dem Arbeitsbündnis, der Erklärung zum formellen Beginn der Therapie warten. Fahrlässig ist, wer seine sprachlichen Beobachtungen und seine therapeutischen Ahnungen selbst nicht ernstnimmt, sein ungutes Gefühl unbeachtet läßt und mit einem falschen guten Gefühl arbeitet.

•

Sprechen ist nicht für jeden Patienten der Raum, in dem er sich vertrauensvoll und sicher bewegen kann und von dem er für sich Heilung erwartet. So sehr er auch wünschen möchte und hofft, Sprache sei frei, unbeschädigtes Mittel und Medium, so sehr hat der Patient jedoch unvermeidlich seine Sprachgeschichte und sein Sprachschicksal. Für viele Kinder ist die Sprache der Erwachsenen unerbittliche Machtausübung gewesen. Sprache galt für die Auseinandersetzung, für das Versagen von Wünschen, für das Teilen und Abzählen, nicht für Verbindendes und Spielen. Diese Einschätzung der Sprache wurde übernommen und jetzt so verwendet, wie es früher der Angreifer tat. Lebenslang wurde der täuschende Ausweg geübt, Sprache als Machtausübung, die anschließend zurückgenommen zu werden scheint: „Ich habe das doch nur so gesagt". Wenn der Patient annehmen muß, der Therapeut spreche wie er, auch „nur so", in welcher Sprache soll der Therapeut dann sprechen? Der Patient muß vermuten, alles Bedeutende sei vor, hinter und außerhalb dieser Sprache zu finden.

Andere Patienten haben sich aus der Sprache zurückgezogen. Sie erkennen noch, daß der Therapeut sich Mühe gibt, sich ihrer annimmt, aber sie verstehen nicht, wieso, glauben nicht an Hilfe, erwarten einen Trick, einen massiven Hinterhalt. Die Vorstellung, der Therapeut tue dies alles nur für Geld, läßt die Unfähigkeit erkennen, über die Sprache eine Beziehung zu gewinnen. Alles ist abgegolten, wenn die Kasse gezahlt hat. Die Einfühlung in den Therapeuten gelingt nicht. Der Patient bleibt blind und unberührt.

Der Therapeut wird seine eigene Metaphorik überblicken und ihre Toleranzgrenzen kennen. Aus Belastung und Wiederholung kann er ungewollt in ein Schema geraten, in dem seine beweglichen Bilder erstarrt sind. Es entsteht ein abstrakter, inhaltsleerer Therapeutenjargon, in dem jedes Ereignis besprochen, jeder Beziehungsaspekt gesehen, über jeden Lebensvorgang Konfliktbewußtsein geschaffen werden muß. Oft hilft der Rückzug zu den alltäglichen Ereignissen: „Was war? Was gibt es heute? Wie sieht das aus?"

Hinweise zur Literatur

Der sprachliche Ausdruck der Therapeut-Patient-Beziehung mit ihren Disharmonien und Anpassungen wird in der Literatur nicht explizit abgehandelt; Interesse findet hingegen eine wissenschaftliche Auseinandersetzung über die Metapsychologie der Sprache in der Psychoanalyse: Jappe (1971) *Über Wort und Sprache in der Psychoanalyse.* - Goeppert u. Goeppert (1973) *Sprache und Psychoanalyse.* - Pörksen (1973) *Zur Terminologie der Psychoanalyse.* - Schafer (1982) *Eine neue Sprache für die Psychoanalyse.*

Eine kritische Betrachtung der Entwicklung der Grundbedeutungen der psychoanalytischen Sprache, ihrer Begriffe, Metaphern und kulturellen Bewertungen, dargestellt an der englischen Übersetzung von Freuds *Gesammelten Werken* findet sich bei Bettelheim (1983) *Freud and man's soul.*

Gestörte Therapien: Berichte von Patienten

Patienten schreiben über ihre Therapien: in Tagebüchern, Illustrierten, Patientenzeitschriften und Büchern. Sie bekunden ihr Erleben in aktuellen Berichten wie in allen Gattungen der Literatur. Klage und Anklage führen zu der Wertung, die Therapie habe ihr Leiden vermehrt, nicht verringert. Die Therapie habe ihnen geschadet. Der Ausdruck des Mißbefindens ist offensichtlich. Die Patienten fühlen sich mit Leiden beschwert. Sie äußern den Verdacht, es sei ihnen aufgedrängt worden. Leiden ist nicht zu widerlegen.

•

Welches verdeckt mitgebrachte Leiden trat *in* der Therapie zutage, und wann litt der Patient *an* der Therapie? In jeder Behandlung wird der Patient Abschied von nicht realisierbaren Hoffnungen nehmen müssen, bei deren Vergegenwärtigung neues Leid auftaucht. Schmerz, der über lange Lebensstrecken verdeckt war, wird wiederbelebt und ausgedrückt. In Therapien werden verdrängte, unbewußt gewordene Affektbereiche ans Licht gebracht, damit aus ihnen neue Einstellungen möglich werden. Das Hervortreten von Leid und Schmerz in der Therapie ist ein notwendiges, genuines Ereignis. Dieses neue Leid in der Therapie kann so mißdeutet werden, als sei es ein Fehler der Therapie, ein Versagen des Therapeuten, der nicht Leid, sondern Wohlbefinden schaffen soll. Der Patient fühlt sich alleingelassen, einem grausamen, schmerzerzeugenden Therapeuten ausgeliefert. Die lindernde Einbindung des Schmerzes in die therapeutische Beziehung scheint verloren zu sein.

Die Berichte kreisen um einen einzigen Topos: „Ich habe mich in meiner Therapie nicht verstanden gefühlt". Gemeinsam ist den Darstellungen, der Therapeut habe die Beschwerden nicht wahrgenommen, fehlinterpretiert oder habe Zielsetzungen verfolgt, die dem Leiden des Patienten nicht angemessen waren und es daher eher verstärkten. Der Therapeut sei an ihrem Eigentlichen und Wirklichen vorbeigegangen. Auch Berichte von Therapeuten über mißglückte Therapien münden in sehr ähnliche Vorstellungen: Der Patient habe das Angebot des Therapeuten nicht aufnehmen können, er habe es mißverstanden oder mißbraucht, der Therapeut habe sich gequält und nicht verstanden gefühlt. Immer wird eine klare Schuldzuweisung gegeben, einmal dem Patienten, einmal dem Therapeuten. Wenn so Fehler und Schuld die Darstellung beherrschen, bedeutet dies sicher, daß die therapeutische Beziehung zerfiel. In allen literarischen Formen drängt sich isolierte Parteinahme in den Vordergrund, die dem anderen keine Ausdrucksmöglichkeit gibt. Was dem Therapeuten eine angemessene Belastung in der Therapie erschien, wurde vom Patient als Kränkung und Unverstandensein erlebt.

Wer dramatisch aufzeigt, er habe sich in der Therapie nicht verstanden gefühlt, stellt damit klar heraus, daß Verstehen seine Heilung bedeutet hätte. Selbst im Mißlingen taucht die schmerzhafte Gewißheit auf, das Richtige geahnt und versäumt zu haben. Die Verlassenheit trifft den Patienten in seinem Erleben um so schlimmer, weil er die Therapie als einen Ort der Nähe und Gemeinsamkeit angesehen hat. Nach seinem Verständnis hat er sich in der Therapie geöffnet, gezeigt, sich in neue Beziehungsmöglichkeiten gewagt - aber der Therapeut sei zurückgeblieben, habe nichts weitergeführt, die Sehnsüchte nicht gestillt.

Der Patient mag mit der Phantasie begonnen haben, die Therapie befriedige ihn, sei eine Brust. Warum ist diese Phantasie in der Therapie nicht aufgefunden und besprochen worden? Hat der Therapeut sich nur in der Mutterrolle gefallen und immer wieder vorgegeben, er sei die Brust? Kann die Gier des Patienten nach diesem Gestilltwerden durch das Verstehen überhaupt aufgelöst werden, wenn Sprechen in der helfenden Beziehung nur verinnerlichtes, reflektiertes, geistiges Stillen ist? Warum beharrte der Patient auf seiner realen Forderung an den Therapeuten, warum unterließ er den Schritt, sich auf die übertragene Bedeutung einzulassen?

In vielen dargestellten Therapien gab es Verstehen, aber der Patient erklärte nachträglich, dieses Verstehen habe für ihn nicht ausgereicht. Er hätte mehr oder ein anderes Verstehen gebraucht, damit es zu seiner Heilung geführt hätte. Welche Kräfte fehlten dem Therapeuten?

Aus Berichten von Therapeuten ist bekannt, daß sie bereits in der Therapie spürten, von ihnen würde eine weitere Anstrengung über ihr gegenwärtiges Bemühen hinaus verlangt werden. Sie haben den Eindruck, der Patient verließe die Verstehensebene und hielte an einem starren Wunschdenken fest, in welchem nur eine ganz bestimmte Form der Liebe Platz hätte - und über die der Patient allein bestimmen wollte. Wurde der Patient in der Ausgestaltung dieser seiner Phantasie enttäuscht, traten aggressive und zerstörerische Kräfte auf den Plan. Dem Kampf um die erstarrte Einzigartigkeit der Phantasie des Patienten fällt das Verstehen notwendig zum Opfer. Im Bericht weist der Patient darauf hin, er habe dem Therapeuten Liebe angeboten, welche dieser nicht nur nicht spontan erwidert, sondern absichtlich zurückgewiesen und damit die Therapie zerstört habe. Diese Patienten sehen nicht, wie sie die von ihnen eingebrachte Kampfszene nur zu einer Liebesszene oder zu einer Haßszene geformt haben. Davor müssen alle Verstehensangebote unzureichend erscheinen.

Aus den Texten scheint hervorzugehen, daß der Therapeut nicht fähig war, dem Ansinnen des Patienten standzuhalten und weiter über seine Form und über andere Formen der Liebe zu sprechen, er sich eher bedroht fühlte und zu seinem Selbstschutz Abgrenzungen, Schweigen, Deutungen der Biographie ohne Eingehen auf die Beziehung verwendete. Beharrte der Therapeut auf seinem isolierten Deutungsstil, wurde dies vom Patienten sehr deutlich wahrgenommen und verstärkte dann zu recht sein Gefühl: „Mein Therapeut versteht mich nicht“.

Therapie findet ihre Grenze, wo tragende Phantasien des Patienten nicht erkannt werden und dadurch unvermindert ihre Wirksamkeit behalten. Die

Tragik des Mißlingens entsteht dadurch, daß beide überzeugt sind, *in* der Therapie zu sein: der Patient, indem er seine Phantasie preisgegeben hat, der Therapeut, indem er richtig gedeutet hat. Sie wissen beide nicht um die Unvollständigkeit ihrer Annahmen. Der Patient meint, er habe alles gesagt, der Therapeut, er habe alles gedeutet. In dem was fehlt, haben Vorwürfe immer Platz, sich anzusiedeln, behaupten sie sich und behalten recht.

Aus allen Berichten wird der lesende Therapeut angeregt und verführt zu glauben, seine Kraft des Verstehens, seine beweglicheren und zutreffenderen Phantasien hätten dieses Mißverstehen aufheben können. Offenbar bedrängen bei solcher Lektüre den Therapeuten stereotype Vorstellungen, *er* wäre beruflich kompetenter und besser gewesen. Mit der Abwertung des anderen Therapeuten erhöht sich die phantasierte eigene Kraft. Diese Rechnung wird jedoch ohne den realen Patienten gemacht: Kein Therapeut weiß, wie er in *dieser* Beziehung bestanden hätte. Sein Denken unterliegt, weil es sich nur in ihm und nicht auch in einem anderen bewegt, der Kraft seiner Wünsche.

Ähnliches gilt vom Patienten: Er phantasiert einen anderen Therapeuten. Wird dieser Therapeut den Patienten unausweichlich in die Wiederholung seiner einzigen Rettungsphantasie und damit in ihr zweites Scheitern führen, oder konnte die erste Therapie soweit vorankommen, daß jetzt eine neue, zweite Gestalt der Beziehung erlebt werden kann?

Wäre diese Frage in der ersten Therapie lebendig geworden und oft genug in den Brennpunkt des Sprechens gerückt worden, hätten Patient und Therapeut füreinander ausreichen und sich in dieser Beziehung weiter entwickeln können.

•

Therapien werden abgebrochen, aufgegeben, gehen nicht weiter; man bezeichnet sie häufig als gescheitert. Sie werden gemessen an Therapien, die aufhören, auslaufen, beendet wurden – und die damit als erfolgreich angesehen, auf der Habenseite verbucht werden.

Wer entscheidet über den Erfolg? Gegenüber welchem Erfolg wird das Scheitern als solches festgestellt? An den Kriterien des Erfolges, so scheint es, müssen die des Nichterfolgs zu bestimmen sein. In einem solchen Begriffspaar ist jedoch ein wesentliches Moment der Therapie ausgeschlossen: Ungeachtet ihres äußeren Endes, ob abgebrochen oder beendet, hat Therapie eine Wirkung entfaltet, die über die Form der Beendigung hinausreicht. Die große Klageschrift gegen die Therapie wäre ohne die Beziehung in der Therapie nie entstanden. Das unerlöste Leiden, das in der Klageschrift lebt, hat seinen Triumph auch in der Veröffentlichung: „Ihnen allen habe ich es gezeigt". Es bleibt offen, ob das Ausplaudern, die Preisgabe und die geglückte künstlerische Gestaltung nur die laut behauptete Trennung von den Eltern ist oder ob darin eine längst notwendige Befreiung tatsächlich erreicht wurde. Die Berichte weisen eher auf die Abhängigkeiten hin, die unbefriedigten und drängenden Bedürfnisse. Unter ihrer Herrschaft ist eher zu befürchten, daß sich unglückliche therapeutische Situationen wiederholen. Nicht der Abbruch ist das Scheitern, eher, wenn in der Wiederholung, die nach außen hin geglückt erscheinen mag, nichts Neues, Überraschendes, Weiterführendes gefunden wird.

Zu vermuten ist, daß nicht der individuelle Spielraum des zweiten Therapeuten über das Gelingen der Therapie entscheidet. Seine professionelle Prägung nämlich legt ihm Eingrenzungen seiner persönlichen und andersgerichteten Phantasien auf, so daß er im realen Berufsfeld sich mit diesem Patienten in ähnlicher Weise verhakt und die Verstehensbemühung nicht durchhält, bis sie die Phantasien des Patienten erreicht und bewegungsfähig gemacht hat.

•

Therapie ist Sprechen, Rede. Patienten und Therapeuten, die schreiben, schreiben gegen den Zerfall der Rede. Sie wollen, was zerfließt, bewahren, aufheben. Das reine Sprechen zwischen Zweien soll erhalten bleiben. Aber Schriftlichkeit verläßt stets die Dyade, die Symbiose, sie ist damit Trennung. Sie wendet sich an den - bis dahin ausgeschlossenen - Dritten. Sie bezeichnet den Übergang von der Dyade zur Triade, zur ödipalen Situation. Das ausschließliche Festhalten an Mündlichkeit zeigt zugleich die Schwierigkeit, sich in die Triangulation zu begeben, in die Kritik des Dritten an der Einheit der Zweiheit.

Bücher und Berichte erscheinen abgeschlossen, haben die Therapie bis zu ihrem Ende oder Abbruch beschrieben. Ist damit etwas zu Ende gekommen, oder sind es Zwischentexte? Sie können auf dem Weg der Selbstheilung geschrieben sein, letzte Äußerungen vor dem Versagen, sie können Trennungen anstreben, die Aufhebung der Übertragung versuchen. Solange geschrieben wird, setzt sich therapeutische Arbeit fort, wird sich auseinandergesetzt, gehaßt und geliebt. Wenn der Text sich auf eine Seite schlägt, das Opfer betont oder sich auf selbstbestimmtes Tun bezieht, es besteht immer die Gefahr, daß nur *eine* Geschichte erzählt wird. Der Therapeut wird ausgeschlossen oder idealisiert. Der Patient kann sich in seinem Buch in die Figur des besseren und wahren Therapeuten hineinschreiben und damit den realen Therapeuten entwerten und ihn überwinden. Auch diese Art der Überwindung kann Fortsetzung der Therapie sein. Gleichzeitig sind die Bücher der Patienten Botschaften an Therapeuten, so zu werden, wie der Patient sie wünscht. In der Entwertung des beschriebenen Therapeuten wird der idealisierte Therapeut mitbeschrieben. Der schreibende Patient spricht mit diesen beiden therapeutischen Figuren. Die Darstellung ist, trotz des offenen Scheiterns der realen Therapie, doch eine Fortsetzung des Themas Therapie, mit anderen und oft auch mit tauglichen Mitteln.

Wenn Therapeuten Bücher schreiben, sind Patienten die Mitautoren. In diesen Büchern beschreiben sich die Therapeuten als die besseren Patienten: Wie in der Therapie halten sie durch, haben sie die Einfälle, bearbeiten sie ihre Probleme, gewinnen sie Einsicht.

Da immer nur die eine Geschichte der Therapie geschrieben wird, wird die fehlende von der anderen Partei, Patient oder Therapeut, reklamiert. Es entsteht ein Zwang zur Ergänzung. Darin haben beide Seiten recht. Nur die doppelte Geschichte könnte die Geschichte einer Beziehung sein.

Diese Bücher bieten dem Leser sowohl eine geheime eigene Therapie wie auch die offene Rationalisierung, eine solche Therapie in der Wirklichkeit ablehnen zu können. Der Leser glaubt an die abgeschlossene Subjektivität: „So würde es auch für mich sein". In der Identifikation erkennt er die Möglichkeiten seines Selbst, sich von anderen zu unterscheiden.

Nicht selten wird die Anklage erhoben, die Therapie habe geschädigt. Sie sei ein brutales Eindringen in die persönlichen Empfindungen, eine Mißachtung oder Außerachtlassung der eigenen Bedürfnisse gewesen. Dies spitzt sich zu in den gängigen Topoi: in den Entscheidungen entmündigt, sexuell bedrängt oder an den Rand des Lebens getrieben worden zu sein. Schuldige werden gesucht und einer, der Therapeut, wird stets gefunden.

Wieder findet eine einseitige Zuweisung statt, ein Charakteristikum des Schulddenkens. Der Therapeut mache die Therapie, er halte sie aufrecht, er allein führe sie zu einem positiven Abschluß. Zu fragen bleibt: Welche Verantwortung hat der Patient?

Hinweise zur Literatur

Patientenberichte tauchen in verschiedenen literarischen Gestaltungen auf, in vielfältigen Überschneidungen und einer schwer systematisierbaren Fülle von Titeln: Mit der Benutzung von Protokollen bzw. Tonbandabschriften wird ein Höchstmaß an Authentizität angestrebt: Yalom u. Elkin (1975) *Chronik einer Therapie.* Mehrere Berichte, die sich Themen der Selbsterfahrung, auch in der Darstellung der eigenen Person, die zum Fall geworden ist, widmen, finden sich bei Kreiler et al. (1980) *In irrer Gesellschaft; Verständigungstexte über Psychotherapie und Psychiatrie.* Dazu gehören auch umfassende Schilderungen, in denen die Autoren sich unmittelbar als Patienten in ihren Therapien darstellen: Moser (1973) *Lehrjahre auf der Couch; Bruchstücke meiner Psychoanalyse* und Drigalski (1980) *Blumen auf Granit. Eine Irr- und Lehrfahrt durch die deutsche Psychoanalyse.* Schönau (1982) *Mit Gespenstern leben. Bruchstück aus einer Analyse.*

Das Schwungrad der Therapie hat Autorinnen zu einer weitergehenden Bearbeitung ihrer Erfahrungen in literarischer Form angeregt: Barnes (1973) *Meine Reise durch den Wahnsinn. Aufgezeichnet von Mary Barnes und kommentiert von ihrem Psychiater Joseph Berke.* - Erlenberger (1977) *Der Hunger nach Wahnsinn.* - Cardinal (1979) *Schattenmund.*

Während der Rahmen der therapeutischen Beziehung und der Institution in Arbeiten wie Kesey (1971) *Einer flog über das Kuckucksnest* erhalten und Bezugspunkt der Kritik ist, verlassen andere Autoren den therapeutischen Ort und beziehen sich auf innerpsychische Themen: Moser (1976) *Gottesvergiftung.* - Moser (1981) *Grammatik der Gefühle.* - Zorn (1977) *Mars.*

Als Beispiel für Therapeutenberichte über Patienten, die so gefaßt sind, daß sie zur indirekten Teilnahme an Therapien, die selbst nicht gewagt würden, auffordern, und für einige Jahre breite Wirkung erzielten, seien genannt: Green (1971) *Ich habe Dir keinen Rosengarten versprochen* und Lindner (1982) *The fifty-minute hour.*

Neben den Patientenberichten gibt es Therapeutenberichte, die jedoch in ihrem Zugang zum Therapeutischen den Doppelaspekt Patientsein und Therapeutsein in wechselnder Aktivität zeigen. Das Schreiben über sich als Therapeut ist Schreiben über sich als Patient. Die Rollentrennung in Patient oder Therapeut ist ideell aufgehoben in der Verwendung literarischer Topoi, die bis in gesellschaftskritische Romane hinein entfaltet werden: Rhinehart ([1]1971, [14]1981) *The dice man*. - Jong (1979) *Angst vorm Fliegen*. - Junker u. Link (1979) *Ein Mann ohne Klasse*. - Junker u. Link (1981) *Anna*. - Thomas (1983) *Das weiße Hotel*.

Metapsychologisch arbeitet darüber Strupp et al (1977) *Psychotherapy for better or worse* u. Strupp (1982) *Psychoanalytic failure. Reflections on an autobiographical account*.

In der großen Spannweite von authentischen Therapieprotokollen bis zum frei gestalteten literarischen Produkt wird nicht deutlich, daß alles Schreiben über Therapien bewußte, erarbeitete Gestaltung einer anderen Wirklichkeit ist. Das Verhältnis von Literatur und Therapie reflektiert Muschg (1981) *Literatur als Therapie. Ein Exkurs über das Heilsame und das Unheilbare*.

Einen besonderen Einblick in frühe Analysen geben Berichte von Patienten, die von Sigmund Freud analysiert wurden: Doolittle (1976) *Huldigung an Freud*. - Blanton (1975) *Tagebuch meiner Analyse bei Sigmund Freud*. - Wortis (1975) *Fragments of an analysis with Freud*. - Kardiner (1979) *Meine Analyse bei Freud*. - Gardiner (Hrsg) (1972) *Der Wolfsmann vom Wolfsmann und andere*.

Die ideale Therapie

Das Vorherrschen der Realität in der Therapie, die Anbindung an das Alltagsgeschäft der Probleme und Schwierigkeiten scheint keinen Platz zu lassen für wenige, herausragende, lebensbedingende Phantasien. Dennoch sind sie in dieser Realität gegenwärtiger, als oft vermutet wird. Auch im kargsten Dialog scheinen sie durch, entfalten sie eine dauerhafte Wirkung. Patient und Therapeut sind ihnen, willentlich und unwillentlich, ausgesetzt. Sie würden von der unübersehbaren Vielfalt und Widersprüchlichkeit realer Erscheinungen überschwemmt und hilflos, sie zu interpretieren, wenn nicht übergeordnete Vorstellungen bestünden, die zur Orientierung verhelfen.

Phantasien sind nicht beliebig, in ihnen schlägt sich alles nieder, was in einem Leben an Wünschen, Ideen, Ängsten und Werten bestimmend ist. Bei jedem Besprechen der Realität läuft die Suche nach den grundlegenden Phantasien mit. Sie geben sich nicht unmittelbar preis, sondern sind von Therapeut und Patient durch die Wörter und Ereignisse hindurch zu entdecken, langsam aus den Bruchstücken zusammenzusetzen, um ihre Gestalt herauszufinden und zu bestimmen. Nicht in einem einmaligen, blitzhaften Erkennen übertragen Phantasien ihre Kraft. Sie sind immer wieder zu formen, festzuhalten und in ihrer Beängstigung und Schwere zu ertragen, bis sie dauernde Gegenwart in der Therapie gewonnen haben. Wenn dies erreicht ist, bedeutet das die grundlegende Chance für Patient und Therapeut. So entsteht Wirksamkeit der Therapie, Wichtigkeit, außerhalb und unabhängig von Krankheit und Heilung.

Dieser Ablauf, der selbst als eine Phantasie über Therapie zu verstehen ist, zeigt damit ein Ideal auf, meist darauf hin, wie sie sein könnte und wie sie ständig angestrebt wird. In dieser idealen Therapie wird versucht, die lebenstragenden Phantasien zur größten Deutlichkeit zu bringen, um sich ihre Kraft anzueignen, wenn sie beweglich geworden sind.

Dieses Ideal stößt in der therapeutischen Realität auf Widerstände, die es oft unkenntlich machen. Dennoch ist das Bemühen, dies Ideal zu verwirklichen, in der Therapie stets gegenwärtig.

Patient und Therapeut haben nicht nur für sich allein eine Phantasie; als idealer Patient und idealer Therapeut sind sie in einer gemeinsamen Phantasie verbunden; diese ist Ausdruck der idealen Therapie, wie auch die reale Substanz, an der gearbeitet wird. Ein Therapeut, der feststellt: „Ich habe keine Phantasie mit diesem Patienten“, sollte sich dazu durchringen, dem Hilfesuchenden zu sagen: „Ich kann Sie nicht nehmen“.

•

Leben nicht viele, fast alle Menschen, ohne tragende, durchgreifende Phantasien? Ist der Alltag nicht ganz anders, zerstückelt, funktional, von den kleinen stereotypen Abläufen durchsetzt, haben nicht die Anregungen der Phantasie nur die Kraft von Stunden? Behaupten nicht viele Menschen von sich, sie seien von Phantasien weder gequält noch beflügelt? Ihre Sprache scheint ihnen recht zu geben. Sie besteht aus vielfältigen, affektiv wechselnd besetzten Inhalten, die auf die Bedürfnisse und den Geist des Tages bezogen sind; sie bietet ein verwirrtes Sprachbild, das in seiner un- oder überindividuellen Ausprägung die soziale Normalität reflektiert. Ich habe keine Phantasien, sagt ein Patient und meint damit, er habe keine aus dem allgemeinen Wertkodex herausfallenden, ungewöhnlichen Phantasien. Dieser Patient fürchtet, Phantasien könnten ihn bedrängen, wenn der Therapeut sie anspricht. Überraschend ist dann die umgekehrte Reaktion. Spricht der Therapeut den Patienten auf seinen offensichtlichen Mangel an Phantasien an, so wird er sich entschieden widersetzen. Natürlich habe er Phantasien, er wohl mehr als mancher andere. Der Patient ist dabei erregt, fühlt sich mißverstanden, auf eine andere Weise bedroht. Fordert der Therapeut ihn nun auf, diese Phantasien zu benennen, setzt Schweigen ein.

Diese widersprüchliche Haltung, Phantasien zurückzuweisen *und* auf Phantasien zu beharren, obwohl sie nicht ausgesprochen werden können, weist auf eine verschiedene intrapsychische Bedeutung des Begriffs Phantasie hin. Man kann sich dabei auch auf eine lexikalische Definition berufen, die, fern aller psychotherapeutischen Probleme, eine doppelte Bedeutung aufweist: Phantasie ist demnach einerseits die Fähigkeit, sich etwas in seiner vollen Ausgestaltung vorzustellen und gedanklich auszumalen, und andererseits sind Phantasien die Vorstellungen, die nicht der Wirklichkeit entsprechen. In dieser Bedeutung gilt die Phantasie als Unwirklichkeit, als Medium zum Verlassen der Wirklichkeit, als Hinwendung zu Wahngebilden, bis zum psychotischen Verfall des Ichs. Der Widerspruch, ihr einerseits den Wert einer gestalthaften Vollendung zuzuerkennen und sie andererseits als wahnhafte, zerstörende Einengung zu sehen, spielt in der Umgangssprache wie auch in der Psychotherapie eine Rolle; auch hier zeigt er sich darin, daß die Kräfte der Phantasie sowohl dem Bereich der Gesundung und Gesundheit als auch dem des Verfalls und der gefährlichen Krankheit zugeordnet werden.

•

Phantasien sind nicht wie Items abfragbar. Sie finden sich in keinem Katalog wie Beschwerden oder Symptome. Niemand unternimmt den Versuch, sie wie in früheren Traumbüchern aufzulisten und ihre Bedeutungen anzugeben. Sie bleiben unsichtbar, wenn sich niemand aktiv um sie bemüht. Wenn der Therapeut sie zu erkennen glaubt und sie dem Patienten auf den Kopf zusagt, kann dieser damit nichts anfangen, weil er sie nicht mit dem Therapeuten erarbeitet hat, sie ihm fremd sind, absurd, gegen seine Interessen – wie es scheint. Er mag ihre Formen kennen; wenn der Therapeut etwa sagt: „Sie haben eine Eifersuchtsphantasie", kann der Patient dazu „Ja" sagen, er ist nicht beteiligt. In ihrer ausschließlich verbalen, definitorischen Fassung kann er ungerührt zu ihr Stellung nehmen, ob mit „Ja" oder „Nein". Wenn sie sich nicht aus der Therapie entwickelt hat, bleibt sie ein ebenso bekanntes wie leeres Bild.

Notwendig ist, auf die Phantasien zu warten, mit ihnen in Einklang zu kommen, ihre Kraft nach und nach zu erfahren und keine reale Konfliktbewältigung anzugehen, solange unbekannt ist, aus welchen Phantasien dieser Patient sein Lebensgleichgewicht über lange Zeit aufrechterhalten konnte. Therapie wird sich deshalb bemühen, an Lebensumstände heranzukommen, die von den Grundstrukturen der Phantasie des Patienten bestimmt sind. Berechtigterweise wird den Therapeuten ein Gefühl des Zögerns und der Vorsicht leiten, wenn er den Phantasien des Patienten nachspürt. Er respektiert einen Tabubereich, versagt sich zu große Intimität gegenüber den heimlichen Lebensentwürfen des Patienten, deren grobe Entschlüsselung ebenso wie eine bloßstellende Übersetzung den Patienten verletzen und ihn seines Gleichgewichts berauben würde. Therapeuten sind nur in einem begrenzten Rahmen und mit einer begrenzten Erlaubnis beauftragt, mit dem Patienten Phantasien zu begreifen und aufzudecken. Es gibt therapeutische Rücksichten, die es verbieten, in einen Menschen tiefer einzudringen, auch wenn er während der Therapiestunde selbst keine Verbote setzt. Dies ist eine Entscheidung des Therapeuten, die er durch die Identifikation mit dem Patienten gewinnen muß: „Will ich als Patient, daß ein Therapeut jetzt in mich eindringt?" Es sind Grenzen zu respektieren, Lebensszenen und Schicksale sind unangetastet zu lassen, müssen damit unverstanden bleiben, auch wenn sie für einen anderen verstehbar wären. Ein Patient kann deutlich ausdrücken, nicht verstanden werden zu wollen, weil er fürchtet, sonst zu schutzlos, zu nackt, zu erwachsen und zu verständlich leben zu müssen. Seine Grundphantasie: „Ich möchte als unverstandenes Kind durchs Leben gehen" ist anzuerkennen. Die vorsichtige therapeutische Begleitung kann beurteilen, wann Grenzen erreicht sind, ob sie veränderbar sind oder ob das Dunkel bleiben muß.

Ein Therapeut kann einen Patienten verstehen, der aus der Phantasie lebt: „Ich bin ein einsamer Kämpfer, ich will keine Beziehung". Er wird vor dieser Phantasie Halt machen, und sobald sie vollständig erfaßt wurde, müßte der Therapeut die Therapie einverständlich mit dem Patienten abschließen. Therapeutisches Verstehen ist ohne eine erwünschte Beziehung nicht denkbar.

•

Wie weit sollte die Entdeckung von lebensbeherrschenden Phantasien vorangetrieben werden? Wer sich in seinem Leben von Zwängen und Impulsen, kaum mehr ertragbaren Wiederholungen verfolgt fühlt und sich von ihnen befreien will, willigt in die therapeutische Erforschung ein. Übersieht er die Folgen?

Der Therapeut hat gelernt, Phantasien anzunehmen, sie nur in Annäherung, Teilaspekten, im Überblick und in Einzelheiten zu erkennen, wobei er selbst die Ganzheit der Phantasie nie in einem Satz, in einer Passage oder einer Symbolisierung voll in der Hand hat. Dennoch ist auch der Therapeut von seinen tragenden Phantasien abhängig, ob er sich nun als Lehrender, Warner, Befreier, Ermutiger - oder als aus der Ferne steuernder Heilsbringer oder als harmloser Menschenfreund sieht. Seine Phantasien treten mit denen des Patienten in Verbindung, sie überschneiden einander, bilden neue Farben, neue Konturen, ohne daß der Therapeut diese Neuformulierungen voll überblicken kann. Er verfügt über keine Wahrheit außerhalb seines Selbst. In seinen Phantasien ist er selbst beteiligt. Er bietet Professionalität, seine Person und damit unabtrennbar auch seine Phantasien an. Das Dilemma ist, daß er Verantwortung im Sinne einer Dienstleistung übernehmen muß, er jedoch gleichzeitig mit Anteilen eigener Phantasien arbeitet, über die er nicht frei verfügen kann.

Welcher Umgang mit den Phantasien ist schädlich? Es schadet, wenn eine Phantasie angestoßen, nur in Ansätzen entdeckt wurde, sie sich dann losgerissen hat, mit dem ihr zugehörigen Triebdruck operiert und wenn somit die Einbindung in den Patienten mißlungen ist. Der Patient kann sich aus der Therapie für seine Phantasie: „Ich war ein ewiger Schwächling" die Erlaubnis ableiten, sich jetzt unbedenklich durchsetzen zu müssen. Das Mißverständnis, das diese Haltung bedingt, wird der Therapeut erfahren und darauf reagieren, indem er mit dem Patienten dieses Überschießen in das Gegenteil bespricht. Schwieriger ist die Situation, wenn der Therapeut an der Phantasie des Patienten unbemerkt beteiligt ist und aus deren Realisierung für sich Befriedigung zieht. So kann der therapeutische Ehrgeiz den Wunsch begründen, daß ein Schwächling erstarkt, läßt aber übersehen, wie ein falscher Mut provoziert wurde, mit dem der Patient kaum sich selbst und allenfalls den Therapeuten befriedigt. Werden solche Vorgänge von keinem erkannt, schließt sich um beide der Zwang einer undurchschauten, stereotypen Phantasie.

Oft erscheint es als befreiender Ausweg, in die Gegenphantasie überzugehen, wiewohl diese Flucht in die Umkehrung sich nur vermeintlich von dem Grundbild befreit. Dem Schwächling steht der Kraftprotz gegenüber: In beiden Ausprägungen wird die verengte Sicht auf das Leben deutlich. Beide Figuren treten nicht aus ihrer logischen Abhängigkeit heraus, sind statisch aneinander gekoppelt, wachsen nicht. Wer in der Phantasie, ein Schwächling zu sein, lebte, und nun in der Therapie Raum hatte, sie zu durchdenken, zu erarbeiten und sich ihrer zu vergewissern, wird mehr Gewinn daraus schöpfen, als wenn er sich abrupt von ihr zu trennen versucht. Denn jede Phantasie enthält Kräfte, die zunächst gebunden und unverfügbar sind. Wenn es dem Patienten gelingt, den Symptomcharakter der Phantasie aufzulösen, auf den alten Kompromiß und die alte Wunscherfüllung zu verzichten, kann er mit der veränderten Phantasie mehr Heilsames entwickeln als durch die künstliche Abstoßung. Er wird sich freier und anders zwischen Schwäche und Stärke bewegen.

Therapie kann keine Phantasien austauschen oder ersetzen, keine neuen schaffen.

Quälend und ausweglos erscheint ein Zustand der Therapie, in dem Phantasien von Patient und Therapeut voneinander abhängig geworden sind. Der Patient will seine Art von Heilung erzwingen und treibt in Verfolgung seiner Lebensphantasie den Therapeuten an, der längst aufhören möchte, aber nicht kann, weil er im Zusammenspiel einer gemeinsamen Phantasie steckt: „Wir bemühen uns, es wird nicht besser". Der Therapeut kann aus dieser Phantasie nicht heraus und wagt nicht, zu fragen: „Muß es Ihnen besser gehen?"

Ähnlich verhakt sind Therapeuten, die von Größen- und Heilungsphantasien beherrscht werden und die den Patienten mit allen wichtigen Gründen in einer Therapie behalten, ihn zur Unterwerfung zwingen und damit ebenfalls eine wechselseitige Phantasieabhängigkeit aufrechterhalten. Dann bleibt nur eine Abnutzung der Phantasien, ihre Ermüdung im ewigen Gegeneinander oder ein mächtiges äußeres Ereignis, um die Therapie zu beenden. Vergebens warten beide in der Therapie auf die phantasiefreie Minute, in der sie sich hätten entscheiden können.

Derartige Bemühungen um eine Heilung haben die Phantasie des Patienten nicht erreicht, welche die angestrebte Heilung verhindert – sie sind einer falschen Phantasie erlegen, der keine lebensverändernde Kraft zukommt.

Wenn eine Phantasie erkannt und bewußtseinsnah wird, kann sie Wirkungen zeigen, die nicht in Kategorien von Heilung und Nichtheilung, von Nutzen und Schaden zu begreifen sind: Ein Patient verstand durch Therapie seine Phantasie, eine Frau immer nur als versorgende Mutter zu erleben – um sich von ihr – sie damit verletzend – abzuwenden, wenn sie ihn abzustillen und hinüberzustillen versuchte in eine reifere Partnerschaft. Zu Beginn der Therapie war nicht abzusehen, ob der Patient an dieser Phantasie, an der er nichtwissend litt, etwas durch Wissen und neue Einstellung verändern könnte, ob er in der Lage sei, sie abzuwandeln oder sie einmal hätte zu Ende leben können. Bleibt er trotz Therapie darin befangen, so mag er unverändert weiterleben, dennoch hat sich sein Bewußtsein erweitert: Früher durfte er nicht daran denken, er konnte nur leben. Jetzt wird er daran denken können und, wenn er will, dieselbe Phantasie weiterleben dürfen – in beiden Erscheinungen ist er nun ein anderer. Er lebt jetzt angreifbarer und liebenswerter. Frauen können sich offener entscheiden, ob sie sich von seinen Phantasien fernhalten oder sie in ihre Lebensform einbeziehen wollen, weil die Phantasien bewußter, aussprechbar und damit der Auseinandersetzung zugänglich sind.

•

Von den Phantasien der Kindheit überleben wenige; diese sind über harte Prüfungen gelaufen, haben dafür aber Bestand und Schwerfälligkeit. Sie sind nützlich in Abwehrsituationen, sie verhindern jedoch den freien Fluß, den Zuwachs und die Erprobung neuer Phantasien. So kann Krankheit zu einer notwendigen Phantasie für einen Menschen werden. Sie blockiert das gefährliche Zusammentreffen von innerer Vorstellung und äußerer Verwirklichung, hält jedoch die Vitalkräfte dadurch am Leben, weil in der Krankheit die Heilung mit angelegt ist. Die Erfindung einer Zwischenphantasie kann von genialer Kraft sein. Sie büßt ihre überbrückende Fähigkeit nur dann ein, wenn sie Dauer und Ausschließlichkeit erhält. Der Schüler, der vor dem Sportfest, auf dem er verlieren wird, am Meniskus erkrankt, hat sich gerettet. Wenn er danach immer wieder am Meniskus hängenbleibt, als Meniskuskranker lebt und nur noch von seinen Siegen träumt, hat er seine Übergangsphantasie verloren und wird von einer lähmenden Phantasie beherrscht.

Die Vorstellung, psychische Erkrankung könne insgesamt als Phantasie begriffen werden, legt dagegen eine paradoxe Formulierung für seelische Gesundheit nahe: Die Krankheit könnte dann als Phantasielosigkeit begriffen werden, ein durch Normalität ersticktes Leben.

Selbst in der schweren Erkrankung entfaltet die Phantasie Überlebenskraft: „Nur als Halbtoter bin ich lebendig“. Lebt der gesünder, der sein Leben aus dem Lehrbuch: *Wie verhalte ich mich richtig?* abschreibt und dabei von keiner Phantasie bedrängt wird?

Therapien beginnen oft in der Erwartung des Patienten, er werde geheilt. Er braucht die Phantasie der Heilung, um Therapie beginnen zu können. Im Fortschreiten des therapeutischen Prozesses wird der Phantasiecharakter der vollständigen Heilung deutlich. Wenn die Therapie den Begriff Heilung, den sie aus der Medizin übernommen hat, unbesehen beibehält, ist sie gleichzeitig an ihr Gegenbild, die Unheilbarkeit, gebunden - und bringt sich damit in einen Zwang, der ihre Kräfte bindet und in falschen Alternativen verbraucht. Während für die Medizin das Unheilbare nicht zum Unbehandelbaren geworden ist, hat sich in der Psychotherapie die Phantasiefigur des unbehandelbaren Patienten entwickelt, die das therapeutische Wirkungsfeld unangemessen einzuschränken droht. Rückt der Therapeut von solchen Vorstellungen ab, kann er mit dem Patienten eine therapeutische Beziehung eingehen, auch wenn er mit ihm die Enttäuschung tragen muß, ihn nicht heilen zu können. Patient und Therapeut können die Kräfte suchen, die dem Patienten außerhalb der Denkfiguren Heilung/Unheilbarkeit gehören. Die Therapie braucht nicht abgebrochen zu werden, sie nützt dem Patienten weiter. Wenn Therapeuten an ihrer Phantasie der Unbehandelbarkeit des Patienten festhalten, sind es dann nicht sie, welche die Therapien abbrechen? Warum lassen sich Therapeuten nicht von Patienten durch ihr Beispiel, die Therapie in der Form des Schreibens fortzusetzen, belehren? Müssen sie sich in der Alternative heilbar-unheilbar verbrauchen?

•

Wenn lebenstragende Phantasien eines Menschen in einem außertherapeutischen Kontext aufgedeckt und beim Namen genannt werden, löst ihre Kenntnis überraschendes Erschrecken aus. Es gehört zur Berufsfähigkeit der Therapeuten, die Phantasien der anderen Therapeuten zu erkennen und sie je nach eigenem Interesse zu benutzen. Sie geraten in den sehr beunruhigenden Zustand, daß sie die 7 Hauptsünden der anderen Therapeuten: Stolz und Geiz, Unkeuschheit und Neid, Unmäßigkeit, Zorn und Trägheit als eigene Wünsche bei sich selbst wahrnehmen und sie sie bei den anderen befriedigt sehen - was sie bedrückt und anregt. Sie können nicht vermeiden, das in langen und dichten Berufskontakten, auf Kongressen und in der Lehrtätigkeit, im Vereinsleben und im privaten Bereich Erkannte für bedeutsam zu halten und ernstzunehmen. Sie wissen, und das ist peinlich genug, daß sie selbst diese Sünden begehen, daß sie sich aus ihrem Umfeld nicht lösen können, es sei denn, sie rissen sich los, trennten sich ab, gründeten als einzelne eine neue Gruppe, würden zu Dissidenten. Was für die Projektion der Phantasien gilt, hat auch für die Schattierungen des Größenselbst eines jeden einzelnen Therapeuten Bedeutung, das er tagtäglich in der Arbeit mit dem Patienten braucht, und zwar nicht nur als Reflektor, sondern als Initiator seiner Aktivitäten. Darauf ist das in der Psychotherapie geschichtlich belegte und aktuell fortgeführte „split and fight" zurückzuführen. Solange es in Berufsverbänden ausagiert wird, scheint es dem Persönlichen genügend fern zu sein und dem Patienten nicht zu schaden, wirkt aber von dort bis in private Bereiche hinein. Dort kann es ein zerstörerisches

Ausmaß erreichen: Ehe, Partnerschaften, Freundschaften und berufliche Kooperation zerbrechen.

Ein Therapeut deutet den anderen. Wenn er nicht blind ist und erfahren genug, weiß er: damit deutet er auch sich selbst. Der wechselseitigen Blendung aus unwissentlicher Deutung ist keine einfache rationale Kraft gewachsen, weil sie außerhalb der Deutungsgefangenschaft erwachsen müßte. Ins Private eingedrungene berufliche Verhaltensweisen, in denen die tragenden Phantasien, die Größen- und Kleinheitsvorstellungen, Alltagsbewußtsein sind, können schwer aufgehoben werden.

Therapeuten, die eng zusammenarbeiten, unterliegen in der Gruppe allen allgemeinen Bedingungen, die für das Verhalten in Gruppen erforscht wurden, die zugänglich und bekannt sind. Ihrem Anspruch zufolge sollte es ihnen aber gelingen, diese Gesetzmäßigkeiten hinter sich zu lassen. Durch einen bewußten Erfahrungsaustausch legen sie sich als ideale Therapeuten selbst auf, was sie mit dem Patienten erreichen können: Rivalitäten besprechen, Abhängigkeiten deuten, Neid ertragen, Depressionen aushalten, Größenthemen einschränken. Ohne Patienten gibt es jedoch keine therapeutische Beziehung. Die Erwartung der Therapeuten, sie könnten die Grundbedingung der Therapie hinüberretten in ihre berufliche Gruppensituation, muß enttäuscht werden. Dort ist kein Therapeut Therapeut und keiner hat sich zum Patienten erklärt. Trotzdem hört man häufig: „Ich *als* Therapeut meine ...".

Innerhalb der therapeutischen Situation *genügt* es für den Therapeuten, „Ich" zu sagen. Außerhalb der Therapie *darf* er nur „Ich" sagen. Verwendet er in beiden Situationen die Bezeichnung „Ich als Therapeut", spricht er jeweils aus einer zweiten Identität, die er nie einnehmen kann, die immer Fiktion bleibt. Indem er vom Therapeuten ein Ich abspaltet und indirekt reden läßt, erklärt er, es gäbe dieses andere Ich, das andere Aussagen macht: „Ich als Therapeut" besagt, „Ich als Ich" könne etwas ganz anderes meinen.

Wer außerhalb der Therapie in der Auseinandersetzung mit anderen Therapeuten, von „Ich als Therapeut" spricht, hat die harte Reibung der therapeutischen Situation, die Arbeit mit einem anderen, verlassen und kann sich nun leicht durch die Kraft der Phantasie in den idealen Therapeuten erheben und von dessen Standpunkt aus die abstrakten und richtigen Urteile fällen. Als der ideale Therapeut angesprochen und angegriffen zu werden, weist ihn immer unmißverständlich darauf hin, daß er als Therapeut, der ohne therapeutisches Setting ist, seine Urteile auf sich selbst beziehen muß und daher einer Überprüfung nicht standhalten kann. Die Einsicht, daß die Bezeichnung „Ich als Therapeut" das Ergebnis einer Spaltung ist und in Wirklichkeit nur „Ich" auf „Ich" trifft, wird zur Kränkung: Den Neid, der in der Therapie mit dem Patienten besprochen wird und über den der Therapeut wertvolle und ausgewogene Äußerungen machen kann, gibt es – hier aber unbesprochen – im Therapeuten selbst. Wird er sich dessen gewahr, hilft keine Idealisierung. Er kann ihn zu verdrängen versuchen oder sich ihm stellen: die Trauerarbeit beginnt.

Manche weichen aus und zeigen sich in der vervielfältigbaren Ich-als-...-Identität. Sie haben hinter sich die Macht der gesellschaftlichen Übung, welche die Erkenntnis der täuschenden Identitäten verstellt.

•

Kann eine Therapiestunde eine ideale Form erreichen, von der her dem Therapeuten Befriedigung zufließt? Ist damit das richtige Mischungsverhältnis von Übertragung, Deutung, Konflikt, Bearbeitung, Bewußtem und Unbewußtem angesprochen? Jeder Therapeut kennt Stunden, die ihm gut und richtig erscheinen, wobei er mitbedacht hat, daß sie nicht aus einer harmonisierenden Abwehr entstanden sind. Er spürt auch, daß die korrekte Erfüllung der professionellen Anforderungen allein ihm nicht das Gefühl der Befriedigung über eine gelungene Gestaltung geben würde. Er erlebt viele Stunden, gegen die von der Theorie und vom Kanon der Praxis her nichts einzuwenden ist. Aber eine Stimme, die ihm sagt, er müßte nun zufrieden sein, läßt ihn eigentümlich leer und unberührt. Er vergißt die Stunden.

Manche therapeutischen Situationen bleiben ihm hingegen bewußt, als ob er ein Bild gesehen habe, dessen Erinnerung ihm frisch und gegenwärtig ist; es sind nicht die gesprochenen Wörter, nicht der szenische Ausdruck und nicht die therapeutischen Funde allein, sondern eine sinnvolle Zuordnung einzelner Elemente zueinander und zu einem Ganzen, an dem er beteiligt ist, das er mit dem Patienten gemeinsam geschaffen hat. Der Therapeut blickt darauf zurück wie auf eine gestaltete Szene. Ein ästhetisches Empfinden wird in ihm wach, wie bei der Betrachtung eines Kunstwerks, welches eine zuwendende, interessierte, wache Verfassung voraussetzt, dergemäß man aktiv eindringt oder sich passiv überwältigen läßt. Beides führt nicht zu Erschöpfung, fügt der Anstrengung der vergangenen Therapiestunde keine weiteren Mühe hinzu, erleichtert eher, ist die Entspannung der Pause und macht auf eine kommende Stunde gespannt.

Sich die Phantasie zu erlauben, eine Stunde als ideales Ereignis zwischen Patient und Therapeut zu betrachten, muß nicht dazu führen, sich an dem so erhöhten idealen Maßstab zu messen und sich als unzureichend zu empfinden, sondern bewirkt eine Erweiterung therapeutischer Motivation und den Wunsch nach Gestaltung, welcher die Flüchtigkeit der Wörter und Szenen überdauert.

Der ideale Therapeut kann nicht in der therapeutischen Beziehung und nicht in der analytischen Wissenschaft entstehen. Nur die Literatur kann das Bild dieses Therapeuten entwerfen, ein Bild, das Nietzsche für die Zukunft der Therapie gesehen hat:

> *Wo sind die Bedürftigen des Geistes?* — Ah! Wie es mich anwidert, einem Anderen die eigenen Gedanken *aufzudrängen*! Wie ich mich jeder Stimmung und heimlichen Umkehr in mir freue, bei der die Gedanken *Anderer* gegen die eigenen zu Rechte kommen! Ab und zu giebt es aber ein noch höheres Fest, dann, wenn es einmal *erlaubt* ist, sein geistiges Haus und Habe *wegzuschenken*, dem Beichtvater gleich, der im Winkel sitzt, begierig, daß ein *Bedürftiger* komme und von der Noth seiner Gedanken erzähle, damit er ihm wieder einmal Hand und Herz voll und die beruhigende Seele *leicht mache*! Nicht nur, daß er keinen Ruhm davon haben will: er möchte auch der Dankbarkeit aus dem Wege

laufen, denn sie ist zudringlich und ohne Scheu vor Einsamkeit und Stillschweigen. Aber namenlos oder leicht verspottet leben, zu niedrig, um Neid oder Feindschaft zu erwecken, mit einem Kopf ohne Fieber, einer Handvoll Wissen und einem Beutel voll Erfahrungen ausgerüstet, gleichsam ein Armenarzt des Geistes sein und Dem und Jenem, dessen Kopf durch Meinungen verstört ist, helfen, ohne daß er recht merkt, wer ihm geholfen hat! Nicht vor ihm Recht haben und einen Sieg feiern wollen, sondern so zu ihm sprechen, daß er das Rechte nach einem kleinen unvermerkten Fingerzeig oder Widerspruch sich selber sagt und stolz darüber fortgeht! Wie eine geringe Herberge sein, die Niemanden zurückstößt, der bedürftig ist, die aber hinterher vergessen oder verlacht wird! Nichts voraus haben, weder die bessere Nahrung, noch die reinere Luft, noch den freudigeren Geist, — sondern abgeben, zurückgeben, mittheilen, ärmer werden! Niedrig sein können, um Vielen zugänglich und für Niemanden demüthigend zu sein! Viel Unrecht auf sich liegen haben und durch die Wurmgänge aller Art Irrthümer gekrochen sein, um zu vielen verborgenen Seelen auf ihren geheimen Wegen gelangen zu können! Immer in einer Art Liebe und immer in einer Art Selbstsucht und Selbstgeniessens! Im Besitz einer Herrschaft und zugleich verborgen und entsagend sein! Beständig in der Sonne und Milde der Anmuth liegen und doch die Aufstiege zum Erhabenen in der Nähe wissen! — Das wäre ein Leben! Das wäre ein Grund, lange zu leben!

Literatur

Alexander FG, French M (1974) Psychoanalytic therapy, principles and application. University of Nebraska Press, Lincoln London

Argelander H (1970) Das Erstinterview in der Psychotherapie. Wissenschaftliche Buchgesellschaft, Darmstadt

Argelander H (1979) Die kognitive Organisation psychischen Geschehens. Klett-Cotta, Stuttgart

Argelander H (1982) Der psychoanalytische Beratungsdialog. Vandenhoeck & Ruprecht, Göttingen Zürich

Bach H (Hrsg) (1981) Der Krankheitsbegriff in der Psychoanalyse. Verlag Med Psychologie, Göttingen

Bach GR, Molter H (1976) Der Psycho-Boom. Diederichs, Düsseldorf

Bachmann CH (Hrsg) (1972) Psychoanalyse und Verhaltenstherapie. Fischer, Frankfurt am Main

Balint M (1965) Der Arzt, sein Patient und die Krankheit. Klett, Stuttgart

Balint M (1970) Therapeutische Aspekte der Regression. Die Theorie der Grundstörung. Klett, Stuttgart

Balint M (1981) Die Urformen der Liebe und die Technik der Psychoanalyse. Klett-Cotta, Stuttgart

Balint M, Balint E (1980) Psychotherapeutische Techniken in der Medizin, 3. Aufl. Klett-Cotta, Stuttgart

Balint M, Ornstein PH, Balint E (1973) Fokaltherapie. Suhrkamp, Frankfurt

Balmer H (1976) Objektive Psychologie - verstehende Psychologie. Perspektiven einer Kontroverse. In: Balmer H (Hrsg) Die Psychologie des 20. Jahrhunderts, Bd I. Kindler, Zürich, S 117-155

Barnes M (1973) Meine Reise durch den Wahnsinn. Aufgezeichnet von Mary Barnes und kommentiert von ihrem Psychiater Joseph Berke. Kindler, München

Basaglia F (Hrsg) (1978) Die negierte Institution, 2. Aufl. Suhrkamp, Frankfurt

Battegay R, Trenkel A (Hrsg) (1978) Die therapeutische Beziehung unter dem Aspekt verschiedener psychotherapeutischer Schulen. Huber, Bern

Baum H (1978) Zum Dialektischen im „Erfolg“ und „Mißerfolg“ in der Psychotherapie. Huber, Bern Stuttgart Wien

Baum H (1980) Aus der Werkstatt eines psychoanalytischen Psychotherapeuten. Huber, Bern Stuttgart Wien

Bauriedl T (1980) Beziehungsanalyse. Suhrkamp, Frankfurt am Main

Bauriedl T (1982) Zwischen Anpassung und Konflikt. Verlag Med Psychologie, Göttingen

Beck D (1974) Die Kurzpsychotherapie. Huber, Bern Stuttgart Wien

Beck D (1981) Krankheit als Selbstheilung. Insel, Frankfurt am Main

Becker H, Nedelmann C (1983) Zwischen Begrenzung und Öffnung. Psychoanalyse als Beruf. In: Becker H, Nedelmann C (Hrsg) Psychoanalyse und Politik. Suhrkamp, Frankfurt am Main, S 35-66

Beckmann D (1974) Der Analytiker und sein Patient. Huber, Bern Stuttgart Wien

Bellak L, Small L (1972) Kurzpsychotherapie und Notfall-Psychotherapie. Suhrkamp, Frankfurt am Main

Bettelheim B (1983) Freud and man's soul. Knopf, New York

Bird B (1968) On candidate selection and its relation to analysis. Int J Psychoanal 49:513-526

Blanton S (1975) Tagebuch meiner Analyse bei Sigmund Freud. Ullstein, Frankfurt/M Berlin Wien
Bopp J (1980) Antipsychiatrie. Syndikat, Frankfurt
Brede K (1983) Psychoanalyse zwischen Therapie und Wissenschaft. In: Lohmann H-M (Hrsg) Das Unbehagen in der Psychoanalyse. Qumran, Frankfurt am Main Paris, S 93–103
Bullmer K (1978) Empathie. Ein programmierter Text zur Verbesserung der interpersonellen Wahrnehmungsfähigkeit. Reinhardt, München Basel
Cameron N (1963) Personality development and psychopathology. Mifflin, Boston
Cardinal M (1979) Schattenmund. Rowohlt, Reinbek b. Hamburg
Carnegie D (1979) Sorge dich nicht, lebe! 30. Aufl. Scherz, Bern München Wien
Cooper D (1971) Psychiatrie und Anti-Psychiatrie. Suhrkamp, Frankfurt am Main
Corsini RJ (Hrsg) (1983) Handbuch der Psychotherapie (2 Bde). Beltz, Weinheim
Dahmer H (1983) Die eingeschüchterte Psychoanalyse. In: Lohmann H-M (Hrsg) Das Unbehagen in der Psychoanalyse. Qumran, Frankfurt am Main Paris, S 24–39
Dambauer J (1971ff.) Bibliographie der deutschsprachigen psychologischen Literatur. Klostermann, Frankfurt am Main
Dettmering P (1981) Psychoanalyse als Instrument der Literaturwissenschaft. Fachbuchhandlung für Psychologie, Frankfurt am Main
Devereux G (o. J.) Angst und Methode in den Verhaltenswissenschaften. Hanser, München
Devereux G (1974) Normal und anormal, Aufsätze zur allgemeinen Ethnopsychiatrie. Suhrkamp, Frankfurt am Main
Devereux G (1978) Ethnopsychoanalyse. Suhrkamp, Frankfurt am Main
Diagnosenschlüssel und Glossar psychiatrischer Krankheiten, 5. Aufl (im Auftrag der DGPN hrsg von Degkwitz R et al.). Springer, Berlin Heidelberg New York
Dilthey W (1924) Gesammelte Schriften. De Gruyter, Leipzig
Dörner K (1975) Wie werde ich Patient oder Sozialisation zum Patienten. In: Dörner K (Hrsg) Diagnosen der Psychiatrie. Campus, Frankfurt New York, S 150–177
Dörner K, Plog U (1978) Irren ist menschlich, oder Lehrbuch der Psychiatrie/Psychotherapie. Psychiatrie-Verlag, Rehburg-Loccum
Doolittle H (1976) Huldigung an Freud. Ullstein, Frankfurt/M Berlin Wien
Drigalski D von (1979) Blumen auf Granit. Eine Irr- und Lehrfahrt durch die deutsche Psychoanalyse. Ullstein, Frankfurt/M Berlin Wien
Eissler KR (1953) The effect of the structure of the ego on psychoanalytic technique. J Am Psychoanal Assoc 1:104–143
Eissler KR (1980) Todestrieb, Ambivalenz, Narzißmus. Kindler, München
Ellis A (1978) Die rational-emotive Therapie, 2. Aufl. Pfeiffer, München
Elrod N (1974) Kriterien der Besserung in der Psychotherapie. Kindler, München
Endres H (1979) Das Beste aus dem Leben machen. Ulrich, Deggendorf
Enquête. Bericht über die Lage der Psychiatrie in der Bundesrepublik Deutschland (1975) Zur psychiatrischen und psychotherapeutisch/psychosomatischen Versorgung der Bevölkerung. Bundespresseamt, Bonn (Bundesdrucksache 7/4200, 4201)
Erlenberger M (1977) Der Hunger nach Wahnsinn. Rowohlt, Reinbek b. Hamburg
Eysenck HJ, Rachman S (1965) The causes and cures of neurosis. Routledge and Kegan Paul, London
Fachinelli E (1981) Der stehende Pfeil. Wagenbach, Berlin
Fengler C, Fengler T (1980) Alltag in der Anstalt. Psychiatrie-Verlag, Rehburg-Loccum
Fenichel O (1941) Problems of psychoanalytic technique. The Psychoanalytic Quarterly, New York
Fenichel O (1974) Psychoanalytische Neurosenlehre. Walter, Olten
Fichter MM, Wittchen H-U (1980) „Nicht-ärztliche“ Psychotherapie im In- und Ausland. Beltz, Weinheim Basel
Fiedler PA (1979) Diagnostische und therapeutische Verwertbarkeit kognitiver Verhaltensanteile. In: Hoffmann N (Hrsg) Grundlagen kognitiver Therapie. Huber, Bern Stuttgart Wien, S 205, 229
Finzen A, Schädle-Deininger H (1979) „Unter elenden menschenunwürdigen Umständen“. Die Psychiatrie-Enquête. Psychiatrie-Verlag, Wunstorf Rehburg-Loccum

Foucault M (1968) Psychologie und Geisteskrankheit. Suhrkamp, Frankfurt am Main
Foulkes SH (1974) Gruppenanalytische Psychotherapie. Kindler, München
Frank JD (1981) Die Heiler. Wirkungsweisen psychotherapeutischer Beeinflussung. Klett-Cotta, Stuttgart
Freud A (1970) Probleme der Lehranalyse. Psyche 24:565-576
Freud S (1945ff) Gesammelte Werke, Bd I-XVII. Fischer, Frankfurt am Main
Fromm E, Suzuki DT, de Martino R (1963) Zen-Buddhismus und Psychoanalyse. Szczesny, München
Fromm-Reichmann F (1978) Bemerkungen über die persönlichen und beruflichen Anforderungen an den Psychotherapeuten. In: Fromm-Reichmann F (Hrsg) Psychoanalyse und Psychotherapie. Klett-Cotta, Stuttgart, S 83-112
Fürstenau P (1979) Probleme der vergleichenden Psychotherapieforschung. In: Fürstenau P (Hrsg) Zur Theorie psychoanalytischer Praxis. Klett-Cotta, Stuttgart, S 12-43
Fürstenau P (1979) Zur Theorie psychoanalytischer Praxis. Klett-Cotta, Stuttgart
Gadamer HG (1972) Wahrheit und Methode, 3. Aufl. Mohr, Tübingen
Gardiner M (Hrsg) (1972) Der Wolfsmann vom Wolfsmann. Fischer, Frankfurt am Main
Garfield SL (1982) Psychotherapie. Ein eklektischer Ansatz. Beltz, Weinheim Basel
Giampaolo L (1978) Die Worte des ersten Gesprächs. Huber, Bern Stuttgart Wien
Gill M, Newman R, Redlich C (1954) The initial interviews in psychiatric practice. International Universities Press, New York
Goeppert S, Goeppert HC (1973) Sprache und Psychoanalyse. Rowohlt, Reinbek b. Hamburg
Goldberg C (1980) Gleichheit in der Psychotherapie?: Theorie und Praxis therapeutischer Beziehung. Pfeiffer, München
Graumann HM (1976) Das Verstehen. Versuch einer historisch-kritischen Einleitung in die Phänomenologie des Verstehens. In: Balmer H (Hrsg) Die Psychologie des 20. Jahrhunderts, Bd I. Kindler, Zürich, S 159-271
Green H (1971) Ich habe Dir nie einen Rosengarten versprochen. Rowohlt, Reinbek b. Hamburg
Greenarcre P (1961) A critical digest of the literature on selection of candidates for psychoanalytic training. Psychoanal Q 30:28-55
Greenson RR (1975) Technik und Praxis der Psychoanalyse. Klett-Cotta, Stuttgart
Greenson RR (1978) The decline and fall of the fifty-minute hour. In: Greenson RR (ed) Explorations in psychoanalysis. International Universities Press, New York, p 497-503
Grinstein A (1956-1975) The index of psychoanalytic writings, vol 1-14. International University Press, New York
Gruhle HW (1948) Verstehende Psychologie. Thieme, Stuttgart
Habel L (1982) Umarmen möcht ich dich. Kösel, München
Häfner H (Hrsg) (1983) Forschung für die seelische Gesundheit. Eine Bestandsaufnahme der psychiatrischen, psychotherapeutischen und psychosomatischen Forschung und ihrer Probleme in der Bundesrepublik Deutschland. Springer, Berlin Heidelberg New York Tokio
Haesler L (1979) Zur Technik des Interviews bei „unergiebigen“ Patienten. Psyche 33:157-182
Harper R (1979) Die neuen Psychotherapien. Müller, Salzburg
Hartmann H (1972) Verstehen und Erklären. In: Ich-Psychologie, Studien zur psychoanalytischen Theorie. Klett-Cotta, Stuttgart, S 355-385
Hartung K (1980) Die neuen Kleider der Psychiatrie. Rotbach, Berlin
Heigl F (1966) Was ist wirksam in der psychoanalytischen Therapie? Psychosom Med 12:282-292
Heigl F (1972) Indikation und Prognose in Psychoanalyse und Psychotherapie. Vandenhoeck & Ruprecht, Göttingen
Heimann P (1968) The evaluation of applicants for psychoanalytic training. Int J Psychoanal 49:527-539
Heinrichs HJ (1981) Über Ethnopsychoanalyse, Ethnopsychiatrie und Ethno-Hermeneutik. In: Schmied-Kowarzik W-D (Hrsg) Grundfragen der Ethnologie, Beiträge zur gegenwärtigen Theorie-Diskussion. D. Reimer, Berlin, S 169-192

Heinrichs HJ (Hrsg) (1982) Das Fremde verstehen. Qumran, Frankfurt am Main Paris
Hoffmann N (Hrsg) (1979) Grundlagen kognitiver Therapie. Huber, Bern Stuttgart Wien
Holenstein E (1976) Linguistik Semiotik Hermeneutik. Suhrkamp, Frankfurt am Main
Holenstein E (1980) Von der Hintergehbarkeit der Sprache. Suhrkamp, Frankfurt am Main
Hull R (1979) Alles ist erreichbar. Rowohlt, Reinbek b. Hamburg
Illich I (1977) Die Nemesis der Medizin. Rowohlt, Reinbek b. Hamburg
Jacobson E (1977) Depression. Suhrkamp, Frankfurt am Main
James M, Jongeward D (1979) Spontan leben. Rowohlt, Reinbek b. Hamburg
Jappe G (1971) Über Wort und Sprache in der Psychoanalyse. Suhrkamp, Frankfurt am Main
Jaspers K (1973) Allgemeine Psychopathologie, 9. Aufl. Springer, Berlin Heidelberg New York
Jervis G (1979) Die offene Institution. Syndikat Autoren- und Verlagsgesellschaft, Frankfurt am Main
Jong E (1979) Angst vorm Fliegen. Fischer, Frankfurt am Main
Junker H (1976) Konfliktberatung in der Schule. Kösel, München
Junker H (1978) Das Beratungsgespräch, 2. Aufl. Kösel, München
Junker H, Link J (1979) Ein Mann ohne Klasse. Suhrkamp, Frankfurt am Main
Junker H, Link J (1981) Anna. Suhrkamp, Frankfurt am Main
Junker H, Zenz H (1970) Der Einsatz datenspeichernder und -verarbeitender Apparate für die Erforschung psychotherapeutischer Prozesse. Psyche 24:692–705
Junker H, Brähler E, Overbeck G, Braun D (1974a) Was kann die automatische Analyse des Sprech-Pausen-Verhaltens (On-off-pattern) von Arzt und Patient für die Beurteilung von Psychotherapien leisten? Z Psychosom Med Psychoanal 20:148–163
Junker H, Overbeck G, Brähler E, Braun P (1974b) Über die Anwendung eines Sprachanalyseverfahrens (On-off-pattern) in einer laufenden Psychotherapie. Psyche 28:816–832
Junker H, Overbeck G, Brähler E (1974c) Vergleich und Interpretation des formalen Sprachverhaltens (On-off-pattern) zweier Psychotherapien. Psychother Med Psycho 24:163–175
Kächele H (1981) Zur Bedeutung der Krankengeschichte in der klinisch-psychoanalytischen Forschung. In: Jahrbuch der Psychoanalyse, Bd XIII. Huber, Bern Stuttgart, S 118–177
Kardiner A (1979) Meine Analyse bei Freud. Kindler, München
Kernberg OF (1978) Borderline-Störungen und pathologischer Narzißmus. Suhrkamp, Frankfurt am Main
Kesey K (1971) Einer flog über das Kuckucksnest. Verlag Zweitausendeins, Frankfurt am Main
Kiernan T (1976) Psychotherapie. Kritischer Führer durch Theorien und Praktiken. Fischer, Frankfurt am Main
Kind H (1982) Psychotherapie und Psychotherapeuten. Thieme, Stuttgart
Kisker KP, Meyer J-E, Müller C (Hrsg) (1972–1979) Psychiatrie der Gegenwart, Bd 1-3. Springer, Berlin Heidelberg New York
Klauber J (1980) Schwierigkeiten in der analytischen Begegnung. Suhrkamp, Frankfurt am Main
Klein M, s. Money-Kyrle R
Knobloch F, Knobloch J (1983) Integrierte Psychotherapie. Enke, Stuttgart
Kohut H (1968) The evaluation of applicants for psychoanalytic training. Int J Psychoanal 49:548–554
Kohut H (1977) Introspektion, Empathie und Psychoanalyse. Suhrkamp, Frankfurt am Main
Kovel J (1979) Kritischer Leitfaden der Psychotherapie. Campus, Frankfurt New York
Kreiler K, Reinhardt C, Sloterdijk P (Hrsg) (1980) In irrer Gesellschaft. Verständigungstexte über Psychotherapie und Psychiatrie. Suhrkamp, Frankfurt am Main
Kuiper PC (1980) Die Verschwörung gegen das Gefühl. Psychoanalyse als Hermeneutik und Naturwissenschaft. Klett-Cotta, Stuttgart
Laing RD (1970) Phänomenologie der Erfahrung. Suhrkamp, Frankfurt am Main
Landesärztekammer Hessen (Hrsg) (1980) Berufsordnung für die Ärzte in Hessen. Frankfurt am Main
Langs R (1982) The psychotherapeutic conspiracy. Aronson, New York London

Laplanche J, Pontalis J-B (1972) Das Vokabular der Psychoanalyse. Suhrkamp, Frankfurt am Main
Lindner R (1982) The fifty-minute hour. Aronson, New York London
Loch W (1966) Über einige allgemeine Strukturmerkmale und Funktionen psychoanalytischer Deutungen. Psyche 20:377–397
Loch W (Hrsg) (1977) Die Krankheitslehre der Psychoanalyse, 3. Aufl. Hirzel, Stuttgart
Loewald HW (1974) Das Zeiterleben. Psyche 28:1053–1062
Lohmann H-M (Hrsg) (1983) Das Unbehagen in der Psychoanalyse. Qumran, Frankfurt am Main Paris
Lohmann H-M (Hrsg) (1984) Die Psychoanalyse auf der Couch. Qumran, Frankfurt am Main Paris
Lorenzer A (1972) Sprachzerstörung und Rekonstruktion. Suhrkamp, Frankfurt am Main
Lorenzer A (1974) Die Wahrheit der psychoanalytischen Erkenntnis. Suhrkamp, Frankfurt am Main
Luban-Plozza B (Hrsg) (1974) Praxis der Balint-Gruppen. Lehmann, München
Lüth P (1974) Sprechende und stumme Medizin. Herder & Herder, Frankfurt am Main New York
Mackinger H (Hrsg) (1979) Verhaltenstherapie in der klinischen Praxis. Müller, Salzburg
Maeder A (o. J.) Der Psychotherapeut als Partner. Kindler, München
Malan DH (1962) Psychoanalytische Kurztherapie. Klett-Cotta, Stuttgart
Malcolm J (1983) Fragen an einen Psychoanalytiker. Klett-Cotta, Stuttgart
Mandel KH, Mandel A, Rosenthal H (1975) Einübung der Liebesfähigkeit. Pfeiffer, München
Mann J (1978) Psychotherapie in 12 Stunden. Walter, Olten
Mannoni M (1970) Der Psychiater, sein Patient und die Psychoanalyse. Walter, Olten
Maslow AA (1973) Psychologie des Seins. Kösel, München
Meichenbaum DW (1979) Kognitive Verhaltensmodifikation. Urban & Schwarzenberg, München Wien Baltimore
Menninger K (1968) Das Leben als Balance. Piper, München
Menninger KA, Holzman PS (1977) Theorie der psychoanalytischen Technik. Frommann-Holzbog, Stuttgart-Bad Cannstatt
Mertens W (1981) Psychoanalyse. Kohlhammer, Stuttgart Berlin Köln Mainz
Miller A (1979) Das Drama des begabten Kindes. Suhrkamp, Frankfurt am Main
Miller GE (ed) (1920ff.) Chicago psychoanalytic literature index. Chicago (published quarterly)
Mitscherlich A, Brocher T, Mering O von, Horn K (Hrsg) (1967) Der Kranke in der modernen Gesellschaft. Kiepenheuer & Witsch, Köln Berlin
Mitscherlich-Nielsen M (1970) Was macht einen guten Analytiker aus? Psyche 24:577–599
Moeller ML (1978) Selbsthilfegruppen. Rowohlt, Reinbek b. Hamburg
Money-Kyrle R (ed) (1968f.) The Writings of Melanie Klein. Hogarth Press (& Institute of Psycho-Analysis), London
Morgenthaler F (1978) Technik. Zur Dialektik der psychoanalytischen Praxis. Syndikat Autoren u. Verlagsgesellschaft, Frankfurt am Main
Moser T (1973) Lehrjahre auf der Couch. Bruchstücke meiner Psychoanalyse. Suhrkamp, Frankfurt am Main
Moser T (1976) Gottesvergiftung. Suhrkamp, Frankfurt am Main
Moser T (1981) Grammatik der Gefühle. Suhrkamp, Frankfurt am Main
Muschg A (1981) Literatur als Therapie. Ein Exkurs über das Heilsame und das Unheilbare. Suhrkamp, Frankfurt am Main
Nagel H, Seifert M (Hrsg) (1979) Inflation der Therapieformen. Rowohlt, Reinbek b. Hamburg
Nedelmann C (1981) Behandlungsziel und Gesundheitsbegriff der Psychoanalyse. In: Bach H (Hrsg) Der Krankheitsbegriff in der Psychoanalyse. Verlag Med Psychologie, Göttingen, S 55–67
Nietzsche F (1980) Morgenröthe. In: Colli G, Montinari M (Hrsg) Sämtliche Werke. Kritische Studienausgabe in 15 Bdn, Bd 3. Deutscher Taschenbuch-Verlag, München, S 271f (Abschn 449)
Nischk P (1976) Kursbuch für die Seele. Nutzen und Elend der Psychotherapie. Bertelsmann, München Gütersloh Wien

Nunberg H (1975) Allgemeine Neurosenlehre, 4. Aufl. Huber, Bern
Overbeck G (1984) Krankheit als Anpassung. Suhrkamp, Frankfurt am Main
Parin P, Morgenthaler F, Parin-Matthèy G (1978) Der Widerspruch im Subjekt, Ethnopsychoanalytische Studien. Syndikat, Frankfurt am Main
Parin P, Morgenthaler F, Parin-Matthèy G (1971) Fürchte deinen Nächsten wie dich selbst. Psychoanalyse und Gesellschaft am Modell der Agni in Westafrika. Suhrkamp, Frankfurt am Main
Parin P, Morgenthaler F, Parin-Matthèy G (1963) Die Weißen denken zuviel. Psychoanalytische Untersuchungen bei den Dogon in Westafrika. Kindler, Zürich
Perls FS (1974) Gestalttherapie in Aktion. Klett, Stuttgart
Petzold H (Hrsg) (1982) Die Rolle des Therapeuten und die therapeutische Beziehung. Jungfermann, Paderborn
Pflanz M (1962) Sozialer Wandel und Krankheit. Enke, Stuttgart
Pittenger RE, Hockett CF, Danehy JJ (1960) The first five minutes. Martineau, Ithaca, N Y
Pörksen U (1973) Zur Terminologie der Psychoanalyse. Dtsch Sprache 3:7-36
Pohlen M, Wittmann L (1980) Die Unterwelt bewegen. Versuch über Wahrnehmung und Phantasie in der Psychoanalyse. Syndikat Autoren u. Verlagsgesellschaft, Frankfurt am Main
Pongratz LJ (Hrsg) (1973) Psychotherapie in Selbstdarstellungen. Huber, Bern
Psychologie des 20. Jahrhunderts, Die (1976-1981) Bd 1-15 u. Reg-Bd. Kindler, Zürich
Rachman S (1963) Critical essays on psychoanalysis. Pergamon, Oxford
Racker H (1978) Übertragung und Gegenübertragung. Reinhard, München
Read RA, Rusk TR (1979) Die Kunst sich selbst zu mögen. Lector, Altendorf
Redlich FC, Freedman DX (1970) Theorie und Praxis der Psychiatrie. Suhrkamp, Frankfurt am Main
Reinecker H (1979) Diskussion strittiger Probleme der Verhaltenstherapie. In: Mackinger H (Hrsg) Verhaltenstherapie in der klinischen Praxis. Müller, Salzburg, S 7-30
Revenstorf D (1983) Psychotherapeutische Verfahren, Bd I-III. Kohlhammer, Stuttgart
Rhinehart L ([1]1971, [14]1981) The dice man. Granada, London Toronto Sydney New York
Richter HE (1967) Fernsehübertragung psychoanalytischer Interviews. Psyche 21:324-340
Ricoeur P (1974) Die Interpretation. Suhrkamp, Frankfurt am Main
Riemann F (1959) Die Struktur des Therapeuten und ihre Auswirkung in der Praxis. Psyche 13/2:150-159
Rogers CR (1972) Die klient-bezogene Gesprächstherapie, 2. Aufl. Kindler, München
Rogers CR (1974) Lernen in Freiheit. Kösel, München
Rogoll R (1979) Nimm dich, wie du bist, 6. Aufl. Herder, Freiburg Berlin Wien
Rutschky M (1981) Lektüre der Seele. Ullstein, Berlin Wien
Sager CJ, Singer-Kaplan H (Hrsg) (1973) Handbuch der Ehe-, Familien- und Gruppentherapie. Kindler, München
Sandler S, Dare C, Holder A (1973) Die Grundbegriffe der psychoanalytischen Therapie. Klett-Cotta, Stuttgart
Schafer R (1982) Eine neue Sprache für die Psychoanalyse. Klett-Cotta, Stuttgart
Schmidt LR, Keßler BH (1976) Anamnese. Beltz, Weinheim Basel
Schmidtbauer W (1977) Die hilflosen Helfer. Rowohlt, Reinbek b. Hamburg
Schönau W (1982) Mit Gespenstern leben. Bruchstück aus einer Psychoanalyse. In: Rutschky M (Hrsg) Errungenschaften. Eine Kasuistik. Suhrkamp, Frankfurt am Main, S 53-63
Schöttler C (1981) Zur Behandlungstechnik bei psychosomatisch schwer gestörten Patienten. Psyche 35:111-141
Schraml WJ, Baumann U (Hrsg) (1975) Klinische Psychologie I und II, 3. Aufl. Huber, Bern Stuttgart Wien
Schulte D (1975) Diagnostik in der Verhaltenstherapie, 2. Aufl. Urban & Schwarzenberg, München Berlin Wien
Schutz WC (1971) Freude. Rowohlt, Reinbek b. Hamburg
Schwäbisch L, Siems M (1974) Anleitung zum sozialen Lernen für Paare, Gruppen und Erzieher. Rowohlt, Reinbek b. Hamburg
Sharpe R, Lewis D (1979) Der Egowecker. Ullstein, Frankfurt Berlin Wien
Simmel G (1918) Vom Wesen des historischen Verstehens. Mittler, Berlin

Singer JL (1978) Phantasie und Tagtraum: Imaginative Methoden in der Psychotherapie. Pfeiffer, München
Stern H (1983) Die Couch. Fischer, Frankfurt am Main
Stone L (1973) Die psychoanalytische Situation. Fischer, Frankfurt am Main
Strotzka H (Hrsg) (1978) Psychotherapie: Grundlagen, Verfahren, Indikationen, 2. Aufl. Urban & Schwarzenberg, München Wien Baltimore
Strotzka H (1979) Fallstudien zur Psychotherapie. Urban & Schwarzenberg, München Wien Baltimore
Strupp HH (1982) Psychoanalytic failure. Reflections on an autobiographical account. Contemp Psychoanal 18:235-258
Strupp HH, Hadley SW, Gommes-Schwartz B (1977) Psychotherapy for better or worse. Aronson, New York
Sullivan HS (1976) Das psychotherapeutische Gespräch. Fischer, Frankfurt am Main
Suzuki DT (1963) Über den Zen-Buddhismus. In: Fromm E, Suzuki DT, de Martino R (Hrsg) Zen-Buddhismus und die Psychoanalyse. Szczesny, München, S 9-99
Tausch R (1970) Gesprächspsychotherapie, 4. Aufl. Hogrefe, Göttingen
Thomas DM (1983) Das weiße Hotel. Hanser, München
Trenkel A (1978) Zur therapeutischen Beziehung in der Praxis. In: Battegay R, Trenkel A (Hrsg) Die therapeutische Beziehung unter dem Aspekt verschiedener psychotherapeutischer Schulen. Huber, Bern Stuttgart Wien, S 127-144
Vogt R, Vogt-Heyder B (1979) Tiefenpsychologisch fundierte Psychotherapie. In: Hahn P (Hrsg) Die Psychologie des 20. Jahrhunderts, Bd IX. Kindler, Zürich, S 846-867
Wangh M (1972) Some unconscious factors in the psychogenesis of recent student uprisings. Psychoanal Q 41:207-223
Weinberg G (1979) Du mußt nicht sein wie du bist. Mosaik, München
Wittchen H-U, Fichter MM (1980) Psychotherapie in der Bundesrepublik. Beltz, Weinheim Basel
Wolberg LR (1983) Kurzzeit-Psychotherapie. Thieme, Stuttgart New York
Wolpe J (1958) Psychotherapy by reciprocal inhibition. University Press, Stanford
Wortis J (1975) Fragments of an analysis with Freud. Mc Graw-Hill, New York
Wulff E (1972) Psychiatrie und Klassengesellschaft. Zur Begriffs- und Sozialkritik der Psychiatrie und Medizin. Athenäum, Frankfurt am Main
Wulff E (Hrsg) (1978) Ethnopsychiatrie. Seelische Krankheit - ein Spiegel der Kultur? Akademische Verlagsgesellschaft, Wiesbaden
Wyss D ([5]1977) Die tiefenpsychologischen Schulen von den Anfängen bis zur Gegenwart. Vandenhoeck & Ruprecht, Göttingen
Yalom ID (1974) Gruppenpsychotherapie. Kindler, München
Yalom ID, Elkin G (1975) Chronik einer Therapie. Fischer, Frankfurt am Main
Zentrum für Individual- und Sozialtherapie (ZIST) (Hrsg) Jahresprogramme (Anschrift: 8122 Zist 3); Penzberg
Zorn F (1977) Mars. Kindler, Stuttgart